Kinder aus geschiedenen Ehen: Zwischen Trauma und Hoffnung

Edition Psychologie und Pädagogik

Psychoanalytische Pädagogik Band 6
Herausgegeben von
Hans-Georg Trescher und Christian Büttner

1 Christian Büttner, Gewalt vermeiden in gesellschaftlichen Konflikten. Erwachsenenbildung zur Auseinandersetzung zwischen Institutionen und »neuen Protestbewegungen«

2 Bernd Niedergesäß, Förderung oder Überforderung? Probleme und Chancen der außerfamilialen Betreuung von Kleinstkindern

3 Monika Jonas, Trauer und Autonomie bei Müttern schwerstbehinderter Kinder. Ein feministischer Beitrag

4 Hans-Georg Trescher, Theorie und Praxis der Psychoanalytischen Pädagogik

5 Christian Büttner / Urte Finger-Trescher / Martin Scherpner (Hg.), Psychoanalyse und soziale Arbeit

6 Helmuth Figdor, Kinder aus geschiedenen Ehen: Zwischen Trauma und Hoffnung. Eine psychoanalytische Studie

7 Christian Büttner / Urte Finger-Trescher (Hg.), Psychoanalyse und schulische Konflikte

Helmuth Figdor

Kinder aus geschiedenen Ehen: Zwischen Trauma und Hoffnung

Eine psychoanalytische Studie

Matthias-Grünewald-Verlag · Mainz

CIP-Titelaufnahme der Deutschen Bibliothek

Figdor, Helmuth:
Kinder aus geschiedenen Ehen: zwischen Trauma und
Hoffnung; eine psychoanalytische Studie/Helmuth Figdor. – 3. Aufl. –
Mainz: Matthias-Grünewald-Verl., 1991
(Psychoanalytische Pädagogik; Bd. 6) (Edition Psychologie und
Pädagogik)
ISBN 3-7867-1529-7
NE: 1. GT

3. Auflage 1992

Umschlag: Harun Kloppe, Mainz. Foto: Wolfram Heidenreich, Mainz
Druck und Bindung: Weihert-Druck GmbH, Darmstadt
ISBN 3-7867-1529-7

Inhalt

Vorwort . . . 9
Einleitung . . . 11

Erster Teil
Zur Psychodynamik des kindlichen Scheidungserlebens

1. "Papa und Mama lassen sich scheiden" . . . 27
1.1 Der psychologische Scheidungszeitpunkt . . . 27
1.2 Sichtbare und unsichtbare Scheidungsreaktionen . . . 29
1.3 Trauer, Wut, Schuldgefühle und Angst . . . 34
1.4 Für Manfred und Katharina bricht eine Welt zusammen . . . 39

2. Die Nach-Scheidungs-Krise . . . 44
2.1 Gelungene und versäumte "Erste Hilfe" . . . 44
2.2 Die Scheidungsreaktionen der Kinder: Hilferuf und Konfliktstoff . . . 51
2.3 Die Situation des sorgetragenden Elternteils . . . 54
2.4 Auswirkungen auf die Beziehung zum Kind . . . 58
2.5 Akkumulation von Angst und Zusammenbruch der Abwehr . . . 61
2.6 Die mißlungene Regression . . . 68

3. Die posttraumatische Abwehr . . . 72

Zweiter Teil
Die Bedeutung der psychischen Entwicklung vor der Scheidung

4. Frühe Objektbeziehungsstörungen bei jungen Scheidungskindern . . . 76

5. Frühe Triangulierung und Individuationsprozeß . . . 88
5.1 Die Bedeutung der frühen Triangulierung . . . 88
5.2 Die unabgeschlossene Individuation . . . 94
5.3 Asynchrone Objektbeziehungsentwicklung bei unvollständiger Triangulierung . . . 96
5.4 Die aggressive Triangulierung . . . 102
5.5 Die kompensatorische Triangulierung . . . 106

6. Die ödipale Entwicklung . . . 110

6.1 "Verzerrungen" der ödipalen Entwicklung . . . 112
6.2 Die "aufgehobene" ödipale Entwicklung . . . 119
6.3 Gibt es ein "optimales Scheidungsalter?" . . . 122

7. Zwischenresümee: Versuch einer dynamischen Klassifikation von Scheidungsreaktionen . . . 127
7.1 Erlebnisreaktionen und stützende Maßnahmen . . . 128
7.2 Die Verstärkung "alter" Symptome . . . 136
7.3 Die spontane Traumatisierung . . . 138
7.4 Symptome als Folge psychischer Destrukturierungsprozesse; Gefahren und Chancen . . . 140
7.5 Posttraumatische neurotische Symptome bzw. Charakterentwicklungen . 144

Dritter Teil
Zur psychischen Entwicklung des Kindes nach der Scheidung

8. Günstige und ungünstige Entwicklungsbedingungen nach der Scheidung . . . 149
8.1 Literaturüberblick . . . 149
8.2 Ergänzende Anmerkungen . . . 153

9. Einiges über "böse Mütter", "verantwortungslose Väter" und "aufgehetzte Kinder" 158
9.1 "Das Kind ist nach den Besuchen beim Vater völlig durcheinander!" . 158
9.2 "Mama, ich mag nicht zum Papa!" und "Papa, ich möchte bei dir bleiben!" . . . 159
9.3 Das "aufgehetzte" Kind . . . 162
9.4 Die Liebe des Kindes zum geschiedenen Partner tut weh und macht Angst . . . 164
9.5 "Beim Vater darf er alles und ich bin die Böse!" . . . 166
9.6 Die "Pädagogisierung" der Mutter-Kind-Beziehung nach der Scheidung . . . 168
9.7 "Das Kind gehört mir!" Über die Rolle von Selbstachtung und Macht in der Beziehung zwischen Müttern und nicht-sorgeberechtigten Vätern . . . 172
9.8 Frustration und Streß statt Freude: Wie manche Väter die Besuchstage erleben . . . 178
9.9 Väter, die sich nicht (mehr) rühren . . . 183

10. Das "geschiedene" Kind . . . 185
10.1 Die Nach-Scheidungs-Krise in der Objektbeziehung zum Vater . . . 186
10.2 Die Ablehnung des Vaters als besondere Variante der posttraumatischen Symptomatik . . . 189

10.3 Mama hier, Papa dort ... Besonderheiten separierter Objektbeziehungen 193

11. Langfristige Auswirkungen der Scheidung auf die psychische Entwicklung des Kindes 206
12. Schluß. Neue Partner der Eltern 221

Anhang: Zur Untersuchungsmethode 225
Literatur 241

Exkurse zu einigen Grundbegriffen der psychoanalytischen Theorie:

Psychoanalyse, psychischer Konflikt und neurotisches Symptom 31
Objekt, Objektrepräsentanzen und Objektbeziehungen 65
Frühe Objektbeziehungen und Individuationsprozeß 79
Die infantile Sexualität 98
Über den Zusammenhang zwischen infantiler Neurose und "psychischer Gesundheit/Krankheit" im Erwachsenenalter 129

Vorwort

Dieses Buch basiert in erster Linie auf Erkenntnissen, die im Rahmen eines Forschungsprojekts des *Instituts für Angewandte Psychoanalyse* der Sigmund Freud-Gesellschaft Wien gewonnen wurden. Allen voran möchte ich den Mitgliedern des Projektteams danken, ohne deren fachliche Kompetenz, Engagement und Kooperationsbereitschaft die Arbeit nicht hätte gelingen können. Es sind dies: *Dr. Konstanze Buchinger, Dr. Angelika Fritz, Dr. Alix Paulus, SA Billie Rauscher, Dr. Thomas Stephenson, Dr. Brigitte Timel-Haas,* sowie *Mag. Inge Scholz-Strasser,* welche sich um die Administration und Koordination kümmerte.
Mein besonderer Dank gilt dem Präsidenten der Sigmund Freud-Gesellschaft, *Univ.-Doz. Dr. Harald Leupold-Löwenthal*, dafür, daß er mich mit der ehrenvollen wie faszinierenden Aufgabe der Durchführung und wissenschaftlichen Auswertung des Projekts betraute.
Dr. Silvia Janicek verdanke ich eine Reihe interessanter und überaus wertvoller Anregungen für dieses Buch. Schließlich möchte ich mit dieser Arbeit meiner Lehrerin und Förderin, *Dr. Martha Kos-Robes,* gedenken, deren plötzlicher Tod im vergangenen Jahr alle, die sie kannten und das Glück hatten, ihre Freundschaft zu besitzen, mit großer Trauer zurückließ.

Wien, im September 1990

Einleitung

I.

"Ich wünsche mir ja gar kein pflegeleichtes Kind, und es gehört ja zu einem Buben dazu, daß er lebhaft und auch hin und wieder schlimm ist." Frau B. seufzt. Dann schlägt sie die Augen nieder, und während sie fortfährt, merke ich, daß sie mit den Tränen kämpft: "Aber ich weiß einfach nicht mehr weiter, ich bin am Ende!" Dieser plötzliche Gefühlsausbruch kommt für mich überraschend. Frau B. suchte mich in meiner Praxis auf, um sich "ein paar pädagogische Ratschläge zu holen", wie sie mir am Telefon mitteilte. Vor der beschriebenen Szene schilderte sie mir ihren fünfjährigen Sohn *Leo* als aufgeweckten, gescheiten Buben, mit dem es lediglich Probleme gibt, wenn er Dinge tun soll, zu denen er gerade nicht aufgelegt ist, wie An- und Ausziehen, das Abdrehen des Fernsehapparates, Schlafengehen und ähnliches. Auch macht sich die Mutter über seine Schüchternheit gegenüber fremden Erwachsenen Gedanken. All dies erzählte sie in einer ganz ruhigen und sachlichen Art, zu welcher die plötzliche Verzweiflung ebenso wenig paßte wie zu der vergleichsweise harmlosen Symptomatik - sofern hier überhaupt von "Symptomen" die Rede sein kann. Ich mache Frau B. also auf diesen Widerspruch aufmerksam. Das hat zur Folge, daß sie in Tränen ausbricht und mir mitteilt, daß diese Konflikte inzwischen den Alltag beherrschen und sich die Beziehung zwischen ihr und Leo bereits so weit verschlechtert hätte, daß sie sich täglich mehrmals anschreien und -heulen und Leo seit einiger Zeit vor der Mutter davonläuft, wenn sie ihn vom Kindergarten abholt. Auf meine Frage, ob sie eine Idee hätte, womit diese Entwicklung zusammenhängen könnte, antwortet sie: "Ich habe keine Ahnung, aber vielleicht haben meine Verwandten und Freunde recht, wenn sie mir vorwerfen, ich hätte Leo verzogen, sei zu wenig streng und konsequent gewesen. Ich habe eben immer versucht, mein Kind mit Verständnis statt mit Strenge zu erziehen. Aber das Schlimme ist, daß ich das, was jetzt zwischen Leo und mir sich abspielt, überhaupt nicht mehr verstehe. Offenbar hab ich alles falsch gemacht!"
Die Stunde neigt sich bereits ihrem Ende zu, und ich mache Frau B. darauf aufmerksam, daß sie mir einiges über Leo und sich, ja über Verwandte und Freunde erzählt hätte, aber noch mit keinem Wort vom Vater die Rede gewesen sei. Sie bekommt einen roten Kopf, gerade so, als hätte ich sie bei etwas Verbotenem ertappt, und meint - ganz im Kontrast zu ihrer offenkundigen inneren Erregung - leichthin: "Ja, das ist richtig und hängt damit zusammen, daß der Vater für Leo so gut wie keine Rolle spielt. Wir sind seit zwei Jahren geschieden und Leo sieht seinen Vater höchstens alle ein bis zwei Monate einmal." Und auf eine diesbezügliche Frage bekräftigt sie, daß die Scheidung Leo sicher nichts ausgemacht hätte, weil er zum Zeitpunkt der Trennung - er war damals zwei Jahre alt - von all dem gar nichts mitbekommen habe und auch gar nicht traurig

gewesen wäre. Dabei nimmt Frau B. eine zunehmend abweisende Haltung ein und ist sichtlich bemüht, mich von einer ''falschen Spur'' abzubringen. Da die Stunde zu Ende ist, vereinbaren wir einen neuen Termin.
Natürlich kann nicht von vornherein angenommen werden, daß die Probleme zwischen Leo und seiner Mutter ausschließlich auf die Scheidung der Eltern zurückzuführen seien. Aber es ist doch recht erstaunlich, daß diese gebildete und - wie sie von sich selbst sagt - psychologisch interessierte Frau gar nicht die Möglichkeit in Betracht zieht, daß die Trennung vom Vater des Kindes zumindest einen Anteil an der Entwicklung von Leos Schwierigkeiten haben könnte. Solche Ungereimtheiten nun erregen den Verdacht des Psychoanalytikers, es könnten hier ungelöste psychische Konflikte vorliegen, die für das fragliche Problem von Bedeutung sind bzw. seiner Bewältigung entgegenstehen.
Wir fragen uns also, warum diese Mutter versuchte, die Scheidung vor mir zu verbergen. Ja, genaugenommen hatte ich den Eindruck, als ginge es dabei weniger um mich als darum, sich selbst die Konfrontation mit diesem Ereignis zu ersparen.
Eine Woche später liefert Frau B. selbst die Antwort. Sie beginnt von sich zu erzählen, von ihrer Ehe, von der Enttäuschung und Kränkung, als ihr Mann kurz nach Leos Geburt begann, sich nur mehr um das Kind oder um seine Freunde und Vergnügungen zu kümmern, seine Frau jedoch zunehmend vernachlässigte. Die Mutter konzentrierte sich immer mehr auf das Kind, wollte mit ihrem Mann auch nicht mehr schlafen, was das Klima zwischen beiden weiter verschlechterte. Mitte des zweiten Lebensjahres nahm dann bei ihr der Wunsch immer konkretere Gestalt an, das Kind einfach zu nehmen und ihren Mann zu verlassen. Und schließlich berichtet sie unter Tränen, wie sie monatelang um diesen Entschluß ringen mußte, weil sie das Gefühl hatte, Leo den Vater nicht nehmen zu dürfen. Obwohl dieser nur mehr selten zu Hause war, wurde er doch von Leo sehr geliebt. Wir dürfen annehmen, daß es gerade diese großen Schuldgefühle waren, welche Frau B. dahin brachten, die Bedeutung des Vaters für Leo, somit auch jene der Trennung, schließlich vollständig zu leugnen und sich die Meinung anzueignen, das Kind würde die Veränderung nicht mitkriegen. Andernfalls hätte sie den für sie so wichtigen Schritt möglicherweise nicht tun, hätte sie sich aus der für sie unerträglich gewordenen Gemeinschaft vielleicht gar nicht befreien können.
Frau B. steht mit ihrem Konflikt zwischen persönlichen Gefühlen und Bedürfnissen auf der einen Seite und dem elterlichen Gewissen auf der anderen Seite keineswegs allein da. Mit massiven Schuldgefühlen gegenüber den Kindern hat der Großteil der Eltern bzw. Elternteile zu kämpfen, die sich zu einer Scheidung entschließen. Sieht man sich die Statistik an, mögen diese Skrupel auf den ersten Blick überraschen. Immerhin wird in Österreich heute bereits jede dritte Ehe geschieden und jedes zehnte Kind wird vor seinem vierzehnten Geburtstag von der Scheidung seiner Eltern betroffen sein[1] (für die Bundesrepublik und die Schweiz dürften die Zahlen annähernd gleich sein). Angesichts dieser Entwicklung

[1] Loidl 1985; Stary 1989

ist es kaum noch vertretbar, die Auflösung einer Ehe, selbst wenn Kinder vorhanden sind, als vereinzelte Schicksale zu betrachten. Sowohl die Alleinerzieher- als auch die Stieffamilie scheinen inzwischen Variationen normaler Entwicklungsbedingungen geworden zu sein. Dieser sozialen Entwicklung steht allerdings ein öffentliches Bewußtsein gegenüber, dessen Ambivalenz den individuellen Konflikt sich scheidender Eltern spiegelt: eine allgemeine Befürwortung des persönlichen Rechtes, gescheiterte oder unbefriedigende Ehegemeinschaften zu lösen, kontrastiert mit einer ebenso allgemeinen Überzeugung von der Schädlichkeit der Scheidung für die von ihr betroffenen Kinder.

Die pädagogischen Bedenken gegen die Scheidung, die oft eine große Nähe zur moralischen Verurteilung haben ("die Eltern sollten zuerst an ihre Kinder denken..."), scheinen durch eine Vielzahl von Ergebnissen der empirischen Forschung gestützt, die sich in den letzten zehn bis fünfzehn Jahren verstärkt dem Thema Scheidung und Scheidungsfolgen für Kinder zugewendet hatte. So stellte sich heraus, daß die Scheidung der Eltern und die Wiederverheiratung des sorgetragenden Elternteils die häufigsten Anlässe für das erstmalige Auftreten von Symptomen darstellen, die Eltern veranlassen, Kinder an einer kinderpsychiatrischen Klinik vorzustellen[2]. Als häufige Symptome, welche Kinder nach der Scheidung der Eltern zeigen, werden in verschiedenen Untersuchungen beschrieben: allgemeine Unruhe, Freßsucht, Schlaflosigkeit[3]; viele Kinder beginnen wieder, nachts das Bett naß zu machen[4]; immer wieder kommt es zu Verhaltensauffälligkeiten, vor allem zu disziplinären Schwierigkeiten in Schule und Familie[5] oder zu Diebstählen[6]; oft entwickeln die Kinder psychosomatische Symptome, wie Magenschmerzen, Kopfschmerzen, Akne u.a.[7]. Der Großteil der Kinder, deren Eltern sich scheiden ließen, zeigen beträchtliche Irritationen des Gefühlsbereichs: Sie leiden unter Ängsten, Ruhelosigkeit und Trauer[8]; und bei fast allen Kindern ist ein deutlicher Anstieg des Aggressionspotentials zu bemerken, das sich in Form von Ärger oder Wut an einem oder beiden Elternteilen oder auch an anderen Kindern entlädt[9]; einige reagieren auch mit verstärkter Abhängigkeit und/oder sozialem und emotionalem Rückzug[10]. All diese Symptome gehen häufig mit Konzentrationsschwierigkeiten bzw. einem allgemeinen Abstieg in den Schulleistungen einher[11]. Daß es sich dabei in vielen Fällen nicht bloß um vorübergehende Störungen der Leistungsfähigkeit handelt, zeigt ein Vergleich der

2 Bühler/Kächele 1978

3 Z.B. Wallerstein/Kelly 1980

4 Z.B. Bühler/Kächele 1978; Wallerstein/Kelly 1980

5 Z.B. Guidubaldi/Perry 1985; Kalter/Plunkett 1984

6 Z.B. Bühler/Kächele 1978

7 Z.B. Doust 1983; Wallerstein/Kelly 1980

8 Z.B. Doust 1983; Wallerstein/Kelly 1980

9 Z.B. Bühler/Kächele 1978; Bernhardt 1986; Guidubaldi/Perry 1985; Kalter/Plunkett 1984; Wallerstein/Kelly 1980

10 Z.B. Guidubaldi/Perry 1985

11 Z.B. Bedkower/Oggenfuss 1980; Bernhardt 1986; Guidubaldi/Perry 1985; Leahy 1984; Wallerstein/Kelly 1980

durchschnittlichen Schulkarrieren oder des beruflichen Ausbildungsniveaus von Kindern aus Zwei-Eltern-Familien und den Kindern von Alleinerziehern bzw. geschiedenen Eltern: Alleinerzieher- und Scheidungskinder weisen im Durchschnitt einen kürzeren Schulbesuch auf, besuchen weniger oft mittlere und höhere Schulen und verfügen schließlich auch über ein geringeres berufliches Ausbildungsniveau[12].

Es verwundert also angesichts solcher Forschungsergebnisse nicht, wenn Eltern ihrer Kinder wegen vor einer Scheidung zurückschrecken, bzw. von Fachleuten, welche das Wohl der Kinder im Auge haben, oft vor der Scheidung gewarnt wird. Ja, es erhebt sich die Frage, *ob die Scheidung aus pädagogischer Sicht* überhaupt *verantwortbar* ist.

Nun ist es freilich so, daß viele Mütter und Väter gar nicht die Wahl haben, ob sie sich scheiden lassen sollen oder nicht; nämlich dann, wenn sie von ihrem Ehepartner ohne ihr Zutun verlassen werden. Aber auch von diesen Fällen abgesehen, sind gegen die Behauptung eines grundsätzlichen Widerspruchs zwischen persönlichen Bedürfnissen und pädagogischer Verantwortung in bezug auf die Frage der Scheidung einige Bedenken vorzubringen: Die berichteten Arbeiten über die Folgen der Scheidung erlauben nicht den Umkehrschluß, daß die betroffenen Kinder diese oder ähnliche gravierende Symptome *nicht* entwickelt hätten, wären ihre Eltern zusammengeblieben. Diese Einschränkung trifft auch auf jene Studien zu, welche die Entwicklung von Scheidungskindern mit jener von Kindern sogenannter "intakter" Familien vergleichen[13]. Diese Vergleiche lassen nämlich das Familienklima unberücksichtigt. Möglicherweise würden Scheidungskinder bei einem Vergleich mit Kindern, deren Eltern sich nicht vertragen, in deren Familien es aufgrund dessen immer wieder zu Konflikten kommt, weit weniger schlecht abschneiden. Im Zuge ihrer Langzeitstudie stellte Wallerstein[14] fest, daß Streitereien oder gar Tätlichkeiten zwischen den Eltern bei den Kindern regelmäßig große Angst hervorrufen. Selbst wenn solche Szenen sich nur selten ereignen, können sich Kinder noch Jahre danach deutlich an diese Auseinandersetzungen sowie an den Schmerz und die Angst, welche sie damals empfunden hatten, erinnern[15]. In einigen Fällen besonders schwerer Entwicklungsstörungen führt Wallerstein die psychischen Probleme der - inzwischen adoleszenten oder schon erwachsenen - ehemaligen Scheidungskinder sogar in erster Linie auf solche vor der Scheidung der Eltern liegenden Erlebnisse zurück[16].

In den letzten Jahren erschienen eine Reihe systemtheoretisch inspirierter Arbeiten, die sich weniger mit der Trennung als mit den Beziehungskonflikten der Eltern befassen, welche nach der Scheidung andauern, sich verschärfen oder neu

12 Knapp/Verzentnitsch 1983; Napp-Peters 1987; Wallerstein/Blakeslee 1989

13 Z.B. Napp-Peters (1987) Vergleich der Schulkarrieren von Kindern aus Zwei-Eltern- und Alleinerzieher-Familien.

14 Wallerstein/Kelly 1980 und Wallerstein/Blakeslee 1989

15 Vgl. auch Wolchik et al. 1985

16 Vgl. z.B. die Geschichte von Larry (Wallerstein/Blakeslee 1989, 146 ff.)

herstellen. Es herrscht allgemeine Einigkeit darüber, daß die Kinder, welche in den Kampf zwischen Mutter und Vater fast immer mit hineingezogen werden, dadurch in schwere Loyalitätskonflikte geraten, die sie überfordern und ihre seelische Entwicklung beeinträchtigen[17]. Diese Loyalitätskonflikte sind aber kein Spezifikum der Scheidung, sondern stellen sich auch bei Kindern noch verheirateter Eltern ein, die im Zuge ihrer ehelichen Auseinandersetzungen von den Kindern - bewußt oder unbewußt - eine Parteinahme erwarten.
Kinder sind sehr sensibel für die Stimmungsschwankungen ihrer Eltern. Sie spüren daher auch, wenn ein Elternteil unglücklich ist und leidet. Nicht selten geraten solche Kinder in die Rolle des Ehetherapeuten, versuchen, die Eltern oder einen Elternteil zu trösten oder Maßnahmen zu ergreifen, welche eine Wiederversöhnung der Eltern herbeiführen sollen[18]. Diese Anstrengungen beginnen jedoch in vielen Fällen bereits lange vor der Scheidung. Oft sind sogenannte Scheidungssymptome bereits vor der endgültigen Trennung der Eltern aufgetreten, und nicht selten haben sie die unbewußte Funktion, die Eltern von ihren Eheproblemen abzulenken und sich in der Sorge um das Kind wieder zu verständigen. Manche Kinder versuchen dieses Ziel auch dadurch zu erreichen, daß sie sich bemühen, ihren Eltern möglichst wenig Ärger zu machen und sich besonders angepaßt zu verhalten[19]. Wenn die Annahme zutrifft, daß durch Erlebnisse physischer und psychischer Gewalt, Loyalitätskonflikte, Versöhnungsanstrengungen und übermäßige Anpassungen die seelische Entwicklung der Kinder beeinträchtigt werden kann, so heißt das, daß einige Faktoren, die für die Entwicklung von "Scheidungssymptomen" verantwortlich sind, auch für Kinder von Konfliktfamilien gelten.
Spricht aber nicht Bühler und Kächeles Befund, daß Scheidung und Wiederverheiratung des sorgetragenden Elternteils die häufigsten Anlässe für Konsultationen beim Kinderpsychiater darstellen, eine eindeutige Sprache gegen die Scheidung? Einmal abgesehen von der fraglichen Repräsentativität der Untersuchung für die Gesamtheit einschlägiger Beratungseinrichtungen, ist die Variable *Konsultation* doch ein eher zweifelhaftes Kriterium für die psychohygienische Bewertung der Scheidung im Vergleich zu anderen pathogenen Faktoren. Jeder pädagogische und psychologische Praktiker weiß von der Schwellenangst der Eltern, sich im Falle von Erziehungsschwierigkeiten professioneller Hilfe zu bedienen. Es könnte sein, daß der hohe Anteil von Scheidungen an den Untersuchungsanlässen zum Teil auch daher kommt, daß es Eltern leichter fällt, über Probleme ihrer Kinder zu sprechen bzw. Hilfe in Anspruch zu nehmen, wenn die "Schuld" an diesen Problemen einem "äußeren Ereignis" wie der Scheidung oder einer anderen Person - etwa dem Ehepartner, der sich scheiden lassen wollte - anlastbar ist. Fehlt hingegen ein solcher sichtbarer Anlaß oder läßt sich die Schuld nicht einer anderen Person zuschreiben, haben Probleme von Kindern für deren Eltern stets

[17] Dieses Problem wird uns noch ausführlich beschäftigen.
[18] Z.B. Bernhardt 1986; Wille 1985a, 1985b; Wolchik et al. 1985
[19] Bernhardt 1986; Psychoanalytic inferences 1983

etwas von persönlichem Versagen an sich. Und die daraus resultierende Scham hemmt diese Eltern oft, jene Schwierigkeiten gegenüber einem anderen, ja häufig sich selbst gegenüber einzugestehen. Viele finden den Weg zum Berater, wenn überhaupt, erst dann, wenn sie nicht mehr aus noch ein wissen. Dies gilt auch für jene Mütter und Väter, die die Initiative zur Scheidung ergriffen hatten. Und selbst dann stoßen wir, wie bei der Mutter von Leo, zunächst auf eine Verleugnung des eigenen Anteils an den Problemen des Kindes.

Es gibt noch ein Argument, das es zweifelhaft erscheinen läßt, in der Scheidung eine Handlung zu erblicken, die höchstens den (''egoistischen'') Bedürfnissen der Eltern, in keinem Fall jedoch den Interessen der Kinder dient: Unter dem Unglücklichsein oder der Unzufriedenheit der Eltern leiden im allgemeinen auch die Kinder. So wenig leider der Umkehrschluß gilt, daß zufriedene Eltern automatisch gute Eltern sind, kann doch als gesichert gelten, daß die Fähigkeit, sich in das Kind einzufühlen - ein Hauptkriterium guter Erziehung -, in dem Maße abnimmt, in dem Eltern vom Leben enttäuscht sind, sich von persönlichen Problemen überlastet und unglücklich fühlen. Kommt nun noch dazu, daß die Mutter und/oder der Vater ihre unbefriedigende Lebenssituation ''zum Wohle des Kindes'' aufrechterhalten, kann es leicht passieren, daß das Kind, statt seine Eltern zu erfreuen und ihr Leben zu bereichern, zum Sinnbild für das Scheitern dieses Lebens und - natürlich unbewußt - für sie zum Schuldigen wird. Solche Eltern-Kind-Beziehungen sind hoch ambivalent und zeichnen sich dementsprechend durch eine große Bereitschaft zu (offener oder subtiler) Aggressivität aus.

Natürlich sollen sich Eltern, deren Ehe in eine Krise geraten ist, bemühen, ihre Konflikte zu bereinigen, bevor sie sich zur endgültigen Trennung entschließen. Aber das Bemühen um die Aufrechterhaltung der Ehe scheint angesichts der angestellten Überlegungen auch in Hinblick auf die Entwicklungsinteressen der Kinder nur so lange sinnvoll, als die Beziehung der Eltern noch eine Perspektive hat, gemeinsame Konfliktlösungen noch denkbar sind. Die vorliegenden Forschungsergebnisse rechtfertigen jedenfalls nicht die (oft geäußerte) Ansicht, daß eine Scheidung höchstens für die Eltern gut sein mag, für die Kinder hingegen stets die schlechteste Lösung darstellt.

Solche moralischen Polarisierungen von persönlichen Interessen und elterlichen Pflichten machen die Scheidung zum Sündenfall. Wohin die durch solche Ansichten geförderten Schuldgefühle geschiedener Eltern führen können, läßt sich am Beispiel von Frau B. gut verfolgen. Für diese Mutter ist die Vorstellung, mit dem Entschluß, sich von ihrem Mann zu trennen, ihrem Kind ein - möglicherweise irreversibles - Leid anzutun, unerträglich. Die Erfüllung des an sich legitimen *Wunsches*, Leo möge die Scheidung nichts ausmachen, wird für Frau B. somit zur notwendigen *Bedingung* dafür, sich aus der unerträglich gewordenen Ehe zu befreien. Was jedoch soviel heißt, daß die Scheidung Leo nichts ausmachen *darf*. Somit bedeutet jede negative Reaktion des Kindes eine Bedrohung für das seelische Gleichgewicht der Mutter, die diese Reaktionen daher verleugnen oder auf einen anderen Anlaß schieben muß. Das Tragische an einem solchen Umgang mit unbewußten Konflikten - die Psychoanalyse spricht in solch einem Fall von (unbewußter) Konflikt*abwehr* - liegt darin, daß sich Frau B. auf diese Weise jeder Möglichkeit beraubt, ihrem Kind bei der Bewältigung *seiner* Scheidungskrise zu helfen.

II.

Was aber können Eltern tatsächlich tun, um traumatischen Auswirkungen einer Scheidung auf die Kinder vorzubeugen oder sie wenigstens möglichst gering zu halten und die Chance, welche die Auflösung einer konfliktträchtigen Ehe möglicherweise auch für die Kinder enthält, zu realisieren?
Statistische Untersuchungen über Art und Häufigkeit sogenannter Scheidungssymptome helfen da freilich nicht viel weiter, denn Art und Schwere von äußeren Symptomen sagen weder etwas über die Art der Probleme, an denen das Kind leidet, noch über die langfristigen Auswirkungen dieser Probleme aus. Aus psychoanalytischer Sicht sind für eine solche Beurteilung vor allem die Konflikte entscheidend, die hinter den Symptomen stehen, oder anders ausgedrückt: die (unbewußte) *Bedeutung* der Symptome[20]. Ohne deren Kenntnis kann weder das aktuelle Problem des Kindes verstanden werden, noch läßt sich abschätzen, ob etwa das Verschwinden der Symptomatik tatsächlich einer Bewältigung der Konflikte gleichkommt. Es kann auch sein, daß sich diese Konflikte im Zuge der Entwicklung des Kindes bzw. aufgrund veränderter Lebensumstände lediglich einer neuen Ausdrucksform bedienen, die "stiller", weniger auffällig und (von der Umwelt) als minder störend empfunden wird, als "neurotische Hypothek" jedoch die seelische Entwicklung des Kindes weiterhin belasten. Dagegen folgt fast die gesamte Literatur über Scheidungsfolgen bei Kindern einem vereinfachten *Anpassungskonzept*, indem Auftreten und Verschwinden von Symptomen (das freilich häufig wohl nur ein Nichtbemerken von Symptomen ist) mit dem Auftreten und Verschwinden psychischer Probleme gleichgesetzt wird. Das gilt nicht nur für die statistisch-empirischen, sondern auch für die meisten "systemischen", familientherapeutischen Arbeiten. Selbst Wallerstein, deren Ansatz zumindest als "psychoanalytisch inspiriert" bezeichnet werden kann, stellt nach ihren ersten Katamnesen optimistisch fest, daß innerhalb von fünf Jahren nach der Scheidung bei vielen Kindern die Symptome abgeklungen seien und demnach etwa 40% der Kinder die Scheidung befriedigend bewältigt hätten (Wallerstein/Kelly 1980). Aufgrund ihrer Nachuntersuchungen zehn und fünfzehn Jahre nach der Scheidung (Wallerstein/Blakeslee 1989) mußte sie erkennen, daß die Scheidung der Eltern auch bei einer Reihe dieser Kinder, die sich wieder anpassen konnten, tiefe Spuren hinterlassen hatte:
"Die dreieinhalbstündige Unterhaltung mit Denise hat mir klargemacht, daß wir

[20] Vgl. den Exkurs zur psychoanalytischen Theorie der Neurosenbildung auf S. 31ff.

von falschen Voraussetzungen ausgegangen sind'' (ebd., 91). ''Die Spätfolgen verdrängter Gefühle bei Kindern aus geschiedenen Ehen konnten wir nur dank unserer Langzeitstudie nachweisen. Bei Kindern unserer Versuchsgruppe, die in der Pubertät und in der Schule kaum Probleme hatten, kamen die danach auftretenden seelischen Krisen völlig überraschend. Erst nachdem Denise bekannte, daß sie leide, kamen wir auf die Idee, auch bei anderen jungen Frauen verzögerte Reaktionen zu vermuten...'' (ebd., 95).

Nicht jedes auffällige Verhalten eines Kindes muß indes ein neurotisches Symptom i.e.S. sein. Ein radikaler Bruch in den Lebensverhältnissen, wie ihn die Scheidung darstellt, *muß* Reaktionen nach sich ziehen, sofern das Kind beide Eltern liebt. Solche ''Erlebnisreaktionen'' (W. Spiel)[21] sehen äußerlich oft wie neurotische Symptome aus, verschwinden jedoch ersatzlos im Zuge eines neuen Schrittes der Ich-Entwicklung, sei es durch Gewöhnung, durch Älterwerden, durch eine neuerliche Veränderung äußerer Umstände oder eine pädagogisch-therapeutische Stützung des Kindes. Abgesehen davon, daß auffällige Verhaltensweisen kein psychodynamisches Etikett tragen (''Neurotisches Symptom'' vs. ''Erlebnisreaktion''), enthebt uns jedoch auch die ''bloße'' Erlebnisreaktion nicht der Aufgabe, die seelische Situation dieses Kindes zu verstehen. Die klinische Erfahrung zeigt, daß unangemessene Antworten der Umwelt auf jene (normalen) Irritationen der Kinder die Aufarbeitung des auslösenden Erlebnisses behindern und schließlich sogar seelische Konflikte provozieren können, die ihrerseits nur mehr neurotisch, d.h. über unbewußte Abwehrprozesse, gelöst werden können.

Was also nottut, ist zu verstehen, wie es dem je konkreten Kind geht, welche *Bedeutung* seiner besonderen Art, auf die Scheidung der Eltern zu reagieren, zukommt, welche psychischen Prozesse dabei ins Spiel kommen und wie diese Vorgänge die künftige seelische Entwicklung beeinflussen könnten. Dann wird es auch sinnvoll und möglich, sich Gedanken darüber zu machen, wie diesem Kind bei der Bewältigung seiner aktuellen Krise zielführend geholfen werden kann.

Nun ist diese Art des Verstehens Domäne und Privileg der Psychoanalyse. Aber die Psychoanalytiker haben sich um die Scheidung bislang nur im Kontext individueller Pathologie gekümmert, d.h. nur insofern, als eben einige ihrer Patienten oder deren Eltern eine Scheidung hinter sich hatten, welche dann im Zuge des psychotherapeutischen Prozesses mit zur Sprache kam. Mit dieser Beschränkung auf individuelle Schicksale bleibt die Psychoanalyse jedoch hinter ihren Möglichkeiten zurück. So wenig die symptomorientierten Forschungen zur Scheidung zwar für die Frage hilfreicher Interventionen leisten, machen sie uns doch - und das ist ihr Hauptverdienst - darauf aufmerksam, daß der teilweise Verlust eines Elternteils bei so gut wie allen Kindern zu Irritationen des seelischen Gleichgewichts führt, welche neurotische Prozesse mit Langzeitwirkung in Gang bringen können. Natürlich ist das seelische Problem jedes einzelnen Kindes ein besonderes. Es ist jedoch nicht unwahrscheinlich, daß die psychoanalytische

[21] Zum Konzept der ''Erlebnisreaktion'' vgl. Spiel 1967 und S. 128ff. in diesem Buch

Erforschung einer größeren Anzahl individueller Scheidungsschicksale zu Ergebnissen führt, die es rechtfertigen, auch *allgemeine Aussagen von überindividueller Gültigkeit* zu formulieren. Es ist nämlich anzunehmen, daß angesichts eines so prägnanten äußeren Ereignisses, wie der räumlichen Trennung von einem der beiden meistgeliebten und -benötigten Menschen im Leben eines Kindes, sich bestimmte Wünsche, Phantasien, Konfliktkonstellationen und Bewältigungsstrategien besonders häufig einstellen bzw. eine beschränkte Anzahl von Alternativen psychischen Reagierens eine besonders hohe Auftretenswahrscheinlichkeit hat. Und noch etwas erscheint möglich: Richtet man das analytische Erkenntnisinteresse nicht nur auf das Kind, sondern beobachtet man ebenso die Probleme der Bezugspersonen des Kindes, ihre Einstellungen, typischen Interaktionsmuster und andere Umweltgegebenheiten, so könnten sich Einsichten über Zusammenhänge zwischen kindlichem Erleben und Verarbeiten der Krise auf der einen und äußeren Umständen auf der anderen Seite gewinnen lassen. Wenngleich solche Zusammenhänge nie als zwingend eindeutig zu sehen sind, so ließen sich doch Aussagen darüber machen, angesichts welcher "äußeren" Umstände[22] welche Erlebnis- und Verarbeitungsweisen des Kindes mehr oder weniger wahrscheinlich sind, welche gefördert oder eher behindert werden.

III.

Diese Überlegungen mündeten schließlich in den Entschluß zur Durchführung eines psychoanalytischen, oder vielleicht besser: psychoanalytisch-pädagogischen Forschungsprojektes[23] über die Auswirkungen der Scheidung auf die psychische Entwicklung der Kinder. Die Initiative dazu ging von Harald Leupold-Löwenthal aus, dem Präsidenten der Sigmund Freud-Gesellschaft in Wien und Vorsitzenden des Instituts für Angewandte Psychoanalyse, welches als offizieller Projektträger fungierte. Nachdem die Finanzierung durch den Jubiläumsfond der Österreichischen Nationalbank sichergestellt war, konnte Ende 1986 mit den organisatorischen Vorarbeiten begonnen werden. Anfang 1987 wurde ich mit der methodischen Konzeption und Leitung des Projekts betraut und das Forschungsteam zusammengestellt[24].

[22] Zu den "äußeren" Umständen gehört (in diesem Zusammenhang) auch die "innere", d.h. psychische Verfassung der Eltern, deren Probleme, Gefühle und Konflikte.

[23] Mit den oben formulierten Fragen überschreitet die Psychoanalyse zweifellos ihren Praxisbereich: von der bloß therapeutischen zu einer pädagogischen Verwertung ihrer Erkenntnisse bzw. Erkenntnismöglichkeiten. In den Jugendtagen der Psychoanalyse (in den Zwanziger- und Dreißigerjahren) spielte die Anwendung psychoanalytischer Theorien auf Fragen der Kindererziehung noch eine große Rolle. Aber erst in den letzten zehn Jahren läßt sich eine, auf Seiten der Psychoanalytiker freilich nicht unumstrittene, Wiederbelebung dieser Tradition einer "Psychoanalytischen Pädagogik" feststellen. (Zum derzeitigen Stand der neueren psychoanalytisch-pädagogischen Forschung vgl. v.a. Trescher 1990 und Horvath/Scheidl-Trummer 1989)

[24] Das Projektteam bestand durchwegs aus psychoanalytisch ausgebildeten Psychologen und Pädagogen, sowie einer als Familientherapeutin ausgebildeten Sozialarbeiterin (vgl. S. 9).

Das Herzstück des Projekts bildete eine Beratungsstelle für geschiedene und in Scheidung befindliche Eltern. Diese Beratungsstelle, welche eigens für das Projekt eingerichtet wurde, befand sich auf überaus geschichtsträchtigem Boden: in der Berggasse 19, Tür 5, der ehemaligen Privatwohnung Sigmund Freuds, die erst kurz zuvor von der Sigmund-Freud-Gesellschaft erworben werden konnte. Zur Beratung meldeten sich Eltern, die durch Presse, Lehrer, Kindergärtnerinnen, durch Jugendämter, Rechtsanwälte, Familienrichter und andere auf diese Möglichkeit, Rat und Hilfe zu erhalten, aufmerksam gemacht wurden. Die Beratung war kostenlos, setzte aber die Bereitschaft der Eltern voraus, sich und ihre Kinder einer eingehenden diagnostischen Untersuchung zu unterziehen. Sollte das Projekt psychoanalytischen Ansprüchen gerecht werden, konnten wir uns aber nicht einfach darauf beschränken, den theoretischen Rahmen der Hypothesenbildung und der Interpretation der Ergebnisse von der Psychoanalyse herzuleiten. Der besondere Gegenstand des psychoanalytischen Interesses - die innerpsychischen, insbesondere unbewußten Vorgänge, und zwar in diesem Fall sowohl der Kinder als auch der Eltern - ist an ein spezifisches methodisches Vorgehen geknüpft. Nun eignete sich allerdings die "klassische" psychoanalytische Untersuchungsmethode, also die Erfassung psychischer Daten im Rahmen der psychoanalytischen Therapie, aus mehreren Gründen nicht für unser Forschungsvorhaben: Zum einen würde die Beschränkung auf das psychoanalytische Setting - von den zeitlichen und finanziellen Problemen einmal abgesehen - eine gravierende Einschränkung der in Frage kommenden Klientel mit sich bringen: sind es doch meist höher gebildete und/oder einschlägig interessierte Eltern, welche sich zu einer Psychoanalyse ihrer Kinder oder gar zu einer eigenen Analyse entschließen; und wir würden vor allem nur solche Kinder zu Gesicht bekommen, die bereits eine besonders auffallende und für die Eltern besorgniserregende Symptomatik entwickelt haben. Noch schwerer aber wiegt, daß diese Weise psychoanalytischen Forschens zwar die Psychodynamik der untersuchten Personen sichtbar werden läßt, jedoch erstens die Isolierung der Variable "Scheidung" nach einem Prozeß, der Monate, ja Jahre in Anspruch nimmt (und während dessen sich der Analysand laufend verändert) nur schwer möglich ist, und zweitens die Zusammenhänge zwischen psychodynamischen Vorgängen und äußeren Verhältnissen innerhalb des therapeutischen Settings kaum erkennbar sind.
Aus diesen Gründen haben wir uns für eine Untersuchungsmethode entschieden, welche sich wesentlich auf projektive Tests stützt, die nach psychoanalytischen Gesichtspunkten durchgeführt und ausgewertet und durch psychoanalytisch orientierte Interviews mit den Eltern ergänzt wurden[25]. Im Durchschnitt sprachen wir mit den Eltern vier Mal je eineinhalb Stunden, die Kinder sahen wir drei bis vier Mal, (je nach Alter) zwischen fünfzig und neunzig Minuten. Die Gespräche

[25] Wenn dieses Vorgehen die von uns angestrebten Erkenntnisse erbringen sollte, mußten zuvor einige theoretische Probleme gelöst werden. Im Anhang dieses Buches wird auf diese Fragen ausführlich eingegangen und die sich daraus ergebenden Konsequenzen für das methodische Setting erläutert.

bzw. Tests wurden vom jeweiligen Untersucher und im Anschluß daran nochmals in mehrstündigen Teamsitzungen nach einem eigens für dieses Projekt ausgearbeiteten diagnostischen Profil ausgewertet. Bei der Auswertung ging es in erster Linie um die psychodynamischen und interaktionellen Probleme des Falles, aber auch um die notwendigen und erfolgversprechenden Interventionsmöglichkeiten. In einem dritten Schritt kam es mit den Eltern - bei älteren Kindern unter Umständen auch mit den Kindern - zu einer Besprechung der Untersuchungsergebnisse. Bei diesen Gesprächen kam es ganz wesentlich darauf an, die Aktivierung von (bewußten und unbewußten) Widerständen gegen die Untersuchungsergebnisse zu vermeiden bzw. - wo das nicht gelang - diese Widerstände zu bearbeiten. Denn die Testbesprechung sollte über die Information der Eltern hinaus deren Kontakt zum jeweiligen Untersucher vertiefen und in eine psychoanalytisch-pädagogische Beratung überführen. Diese konnte in einer intensiven Betreuung über einen kürzeren Zeitraum bestehen; andere Eltern sahen wir in größeren Abständen über Wochen und Monate hinweg. Im Herbst 1987 richteten wir überdies eine Elterngruppe ein.
Selbstverständlich diente die Beratung zunächst der Hilfe für die betroffenen Kinder und ihre Eltern und stellte eine Art Gegenleistung für die Zeit dar, die sie uns zur Verfügung gestellt hatten. Darüber hinaus eröffnete sich uns dadurch aber auch einerseits die Möglichkeit der Kontrolle (Verifizierung) der Untersuchungsergebnisse. Schließlich konnten wir die Wirksamkeit, die Methoden und Chancen einer psychoanalytisch-pädagogischen Beratung untersuchen, die jenseits - oder besser: zwischen - einer (kognitiv orientierten) Beratung einerseits und einer psychoanalytischen Therapie andererseits angesiedelt ist[26].
Das Forschungsprojekt hatte eine Laufzeit von zwei Jahren. In dieser Zeit wurden 40 Kinder und deren Lebensumstände der im Setting vorgesehenen ausführlichen Untersuchung unterzogen. Nimmt man die Auswertungen (einzeln und im Team) sowie die Beratung der Eltern (welche ja weitere Aufschlüsse brachte) hinzu, so haben wir uns mit jedem Kind im Durchschnitt zwischen 35 und 40 Stunden beschäftigt. Die gewonnenen neuen Erkenntnisse wurden Ende 1988 im Projekt-Abschlußbericht dokumentiert. Mit einer Veröffentlichung sollte bis zum Abschluß der geplanten Nachfolgeuntersuchungen gewartet werden, zu denen wir dieselben Eltern und Kinder drei bis fünf Jahre nach Abschluß der Betreuung einladen wollten. In der Zwischenzeit wollte ich mich anderen Arbeitsschwerpunkten und meiner ''normalen'' psychotherapeutischen Praxis widmen.
Aber es kam ganz anders. Die Scheidung ''ließ mich nicht mehr los''. Durch Presseberichte, durch Erfolge unserer Interventionen bei einigen schwierigen Fällen, die von Familienrichtern an uns verwiesen worden waren, und durch Mundpropaganda entstand binnen kurzer Zeit ein reges Interesse an unseren Untersuchungsergebnissen in der deutschsprachigen Fachöffentlichkeit. Es kamen Einladungen zu Vorträgen oder Diskussionen mit Fachleuten der verschiedensten

[26] Zur Methodik der psychoanalytisch-pädagogischen Elternberatung - mit dem Schwerpunkt ''Beratung von Scheidungseltern'' - ist eine gesonderte Publikation in Vorbereitung.

Disziplinen, die mit dem Thema Scheidung befaßt waren (Psychologen, Pädagogen, Sozialarbeiter, Richter), ich wurde zu Treffen von Selbsthilfegruppen von geschiedenen Eltern und alleinerziehenden Müttern und Vätern gebeten, und nicht zuletzt fanden viele geschiedene oder vor der Scheidung stehende Eltern den Weg in meine Privatpraxis. Durch diese Kontakte lernte ich immer neue Spielarten von Problemen, welche die Scheidung mit sich zu bringen vermag, kennen; wurde ich mit unerwarteten Fragen und Problemen konfrontiert; auf alternative, neue Lösungsansätze und Ideen aufmerksam. Und - was für den Entschluß, dieses Buch zu schreiben, maßgeblich war - ich konnte sehen, wie sehr die im Zuge unseres Projekts gewonnenen Erkenntnisse und das, was ich in der Folge an Neuem gelernt hatte, schon jetzt Betroffenen in ihrer schwierigen Situation eine gewisse Hilfe sein konnte. Als mir dann, gerade in der Phase des Schwankens zwischen Veröffentlichen und Warten auf die Folgeuntersuchung, der Matthias-Grünewald-Verlag ein Publikationsangebot machte, stand der Entschluß, das Buch jetzt zu schreiben, fest.

IV.

Wie aber sollte dieses Buch aussehen? Den zentralen Untersuchungsgegenstand des Forschungsprojektes bildete die Psychodynamik des kindlichen Scheidungserlebens, welche erstens einen Schlüssel für die Erkenntnis möglicher Langzeitfolgen der Scheidung und zweitens Aufschlüsse über den Zusammenhang zwischen psychischer Entwicklung und "äußeren" (also prinzipiell auch veränderbaren) Bedingungen liefern sollte. Jedes Erlebnis hat eine bewußte und eine unbewußte Dimension; es ist abhängig von der aktuellen psychischen Verfassung und der Geschichte des Individuums und von den Beziehungen in Gegenwart und Vergangenheit; Beziehungen werden zu subjektiven Strukturen verinnerlicht, und diese verändern und gestalten die Beziehungen mit; hinter diesen stehen wieder Individuen (hier vor allem die Eltern) mit bewußten und unbewußten Konflikten usf. Die Komplexität des Gegenstandes macht es erforderlich, dieses gleichzeitige Miteinander dynamischer Faktoren in der Beschreibung zu einem Neben- und Nacheinander zu machen. Dafür boten sich zunächst zwei bewährte Darstellungsformen an. Die erste würde darin bestehen, an das komplexe Geschehen mit unterschiedlichen, klar definierten Sichtweisen heranzugehen. Also zum Beispiel: Die Scheidung im (bewußten) Erleben der Kinder/Unbewußte Aspekte in den projektiven Tests/Die Scheidung im Erleben der Mutter, des Vaters/Interaktionelle Aspekte der Eltern-, Mutter-Kind- und Vater-Kind-Beziehung usw. Daran anschließend ein Kapitel über empirische Befunde von Langzeitfolgen, pädagogische und therapeutische Interventionsformen u.ä. Die zweite Darstellungsmethode würde in einer geschickten, nach spezifischen Problemschwerpunkten ausgewählten Folge von ausführlichen Fallgeschichten bestehen, wofür sich etwa Wallerstein in ihrer letzten Arbeit (Wallerstein/Blakeslee 1989) entschied.
Das Problem der ersten Systematik liegt m.E. darin, daß die verschiedenen

Perspektiven das faktisch Zusammengehörige zu weit voneinander trennen, um einem Anspruch gerecht zu werden, der - neben eher theoretischen Interessen - das gesamte Forschungsprojekt und meine eigene psychoanalytisch-pädagogische Arbeit leitete: konkrete Probleme von Kindern, Müttern und Vätern in ihren komplexen Bedingungszusammenhängen besser *verstehen* zu können. Auf den ersten Blick scheint die Methode der Fallstudien diesen Anspruch einzulösen. Die Gefahr besteht jedoch darin, daß die inneren Zusammenhänge *zwischen* Einzelphänomenen und verschiedenartig gelagerten Einzelschicksalen, speziell für den psychologischen Laien, nur mehr sehr schwer rekonstruierbar sind. Das nur am Einzelfall haftende "Verständnis" kann dann sehr leicht zu selektiven und unrichtigen Verallgemeinerungen führen. So beklagte sich zum Beispiel erst vor kurzem bei mir eine Mutter darüber, ihr geschiedener Mann würde an den Besuchstagen nicht nur immer die Partei des Sohnes ergreifen, wenn sich dieser über erzieherische Maßnahmen der Mutter bei ihm beschwert, sondern dem Buben gegenüber nachdrücklich die pädagogische Einstellung der Mutter kritisieren. Darauf angesprochen, bekannte sich der Vater dazu, wandte sich an seine Ex-Gattin und belehrte sie: "Hättest Du das Buch von Wallerstein gelesen, wüßtest Du, daß Buben, die ausschließlich im Einflußbereich der Mutter aufwachsen, später Probleme mit ihrer sexuellen Identität haben!" Nun ist diese Behauptung des Vaters in gewisser Hinsicht durchaus zutreffend, als Rechtfertigung für sein Verhalten taugt sie freilich wenig. Ist doch anzunehmen, daß er mit dieser Illoyalität gegenüber seiner Exgattin dem Buben und der Mutter mehr Probleme bereitet als zu lösen hilft.

Resultat dieser Überlegungen war, daß ich mich entschloß, auf eine *einheitliche* Systematik zu verzichten und statt dessen den Aufbau des Buches dem Ziel zu unterstellen, Verstehen, oder richtiger: Verstehensmöglichkeit zu initiieren und im Fortgang der Arbeit durch immer neue Aspekte zu erweitern und zugleich zu differenzieren. Die Grundstruktur repräsentiert gewissermaßen die Situation eines Kindes nach der Scheidung, das diese Lebensveränderung bewältigen muß (Erster Teil), eine Vergangenheit innerhalb einer "kompletten" Familie hat, welche "hinter" der psychischen Gegenwart zum Vorschein kommt (Zweiter Teil) und eine Zukunft unter veränderten, "geschiedenen" Lebensverhältnissen, in welche das Kind seine Vergangenheit und Gegenwart als Kapital oder Hypothek einbringt (Dritter Teil). Jeden dieser Teile benütze ich, um bestimmte Aspekte des komplexen Bedingungsgefüges psychischen Erlebens in den Vordergrund zu rücken, die, wie ich hoffe, der Leser in die folgenden Teile der Arbeit "mitzunehmen" vermag. Den Schwerpunkt des *ersten Teiles* bildet die *Konfliktdynamik des Trennungserlebnisses* und die Entwicklung der *Mutter-Kind-Beziehung* nach der Scheidung. Die Rolle des Vaters[27] wird in diesem

[27] Genaugenommen sollte ich nicht von Mutter und Vater, sondern vom sorgeberechtigten und nicht-sorgeberechtigten (oder weggeschiedenen) Elternteil sprechen. Da die Zahl der sorgeberechtigten Väter noch immer sehr gering ist, erlaube ich mir aus sprachlichen Gründen und Gründen der Anschaulichkeit immer wieder einfach von der "Mutter" und "dem Vater" zu sprechen. Allerdings ist in Rechnung zu stellen, daß die Situation des *sorgeberechtigten und alleinerziehen-*

Abschnitt in erster Linie unter dem Gesichtspunkt der Trennung bzw. seiner plötzlichen Abwesenheit vom Alltag des Kindes reflektiert. Die unterschiedliche Art und Weise, wie Kinder auf die Scheidung reagieren und die ersten ein bis zwei Jahre danach bewältigen, weist über die Gegenwart hinaus auf sehr unterschiedliche Entwicklungsschicksale vor der Scheidung. Dieser *zweite Teil* rückt *Besonderheiten der psychischen Entwicklung* unter der Voraussetzung einer *nicht mehr funktionierenden Liebesbeziehung zwischen den Eltern* in den Vordergrund. Ich bespreche mögliche Auswirkungen von Beziehungskonflikten zwischen Mutter und Vater auf die seelische Entwicklung des Kindes in den einzelnen Entwicklungsphasen. Dieser eher entwicklungspsychologische Beitrag eröffnet drei Einsichten: Erstens, daß bzw. in welcher Hinsicht die Probleme des Scheidungskindes keineswegs erst mit der Scheidung im engeren Sinn beginnen; zweitens gibt er eine Vorstellung davon, welche altersspezifischen Probleme eine Scheidung mit sich bringen kann; und drittens, in welcher Art und Weise die Entwicklungsgeschichte des Kindes die Bedeutung, die es dann später der Scheidung der Eltern beimißt, bzw. wie es sie bewältigt, beeinflußt. Der *dritte Teil* beginnt wie der erste zum Zeitpunkt der Scheidung, behandelt die Entwicklung des Kindes nun aber weniger unter dem Aspekt der Trennung, sondern der *veränderten Beziehungsverhältnisse*. Außer den spezifischen Problemen des Kindes in der Besuchsbeziehung zum Vater widme ich in diesem Teil des Buches den *Trennungs- und Beziehungsproblemen der Eltern* besondere Aufmerksamkeit. Denn deren (wenigstens teilweise) Lösung bildet den letzten Schlüssel für die Gestaltung von Rahmenbedingungen einer Entwicklung des Kindes, welche einst mehr Hoffnungen erfüllen als enttäuschen soll. *Nicht* behandle ich dagegen die speziellen Probleme, welche *neue Partnerschaften* der Eltern mit sich bringen. Es handelt sich dabei um ein Ereignis, dessen psychodynamische Auswirkungen und Zusammenhänge von ähnlicher Vielfalt und Komplexität sind wie jene der Scheidung und daher den Rahmen des Buches gesprengt hätte. Von einigen kurzen Hinweisen abgesehen[28], muß ich die Darstellung unserer diesbezüglichen Erkenntnisse einer späteren Publikation vorbehalten.

Ein anderes formales Problem entstand aus der Frage, wie der unterschiedlichen Vertrautheit der Leser mit psychoanalytischen Theorien und Denkmustern zu begegnen sei. Zwar habe ich mich um eine Sprache und Darstellungsweise bemüht, die spontanes Verstehen möglich machen sollte, ohne auf verallgemeinerte Theoreme zurückgreifen zu müssen. (Wo erforderlich, wird systematischen Ansprüchen durch Kurzhinweise in Klammern oder Fußnoten genüge getan.) Aber manchmal sind gewisse theoretische Voraussetzungen bzw. die

den Vaters sich in mancher Hinsicht von jener der sorgeberechtigten und alleinerziehenden Mutter unterscheiden wird. Auf die Darstellung der ganz spezifischen Probleme dieser Väter muß ich jedoch verzichten, da für eine differenzierte Behandlung die empirischen Grundlagen nicht ausreichen: Der Anteil sorgeberechtigter Väter an den untersuchten Fällen war verschwindend klein und von diesen lebten fast alle mit einer neuen Partnerin zusammen, und zwar bereits zum Scheidungszeitpunkt oder sie begannen diese Beziehung kurz danach.

28 Vgl. S. 124f., 205, und vor allem 221ff.

Kenntnis entsprechender Begriffe nicht zu umgehen. Um den Text in solchen Fällen nicht mit theoretischen Erklärungen zu überfrachten, habe ich mich entschlossen, dem mit der Psychoanalyse weniger vertrauten Leser die notwendigen Erklärungen in Form von *Exkursen*, die an den entsprechenden Stellen placiert sind, nachzureichen.
Die verwendeten *Fallgeschichten*, oder besser: Fallausschnitte stehen - anders als jene im vorher erwähnten Buch Wallersteins - nicht für sich, sondern dienen der lebendigen Darstellung. Sie sind daher auch nicht als empirische Legitimation der vorgestellten Befunde zu verstehen, sondern als *Illustrationen*, die es, vor allem dem persönlich betroffenen Leser, außerdem erleichtern sollen, zwischen den beschriebenen Phänomenen und seiner persönlichen Situation eine Verbindung herzustellen. Der kritische und methodisch interessierte Leser findet jedoch im Anhang eine ausführliche Zusammenfassung der theoretischen und methodischen Voraussetzungen der Untersuchungen, die dem vorliegenden Buch zugrunde liegen.

Erster Teil
Zur Psychodynamik des kindlichen Scheidungserlebens

1. "Papa und Mama lassen sich scheiden"

1.1 Der psychologische Scheidungszeitpunkt

Wir wollen also verstehen lernen, wie das Kind die Scheidung seiner Eltern erlebt, oder richtiger: wie verschiedene Kinder sie erleben können und welche Erlebnisweisen unter welchen Voraussetzungen wahrscheinlich sind. Was aber sollen wir eigentlich als "Scheidung" bezeichnen, welches äußere Ereignis bildet das Kriterium, das "Scheidungserlebnis" gegenüber ähnlichen Erfahrungen herauszuheben? Der *juridische Scheidungsakt* kann es wohl nicht sein. Denn ob die Eltern standesamtlich getraut waren oder eine Lebensgemeinschaft bildeten, die im rechtlichen Sinn auch nicht "geschieden" wird, hat für das Erleben des Kindes keine unmittelbare Folge. Aber auch bei früher verheirateten Eltern spielt die juridische Scheidung oft nur eine untergeordnete Rolle für die aktuellen Lebensverhältnisse. Mitunter vergehen Monate, ja Jahre nach der Trennung, bis die Ehe formal geschieden wird. Nicht selten kommt es auch vor, daß die Eltern nach der Scheidung noch geraume Zeit zusammenleben. Ich kenne ein Elternpaar, das sich scheiden ließ, als ihre Tochter neun Monate alt war. Heute ist sie acht Jahre alt, und die Eltern wohnen immer noch zusammen.

Es liegt also nahe, die *Trennung der Eltern* als "psychologischen Scheidungszeitpunkt" zu definieren. Das stellt uns aber vor keine geringeren Abgrenzungsprobleme: Vielen Scheidungen gehen lange Konflikte der Eltern voraus, während derer es auch zu einer oder mehreren Trennungen kommen kann. Vorübergehende Trennungen gehören außerdem zum Leben jedes Kindes. Der Vater von *Hans* weilt aus beruflichen Gründen mehrere Monate im Jahr im Ausland. Ist Hans schon deshalb im psychologischen Sinn ein "Scheidungskind"? *Birgit*s Vater ist Nachtarbeiter. Wenn sie um 17 Uhr von der Großmutter vom Kindergarten abgeholt und nach Hause gebracht wird, ist der Vater bereits zur Arbeit gegangen. Morgens, wenn sie das Haus mit der Mutter verläßt, schläft er noch. Birgit sieht ihren Vater nur an den Wochenenden. Ist sie ein "Scheidungskind"?

Es könnte eingewendet werden, es handle sich hier um Trennungen, die etwa beruflich erzwungen und nicht die Folge von Konflikten zwischen den Eltern sind. Aber auch dieses Kriterium steht auf schwachen Füßen: Sehr kleine Kinder könnten diesen Unterschied gar nicht verstehen; nicht selten handelt es sich bei ähnlichen Berufsengagements von Vätern um (zum Teil unbewußte) Quasi-Scheidungen: Die Eltern oder ein Elternteil versuchen die gemeinsame Zeit in der Familie gering zu halten und verschieben ihre Lebensinteressen in den beruflichen Bereich. Aber es gibt auch den umgekehrten Fall: Eines Tages packte *Mario*s Mutter ihren Sohn, zog zu einer Freundin und betrieb die Scheidung von ihrem Mann, dem sie auf ein Verhältnis mit einer anderen Frau draufgekommen war. Mario, 6 Jahre alt, erzählte sie zunächst, daß die eheliche Wohnung neu tapeziert werden muß, Papa in der Zwischenzeit bei seiner Mutter wohne, weil die Wohnung der Freundin für alle zu klein sei. Die "Tapeziererarbeiten" zogen sich über Wochen hinaus, dann verkaufte der Papa angeblich die Wohnung, und als Mario nicht aufhörte, nach seinem Vater zu fragen, wurde ihm mitgeteilt, der Papa arbeite jetzt in einer anderen Stadt. Es dauerte fast zwei Jahre, bis Mario seinen Vater wiedersah und erfuhr, daß sich seine Eltern haben scheiden lassen. Wann hatte nun Mario "sein Scheidungserlebnis"? Bei der Trennung der Eltern, also zum Zeitpunkt des Auszuges, sicher nicht. Das war eine Art Urlaub bei der "Tante Monika", die Mario gerne mochte. Auch erzählte er seinen Freunden stolz, daß sie nach der Renovierung bestimmt die schönste Wohnung hätten. (Die Mutter hatte ihm sogar versprochen, er bekäme eine Pumuckl-Tapete ins Kinderzimmer.)

Aus den vorangegangenen Beispielen erhellt, daß auch die *Dauer der Trennung* kein Kriterium für das Scheidungserlebnis abgibt. Es gibt Kinder, die der Rückkehr ihres Vaters oder ihrer Mutter monatelang sehnsuchtsvoll entgegensehen. Sie mögen traurig sein, bleiben jedoch ungebrochen. Und es gibt solche, die schon am zweiten Tag nach der Trennung nicht mehr wiederzuerkennen sind. Worauf es offenbar ankommt, ist das *Verständnis* des Kindes von der Trennung: Geht der Papa (bzw. die Mama) *für immer* weg oder kommt er (sie) wieder *zurück*. Was die Scheidung auf der Erlebnisseite nämlich von allen anderen Arten der Trennung (mit Ausnahme des Todes eines Elternteiles) unterscheidet, ist die *Endgültigkeit*, die *Unwiderruflichkeit* der Trennung bzw. der Veränderung der gewohnten Beziehungsverhältnisse. Normalerweise ist diese Situation dann gegeben, wenn das Kind die *Mitteilung* erhält, "daß sich Papa und Mama scheiden lassen"; "daß der Papa/die Mama (für immer) auszieht"; "daß der Papa/die Mama nicht mehr mit uns wohnen wird" usw. Dieser Umstand macht die Trennung zum *Verlust*, und dieses Erlebnis des Verlustes eines Elternteils (bzw. der gewohnten Beziehung zu ihm) grenzt die Trennung durch Scheidung und Todesfall von allen anderen Formen der Trennung ab. (Dagegen haben die Erfahrungen von Scheidung und Tod eines Elternteiles in dieser Hinsicht so vieles gemeinsam, daß sie sich nicht durch ein einziges Kriterium voneinander unterschieden lassen. Ganz besonders gilt das für Kinder bis zum siebenten, achten Lebensjahr, die den Tod noch nicht zu begreifen vermögen und gefühlsmäßig mit "Weggehen" und "Wegsein" gleichsetzen.)

Ich schlage daher vor, die *Information der Kinder* von der stattgefundenen oder bevorstehenden Scheidung, also die Mitteilung über die unwiderrufliche Trennung der Eltern, als "psychologischen Scheidungszeitpunkt" zu definieren. Bei kleinen Kindern, die sprachliche Mitteilungen solcher Art kaum verstehen können, und bei Kindern, denen von den Eltern nur vage, ungenaue, hinhaltende oder falsche Erklärungen über die plötzliche Abwesenheit von Vater oder Mutter gegeben werden, muß auf die Verknüpfung des psychologischen Scheidungszeitpunktes mit einem eindeutigen äußeren Ereignis, wie der Information, hingegen verzichtet werden. Er ist nur über das betroffene Kind erkundbar. Die neunjährige *Gabi* erinnert sich noch gut, als ihr die Eltern mitteilten, sie würden sich scheiden lassen. Gabi war damals knapp vier Jahre alt und dachte, "Scheiden" hätte etwas mit "Haare schneiden" zu tun. Den Umstand, daß der Papa nicht mehr hier wohnte, brachte sie zunächst gar nicht mit der "Scheidung" in Zusammenhang. Erst ein knappes Jahr später fing sie anläßlich eines Streits mit der Oma zu weinen an und rief: "Wann zieht der Papa wieder zu uns ein?" und erhielt die Antwort: "Der Papa bleibt für immer in L., du weißt doch, daß sich die Eltern scheiden ließen!" Für Gabi war dieser Tag der Tag der Scheidung. *Mario*, der von seiner Mutter so lange hingehalten wurde (s.o.), begann nach etwas über einem Jahr an den Erklärungen der Mutter, Freundin und Großeltern zu zweifeln. Monatelang hatte er sich mit dem angeblichen Auslandsaufenthalt des Vaters beschäftigt, sich exotische Länder und Abenteuer vorgestellt, die dieser zu bestehen hatte und an denen er in der Phantasie teilnahm. Und er malte sich diesen wunderbaren Tag der Rückkehr aus. Aber die ausweichenden Antworten, die Verlegenheit oder auch der Ärger, den er bei den Erwachsenen mit seinen Fragen auslöste, machten ihn stutzig. Auch schrieb der Vater nie eine Karte, was er früher immer tat, wenn er verreist war. Einige Wochen lang konnte die Hoffnung auf seine Rückkehr sich noch neben dem wachsenden Zweifel behaupten, wurde dann jedoch schwächer und schwächer, bis sie eines Tages erlosch. Das war Marios Scheidungszeitpunkt. Nach außen hin verriet sich das Datum höchstens dadurch, daß er aufhörte, nach seinem Vater zu fragen. Um so befremdlicher war es für die Mutter, daß Mario plötzlich, 14 Monate nach der Trennung/Scheidung, "ohne jeglichen äußerlichen Anlaß" begann, sich ängstlich und aggressiv wie ein kleines Kind zu gebärden.

1.2 Sichtbare und unsichtbare Scheidungsreaktionen

Wenn im folgenden von Scheidungs*reaktionen* die Rede ist, sind nicht die manifesten *Verhaltens*änderungen gemeint, sondern die *psychischen Vorgänge*, die das Scheidungserlebnis ausmachen bzw. ihm folgen. Natürlich finden diese psychischen Vorgänge schließlich ihren Ausdruck auch im Verhalten, doch ist dieser Zusammenhang so wenig zwingend, daß *allein* von den Verhaltensweisen, den "Symptomen" her kein psychologisches Verständnis für das seelische Reagieren des Kindes auf die Scheidung gewonnen werden kann. Denn die Verhaltensauffälligkeiten können unmittelbarer Ausdruck von Affekten sein, sogenannte "Erlebnisreaktionen", sie können aber auch einem komplizierten neurotischen Geschehen aufsitzen, das aus Konflikten zwischen teilweise unbewußten Triebstrebungen und spezifischen Abwehrmechanismen besteht[29]. Was aber noch mehr wiegt, ist der Umstand, daß sich spezifische Affekte oder psychische Konflikte keineswegs in Verhaltensweisen äußern müssen, die der Umgebung als abnorm, als "Symptome" auffallen. Den Fehler, die Schwere der psychischen Belastung an der Auffälligkeit eines "Symptoms" abzulesen, machen nicht nur viele Scheidungsforscher, sondern besonders häufig auch die Eltern. *Peter* und *Rosa* z.B. gehörten zu jener Gruppe der von uns untersuchten Kinder, bei welchen die Scheidung der Eltern bereits mehrere Jahre zurücklag. Sie lebten mit der Mutter und deren zweitem Mann zusammen, den beide inzwischen sehr liebgewonnen hatten. Peter, 14 Jahre alt, machte der Mutter lediglich durch zunehmende "Konzentrationsstörungen" in der Schule und geringes Selbstvertrauen Sorgen. Rosa, drei Jahre jünger, war eine gute und beliebte Schülerin und fiel allseits durch ihre Kooperationsbereitschaft, Liebenswürdigkeit und ihr caritatives Engagement auf. Die Untersuchung brachte für beide Jugendliche eine nach wie vor bestehende Sehnsucht nach dem verlorenen Vater sowie massive Aggressionen gegen die Mutter zutage, die in der unbewußten Phantasie der Kinder den Vater vertrieben hatte. Diese Aggressionen waren jedoch unter einem äußerlich besonders liebevollen und weitgehend konfliktfreien Verhältnis zur Mutter begraben. Peters Aggressionsverdrängung schlug sich schließlich sogar auf den intellektuellen Bereich und äußerte sich in der Angst vor (geistigem) "Zupacken". Weit stärker mit der Mutter als mit dem Stiefvater identifiziert, stand sein männliches Identitätsgefühl auf überaus wackeligen Beinen und verstärkte seine Passivität. Aggressive Impulse richtete er aus Gewissensbissen immer mehr gegen sich selbst und schlitterte unter der zusätzlichen Belastung der (normalen) Pubertätskonflikte immer häufiger in depressive Verstimmungen. Rosa hingegen bewältigte ihre Aggressionen durch sogenannte "Reaktionsbildungen", indem sie Konflikten aus dem Weg ging und sich gegenüber den anderen bis zur Selbstaufopferung hilfsbereit zeigte. Auch Rosa mußte ihre Überanpassung mit einem großen seelischen Aufwand erkaufen, der sich seit einigen Monaten durch immer häufiger werdende Migräneanfälle kundtat. Die Mutter war zunächst fassungslos, als ich ihr meine Überzeugung mitteilte, daß Peters und Rosas Schwierigkeiten wesentlich mit der Scheidung und einigen ihrer Folgen zu tun hätten, da sie immer der Überzeugung gewesen war, daß die Kinder unter der Trennung vom Vater nie wirklich gelitten hätten. Und sie erzählte, wie die Kinder, damals sieben bzw. vier Jahre alt, auf ihre Mitteilung, daß der Papa ausziehen würde, (äußerlich) reagiert hätten. Peter hatte lediglich gemeint: "Ist wahrscheinlich eh besser, dann gibt es weniger Krach zu Hause!" und Rosa fragte nur: "Muß ich da in einen anderen Kindergarten gehen?" Die Kinder zeigten auch in der Folge "keinerlei auffälliges Verhalten", berichtete die Mutter, "sie wurden ruhiger und ausgeglichener, was ich darauf zurückführte, daß der Wegfall der Spannungen zwischen mir und meinem Mann den Kindern wohltat."

[29] Zum psychoanalytischen Konzept der neurotischen Konfliktlösung vgl. den Exkurs auf S. 31ff.

Exkurs:

Psychoanalyse, psychischer Konflikt und neurotisches Symptom

Die "klassische" psychoanalytische Behandlung besteht aus drei bis vier Sitzungen pro Woche über mehrere Jahre hinweg. Vom Patienten ("Analysanden") wird dabei nichts weiter erwartet, als daß er versucht, die *Grundregel* einzuhalten: einfach zu sagen, was ihm im Augenblick einfällt, über seine spontan aufsteigenden Gedanken und Gefühle zu berichten, und zwar unabhängig davon, ob diese als wesentlich oder unwesentlich, passend oder unpassend erscheinen, ob sie angenehm oder peinlich (z.B. wenn sie sich gegen die Person des Analytikers richten) sind. Es stellt sich alsbald heraus, daß diese Grundregel vom Analysanden ein Opfer fordert, das mitunter schwerer wiegt als der beträchtliche Aufwand an Zeit und Geld: die allmähliche Aufgabe des gewohnten und vertrauten Selbstbildes. Wer sich einer Psychoanalyse unterzieht, muß möglicherweise die Erfahrung machen, daß an geliebte Menschen auch beträchtliche Haßgefühle geknüpft sind; daß hinter der Ablehnung von anderen ein großes, vielleicht enttäuschtes Begehren zum Vorschein kommt; daß bewunderte Menschen Quelle von Neid- und Eifersuchtsgefühlen sein können; daß altruistisch geleitetes Handeln stets auch ein Stück persönlicher Eitelkeit befriedigt; daß der Furcht vor einem Ereignis der Wunsch entsprechen kann, dieses Ereignis möge eintreten; daß sich unter der Oberfläche selbstsicheren und dominanten Verhaltens mitunter große Selbstunsicherheit verbirgt; daß auch verehrte und "rein" geliebte Menschen, wie Eltern, Kinder, gleichgeschlechtliche Personen Gegenstand sinnlich erregender Phantasien sein können usw.; daß also Wünsche, Neigungen und Phantasien zum Vorschein kommen, von denen er nichts ahnte und im Grunde auch jetzt noch nichts wissen will. Das bedeutet nun nicht, daß das ursprüngliche Bild des Analysanden von sich, seinen Beziehungen und den anderen Menschen "falsch", nur "Schein" gewesen sei, während die Psychoanalyse das "Eigentliche" zum Vorschein gebracht hätte. Die Erfahrung bislang unbewußt gewesener Strebungen, Gefühle und Gedanken heißt zunächst nur, daß die seelischen Vorgänge in hohem Ausmaß widersprüchlich, "ambivalent" sind: Daß ich liebe *und* hasse; mich unterwerfen *und* andere beherrschen will; groß *und* klein, männlich *und* weiblich sein möchte; anderen helfen will *und* mir selbst am nächsten bin; verzeihe *und* nach Rache strebe etc.

Nun sind uns Widersprüchlichkeiten der eigenen Person durchaus nicht fremd. Es gibt kaum eine seelische Regung, die nicht ihren Widerspruch erzeugt: ich sehne mich danach, morgens weiterzuschlafen, aber will auch meinen Job nicht verlieren; ich möchte meinem Kind eine Freude machen, mit ihm ins Kaspertheater gehen, würde aber auch gerne gemütlich ein Buch lesen; ich stelle mir vor, wie schön es wäre, ein eigenes Haus zu haben, aber mir graut vor der notwendigen Arbeit; ich erfreue mich an einem köstlichen Schnitzel, würde

jedoch gerne abnehmen... Es sind dies die kleinen und großen Konflikte unseres Alltags, mit denen wir leben können, indem wir Wünsche und Gedanken, je nach Wichtigkeit, zurückstellen und Prioritätsentscheidungen treffen.
Es gibt jedoch bestimmte Situationen und bestimmte Arten von Konflikten, in welchen jene Fähigkeit zur vernünftigen Konfliktlösung überfordert bzw. außer Kraft gesetzt ist. Und zwar dann, wenn es darum geht, auf eine seelische Regung zu verzichten, weil andernfalls *eine große Gefahr* droht, es sich jedoch herausstellt, daß der Betreffende *zu diesem Verzicht nicht imstande* ist. Solche Konfliktsituationen ergeben sich vorzugsweise und immer wieder in der *frühen Kindheit*. Denn das Leben des kleinen Kindes ist durch zwei Besonderheiten ausgezeichnet: durch die unbedingte *Abhängigkeit* von der Anwesenheit und Liebe seiner Eltern (oder deren Ersatzpersonen) auf der einen und durch die Unbedingtheit, die *"Triebhaftigkeit"*, seiner Wünsche und Regungen. Die (faktische und emotionelle) Abhängigkeit erfordert, daß das Kind sich die Zuwendung der Eltern sichert, indem es sich ihren Erwartungen und Forderungen beugt - wobei es nicht so sehr darauf ankommt, was die Eltern "wirklich" von ihrem Kind verlangen, sondern darauf, was das Kind *glaubt*, tun zu müssen. Tut es das nicht, muß es die Macht der Großen fürchten, den Verlust ihrer Liebe oder gar ihr Verschwinden. Demgegenüber steht die Macht des kindlichen Trieblebens, das nach Befriedigung und Lust strebt und keinen Aufschub duldet. Unter diesen Umständen kann es leicht passieren, daß das Kind in seelische Konflikte gerät, die ihm - anders als jene erwähnten Alltagskonflikte - nicht bloß unangenehm oder vielleicht peinlich, sondern in hohem Maße *bedrohlich* erscheinen. Fühlt sich der kleine Bub, das kleine Mädchen von seinen sinnlichen Regungen, seinen Liebeswünschen, "narzißtischen" Bedürfnissen (nach Anerkennung und Geltung) oder seinen aggressiven Impulsen und Phantasien überwältigt und sieht er/es keinen Ausweg, diese Bedürfnisse zu befriedigen, ohne Angst haben zu müssen, daß er/es bestraft, verlassen oder vernichtet wird, kommt es zu einer Art seelischer Fluchtreaktion vor den eigenen Triebstrebungen, Gefühlen und/oder Phantasien: Sie werden *"verdrängt", unbewußt*. Ein Kind, das z.B. seine aggressiven Wünsche gegen die Mutter verdrängt hat, braucht auf deren Befriedigung nicht mehr zu *verzichten*, weil es sie gar nicht mehr *spürt*. Dadurch ist aber auch der Konflikt als solcher ins Unbewußte verbannt.
Die Verdrängung hat jene konfliktuösen psychischen Anteile jedoch nicht ein für alle Mal beseitigt. Die Abspaltung vom Bewußtsein beläßt ihnen ihre Kraft, was dazu führt, daß sie nach neuerlicher Bewußtwerdung streben, um schließlich doch Befriedigung zu erlangen. Um die Verdrängung nicht zu gefährden, wodurch die Angst wiedererstünde, kommt es zu einer *veränderten, verzerrten Form* der Äußerung, welche in der Lage ist, *ein gutes Stück Befriedigung auch der konfliktuösen Strebungen zu gewähren, ohne jedoch die ursprüngliche Angst hervorrufen zu müssen.* Klassische Beispiele für diese Art der "Konfliktabwehr" sind die *Verschiebung* angstmachender Aggressionen

gegen eine geliebte Person auf eine andere, harmlose; oder die Verschiebung von Ängsten auf ein anderes Objekt, vor welchem man sich besser schützen kann als etwa vor der (ja auch geliebten und benötigten) Mutter oder dem Vater; die *Verkehrung* eines Wunsches in sein Gegenteil (Abscheu, Ekel); die *Verleugnung* von Tatsachen (wie im Falle Frau B's; S. 11f.); die *"Spaltung"* des Bildes, das sich das Kind von einer Person macht in "nur gute" Anteile (wodurch es keine Angst haben braucht) und in "nur böse" Anteile (wodurch es aggressiv sein darf), wobei diese "Spaltprodukte" einander zeitlich ablösen oder ein Teil auf eine andere Person verschoben wird (wodurch es zum Bild von nur guten und nur bösen Menschen kommt); die *Projektion* eigener Regungen auf eine andere Person u.v.a. Das Ergebnis dieser (natürlich unbewußten) Umwandlungen der ursprünglichen Strebungen - die Psychoanalyse spricht von *"Abwehrmechanismen"* - bzw. der Verknüpfung verschiedener Abwehrvorgänge sind die *neurotischen Symptome*: sich zwingend durchsetzende und wiederkehrende Wahrnehmungs-, Verhaltensweisen, Gefühlszustände oder Wünsche. Sie sind durch willentliche Anstrengung kaum veränderbar, weil sie eine zu wichtige psychische Funktion erfüllen. Sie sind gewissermaßen *Kompromißbildungen* zwischen einander widerstrebenden psychischen Tendenzen, deren direkte, unverschleierte, bewußte Repräsentation für das Kind zu bedrohlich wäre. In der Gestalt des Symptoms wird hingegen ein Stück der ursprünglich angestrebten Befriedigung unter weitgehend angstfreien Bedingungen möglich*. Einmal verdrängte, abgewehrte seelische Regungen bleiben zu einem großen Teil über die Kindheit hinaus, das ganze Leben hindurch, tabuisiert. Denn die unbewußten Persönlichkeitsanteile entwickeln sich nicht mit dem bewußten Ich mit: Jeder Mensch trägt somit ein Stück des schwachen, abhängigen, triebhaften und ängstlichen Kindes, das er einmal war, in sich. Etwas vereinfacht ausgedrückt, ist das gesamte neurotische Leid von Erwachsenen, ob es sich nun um irrationale Ängste, sexuelle Probleme, "nervöse" (hysterische) körperliche Beschwerden, Depressionen, innere Zwänge, Selbstwertprobleme u.a.m. handelt, das Ergebnis jenes "Anachronismus" zwischen unserem bewußten, "erwachsenen" und unserem unbewußten, "infantilen" Erleben, Fühlen und Wollen und ist daher als Erbe änstigender psychischer Konflikte der Kindheit zu betrachten**.

Die psychoanalytische Behandlung sucht jene ins Unbewußte verbannten Persönlichkeitsanteile und die das neurotische Gleichgewicht sichernden Abwehrmechanismen dem bewußten *Ich des Erwachsenen* (wieder) verfügbar zu machen. Für jenen aber haben die Konflikte der Kindheit ein Gutteil ihrer Gefährlichkeit verloren, bzw. er hat die Möglichkeit, sie anders als mittels unbewußter Abwehr zu bewältigen. Gelingt dies, haben die Symptome ihre Funktion (der Angstabwehr) verloren und können aufgegeben werden.

* Auf den Aspekt der neurotischen Befriedigung komme ich noch zu sprechen.

** Über den Zusammenhang zwischen Kinder- und Erwachsenenneurosen s. a. die anderen Exkurse.

Frau *R.* suchte unseren Rat ihrer zwölfjährigen Tochter *Monika* wegen. Vor zehn Tagen hatte der Vater die Mutter und die beiden Kinder von einem Tag auf den anderen verlassen, um in Australien ein neues Leben zu beginnen. Seit dem Tag sprach Monika nicht mit ihrer Mutter, konnte nicht schlafen, sich in der Schule nicht konzentrieren und erlitt mindestens einen Weinanfall pro Tag. Als ich nach dem anderen Kind fragte, sagte die Mutter: "Mit *Robert* ist alles in Ordnung, dem scheint das nicht allzu viel auszumachen." Im Zuge der anschließenden Untersuchung beider Kinder stellte sich heraus, daß der Weggang des Vaters für Robert eine noch weitaus größere Katastrophe darstellte als für seine Schwester.
Sieht man von Extremfällen ab, wo Kinder etwa von ihren Vätern geschlagen wurden und das Familienleben aus Angst und Schrecken bestand, ist der Glaube so vieler Eltern, wie auch ihre Hoffnung, die Kinder würden die Scheidung ohne besonderen Kummer ertragen können, eigentlich erstaunlich: Ist es denn - allein mit dem gesunden Menschenverstand, mit durchschnittlichem psychologischem Fingerspitzengefühl - überhaupt *vorstellbar*, daß ein Ereignis wie die Scheidung der Eltern einem Kind nichts oder "kaum etwas" ausmachen könnte?

1.3 Trauer, Wut, Schuldgefühle und Angst

Wir brauchen nur daran zu denken, wie es uns erginge, wenn uns ein Mensch, den wir über alles lieben, plötzlich verläßt. Und noch dazu ohne Vorwarnung. Aber viele Eltern sehen nicht, daß der Vater, welcher aus der ehelichen Wohnung auszieht, nicht nur die Frau, sondern auch die Kinder verläßt; daß es Kinder also eigentlich gar nicht mit der Scheidung *der Eltern*, sondern mit *ihrer* Scheidung vom Vater (oder von der Mutter) zu tun haben. Dazu kommt, daß die Kinder überhaupt nicht darauf vorbereitet sind, daß ihre Beziehung zu den beiden Eltern von etwas anderem abhängig sein könnte als von der gegenseitigen Liebe zwischen den Eltern und ihnen. Mit anderen Worten, das Kind kann vielleicht verstehen, daß Mama und Papa oft streiten, vielleicht auch, daß sie sich nicht mehr liebhaben. "Aber warum geht er denn auch *von mir* weg?" fragt die neunjährige *Lore*. "Der Papa kann doch in einem anderen Zimmer wohnen. Er hat doch noch mich!" Wenn die Mutter ihrem Kind mitteilt, daß der Papa woanders hinzieht, *so weiß die Mutter*, daß der Vater das ihretwegen tut; vielleicht ging die Initiative dazu sogar von ihr aus. Lore hingegen erlebt, daß der Vater *sie* verläßt. Zur Trauer über den Verlust des Vaters kommt mithin der Schmerz der Erkenntnis dazu, nicht wichtig, nicht liebenswert genug zu sein, den Vater trotz seiner Streitereien mit der Mutter zu Hause halten zu können.
Diese Erkenntnis, im Liebesleben des sich trennenden Elternteils nur eine untergeordnete Rolle zu spielen, und die Ohnmacht, gegen die Trennung etwas unternehmen zu können, bringen die Trauer in die Nähe der Wut. Die Wut des Kindes kann sich auf beide Eltern richten, wenn es das Gefühl hat, daß den Eltern die eigenen Bedürfnisse wichtiger sind als jene des Kindes; daß sie ihm diesen Schmerz zumuten, obwohl sie immer beteuert hatten, nichts auf der Welt sei ihnen

wichtiger als ihr Kind; daß sie, die sich stets als Hüter von Ordnung und Pflicht aufspielten, nun plötzlich vergessen, welche Pflichten sie als Eltern hätten usw. Oder die Wut richtet sich primär gegen einen Elternteil, dem das Kind die Verantwortung für die Scheidung zuschreibt, während es sich mit dem anderen identifiziert. *Anna* ist sieben, ihre Schwester Laura sechs Jahre alt. In der Untersuchung zeigte sich, daß *Laura* ihrem Vater nicht verzeihen kann, die Familie wegen einer anderen Frau verlassen zu haben. Anna hingegen identifizierte sich voll mit ihrem Vater und richtete ihren ganzen Zorn und ihre Enttäuschung gegen die Mutter, der sie vorwarf, den Vater vertrieben und somit ihr weggenommen zu haben.

Am Beispiel der beiden Schwestern können wir auch sehen, daß die Schuldzuweisungen durch die Kinder weitgehend unabhängig davon sind, wer von den beiden Elternteilen tatsächlich die Trennung aktiv herbeigeführt hat. (Ganz abgesehen davon, daß die Frage der Letztverantwortlichkeit in vielen Fällen gar nicht klärbar ist bzw. von den geschiedenen Gatten ganz kontroversiell gesehen wird. Bei Anna und Laura war es die Mutter, welche die Scheidung - gegen den Willen des Vaters - einreichte. In ihren Augen lag freilich die Schuld beim Vater, den sie mit einer Freundin ertappt hatte.) Was das Erleben der Kinder betrifft, hängen die Schuldzuweisungen weit mehr mit der (zum Teil unbewußten) Bedeutung, welche die Scheidung für sie annimmt, mit dem Stand der jeweiligen Objektbeziehungen[30] und den bevorzugten Mechanismen der Konfliktabwehr zusammen als mit den "realen" Verhältnissen.

Die Wut auf beide Eltern und die Wut auf nur einen, für die Scheidung verantwortlich gemachten Elternteil schließen sich wiederum keineswegs aus. Erstens sind Aggressionen Strebungen, die ihr Objekt wechseln können, so daß es vorkommen kann, daß das Kind einmal den Vater, ein anderes Mal die Mutter und dann beide Eltern zusammen wegen der ihm angetanen Enttäuschung haßt. Zweitens ist zu bedenken, daß es neben den bewußten Affekten auch unbewußte Gefühlseinstellungen gibt. So zeigte sich etwa in den projektiven Tests, daß auch Anna, die ihren akuten Haß gegen die Mutter offen auslebte, sich vom Vater insgeheim schwer gekränkt fühlte und ihm unbewußt Verrat an ihrer Liebe vorwarf. (Über diese Vorgänge werden wir in den folgenden Kapiteln noch einiges hören.)

Von einer besonderen Art der Schuldzuweisung ist hier aber ausführlicher zu berichten: nämlich von der Schuld, die die Kinder *sich selbst* an der Scheidung der Eltern geben. Ja, oft ist es so, daß ein Gutteil der wütenden Vorwürfe, welche die Kinder gegen die Eltern oder einen Elternteil richten, der Abwehr dieser Schuldgefühle dient. (Dem anderen Vorwürfe zu machen, um das eigene Gewissen zu entlasten, gehört schließlich zum "seelischen Repertoire" der meisten Menschen.) Wie aber kommen Kinder, die doch nach allen Maßstäben *Opfer* und nicht Täter der Scheidung zu sein scheinen, dazu, sich selbst die Schuld am Scheitern der Ehe, am Auseinanderbrechen der Familie zu geben?

30 Zum Begriff der "Objektbeziehungen" vgl. den Exkus auf S. 65.

Bei näherer Überlegung zeigt sich, daß es sich dabei um gar kein so befremdliches Phänomen handelt, wie es auf den ersten Blick erscheint; ja, daß die Umstände der meisten Scheidungen ein schuldhaftes Erleben durch die Kinder geradezu nahelegen. Es war bereits die Rede davon, daß viele - vor allem jüngere - Kinder ganz unvorbereitet von der Erfahrung getroffen werden, daß die Beziehung bzw. die Beziehungskonflikte zwischen den Eltern für deren Leben offenbar eine größere Bedeutung haben als die Beziehung zum Kind. Diese Überraschung erklärt sich aus der egozentrischen Weltsicht der Kinder, d.h. aus dem Gefühl heraus, der Mittelpunkt des Weltgeschehens zu sein. Zwar realisieren normalerweise Kinder spätestens ab dem dritten, vierten Lebensjahr, daß es neben den Liebesbeziehungen zum Vater und zur Mutter auch noch eine Beziehung *zwischen* den Eltern gibt[31], doch erhalten sich die Kinder auf verschiedenen Wegen noch lange die Illusion, daß sie nach wie vor die wichtigsten Liebespartner der Eltern sind. Sind nun Kinder dieser Vorstellung noch stark verhaftet, können sie die Scheidung eigentlich nur auf ein Scheitern *ihrer Beziehung zum verlassenden Elternteil* zurückführen. Sie fühlen, als Liebespartner *versagt* zu haben. Im übrigen kennen auch wir Erwachsenen, sofern es uns geschehen ist, daß wir von einem geliebten Menschen verlassen wurden, dieses Gefühl: Habe ich ihm/ihr zu wenig geboten? Was habe ich falsch gemacht? Bin ich nicht attraktiv genug? Habe ich ihn/sie enttäuscht? usw. Solche Schuldgefühle erklären auch die Einbuße an *Selbstwertgefühl*, die das Verlassenwerden regelmäßig begleitet und auch bei fast allen Scheidungskindern zu bemerken ist.
Diese Schuldphantasien werden in vielen Fällen durch die Erinnerung verstärkt, daß sich ein beträchtlicher Teil der Auseinandersetzungen zwischen den Eltern um Fragen der Erziehung, also um das Kind gedreht hatten. Somit erlebte es sich als realen Konfliktanlaß.
Das wären schon hinreichende Gründe, um sich als Kind an der Scheidung der Eltern zumindest Mitschuld zu geben. Dazu kommt noch, daß viele Kinder versuchen, sich in die Konflikte zwischen Vater und Mutter versöhnend einzumischen. Die Scheidung der Eltern legt mithin Zeugnis vom Scheitern dieser Versöhnungsversuche ab. Mit dem Weggehen eines Elternteils werden aber auch archaische Befürchtungen vor Trennung und Liebesverlust wahr. Diese Ängste begleiten - mehr oder weniger mächtig - alle Triebkonflikte des Heranwachsenden und sind ein Motor kultureller Anpassung. Demzufolge erscheint vielen Kindern die Scheidung als Strafe, die Vergeltung für Fehlverhalten, für zu geringe Leistungen, ja selbst für verbotene Gedanken.
Unter diesen verbotenen Gedanken spielen aggressive Phantasien eine besondere Rolle. Es gibt zwischen Menschen keine Liebesbeziehung, die nicht ambivalent wäre, d.h. nicht auch eine aggressive Komponente hätte, denn Liebe macht stark *und* verletzbar. Je jünger Kinder sind, desto eher neigen sie zur Ansicht, daß die Verbote, Gebote und Verweigerungen der Eltern nur ein Zeichen mangelnder

[31] Diese Einsicht leitet die ''ödipale Phase'' ein. Vgl. auch Kap. 6

Liebe sein können, was kränkt, Angst und wütend macht. Die Wut kleiner Kinder aber ist elementar. Es ist ein normales Phänomen, daß das verletzte, gekränkte Kind am Höhepunkt seiner Wut den Vater oder die Mutter nicht sehen will, weg- und totwünscht (was bei kleinen Kindern dasselbe ist). Diese aggressiven Ausbrüche sind freilich rasch wieder vorbei und die Liebe und Bedürftigkeit kehrt wieder. Zurück bleibt jedoch die Angst, die bösen Wünsche könnten in Erfüllung gehen und/oder zur Vergeltung führen. Im Normalfall stellt sich jedoch die Unbegründetheit dieser Befürchtungen heraus: Papa und Mama bleiben dem Kind erhalten, bleiben am Leben, zeigen sich unverwundbar gegen seine Wut. Es sind dies überaus wichtige Erfahrungen, an welchen das Kind lernt, zwischen Phantasie und Realität zu unterscheiden und seine magischen Allmachtsphantasien zu überwinden. Und auch die gefürchtete Vergeltung tritt nicht ein bzw. bleibt im schlimmsten Fall auf den Traum beschränkt, wo zerstörerische Wünsche und Strafängste den Stoff für reißende Tiger, Hexen, Geister usw. bilden. Was aber geschieht, wenn jüngere Kinder in Zeiten erhöhter Objektbeziehungskonflikte vom Weggang eines Elternteils betroffen werden? Es ist dann, als würde der Wunsch, den Vater los zu sein, sich mit einem Mal erfüllen oder, im Fall, daß sich die Aggressionen primär gegen die Mutter richten, als würde jene das Kind für seine Wut mit der Trennung vom Vater bestrafen.

Die Entwicklung von Gefühlen, an der Scheidung der Eltern schuld zu sein, ist in der Tat eher die Regel als die Ausnahme, worauf schon eine Reihe anderer Autoren hingewiesen haben[32]. Wallerstein und Kelly (1980) etwa schätzten den Anteil dieser Kinder - je nach Alter - auf 30 bis 50 Prozent. Meiner Erfahrung nach dürfte dieser Prozentsatz, sowohl bei den jüngeren wie auch bei älteren Kindern, noch weit höher liegen.

Schuldgefühle machen Angst. Angst vor Vergeltung und Angst vor der eigenen Macht. Aber auch bei jenen Kindern, die sich nicht als (Mit-)Urheber der Scheidung sehen, kommt es zu schwerwiegenden Beunruhigungen. Jede grundlegende Veränderung der Lebensverhältnisse hat etwas Bedrohliches an sich, zumal das Kind spürt, auf die kommenden Geschehnisse keinerlei Einfluß zu haben. Dazu kommen Fragen wie: Werde ich den Papa/die Mama je wiedersehen? Wo werden wir wohnen, wo wird er/sie hinziehen? Werde ich den Papa/die Mama finden, wo ich doch noch nicht alleine mit der Straßenbahn fahren kann? Wer wird das Geld verdienen, damit wir zu Essen haben? Was geschieht mit meinen Freunden, wenn wir in einen anderen Bezirk, in eine andere Stadt ziehen? Wer kümmert sich dann um meinen Hamster, werde ich ihn mitnehmen dürfen? Was sage ich im Kindergarten, wenn mich der Papa/die Mama nicht mehr abholt? Und viele andere bedrängende Fragen. Nur wer die kindliche Seele nicht kennt, nur wer das Kind, das wir selbst einmal waren, aus seinem bewußten Seelenleben verbannt hat, wird über diese Sorgen lächeln. Es sind dies schwerwiegende Probleme, die Kindern Ruhe und Schlaf rauben können. Darüber hinaus eignen sie

[32] Burgner 1985; Kalter/Plunkett 1984; Leahy 1984; Paul 1980; Wallerstein/Kelly 1980; Wille 1985

sich hervorragend als Rationalisierungen für tiefere, unbewußte Ängste, von welchen sie zusätzliche psychische Energie beziehen und dadurch die Furchtsamkeit dieser Kinder "hysterisch" erscheinen lassen. Neben den erwähnten Vergeltungsphantasien gehört zu diesen tieferen Ängsten die Angst des überwiegenden Teils aller Scheidungskinder, nach dem Papa nun vielleicht auch noch die Mama (bzw. umgekehrt) zu verlieren. Diese Angst, die viele Kinder auch ganz bewußt erleben, leitet sich in erster Linie von der - schockierenden - Erfahrung über die Vergänglichkeit der Liebe her. "Mama und Papa verstehen sich nicht, haben viel gestritten und lieben sich nicht mehr wie früher..." - so oder ähnlich erklären die meisten Eltern ihren Kindern den Grund für die Scheidung. Nichts liegt näher, als daß sich das Kind sagt: "Wenn die Mama den Papa nicht mehr liebhat und ihn verläßt/ihn wegschickt, wer weiß, ob sie mich morgen, übermorgen vielleicht ebenso nicht mehr mag und auch von mir fortgeht oder mich wegschickt?" Und es muß daran denken, daß es auch zwischen ihm und der Mama des öfteren Streit gibt, und Streits haben ja (angeblich) dazu geführt, daß sich die Eltern nicht mehr mögen. Diese Überlegungen, ob sie nun bewußt oder unbewußt angestellt werden, sind eine häufige Ursache für die berichteten "positiven" Verhaltensveränderungen von Kindern nach der Scheidung, die dann Konflikte möglichst zu vermeiden suchen, Ansprüche und Aggressionen verdrängen, um der Gefahr des Verlassenwerdens zu entgehen. Erinnern wir uns beispielsweise an Peter und Rosa.
Bei dem einen Kind mag die Trauer überwiegen, bei einem anderen kann sie von seiner Wut überdeckt sein, ein drittes Kind schlägt sich vielleicht in erster Linie mit seinen Gewissensbissen herum, während ein viertes vor lauter Angst, nun könnte ihm auch noch die Mutter davonlaufen, gar nicht dazu kommt, auf den Vater wütend oder über seine Abwesenheit traurig zu sein. Wie individuell verschieden ausgeprägt die vorherrschenden emotionellen Reaktionen auch sein mögen - Trauer, Gefühle der Kränkung, Wut, Schuldgefühle und Angst sind ebenso typische wie normale Reaktionen des Kindes auf die Scheidung der Eltern. Sie sind nicht nur mit einer gewissen Wahrscheinlichkeit zu erwarten, sondern das Kind *muß* in irgendeiner dieser Formen reagieren, soferne es psychisch einigermaßen gesund ist und zu dem wegscheidenden Elternteil ein Mindestmaß an libidinös gefärbter Beziehung aufgebaut hat. Allerdings kann es sein, daß diese Gefühlsreaktionen der Umwelt, vor allem den Eltern, verborgen bleiben. Über die näheren Umstände dieses Phänomens werden wir in den folgenden Abschnitten mehr erfahren.
Kinder, die ihre Eltern lieben - selbst wenn diese Beziehungen in hohem Maße ambivalent sein mögen - reagieren also *immer* auf die Scheidung, weil diese ein so einschneidendes Erlebnis ist, daß kein liebender Mensch davon unberührt bleiben kann. Aber die beschriebenen Gefühle gehören zum seelischen Reaktionsinventar jedes Kindes, sie stellen nicht nur eine Erschütterung des seelischen Gleichgewichts dar, sondern sind zugleich ein Mittel, die Erschütterung zu bewältigen und das Gleichgewicht wieder herzustellen. Die geschilderten seelischen Reaktionen zeugen von einem großen Leid, bedeuten in dieser Form jedoch noch keine

existenzielle Bedrohung: *Trauern* hilft dem Kind, mit dem erlittenen Verlust fertig zu werden, und Trauer ist - außer beim Depressiven - grundsätzlich tröstbar. Das *gekränkte Kind* aktiviert bei den Personen der Umwelt Wiedergutmachungsbestrebungen, und die Kränkung läßt sich eingrenzen und schließlich überwinden, wenn das Kind erfahren kann, daß es dem Vater/der Mutter immer noch viel bedeutet. Die *Wut* ist ein Affekt, der nur dann auftritt, wenn eine große Enttäuschung erlitten wurde, enttäuscht kann man aber nur von jemandem werden, von dem man etwas Angenehmes, von dem man Befriedigung und Liebe erwarten durfte. Wut hat daher auch immer die Bedeutung des Kampfes gegen "böse" Anteile der Objekte oder des Selbst und damit des Kampfes um die Wiederherstellung der "guten" Objektbeziehung. Sie beinhaltet daher auch die Chance - wenngleich nicht die Garantie - der "Katharsis", d.h. der Läuterung, der Reinigung. Und sie ist für die betroffenen Personen, soferne diese sich von den kindlichen Aggressionen nicht bedroht fühlen, auch ein Signal dafür, dem Kind bei der Wiederherstellung des Glaubens an das Überwiegen der Liebe in seinen primären Beziehungen zu helfen. Wenn die Eltern dem Kind die Gründe für die Scheidung verständlich machen und immer wieder erklären, wenn sich herausstellt, daß sie ihm nicht böse sind, im Gegenteil alles tun, um *ihm* zu helfen, wird es mit der Zeit auch einen Gutteil seiner *Schuldgefühle* überwinden können. In der Macht der Eltern liegt es auch, dem Kind über die beschriebenen *Ängste* hinwegzuhelfen, indem sie sie ernst nehmen, auf die Befürchtungen eingehen und sie auszuräumen suchen. Schließlich tut die Zeit das ihre dazu, das Kind erkennen zu lassen, daß die Scheidung die Welt zwar zum Wackeln aber nicht zum Einsturz gebracht hat.

1.4 Für Manfred und Katharina bricht eine Welt zusammen

Es gibt allerdings Kinder, bei denen die Mitteilung, daß ein Elternteil nicht mehr mit ihnen zusammenleben wird, zu psychischen Reaktionen führt, die beträchtlich über die beschriebenen Gefühle der Trauer, Wut, Schuld und Angst hinausgehen.
Manfred ist sechseinhalb Jahre alt. Buben seines Alters sind gewöhnlich mit ihren Vätern identifiziert. Der psychoanalytische Begriff der *Identifizierung* meint mehr als bloß: sich einen anderen Menschen zum Vorbild nehmen. Mit jemandem identifiziert sein heißt, ein Stück mit dem anderen zu verschmelzen, beinhaltet unbewußte Phantasien, tatsächlich der andere zu sein, "durch ihn" zu leben und wie er zu erleben. Die Identifizierung äußert sich in einer Art "Wir-Gefühl", das ins Selbst aufgenommen wird. Durch Identifizierung eigne ich mir ein Stück des Identifizierungsobjektes an. (Identifizierungen sind daher auch die wichtigsten Kräfte der kindlichen "Sozialisation" und haben weit mehr Bedeutung für die Persönlichkeitsentwicklung als die meisten Belehrungen, auf die wir in pädagogischer Absicht so viel Wert legen.) Manfred gehörte nun zu jenen Buben, die mit ihrem Vater ganz besonders stark identifiziert waren. Für ihn repräsentierte der Vater alles, was dieses Leben lebenswert macht: Größe, Stärke, Macht, Intelligenz und die Liebe und Bewunderung der Mutter. Der Vater hatte all das, was er selbst

so schmerzlich entbehrte. Nur in der Identifizierung mit dem Vater vermochte er an seiner Kleinheit und Schwäche nicht zu verzagen, die Angst vor den stärkeren Schulkameraden und den Buben im Hof zu ertragen. Der Vater gab ihm auch die nötige emotionelle Rückendeckung gegenüber der Mutter, um sich wenigstens teilweise gegen ihre Forderungen zur Wehr setzen zu können. Und die Identifizierung ermöglichte ihm, mit der Kränkung leben zu können, von der Mutter als kleines Kind behandelt und dominiert zu werden und sich dennoch männlich zu fühlen. Solche starken Identifizierungen sind keineswegs immer das Resultat einer *äußerlich* besonders intensiven Beziehung. Manfreds Vater war Künstler und oft tage- und wochenlang auf Reisen. Im Gegenteil: Mangelnde zeitliche Verfügbarkeit vermag das Ausmaß der Identifizierung sogar zu erhöhen, ist sie - unbewußt - doch ein Weg, die geliebte Person bei sich, ja richtiger: in sich zu tragen, auch wenn sie real abwesend ist[33].

Als Manfred erfuhr, daß der Vater von seiner letzten Reise nicht mehr nach Hause zurückkehren wird, verlor er nicht bloß den geliebten Mann. Ohne den Vater leben zu sollen, hieß für Manfred, *die eigene Identität zu verlieren*. Der Vater nahm gewissermaßen die guten und starken Anteile von Manfreds Selbstgefühl mit sich fort. Zurück blieb ein kleiner Wicht, der von seinen Kameraden verspottet werden wird und sich in völlige Abhängigkeit von der überfürsorglichen Mutter zurücksinken sieht. Der Verlust des Vaters bedeutete für Manfred auch den Verlust der Zukunft, und zwar insbesondere die Aussicht, ein *Mann* zu werden, indem ihm die Möglichkeit genommen ist, sich über und durch den Vater schon jetzt als solcher zu fühlen. Die Scheidung hat Manfred *kastriert* und mithin (unbewußt) alte ödipale und präödipale Befürchtungen wahr werden lassen. Unter solchen Umständen wandelt sich die Trauer zur Verzweiflung, Schuldgefühle weichen der Phantasie, sich selbst zerstört zu haben und an die Stelle der Angst tritt das Gefühl von Überwältigung.

Aber nicht nur die Trennung vom gleichgeschlechtlichen Elternteil kann so dramatisch erlebt werden. *Katharina* war nicht ganz fünf Jahre alt, als sich die Eltern scheiden ließen. Sie befand sich am Höhepunkt ihrer ödipalen Liebe und war dem Vater zärtlich ergeben, der für sie den strahlenden Märchenprinzen verkörperte. Der Vater war Arzt, und für Katharina war es eine ausgemachte Sache, daß sie selbst später Ärztin oder Krankenschwester würde, um dann ihrem Vater assistieren zu können. Schon jetzt gehörte es zu den schönsten Augenblicken, wenn sie in der Praxis den Türöffner betätigen und dem Vater den Karteikasten bringen durfte. Ihr liebstes Spiel war die Puppenfamilie. Dabei verkörperte der Vater den Puppenvater, sie die Puppenmutter und gemeinsam versorgten sie ihre Kinder.

Katharinas Liebe wurde vom Vater erwidert. Er hatte sich von Geburt an an der Pflege beteiligt. Die Beziehung wurde noch intensiver, als in Katharinas drittem

33 Freilich bleibt das Ausmaß der Anwesenheit/Abwesenheit des realen Objekts nicht ohne Auswirkung auf die *Art* der Identifizierung. Vgl. die Anmerkungen zu Idealisierung bzw. Abwertung, S. 202.

Lebensjahr der Bruder Philip zur Welt kam und der Vater auch noch den Verlust eines Teils der mütterlichen Zuwendung auffing. Dazu kam, daß in jener Zeit die latenten Spannungen zwischen den Eltern immer häufiger zu offenen Auseinandersetzungen führten, die auch vor den Kindern ausgetragen wurden. Die Mutter konzentrierte sich daraufhin vermehrt auf das Baby, was Vater und Tochter noch näher brachte.
Mit der Scheidung verlor Katharina daher ihr derzeit primäres Liebesobjekt. Aber damit nicht genug. Die enge Beziehung zum Vater war auch die Bedingung dafür gewesen, daß sich Katharinas Eifersucht gegen den Bruder in Grenzen halten konnte und die durch Philip erzwungene Abwendung der Mutter nicht als bedrohlich erlebt werden mußte. Der Vater bildete also für Katharina auch ein Mutter-Substitut, weshalb sein Weggehen dem Kind das Gefühl gab, *völlig allein zurückgelassen* worden zu sein. Da sie sich innerlich bei Auseinandersetzungen zwischen den Eltern fast stets auf die Seite des Vaters geschlagen hatte, fürchtete sie nun die Mutter, was jegliche Hoffnung, sie wiederzugewinnen und mit dem Bruder konkurrieren zu können, zunichte machte. Den Vater hingegen begann sie mit derselben Inbrunst, mit welcher sie ihn geliebt hatte, für die erlittene Schmach zu hassen. Der Vater war zu seiner neuen Freundin gezogen, die Mutter liebte Philip, Katharina dagegen hatte den Eindruck, nunmehr allein dazustehen. Die Scheidung hat auch Katharina ein Stück ihres Selbst genommen: nämlich das Gefühl, geborgen und geliebt zu sein und den Glauben an die Fähigkeit, selbst lieben zu können. Lieben und Geliebtwerden aber sind für das Kind Existenzbedingungen. Katharina hat also - aus ihrer subjektiven Sicht - ein zentrales Stück ihrer Lebensfähigkeit verloren.
Manfred und Katharina wurden von der Scheidung der Eltern mit solcher Wucht getroffen, daß sie auf sie gar nicht mehr (mit Trauer, Wut usw.) reagieren konnten. Beide wurden durch die Scheidung *unmittelbar traumatisiert*[34]. Sie

[34] *Laplanche/Pontalis* bestimmen das *psychische Trauma* als ein "Ereignis im Leben des Subjekts, das definiert wird durch seine Intensität, die Unfähigkeit des Subjekts, adäquat darauf zu antworten, die Erschütterung und die dauerhaften pathogenen Wirkungen, die es in der psychischen Organisation hervorruft. Ökonomisch ausgedrückt, ist das Trauma gekennzeichnet durch ein Anfluten von Reizen, die im Vergleich mit der Toleranz des Subjekts und seiner Fähigkeit, diese Reize psychisch zu bemeistern und zu bearbeiten, exzessiv sind" (1967, 513). Deutlich schärfer faßt *Anna Freud* den Traumabegriff. Sie schreibt: "Bevor ich ein Ereignis 'traumatisch' nenne, werde ich mich fragen, ob ich nur meine, daß das Ereignis für den Betroffenen lebensstörend war; daß es seiner Entwicklung eine neue Richtung gegeben hat; daß es von pathogener Wirkung war. Oder ob ich wirklich ein Trauma im eigentlichen Sinn des Wortes meine, d.h. eine innere Katastrophe, einen Zusammenbruch der Persönlichkeit aufgrund einer Reizüberschwemmung, die die Ichfunktionen und die Vermittlertätigkeit des Ichs außer Kraft gesetzt hat" (1967, 1834). Während ich in der Formulierung des Titels ("Zwischen Trauma und Hoffnung") den Begriff Trauma in einem noch allgemeineren Sinn als Laplanche/Pontalis, eher umgangssprachlich verwende - als ein einschneidendes Ereignis mit pathogenen Folgen -, lehne ich mich *im Text* - unmittelbar *traumatische* Scheidungsreaktionen; post*traumatische* Abwehr - an Anna Freuds strengeren Traumabegriff an. Allerdings mit zwei Einschränkungen. Ich verstehe die Formulierung "Das Ich/die Ich-Funktionen werden *außer Kraft gesetzt*" nicht im Sinne eines Totalausfalls des

finden sich durch die Ereignisse überwältigt und ihnen schutzlos ausgeliefert, wie das hungrige Baby, das allein in seinem Bettchen aufwacht, auf dessen Schreien aber niemand erscheint, um es zu stillen oder wenigstens zu trösten. Aber das ist noch nicht das ganze Problem. Im Gegensatz zum bloßen Erschrecken, das ebenfalls als plötzliche Reizüberflutung verstehbar ist, stellt sich das psychische Gleichgewicht, wie es vor dem auslösenden (inneren und/oder äußeren) Ereignis bestanden hatte, beim traumatisierten Menschen nicht von selbst wieder her. Das Trauma läßt den Betroffenen verwundet zurück. Ich habe versucht zu zeigen, was das Scheidungserlebnis mit dem Selbstgefühl Manfreds und Katharinas angestellt hat. Beide sind nicht mehr dieselben Kinder, die sie waren.

Natürlich reagieren auch Manfred und Katharina auf das, was ihnen widerfahren ist. Aber sie reagieren nicht auf die Umstände des auslösenden Ereignisses, sondern auf die Gefühle, auf die erschreckenden Phantasien, die es ausgelöst hat. Mit anderen Worten: Was in Manfred nun vorging, ist nicht mehr verstehbar als Reaktion auf das Wegbleiben des Vaters, sondern auf die - subjektiv - stattgefundene Kastration und die durch seine Wehrlosigkeit drohende Verschlingung durch die Mutter[35]. Das Leben hat sich für ihn in einer wahnhaften Weise verändert. Überall droht Gefahr. Nichts zählt mehr neben dem Bemühen, seine Schutzlosigkeit zu verbergen, zu kompensieren oder sich zur Wehr zu setzen. Er kämpft gegen seine Mitschüler, fügt ihnen mitunter ernsthafte Verletzungen zu, mißt sich mit der Lehrerin durch protzige und abwertende Verweigerung jeglicher Leistungsanforderung und behandelt seine Mutter einmal als inexistent, ein andermal als schieres Ungeheuer, indem er in unkontrollierten Wutanfällen auf sie losgeht oder aber sich in seinem Zimmer einsperrt. Katharina wiederum benimmt sich tatsächlich wie ein Mensch, der sämtlicher Liebesbande enthoben ist. Regeln - deren Einhaltung sich ja an den Liebesbeziehungen des Kindes motiviert - existieren für sie nicht mehr, sie tut, was sie im Augenblick will, und Gefühle anderer prallen an ihr ab. Es ist, als hätte sie sich gefühlsmäßig völlig gegen die Personen ihrer Umwelt abgekapselt, als würde sie versuchen, einsam wie Robinson zu überleben.

Warum wurde die Scheidung, die freilich alle Kinder in irgendeiner Weise erschüttert, für Manfred und Katharina zum *Trauma*? Ist denn ihre Vorgeschichte

Ich (kann es das überhaupt geben?), sondern halte es für theoretisch sinnvoll, auch dann schon von einem "Trauma" zu sprechen, wenn die aktuelle psychische Organisation zusammenbricht und das Ich auf einen deutlich niedrigeren (regressiven) Entwicklungsstand zurückgeworfen wird. Zweitens: Obwohl ich grundsätzlich Anna Freuds Ansicht bin, der Begriff des Traumas sollte auf Ereignisse beschränkt werden, möchte ich nicht darauf verzichten, auch die Nach-Scheidungs-Krise als traumatisches "Ereignis" zu bezeichnen, obwohl es sich hier um einen Prozeß handelt, der sich über Monate hin erstrecken kann: Die Nach-Scheidungs-Krise ist im Kontext der Lebensgeschichte tatsächlich wie ein von außen kommender Schicksalsschlag, wie eine Ausnahme von den Existenzregeln, "ereignishaft" zwischen Scheidung und (posttraumatischer) Abwehr eingebettet; die Effekte haben eine große Nähe zu jenen des unmittelbaren traumatischen Reagierens; und zwischen beiden sind die Grenzen nicht klar zu ziehen.

35 Zu den Wiederverschlingungs- und Kastrationsängsten vgl. die Exkurse auf S. 79ff. und S. 98ff.

so ungewöhnlich? Vor allem aber stellt sich die Frage, ob sich diese beiden Kinder von ihrem seelischen Zusammenbruch erholen werden können, ob die Wunden vernarben können. Wird Manfred im Ungeheuer wieder die liebende Mutter erkennen können? Wird Katharina einen "Freitag" finden, der sie den Glauben an die Liebe wieder lehrt? Bevor wir uns jedoch diesen Fragen zuwenden, wollen wir das weitere Schicksal der "normalen", das heißt der nicht unmittelbar traumatisierten Scheidungskinder verfolgen. Wir werden nämlich sehen, daß viele dieser Kinder ihren, zunächst gar nicht so aussichtslos scheinenden, Kampf um die Wiederherstellung ihres seelischen Gleichgewichts verlieren und die Scheidung für sie schließlich in einer ähnlichen Katastrophe mündet wie für Manfred und Katharina.

2. Die Nach-Scheidungs-Krise

2.1 Gelungene und versäumte "Erste Hilfe"

Verantwortlich für das Mißlingen, die seelischen Reaktionen für die Bewältigung des erschütternden Scheidungserlebnisses zu nützen, ist das, was ich die *Nach-Scheidungs-Krise* genannt habe. Während das Ausmaß und die Art der unmittelbaren Reaktionen auf die Scheidung, d.h. auf das Gewahrwerden der (endgültigen) Trennung von einem Elternteil, offenbar in erster Linie von der individuellen Disposition des Kindes abhängt, welche dem Ereignis seine je besondere Bedeutung verleiht, ist der Verlauf der Nach-Scheidungs-Krise weit stärker von den äußeren Verhältnissen der Scheidung und der ihr folgenden Wochen und Monate abhängig.

Magdalena, acht Jahre alt, hängt sich nach dem Auszug des Vaters an den Rockzipfel ihrer Mutter wie eine Vierjährige. Die Mutter hatte ihr zwar versichert, sie niemals zu verlassen, aber Magdalena scheint sich zu denken, sicher ist sicher, und fuhr fort, ihrer Mutter überallhin zu folgen, zu kontrollieren, wo sie sich wie lange aufhalten würde, und sie zu bestürmen, abends nicht auszugehen. Außerdem machte sie sich viele Gedanken über ihren Vater: Wie es ihm wohl in der neuen Wohnung, so ganz allein, erginge; wie es möglich sein konnte, daß er sie liebt - das hatte er ihr beim Weggehen ausdrücklich versichert - und sie trotzdem verlassen konnte; wie sie sich am Besuchswochenende verhalten soll, ohne ihn oder die Mutter zu kränken u.a.m. Aber Magdalenas Mutter nimmt Rücksicht auf die Ängste ihrer Tochter. Sie schimpft nicht und akzeptiert die Regression des Kindes. Sie verzichtet für einige Wochen auf den Besuch der abendlichen Jazzgymnastik und lädt ihre Freundinnen zu sich ein, statt sich mit ihnen in einem Lokal zu treffen. Auch gewinnt Magdalena zusehends die Überzeugung, daß ihre Eltern auf sie nicht böse sind, sie also für das, was geschehen ist, nicht verantwortlich machen: Die Mutter versucht, ihr Freude zu machen, wo es nur geht, und der Vater führte sie unlängst in der Stadt aus, als wäre sie eine große Dame. Ein Vierteljahr nach der Scheidung kamen Magdalena zwar mitunter immer noch die Tränen, vor allem abends im Bett, wenn sie daran dachte, wie es früher war, als Mama *und* Papa an ihrem Bett gesessen waren. Aber ihre Befürchtungen sind nicht eingetroffen: Sie hat immer noch Mutter *und* Vater, die sie beide lieben. Sie hat nun auch keine Angst mehr, wenn die Mutter einmal abends ausgeht, wenngleich sie es sich noch nicht leistet einzuschlafen, bevor jene wieder nach Hause zurückgekehrt ist. Aber auch das änderte sich bald. Das Leben nahm wieder Besitz von ihr. Sechs Monate nach der Scheidung kreisten ihre Gedanken bereits weit öfter um Georg, den attraktivsten Buben der Klasse, der ihr unlängst erklärte, daß sie das einzige Mädchen sei, das er wirklich mag...

Stefan ist neun Jahre alt und fühlt sich elend. Vor vierzehn Tagen ist der Vater ausgezogen und seit Wochen dreht sich der Alltag um kaum etwas anderes als um

Fragen wie: Was gehört dem Vater, was der Mutter; was muß wer bezahlen? Und immer wieder: Wer ist Schuld daran, daß alles so gekommen ist? Stefan war wütend auf seine Eltern, weil sie sich so wichtig nahmen. An ihn schien überhaupt niemand zu denken. Nein, das stimmt nicht ganz. Da ist noch sein Opa, der bisher in Stefans Augen nicht mehr als ein gutmütiger, pfeifenrauchender alter Herr gewesen war, eher ein vertrautes Möbelstück anläßlich Stefans spärlicher Besuche bei den Großeltern. Plötzlich kam der Opa jeden zweiten, dritten Tag zu Besuch, und er kam, um ihn, Stefan, zu besuchen, spielte mit ihm, ging mit ihm spazieren und am Wochenende in den Prater oder ins Kino. Vor allem aber: Er hörte Stefan zu. Er tröstete ihn über die so schrecklich peinliche Erfahrung, ein paar Mal ins Bett gemacht zu haben, hinweg, zeigte Verständnis für seine Wut, erklärte ihm aber auch sehr ausführlich, wie es kommen kann, daß zwei Menschen, die sich einstmals liebten, nicht mehr zusammenleben wollen. Im Großvater hatte Stefan ganz unerwartet einen väterlichen Freund gefunden, für den er wichtiger als die anderen Erwachsenen zu sein schien und der ihm ein Stück seines verlorenen Selbstvertrauens zurückgab. Über etwas konnte er aber auch mit dem Großvater nicht reden: über seinen bevorstehenden Geburtstag, den ersten nach der Scheidung. Stefan sah ihm als dem traurigsten Tag seines Lebens entgegen. Er sah sich deprimiert vor seiner Lieblingstorte sitzen, er würde weder Appetit haben noch sich über die Geschenke freuen. Und die Mutter, ohnedies seit Wochen reizbar, würde gekränkt und beleidigt sein...

Der Geburtstag begann auch genau so wie befürchtet. Stefan hatte heuer keine Feier für seine Freunde organisiert, so daß ihm auch niemand in der Klasse gratulierte. Von der Lehrerin bekam er einige Ermahnungen, weil er sich, wie so oft in den letzten Wochen, nicht auf den Unterricht konzentrierte. Vielleicht würde wenigstens der Opa kommen, das würde alles etwas erträglicher machen... Als Stefan nach Hause kam, war jedoch kein Großvater da. Die Mutter stand neben dem Tisch mit der Lieblingstorte und sagte etwas, was Stefan nicht mehr hören konnte, weil ihn die Tränen mit einem Male übermannten. Durch den Tränenschleier sah er nur unscharf ein riesiges Paket, wie eine schlecht verpackte Rodel. Doch dieses Etwas begann sich plötzlich zu bewegen und zu rascheln, und plötzlich tauchte hinter dem Tisch - der Vater auf! Stefan schrie auf, und eine Sekunde später lagen sich beide in den Armen. Es wurde ein wunderbarer Tag. Der Vater schenkte ihm ein komisches kleines Gerät und erklärte Stefan, es handle sich dabei um ein sogenanntes ''Piepsi'', mit dessen Hilfe er den Vater jederzeit anrufen bzw. sich von ihm zurückrufen lassen konnte. Dann fuhren alle, auch die Mutter, in Vaters neue Wohnung und erklärten ihm den Weg. An der Tür eines Zimmers war ein Messingschild angebracht, auf dem ''Stefan'' eingraviert war: *Sein* Zimmer, wenn er ab sofort den Vater jedes zweite Wochenende und jeden zweiten Donnerstag, nach dem Nachmittagsturnen, besuchen würde. Und mitten im Zimmer stand das tollste Kinderrennrad, das man sich denken konnte. Davor ein Schild: ''Von Mama und Papa, die Dich immer liebhaben werden!''

Für Magdalena und Stefan war das Ärgste geschafft. Sie mußten eine schmerzvolle Erfahrung machen, das Leben hat sich verändert, aber - und das konnten Magdalena und Stefan spüren - es kann weitergehen. Sie profitierten von der Fähigkeit ihrer Eltern, Gefühle der Trauer, Wut und Angst anzunehmen. Magdalenas Mutter akzeptierte die Anhänglichkeit ihrer Tochter und Stefan fand in seinem Großvater einen Menschen, der die vorübergehende Einbuße an "elterlicher Kompetenz" von Mutter und Vater ausglich und dem Verlusterlebnis der Scheidung den Gewinn einer neuen Beziehung entgegensetzte. Aber auch Stefans Eltern erkannten, daß ihr Sohn anläßlich seines neunten Geburtstages eines konzentrierten Beweises ihrer Liebe bedurfte. Darüber hinaus hatten beide Kinder, Magdalena mit ihrer Mutter und Stefan mit seinem Großvater, ausgiebig Gelegenheit, über die Umstände, die Gründe der Scheidung und über die Zukunft zu sprechen, was Schuldgefühle und Ängste zu mildern vermochte. Magdalenas und Stefans Eltern und dessen Großvater konnten den Kindern erfolgreiche "Erste Hilfe" leisten. Sie waren dazu imstande, weil sie den Schmerz ihrer Kinder erkannten und ernst nahmen, weil sie die Außergewöhnlichkeit der Situation erkannten und daher akzeptieren konnten, daß sich auch die Kinder außergewöhnlich benahmen. Sie kannten ihre Kinder als durchschnittlich gut erzogen, ehrgeizig, selbständig und einsichtig. Aber sie bestanden nicht auf einer Kontinuität dieser Eigenschaften, wo die Lebensumstände selbst ihre Kontinuität unterbrochen hatten.

Meist kommt es jedoch ganz anders. Das beginnt bereits beim "Schlüsselereignis", der Mitteilung von der bevorstehenden oder sogar schon vollzogenen Scheidung. Die meisten Kinder, selbst jene, die schon über längere Zeit hinweg Zeuge von Ehekonflikten gewesen waren, trifft die Mitteilung wie ein Schock. Die Hoffnung, alles könnte wieder ins Lot kommen, war von ihnen bis zu diesem Tag aufrechterhalten worden[36]. Diesem Schock entspricht die *Angst der Eltern* vor dem Akt der Mitteilung. Sie fürchten die Reaktionen der Kinder, die sie - bewußt oder unbewußt - als Vorwurf erleben (vgl. z.B. Leos Mutter, S. 12). Eltern haben auch direkt Angst vor Liebesverlust, vor allem jener Elternteil, welcher die Initiative zur Scheidung gegen die Absicht des anderen ergriffen hatte. Letzterer wiederum tut häufig das seine hinzu, den "Scheidungswilligen" als bösen Vater oder böse Mutter vor den Kindern zu präsentieren: "Das erklärst aber *du* dem Kind", und den Kindern beteuern sie: "Ich möchte ja die Scheidung nicht, aber der Papa/die Mama..."

Schuldgefühle und Angst vor Liebesverlust bringen Eltern dazu, ihren Kindern häufig nur sehr knappe, oft geradezu beiläufige Erklärungen abzugeben, mit welchen sie ihre unausweichliche Pflicht erfüllen. Je weniger sich die Kinder von der Scheidungsmitteilung betroffen zeigen, desto erträglicher ist die Situation für diese Eltern. Faszinierend war es für uns zu beobachten, wie oft es hierbei

[36] Gemeint ist hier die *bewußte Hoffnung*, die Eltern mögen sich wieder versöhnen. Den *Wunsch* nach Versöhnung/Wiedervereinigung finden wir hingegen bei so gut wie allen Kindern selbst Jahre nach der Scheidung. *Unbewußt* kann dieser Wunsch auch die Gestalt der Hoffnung annehmen. (Sie erklärt z.B. einen Teil der Widerstände, die viele Kinder der Wiederverheiratung eines Elternteils entgegenbringen.)

zwischen Eltern und Kindern zu einer "Koalition der Verleugnung" kommt: Die Tendenz vieler Eltern, die Bedeutung, welche die Scheidung für die Kinder haben wird, herunterzuspielen oder gar zu negieren, trifft auf seiten des Kindes auf eine ebensolche Verleugnungsneigung, die ihm die Konfrontation mit dem schrecklichen Ereignis ersparen soll. Wie wir sehen konnten, hängt die Stärke dieser Verleugnungsneigung, sich gegen die anstürmenden schmerzvollen Affekte zu behaupten, ganz wesentlich von den diesbezüglichen Erwartungen der Eltern ab, für welche die Kinder eine Art Antenne zu haben scheinen. Wortlos signalisiert eine Mutter ihrem Kind: "Bitte, bitte, brich nicht zusammen. Zeig mir, daß es nicht so schlimm ist!" Und das genügt oft, die vorhandene Verleugnungstendenz des Kindes so zu stärken, daß die Mutter ihre Hoffnung bestätigt zu finden glaubt. Dieser Zusammenhang zwischen Erwartungshaltung der Eltern und Verleugnungsfähigkeit der Kinder zeigt sich besonders deutlich dort, wo die Kinder mit unterschiedlichen Erwartungen seitens der Eltern konfrontiert sind. Erinnern wir uns an *Peter* und *Rosa* (S. 30), deren Mutter uns so eindrucksvoll schilderte, wie wenig erschüttert sich die Kinder von der Scheidungsmitteilung zeigten. Nachdem die Mutter in der Beratung ihre damaligen Schuldgefühle ein Stück durchgearbeitet hatte, konnte sie sich plötzlich an eine andere Szene erinnern, die sich nur wenige Tage nach der geschilderten abgespielt hatte: Sie war eben nach Hause gekommen und fand die Kinder heulend im Schlafzimmer, wo der Vater seine Sachen für den bevorstehenden Auszug packte. Die Kinder hatten gefragt, was er denn da tue, worauf der Vater nur antwortete: "Die Mama hat euch doch gesagt, daß ich ausziehe!" War es nur die Symbolträchtigkeit des Kofferpackens, die den Schmerz der Kinder auslöste, während sie bei der Mitteilung der Mutter gar nicht mitbekamen, worum es eigentlich ging? Die Antworten der Kinder zeigen jedoch, daß sie die Mutter sehr gut verstanden hatten, sie hatten lediglich alle mit der bevorstehenden Trennung vom Vater zusammenhängenden Gefühle weggeschoben. Im Gegensatz zur Mutter legte der Vater freilich gar keinen Wert darauf, daß die Kinder seinen Weggang ungerührt hinnahmen. Er hatte die Scheidung nicht gewollt und war über den Ausgang der Geschichte zutiefst deprimiert. Seine Mitteilung enthielt manifest kaum eine andere Information als jene der Mutter. Aber er signalisierte ihnen nicht die Hoffnung, die Scheidung solle ihnen nichts ausmachen. Eher das Gegenteil war wohl der Fall: die (vielleicht nur unbewußte) Hoffnung, daß die Kinder ihn vermissen; sich ein Stück mit ihm gegen die Mutter verbünden und so auch die Schuld, die er durch seine eheliche Untreue auf sich geladen hatte, von sich zu wälzen. Im Gegensatz zur Mutter waren dem Vater die schmerzlichen Affekte der Kinder keineswegs unwillkommen - und er "bekam" sie, ebenso wie die Mutter die von ihr erhoffte Gleichgültigkeit[37]. Wie nötig die Mutter diese Illusion hatte, um ihre Schuldgefühle in Grenzen halten zu können,

[37] Psychoanalytisch gesprochen, wäre die "Verleugnung" des Schmerzes, den Peter und Rosa über die Scheidung empfinden, besser als *Isolierung* zu beschreiben. Die unbewußte Korrespondenz zwischen (elterlichen) Erwartungen und dem Verhalten der Kinder kann aber auch als spontane Identifizierung mit dem jeweiligen Elternteil verstanden werden.

zeigte sich an dem Umstand, daß sie die Szene zwischen den Kindern und dem Vater jahrelang aus ihrem Gedächtnis verbannt hielt.
Die Beispiele von Leo, von Peter und Rosa, von Robert (S. 34) und vielen anderen Kindern, die ich kennenlernte, bezeugen, daß das Ausbleiben sichtbarer Affekte nicht heißt, daß diese Kinder nicht unter Gefühlen der Trauer und Kränkung litten, sich nicht schuldig fühlten oder über den erlittenen Schmerz nicht wütend waren. Bleiben solche sichtbaren Reaktionen jedoch aus, hat das meist schwerwiegende Folgen für die weitere Bewältigung der seelischen Krise dieser Kinder. Wie sollen die Eltern sich auf die Gefühle der Kinder einstellen können, wenn diese keine Gefühle äußern? Wie sollen sie ihnen zu Hilfe kommen, wenn die Kinder nicht um Hilfe rufen? Die Illusion der Unbetroffenheit der Kinder verhindert auch, daß es zu ausgedehnten Gesprächen über die Umstände der Scheidung, über Fragen der zukünftigen Lebensgestaltung, über all das, was die Kinder beunruhigt und bedrängt, kommt.
Das hat zur Folge, daß die Kinder mit ihren Gefühlen allein bleiben, vor allem aber, daß den bedrohlichen Phantasien keine Entlastung (durch Aufklärung, Tröstung, durch die Ermöglichung korrigierender Erfahrungen) entgegengesetzt wird.
Eine andere Möglichkeit, sich den Kindern gegenüber schuldfrei zu halten, bietet die Abwälzung der Verantwortung auf den anderen Elternteil. Wie wir bereits bei Peters und Rosas Vater gesehen haben, hemmen diese Eltern die Affektäußerungen der Kinder weit weniger, aber diese Bereitschaft, Gefühle der Trauer, Kränkung oder Wut im Gefolge der Scheidung anzuerkennen, knüpft sich an die Erwartung, daß sich diese Gefühle - vorzugsweise die aggressiven - gegen den anderen Elternteil wenden werden und das Kind die eigene Partei ergreifen wird. Der Vater von Rosa und Peter hoffte wohl, für seinen Wunsch, die Familie nicht verlassen zu müssen, die Unterstützung der Kinder zu gewinnen. Ein anderer Vater in ähnlicher Situation fragte seinen siebenjährigen Sohn geradeheraus: "Möchtest Du, daß der Papa fortgeht?" Und als der Bub heulend den Kopf schüttelte, sagte er zu ihm: "Du mußt der Mama und jedem, der dich fragt, sagen, daß du deinen Papa nicht verlieren möchtest!"
Dem anderen Elternteil die Schuld zuzuschreiben, ist aber auch eine häufige Vorgangsweise jener Elternteile, welche die Scheidung letztlich aktiv herbeigeführt hatten. Sie zielt darauf ab, das Kind für den eigenen Standpunkt zu gewinnen. Wenn das gelingt und das Kind die Scheidung befürwortet, braucht sich der betreffende Vater bzw. die Mutter keine Vorwürfe zu machen. *Andrea*s Mutter z.B. reichte die Scheidung ein, nachdem der Vater, trotz vieler gegenteiliger Versprechungen, wieder Spielschulden gemacht, sich daraufhin betrunken und anschließend das Auto zu Schrott gefahren hatte. Die Mutter packte Andrea und zog zu ihrer Mutter. Die Spielleidenschaft des Vaters war zwar ein gewichtiger, jedoch nicht der einzige Grund einer bereits seit Jahren schwelenden Ehekrise. Menschlich durchaus verständlich, versuchte die Mutter nicht, der Tochter das allmähliche Auseinanderleben der Eheleute zu erklären, sondern bezog sich einzig auf das Glücksspiel und die Alkoholisierung, rechtfertigte ihren Schritt damit, daß

der Vater andernfalls sie und Andrea ökonomisch zugrunde gerichtet hätte, daß er schwach und verantwortungslos sei und nicht wüßte, was er seiner Familie schuldig sei.
Die Folgen solcher Schuldzuweisungen sind für die betroffenen Kinder massiv belastend bis verheerend. Was soll etwa Andrea nach den Erklärungen ihrer Mutter tun? Ihr Bild vom Vater, den sie trotz aller seiner Schwächen stets heiß geliebt und bewundert hatte, plötzlich löschen, ihn als absolut Bösen (''destruktiv'', ''schwach'', ''unverantwortlich''; ''Trinker'', ''Spieler'' usw.) aus ihrem Leben, aus ihrer Liebe streichen? Das konnte sie nicht. Sie konnte oder wollte auch nicht glauben, was die Mutter alles von ihm behauptete. Aber sie wagte es auch nicht, der Mutter zu widersprechen. Wie aber kann sie dem Vater wieder unter die Augen treten, wenn sie jetzt nicht für ihn Partei ergriff? Solche Loyalitätskonflikte können das, durch die bloße Tatsache der Scheidung ohnedies erschütterte, seelische Gleichgewicht endgültig ins Wanken bringen[38].
Es wäre freilich ungerecht, solche Eltern als opportunistisch zu kritisieren. Andreas Mutter sah die Situation geradeso, wie sie es ihrer Tochter erklärte, sie fühlte sich wirklich als Opfer. Aber die Kinder geraten in Loyalitätskonflikte ganz unabhängig von der *objektiven* Verschuldensfrage (falls es so etwas überhaupt gibt). Welchem Menschen, der sich von seinem Partner zutiefst verletzt fühlt, ist jedoch so viel Heroismus zuzumuten, angesichts eigenen Elends und wütender Enttäuschung Mitverantwortung am Scheitern der Ehe zu übernehmen, was schließlich auch heißt, den anderen teilweise zu ent-schuldigen. Und doch gehört diese gemeinsame Verantwortung zu jenen Begleitumständen, die den Kindern die Scheidung letztlich erträglich machen können.
Eine dritte Variante, sich der Scheidungsverantwortung gegenüber den Kindern zu entziehen und auf diese Weise Schuldgefühle zu bewältigen, lehrte uns bereits *Mario*s Mutter (S. 28f), die zwei Jahre lang versuchte, die Scheidung vor dem Kind zu verbergen. Vielleicht hatte sie die Vorstellung, je älter Mario sein würde, desto besser könne er die Scheidung verkraften[39]. Wie wir sehen konnten, hatte Mario aber ''sein'' Scheidungserlebnis bereits ein Jahr später. Davon abgesehen bergen solche Verheimlichungen zusätzliche Gefahren in sich. Da sind einmal die Phantasien des Kindes, welches, wie Mario, irgendwann merkt, daß etwas nicht stimmt. Da offiziell jedoch alles in Ordnung ist, kann das Kind über seine Phantasien, die die Schrecklichkeit der Realität meist beträchtlich übersteigen, nicht kommunizieren. Ängste, Befürchtungen können auf diese Weise nicht nur nicht besänftigt werden, sondern erfahren mitunter eine groteske Überhöhung.
Gelangen diese Kinder schließlich zur Kenntnis der Endgültigkeit der Trennung von einem Elternteil, so kann das in ihren Augen nur zweierlei heißen: entweder sie wurden bereits damals, als ''die Wohnung renoviert wurde'', ''als der Vater beruflich verreisen mußte'' usw., *betrogen*; oder aber die lange Trennung hatte

38 Zu welchen Abwehrmaßnahmen Loyalitätskonflikte Kinder zwingen und welche Folgen sich daraus für die weitere Entwicklung ergeben, werde ich später ausführlich erörtern.

39 Zur Altersabhängigkeit der Scheidungsreaktionen und zur Frage, ob es für die Kinder mehr oder weniger ''günstige'' Scheidungszeitpunkte gäbe, s. Kap. 6.3

dazu geführt, daß der Vater nun nicht mehr zurückkommen wird. Im ersten Fall verliert das Kind das Vertrauen in das, was die Erwachsenen ihm sagen, im zweiten verliert es das Vertrauen in die Kontinuität von Beziehungen trotz räumlicher Trennung. Mitunter entwickeln solche Kinder einen Lebensstil, der darin besteht, einen geliebten Menschen permanent zu kontrollieren, um der beständigen Angst, ihn zu verlieren, Herr werden zu können.

Im Gegensatz zur Art, wie die Eltern von Magdalena und Stefan die Scheidung ihren Kindern gegenüber handhabten, tragen die zuletzt beschriebenen elterlichen Haltungen - so verständlich sie uns in vielen Fällen erscheinen mögen - einen ausgesprochen infantilen Charakter: die Mitteilung an die Kinder *hinausschieben* oder gar *verheimlichen*; das Gespräch möglichst rasch *hinter sich bringen*; die Hoffnung, es werde *schon nicht so schlimm sein* ... All das hat große Ähnlichkeit mit dem Verhalten von Kindern, die sich vor die Notwendigkeit gestellt sehen, ihren Eltern eine Missetat zu *beichten*, ihnen möglichst schonend beizubringen, daß sie etwas *angestellt* haben. Wenn ich in diesem Zusammenhang von infantilem Verhalten spreche, so meine ich das keinesfalls kritisch oder abwertend, sondern beschreibend: Ich meine damit, daß sich viele Eltern im Hinblick auf die Aufgabe, ihre Tochter/ihren Sohn von der Scheidung zu informieren, tatsächlich *wie schuldige Kinder fühlen*, so daß sie sich vor ihrer Verantwortung zu drücken versuchen, beschönigen, Ausreden finden, andere beschuldigen, verheimlichen usw. Solche Regressionen von Erwachsenen sind durchaus normal und alltäglich. Im Zusammenhang der Scheidung jedoch können sie böse Folgen haben. Es kommt dann zu einer seltsamen Rollenumkehr, in welcher die Eltern zu Kindern werden und die Kinder in die Rolle der kritischen Eltern bringen, welche nun über Schuld und Unschuld zu richten haben. Das geschieht jedoch zu einem Zeitpunkt, zu dem die Kinder nichts dringender nötig haben, als ihrer selbst gewisse, eben "erwachsene" Eltern, die das, was sie tun, *verantworten* können und denen im Hinblick auf die so ungewiß erscheinende Zukunft auch *vertraut* werden kann[40].

Die wichtigste und zugleich wohl schwierigste Aufgabe, die sich Eltern in dieser schwierigen Zeit nach der Scheidung (bzw. Scheidungsinformation) stellt, besteht darin, die *Schuld am Leid der Kinder mit gutem Gewissen auf sich zu nehmen*. Dies ist keineswegs ein Widerspruch. Unabhängig davon, ob die Scheidung den Kindern langfristig vielleicht bessere Entwicklungschancen eröffnet, *ist sie im Augenblick schrecklich schmerzhaft* und stürzt die Kinder in eine seelische Krise. Und es sind natürlich *die Eltern*, die jene Situation herbeigeführt haben, weshalb sie auch Schuld am Leid des Kindes haben. Dieses *Wissen um die eigene Schuld* ist jedoch etwas ganz anderes als jene quälenden und unerträglichen Schuldgefühle, von denen schon mehrfach die Rede war, die allemal mit der Vorstellung verbunden sind, etwas *Verbotenes, nicht Verantwortbares* begangen zu haben. Wenn ich als Vater oder Mutter, mitsamt meinen Wünschen und Enttäuschungen, jedoch mich und mein (psychisches) Existenzrecht akzeptieren kann; wenn ich

[40] Auf andere Phänomene von "Infantilisierung" der geschiedenen Eltern komme ich später zu sprechen (S. 57f. sowie Kap. 9.7. und 9.8.).

weiß, daß dieser, *meinen* Bedürfnissen folgende Schritt auch dem Kind zugute kommen *kann*, weil ich wieder atmen und vom Leben etwas erhoffen kann - dann vermag ich auch, jene Schuld am Kind mit "gutem Gewissen" auf mich zu nehmen. Gleichzeitig ist diese Haltung, die ich als *verantwortete Schuld* bezeichnen möchte, die vielleicht wichtigste Voraussetzung dafür, daß die Scheidung dem Kind - langfristig - auch tatsächlich zugute kommt. Wenn ich weiß, daß ich jemandem etwas weggenommen, jemandem wehgetan habe, weil ich im Augenblick keine andere Möglichkeit hatte, werde ich mich anschließend bemühen, den Schmerz zu lindern, Angerichtetes wiedergutzumachen, um meine Schuld abzutragen. Kann ich es hingegen nicht ertragen, schuldig geworden zu sein, muß ich auch das angerichtete Leid verleugnen. Statt mir zu denken: "Es tut mir so leid, was kann ich tun...?", sage ich dann: "Es gibt keinen Grund zur Klage und erst recht nicht dafür, *mir* Vorwürfe zu machen!" Dann verleugne ich meine Schuld und wälze sie auf das Kind selbst oder auf den Ex-Partner ab. (Übrigens messe ich dieser Haltung der "verantworteten Schuld" keineswegs nur im Zusammenhang der Scheidung Bedeutung zu, sondern betrachte sie als eine grundsätzlich wichtige *pädagogische Haltung*, insbesondere im Umgang mit Grenzen und Verboten; vgl. auch Anm. 47.)
Das Beispiel von Magdalena und Stefan hat uns gezeigt, daß es grundsätzlich möglich ist, den unmittelbaren Scheidungsreaktionen der Kinder so zu begegnen, daß deren Irritationen in Grenzen gehalten, die Ängste zu einem Gutteil überwunden werden können, so daß sich das erschütterte seelische Gleichgewicht wiederherzustellen vermag. An einer Reihe anderer Fälle mußten wir hingegen erkennen, daß diese "Erste Hilfe" bereits an jenem Tag versagt, an welchem die Kinder von der Trennung der Eltern erfahren. Dabei sind die Begleitumstände der Scheidungsinformation erst der Anfang der sogeannten Nach-Scheidungs-Krise.

2.2 Die Scheidungsreaktionen der Kinder: Hilferuf und Konfliktstoff

Den Kindern Gelegenheit geben, ihre Affekte zu äußern; in langen und wiederholten Gesprächen ihre Trauer trösten und Ängste besprechen; sie nicht durch Verbündungsversuche (Schuldzuweisungen an den anderen Elternteil) in zusätzliche Loyalitätskonflikte bringen - das sind nur die ersten Schritte der Hilfe, die Eltern ihren Kindern auf dem schwierigen und ungewissen Weg in die "geschiedene Zukunft" leisten können. Sie beschränken sich noch weitgehend auf den Bereich der verbalen Kommunikation. Darüber hinaus setzten aber die Eltern *Magdalenas* und *Stefans* hilfreiche Aktivitäten, mit denen sie die sichtbaren Zeichen der seelischen Reaktionen nichtsprachlich "beantworteten". Wie bereits erwähnt, handelt es sich bei diesen unmittelbaren "Symptomen" nicht nur um eine Folge der seelischen Scheidungsreaktionen, sondern auch um Strategien, die Krise zu bewältigen. Magdalenas Anhänglichkeit an die Mutter ist mehr als bloß eine Folge ihrer Verlustängste. Sie ist auch ein Mittel, die Mutter zu kontrollieren und auf diese Weise die Bedrohung abzuwenden. Und die Mutter spürte offenbar, daß ihre Tochter im Augenblick zu keiner anderen als dieser regressiven Art der Angstbewältigung imstande war und fügte sich ihren Kontrollansprüchen so weit es ging. Hätte sie das nicht getan, wäre Magdalena ihren Ängsten *passiv* überlassen geblieben, und diese hätten sich durch Gefühle der Ohnmacht noch weiter vergrößert. Nur von einem reduktionistischen lerntheoretischen Standpunkt her ließe sich argumentieren, daß die Bereitschaft der Mutter, die Anhänglichkeit und Kontrollbedürfnisse Magdalenas anzunehmen, diese Haltung des Kindes "verstärken" würde. In Wirklichkeit ist es doch so, daß wir jenen Menschen - ohne sie kontrollieren zu müssen - vertrauen, die uns des öfteren *bewiesen* haben, daß eventuelle Befürchtungen unbegründet waren. Indem die Mutter Magdalenas Anhänglichkeit akzeptierte und *von sich aus* die Entfernung von ihrem Kind in den Grenzen hielt, die Magdalena verkraften konnte, ersparte sie dem Kind, um die Nähe der Mutter *verzweifelt kämpfen zu müssen*. (Bliebe die Mutter nämlich nur dann zu Hause, wenn das Kind heult, brüllt und schreit, würde die lerntheoretische Prognose wahrscheinlich zutreffen: Das Kind erfährt dann: "Die Mutter bleibt nur dann, wenn ich sie dazu zwinge." Zwingen ist aber etwas anderes als Kontrolle.) So aber konnte Magdalena mit der Zeit Gewißheit erlangen, daß sich die Mutter nicht über das ihr noch erträgliche Maß hinaus entfernen würde, was ihre Angst milderte, das ursprüngliche Vertrauen in die Mutter (als verfügbares konstantes Objekt[41]) wiederherstellte, und die Kontrolle daher zunehmend an Notwendigkeit verlor.

Bei Stefan war die Sache etwas anders. Seine Eltern büßten aufgrund ihrer Zwiste und Konflikte im Zuge der Scheidung vorübergehend ein gutes Stück elterlicher Kompetenz ein. Aber Stefan hatte das Glück, daß sein Großvater die Not seines Enkels erkannte und sich nicht damit begnügte, den Eltern moralische Vorhaltungen zu machen, sondern kurz entschlossen selbst in die Bresche sprang. Und zweitens, daß die Eltern gerade noch rechtzeitig erkannten, daß sie im Interesse Stefans ihre persönlichen Gefühle, Interessen und Aversionen etwas zurückstellen müssen und sich an seinem neunten Geburtstag *als Eltern* wieder in Funktion setzten.

Im vorangegangenen Abschnitt war die Rede von den Schuldgefühlen der Eltern, die sie dazu bringen, die Bedeutung der Scheidung für ihre Kinder zu unterschätzen, sich Hoffnungen oder Illusionen darüber hinzugeben, sie würde den Kindern gar nicht viel ausmachen, was endlich auch dazu führen kann, die seelischen Reaktionen der Kinder zu übersehen oder ihren Ausdruck zu behindern. Diese Eltern schaffen es nicht, vor sich und anderen den Schmerz zu verantworten, den *sie* den Kindern mit der Scheidung antun. Ich habe ausgeführt, daß es sich dabei um eine Schuld handelt, die durchaus verantwortbar ist, weil noch so großer Schmerz im Augenblick nicht ausschließt, daß der Entschluß zur Scheidung sich *langfristig* günstig für die Kinder auswirken kann.

Sich dieser Verantwortung mit Hilfe von Verleugnungen, Heimlichkeiten oder Schuldzuweisungen nicht zu stellen, behindert aber nicht nur die "Erste Hilfe"

[41] Zur "Objektkonstanz" vgl. den Exkurs auf S. 79ff.

nach der Scheidung, sondern ist meiner Erfahrung nach auch einer der beiden hauptsächlichen Gründe für die Verschlimmerung der psychischen Situation so vieler Kinder in den der Scheidung folgenden Wochen und Monaten[42]. Das liegt daran, daß jene Verhaltensweisen der Kinder, in welchen sich ihre angeschlagene seelische Verfassung äußert und die der Bewältigung der Irritation dienen, von den Eltern dann gar nicht in Zusammenhang mit seelischen Problemen im Gefolge der Scheidung gebracht werden: Denn die Scheidung wird - offiziell - gar nicht als Krise gehandelt. Wenn es aber keine Krise gibt, gibt es keine Probleme. Und wenn es keine Probleme gibt, kann es sich bei auffälligen Verhaltensweisen höchstens um "Fehlverhalten" oder "Spinnereien" handeln. *Fritz* z.B. konnte seiner Mutter nicht verzeihen, den Vater weggeschickt zu haben. Aber natürlich liebte er auch seine Mutter und hatte Angst, auch sie noch zu verlieren und zeigte sich nach außen hin völlig ungerührt. Seine Aggressionen äußerten sich in zunehmender Bockigkeit gegenüber den Erwartungen der Mutter, er war extrem ungefällig und häufig frech. Fritz' Mutter kam jedoch nicht auf die Idee, das Verhalten ihres Sohnes könnte sich gegen sie persönlich richten - vielleicht sollte man auch sagen: Um sich nicht schuldig fühlen zu müssen, *wollte*, ja *durfte* sie gar nicht auf diese Idee kommen. Vielmehr warf sie ihm "rücksichtslosen Egoismus" vor, den er sich deshalb "leistete", weil er "die strenge Hand des Vaters" nicht mehr fürchten mußte. Eine andere Mutter wieder führte das aggressive Verhalten ihrer Tochter unmittelbar darauf zurück, daß sie wohl vom geschiedenen Vater und dessen Mutter gegen sie aufgehetzt sein müsse. *Lisa*, die ähnliche Verlassenheitsängste entwickelt hatte wie Magdalena und ihrer Mutter nicht von der Seite weichen wollte, wurde von dieser gescholten, "nicht zu spinnen". *Daniel*, der ob seiner Schuldgefühle in eine schwere depressive Verstimmung geschlittert war, wurde von der ganzen Familie vorgeworfen, trotzig zu sein und auf sich aufmerksam machen zu wollen. Bettnässen solcher Kinder wird mit Bemerkungen wie "Das ist doch wirklich nicht notwendig" oder "Schämst du dich denn nicht" quittiert. Auch soziale Konflikte in Kindergarten oder Schule, Nachlassen von Schulleistungen u.ä. werden nicht als Symptome, als Ausdruck von Problemen, die mit der Scheidung zusammenhängen, begriffen, sondern als isoliertes Fehlverhalten verstanden, dem diese Eltern dann mit disziplinären Maßnahmen zu begegnen versuchen.
Mit dieser "Umdeutung" der Scheidungsreaktionen nehmen diese Eltern den Kindern die Möglichkeit, die Krise mit den ihnen im Augenblick zur Verfügung stehenden Mitteln zu bewältigen. Indem sie nicht verstehen (können oder wollen), was das Kind mit seinem auffälligen Verhalten ausdrückt, machen sie es sprachlos.
So wie die Eltern nicht verstehen, daß das Verhalten des Kindes mit seinen seelischen Reaktionen auf die Scheidung zusammenhängt, verstehen die Kinder nicht, daß die Zurückweisung und Kritik durch die Eltern, ihre Reizbarkeit und

42 Den anderen Hauptgrund bildet die psychische Verfassung der geschiedenen Eltern, die im nächsten Abschnitt behandelt wird.

mangelnde Geduld mit ihrem eigenen Verhalten und den Problemen, die die Eltern selbst haben, zusammenhängen. Was sie vor allem spüren, ist ein mehr oder minder großer Verlust an liebevoller Zuwendung. Und zwar gerade zu jenem Zeitpunkt, wo sie diese Zuwendung besonders nötig brauchen. Statt Hilfe zu erhalten, wird das Kind immer einsamer, wodurch die scheidungsspezifischen Affekte an Stärke gewinnen und die Angst immer größer wird. Dadurch erhalten aber auch jene Verhaltensweisen, die zum Konflikt mit den Eltern führen, immer neue Zufuhr an seelischer Energie, wodurch wiederum zurückweisende und kritische Reaktionen der Eltern häufiger werden usw., so daß es zu einer kontinuierlichen Aufschaukelung interaktioneller Konflikte zwischen Kindern und Eltern kommt.

2.3 Die Situation des sorgetragenden Elternteils

Wir betrachteten bisher das Verhalten der Eltern im Zusammenhang und nach der Scheidung vorwiegend unter "pädagogischen" Gesichtspunkten, das heißt hier: im Hinblick auf die Auswirkungen für die Kinder. Dabei stand die Frage im Vordergrund, ob die Eltern in der Lage sind anzuerkennen, daß die Scheidung unvermeidlich eine Krise für die Kinder darstellt. Und zwar eine Krise, die die Eltern ihren Kindern bereitet haben. Ich habe versucht zu zeigen, wie wichtig es schließlich für die Kinder ist, daß die Eltern imstande sind, das Leid, das sie ihren Kinder antun, im Interesse ihres eigenen Lebens und der langfristigen Entwicklung der Kinder bewußt zu verantworten, was heißt, sich der Trauer und Kränkung ihrer Kinder, vor allem auch ihren Aggressionen *zu stellen*. Weiters sprachen wir davon, daß diese "verantwortete Schuld" eine Haltung ist, die auch von jenem Elternteil zu fordern ist, der sich an der Scheidung oder an der Entwicklung, die zur Scheidung führte, unschuldig fühlt, andernfalls das akute Leid der Kinder zusätzlich durch Loyalitätskonflikte belastet würde.
Ich meine, es ist an der Zeit, den erhobenen "pädagogischen Zeigefinger" bescheiden zurückzuziehen und zu sehen, daß hier von den Eltern etwas verlangt wird, was die seelische Leistungsfähigkeit vieler Väter und Mütter übersteigt. Es wäre nämlich ein großer Irrtum zu glauben, daß mit der Scheidung zwar das Leid der Kinder beginnt, sie die *Krise der Eltern* jedoch beendet. Tatsächlich erschienen in den letzten Jahren eine ganze Reihe von Arbeiten, die sich mit der *Scheidungskrise der Expartner* befassen. Nicht nur, daß die persönlichen Konflikte über die Trennung der Partner hinaus anhalten, ja mitunter sogar noch an Brisanz zunehmen, die Scheidung bringt für die meisten Eltern eine Vielzahl zusätzlicher psychischer, sozialer und ökonomischer Probleme mit sich, mit denen viele Paare zum Teil gar nicht gerechnet hatten. Und zwar - das muß betont werden - gilt dies auch für den Elternteil, welcher die Scheidung schließlich betrieben hatte. In diesem Abschnitt möchte ich das Schwergewicht auf die Situation jenes Partners legen, bei welchem die Kinder nach der Scheidung verbleiben. Auf die Situation des weggeschiedenen Elternteils komme ich später zu sprechen (Kap. 9).

Obwohl der Anteil der alleinerziehenden Väter in den letzten Jahren rasant anstieg, wird immer noch in neun von zehn Fällen das Sorgerecht - besonders bei Kindern im Vorschul- und frühen Schulalter - von den Gerichten der Mutter zugesprochen[43]. Der angenehmeren Lesart zuliebe werde ich daher in den folgenden Abschnitten dieses Kapitels statt vom "sorgetragenden Elternteil" von der "Mutter" sprechen und den weggeschiedenen Elternteil als "Vater" bezeichnen.

Die unmittelbaren seelischen Reaktionen der meisten Eltern unterscheiden sich kaum von jenen der Kinder. Das sollte eigentlich gar nicht verwundern, stellten wir doch fest, daß die Kinder die Scheidung nicht in erster Linie als eine Angelegenheit zwischen den Eltern verstehen, sondern sich selbst als jene erleben, die vom Vater verlassen wurden bzw. die (mit der Mutter) den Vater verlassen haben. Gefühle des Gekränktseins, Angst vor der Zukunft, Wut- und Haßgefühle gegen den ehemaligen Partner, mitunter auch - meist unbewußt - gegen die Kinder, stellen sich bei so gut wie jeder Scheidung ein. Und Trauer, sei es die Trauer um den noch immer geliebten Menschen oder den Menschen, welcher der Partner einmal war. Auch Schuldgefühle begleiten die meisten Scheidungen, und zwar nicht nur gegenüber den Kindern. Schuldgefühle gegenüber dem ehemaligen Partner empfinden Männer und Frauen, die sich einer neuen Beziehung wegen trennen, und jene, die sich - aus welchen Gründen auch immer - gegen den Willen des anderen scheiden lassen. Gefühle der Schuld und des Versagens stellen sich selbst bei den "Verlassenen" ein, die - ähnlich den Kindern - nach außen hin ganz unschuldig erscheinen. Frau *K.* heiratete, als sie neunzehn Jahre alt war. Zwei Jahre später ließ sie der Mann, der Alkoholiker war, mit ihrem inzwischen elf Monate alten gemeinsamen Sohn sitzen. Frau K. hatte von der Schwäche des Mannes gewußt, als sie heiratete. Sie ging die Ehe gegen Abraten ihrer Eltern und Freunde dennoch ein. "Ich war sicher, daß ich es schaffen würde, ihn wieder auf die rechte Bahn zu bringen, daß meine Liebe und das Kind ihn zu jenem anständigen Menschen machen würden, der er im Grunde war. Wie habe ich mich überschätzt!" Das Gefühl, versagt zu haben, ließ Frau K. sich schuldig fühlen - gegenüber ihren Eltern, gegenüber ihrem Mann und ganz besonders gegenüber dem Kind, das sie durch ihre "Voreiligkeit" und "Selbstüberschätzung" in die Lage gebracht hat, ohne die Geborgenheit einer glücklichen Familie aufwachsen zu müssen.

Dieses Gefühl, versagt zu haben, findet sich jedoch auch bei Frauen wie Männern, deren Ehen ganz ohne solche außergewöhnliche Vorsätze auseinandergegangen sind. Denn fast jede geschiedene Ehe, vor allem wenn Kinder da sind, ist eine *gescheiterte* Ehe, zeugt vom Scheitern des einmal gefaßten Entschlusses, zusammenbleiben und gemeinsam eine glückliche Familie gründen zu wollen, ist also das Mißlingen eines Lebenskonzeptes.

Wie bei den Kindern ziehen auch bei den Erwachsenen Gefühle des Versagens

43 Mit den Hintergründen, darunter auch den leitenden psychologischen Theorien dieser Praxis setzt sich Fthenakis (1985) eingehend auseinander.

und/oder des Verlassenwerdens eine Einbuße an Selbstwertgefühl und Selbstvertrauen nach sich. Zweifel entstehen über die Fähigkeit, eine erfüllte Beziehung leben zu können; geliebt zu werden; gesetzte Lebensziele erreichen zu können; jemals wieder einen Partner zu finden. Sie verbinden sich mit der Angst, intellektuell oder körperlich nicht attraktiv genug zu sein, vor Alter und Einsamkeit.

Zu diesen seelischen Problemen, von welchen Frauen wie Männer betroffen sind, kommen Probleme sozialer und ökonomischer Art hinzu, mit welchen vor allem geschiedene Mütter zu kämpfen haben[44]. Einige der Schwierigkeiten, über die Mütter immer wieder klagen, seien hier kurz aufgezählt.

Soziale Diskriminierung. Geschiedene Mütter und ihre Kinder gelten im allgemeinen weniger als verheiratete Mütter bzw. Kinder aus "intakten" Familien, wobei solche Diskriminierung sich durchaus nicht in Form *offener* Abwertung, Kritik oder Skepsis zeigen muß, sondern sich hinter scheinbar gutgemeintem Bedauern und der Stigmatisierung der Kinder als "Benachteiligte" verstecken kann. Wie oft hörte ich in Fortbildungsseminaren Erzieher oder Lehrer, die von einem "schwierigen Kind" erzählen wollten, ihren Bericht mit Worten wie diesen beginnen: "Es geht um Rudi. Er ist sechs Jahre alt, die Mutter geschieden..." Vielfach haben die geschilderten Schwierigkeiten andere Gründe, nicht selten eigene Probleme des Pädagogen mit dem Kind. Das "Kind einer geschiedenen Mutter" aber ruft bei anderen oft ein unausgesprochenes "Aha", "kein Wunder" hervor, wodurch Scheidung zu einer quasi-pathologischen Kategorie wird. Diskriminierungen dieser Art schlagen Müttern durchaus nicht nur von der Umwelt entgegen. Es sind in vielen Fällen die Mütter selbst, die, statt ihr Leben zu verantworten (s.o.), solche Ansichten teilen und sich selbst abwerten.

Ökonomischer und sozialer Abstieg. Fast alle geschiedenen Mütter erleiden im Zuge der Scheidung finanzielle Einbußen. Dies gilt selbst bei günstigsten Verhältnissen, d.h. wenn die Mutter berufstätig ist und die Zuwendungen des Vaters regelmäßig eintreffen. Nur selten vermag die Ersparnis im Haushaltsbudget den Wegfall des väterlichen Verdienstes, der fast immer höher liegt als jener der Mutter, wettzumachen. Im Durchschnitt sinkt der Lebensstandard deutlich ab, ob es sich nun um Wohnungsgröße, Wohngegend, um Urlaub, um Weihnachts- und Geburtstagsgeschenke oder den kleinen Luxus des Alltags, wie Restaurant- und Kinobesuche oder spontane Einkäufe handelt. Bei vielen Müttern kommen noch weitere erschwerende Umstände hinzu: fehlende Erwerbstätigkeit, Arbeitslosigkeit, die aufgrund der durchschnittlich geringeren beruflichen Qualifikation von Frauen auch meist länger andauert; Ausbleiben der Zahlungen des Vaters; Mithaftung an Schulden aus der Zeit der Ehe. Napp-Peters (1985) schätzt den Anteil der Alleinerzieher - zum überwiegenden Teil Mütter -, die unter die relative Armutsgrenze fallen, auf 25%.

[44] Vgl. zum Folgenden auch Bedkower/Oggenfuss (1980); Fthenakis et al. (1982), die in ihrem Buch eine Vielzahl empirischer Untersuchungen vortragen; Leahy (1984); Napp-Peters (1985); Wallerstein/Blakeslee (1989).

Eine Folge der schwierigen ökonomischen Situation ist ein hohes Maß an *beruflicher* wie *familiärer Mehrbelastung*. Mütter, die bei ihren kleinen Kindern zu Hause geblieben waren, müssen wieder in den Beruf einsteigen; Mütter, die bisher halbtags gearbeitet hatten, müssen eine Vollzeitbeschäftigung suchen. Dadurch entstehen Probleme, wie die Kinder während dieser Zeit untergebracht und versorgt werden können. Von Besorgungen und Behördenwegen über Reparaturen im Haushalt bis zur schulischen Förderung - alles lastet nun allein auf den Schultern der Mutter.

Mehrbelastung und eingeschränkte ökonomische Möglichkeiten bringen häufig mit sich, daß geschiedene Mütter zunehmend in *soziale Isolation* geraten. Für Freundschaften und Geselligkeiten fehlt meist die Zeit, mitunter auch das Geld, vor allem aber die Kraft. Dazu kommt, daß ein Großteil der in den letzten Jahren gewachsenen sozialen Beziehungen vieler Frauen aus Freunden und Bekannten des Mannes bestanden hatten, so daß die Scheidung oft auch eine Unterbrechung der sozialen Beziehungen zu dritten nach sich zieht.

Abhängigkeiten. Das Leben geschiedener Mütter bekommt zunehmend *defensiven Charakter*. Für lustvolle Zukunftspläne (schönere Wohnung, Reisen, ein neues Rad für das Kind, Erneuerung der Garderobe u.a.m.) ist da nur wenig Platz. Vielmehr stehen Fragen der Art im Vordergrund: Kann ich die Wohnung überhaupt noch erhalten? Schaffe ich es, den Lebensstandard halbwegs auf einem Niveau zu halten, das dem Kind das Gefühl von Deklassierung erspart? Wird es reichen, im Sommer überhaupt irgendwohin zu fahren? Um den Kindern nicht zu viel an Entbehrung zuzumuten, gönnen sich geschiedene Mütter selbst immer weniger. Oft reicht aber auch das nicht ohne Hilfe von außen. Und für diese Hilfe kommen fast nur die eigenen Eltern - oder der Exgatte in Frage, was mitunter schwer zu ertragende Abhängigkeiten schafft. Selbst wenn der frühere Partner zu einer solchen Hilfe bereit sein sollte, übersteigt es die Selbstachtung vieler Mütter, die frühere soziale Abhängigkeit vom Partner, die unter den Bedingungen einer nicht mehr funktionierenden Beziehung möglicherweise unerträglich geworden war, nun gegen eine ökonomische Abhängigkeit einzutauschen. Nicht weniger schwierig ist aber für viele Geschiedene die "Rückkehr" zu den eigenen Eltern, besonders dann, wenn die einstige Loslösung von den Eltern konfliktträchtig verlaufen war.

Ich habe vorher gesagt, die sozialen und ökonomischen Probleme geschiedener Mütter kommen zu den psychischen Problemen, welche die Scheidung den Eltern bereitet, hinzu. Sie kommen aber nicht nur *hinzu*, sondern potenzieren sie. Man kann sich unschwer vorstellen, was der ökonomische Abstieg und das Gefühl der Diskriminierung für das ohnedies angeschlagene Selbstwertgefühl der Frauen bedeutet; und was es heißt, gerade dann, wenn man Freunde besonders nötig hat, die einem Trost und Mut zusprechen könnten oder einfach da sind, um zuzuhören, sich zunehmend isoliert und einsam zu finden. Frau *P.* hat fast ein Jahr lang gekämpft, den Neubeginn aus eigener Kraft zu schaffen. Als sie sich einem psychischen Zusammenbruch nahe fühlte, gab sie den wiederholten Aufforderungen ihrer Eltern, mit ihrem Sohn Richard zu ihnen zu ziehen, nach. Es gibt viele Mütter, die eine solche vorübergehende "Regression", ähnlich wie viele Kinder, progressiv für sich nützen können (vgl. etwa Magdalena, S. 44, 51f.). Sie ergreifen die Chance, die ihnen die eigenen Eltern bieten, um "durchatmen" zu können, sich ein wenig "zurückzulehnen" und dabei jene Kraft zu schöpfen, die es ihnen ermöglicht, ihre Autonomie wiederzufinden. Bei Frau P. war es anders - und sie ist kein Einzelfall. Bereits die Rückkehr zu den Eltern erlebte sie als Scheitern ihres Lebens, so, als wäre alles, was sie bisher vollbracht hatte, umsonst gewesen, und gab ihr das Gefühl, "wieder von vorn anfangen zu müssen". Dazu aber hatte sie den Mut verloren. Statt sich "anzulehnen", ließ sie sich fallen: Ihre Eltern nahmen ab sofort ihr Leben "in die Hand" und trieben die Frau durch ihre Aktivität in immer passivere Abhängigkeit. Frau P. regredierte wieder zum Kind, ihrem Sohn gegenüber wurde sie eine streitende und eifersüchtige größere Schwester, während die Großeltern die Rolle der Eltern übernahmen. Auf diese Weise verlor Frau P. ihre Identität als erwachsene Frau und Mutter. Von ihren Eltern praktisch entmündigt, verließ sie eines Tages - wie eine Adoleszente - das Haus und ließ ihr Kind, das nicht mehr ihres war, im Stich und zog in die Stadt, um - im wahrsten Sinne des Wortes - ein *neues* Leben zu beginnen, d.h. ohne Reminiszenz an das frühere, welches Richard repräsentierte. Der Bub aber hatte nach seinem Vater nun auch die Mutter verloren...

2.4 Auswirkungen auf die Beziehung zum Kind

Kehren wir wieder zu den Kindern zurück. Ich habe früher erwähnt, daß einer der beiden Hauptgründe für die Zuspitzung der Nach-Scheidungs-Krise in der Unfähigkeit vieler Eltern liegt, die Verantwortung für den Schmerz zu übernehmen, den sie den Kindern mit der Scheidung zufügen - mit all den Konsequenzen wie Verleugnung, Beschönigung, Verheimlichung und Schuldzuweisungen. Vom anderen Hauptgrund war eben die Rede: die Nach-Scheidungs-Krise der Mutter (des sorgetragenden Elternteils). Denn die beschriebenen Probleme können nicht ohne Auswirkung auf die Mutter-Kind-Beziehung nach der Scheidung bleiben, und die konkrete Gestalt dieser Beziehung hat Konsequenzen für die Art und Weise, wie das Kind das Scheidungserlebnis bewältigen kann. (Ich hoffe, die oben geleistete Zusammenstellung der gröbsten Schwierigkeiten, die sich für Mütter nach der Scheidung ergeben, reicht aus, um zu verhindern, daß die folgenden Ausführungen durch eine Brille des moralisch-pädagogischen Vorwurfs gelesen werden.)
Der ökonomische Druck und die damit verbundenen Mehrbelastungen bringen mit sich, daß die geschiedene Mutter durchschnittlich *weniger Zeit* für ihre Kinder hat. Kleinkinder, die bisher mit der Mutter zusammen waren, müssen in die Krippe, in den Kindergarten gehen oder einen Großteil des Tages bei Großeltern oder anderen Pflegepersonen verbringen. Schulkinder müssen ihre Nachmittage im Hort oder gar alleine zu Hause bleiben. Die familiären Mehrbelastungen führen in vielen Fällen dazu, daß sich die Mutter selbst in der arbeitsfreien Zeit weniger um ihr Kind kümmern kann als früher.

Die seelische Belastung, der geschiedene Mütter ausgesetzt sind, führt bei ihnen zu mitunter beträchtlichen *Stimmungsschwankungen*. In Augenblicken erhöhten Stresses können die alltäglichsten Ansprüche der Kinder Gefühle der Überforderung hervorrufen: Ärger und Trotz des Kindes, wenn es etwas nicht bekommen hat; Brodeln am Morgen; Unzufriedenheit mit dem Essen; Raunzen über einen ins Wasser gefallenen Eislauf-Nachmittag; Verweigerung von Kopfwaschen oder Zähneputzen usw. Vor kurzem geschiedene Mütter neigen zu überreiztem Reagieren, schreien die Kinder leichter an, brechen in Tränen aus oder setzen strafende Maßnahmen, wo sie sich früher mit einem begütigenden "Na komm doch!" dem Kind zugewandt oder das Problem geduldig mit ihm beredet hätten.

Stimmungsschwankungen und affektive Reizbarkeit bilden aber nur die Oberfläche der Beziehungsprobleme der Mutter mit dem Kind. Die (normalerweise nur latente) aggressive Seite der Mutter-Kind-Beziehung wird in der Zeit nach der Scheidung nicht nur auf der Seite des Kindes verstärkt. Daß auch die Mütter ein außergewöhnliches Maß an Aggressionen gegenüber ihren Kindern entwickeln, hat viele Gründe:

→ Alltagskonflikte machen ärgerlich. Wie wir gesehen haben, ist die Zeit nach der Scheidung für Auseinandersetzungen, selbst bei vergleichsweise harmlosen Anlässen, besonders anfällig, weil das Kind in dieser Zeit *erhöhte* Ansprüche an seine Mutter stellt, die Mutter gleichzeitig aufgrund der eigenen Belastung und Reizbarkeit *weniger* Geduld und Toleranz als gewöhlich aufzubringen in der Lage ist. Die Anreicherung einer Beziehung mit Ärger bereitenden Streitereien führt zu einer Art "aggressiver Aufladung" auf beiden Seiten.

→ Ein wichtiger Faktor, der normalerweise die Aggression, die im Zuge von Konflikten mit den Kindern bei Eltern auftreten könnte, in Grenzen hält, ist die Fähigkeit, das Kind in seinen Wünschen, seiner Verweigerung, seinem Widerstand zu verstehen. Dieses Verstehen, Einfühlen-Können ist das Resultat des Vermögens, sich mit dem Kind bzw. seinem Standpunkt teilweise zu identifizieren. Das heißt nicht unbedingt, die an das Kind gestellten Forderungen zurückzunehmen. Aber indem die Eltern seinen Standpunkt verstehen, machen sie ihm den Widerstand gegen sich nicht zum Vorwurf. Statt sich über das Kind zu ärgern, werden die Eltern in der Lage sein, dem Kind bei der Bewältigung der Anpassungsforderungen zu helfen. Die Fähigkeit, sich mit gegensätzlichen Standpunkten eines anderen zu identifizieren, ist aber an Voraussetzungen geknüpft. Sie fällt aus, wenn man auf den anderen wütend ist, und sie ist um so mehr beeinträchtigt, je mehr Sorgen und Probleme man selbst hat.

→ Es gibt Aggressionen, die mit der Scheidung selbst eng zusammenhängen. Für viele Mütter ist die Scheidung der Versuch eines Neuanfanges. Je mehr freilich die Vergangenheit den Stempel des Versagens, Scheiterns trägt, desto mehr zieht das Kind von den Gefühlen der Wut, der Scham usw., die dieser Vergangenheit gelten, an sich. Denn es bleibt sein Leben lang der "Repräsentant" dieser Zeit des Scheiterns der Mutter. Eng damit verbunden sind die hoch ambivalenten Gefühle und Bedürfnisse jener Mütter ihren

Kindern gegenüber, die sie - in welcher Eigenschaft auch immer - unvermeidlich an den Vater erinnern[45].

→ Schließlich sind da noch die lebenslangen, "natürlichen" Aggressionen so gut wie aller Mütter, die mit den Verzichten und Einschränkungen zusammenhängen, die Kinder ihren Müttern aufbürden.

All diese Aggressionen, insbesondere die zuletzt erwähnten, werden normalerweise durch die gleichzeitige Liebe der Mutter und durch Schuldgefühle, die sie hervorrufen würden, unbewußt gehalten. Aber sie wirken wie ein Katalysator für den "alltäglichen Ärger". Zum einen machen sie die Mutter reizbarer, und harmlose Konfliktsituationen werden durch unbewußte Bedeutungen verschärft. Da ist z.B. *Luis*, der sich morgens für den Weg in den Kindergarten nicht den Mantel anziehen lassen will, weil er so gerne die Jeansjacke tragen möchte. Das hängt vor allem damit zusammen, daß er gerade in seinem Teddybärbuch geblättert hatte, in dem der Teddybub sich zum Fortgehen auch eine Jeansjacke anzieht. Und Luis identifiziert sich immer wieder mit dem Teddybub, der (im Buch) auch in den Kindergarten geht, sich beim Hinfallen wehtut usw. (Eine Identifizierung, die die Mutter auch häufig nützt, weil sich der Teddybub stets waschen und die Zähne putzen läßt[46].) Eine ganz harmlose Situation also, die je nach Laune und "Tradition" auf verschiedene Weise lösbar ist: Man könnte sich darüber unterhalten, wie kalt es dem Teddybub würde, wenn er die Jeansjacke im Winter anzöge, wie dem kleinen Hasen (in einem anderen Buch); sie könnten auch die Jacke mitnehmen, falls es wärmer wird; oder die Mutter stellt ihm in Aussicht, daß er sie nachmittags auf den Spielplatz anziehen könne usw. (Das alles sind mehr als bloße "Tricks" oder "Ablenkungen": Solche Maßnahmen gehen auf die augenblickliche seelische Situation - Identifizierung mit dem Teddy - ein, enthalten ein Stück Tröstung und vermeiden den Eindruck, daß die Mutter bloß Macht gegen den Wunsch des Kindes ausüben möchte, was bei diesem ebensolche Machtstrebungen auslösen würde.) Zu einem solchen Handeln, das weder viel Zeit noch Talent erfordert, ist eine Mutter nur in der Lage, wenn sie die Situation erlebt, wie sie ist und sich ihrerseits mit dem Kind identifizieren, sich also einfühlen kann. Luis' Mutter erlebt allerdings eine ganz andere Szene: "Luis weiß doch", denkt sie, "daß es draußen kalt ist und wir spät dran sind. Er möchte mir nur etwas zufleiß tun. Den ganzen Tag arbeite ich mich ab, da könnte auch ich

[45] Das Problem, daß das Kind in den Augen der Mutter den Vater repräsentiert, wird dadurch verschärft, daß viele Kinder ihrerseits sich - bewußt oder unbewußt - mit dem abwesenden Vater identifizieren. Vgl. dazu S. 102ff.

[46] Die so häufig bei Kindern zu beobachtende intime Beziehung zu Figuren aus Bilderbüchern, Märchen, Fernsehsendungen usw. ist sehr komplex. Über die Identifizierung mit dem Helden gelingt den Kindern auch ein Stück Identifizierung mit Mutter und Vater, indem der Held sich den Regeln der Erwachsenen fügt. Er wird gewissermaßen zum Modell der Integration von eigenen Bedürfnissen und elterlichen Ansprüchen, zu einem "symbolischen Hilfs-Ich". Daneben kommen häufig noch Funktionen eines "Übergangsobjektes" (Winnicott, z.B. 1971) zum Tragen. (Vgl. auch die umfassende systematische Arbeit von Schäfer über Übergangs- und Spielräume für die Bewältigung psychischer Konflikte und Entwicklungsaufgaben.)

einmal ein bißchen Verständnis erwarten, und schließlich ist es doch nicht zuviel verlangt, im Winter einen Mantel anzuziehen. Jetzt ist Schluß, er muß merken, daß nicht alles nach seinem Kopf gehen kann'' usw. Das Ganze endet in zornigem Widerstand von Luis, worauf die Mutter ihrerseits zornig wird und den Spielplatzbesuch am Nachmittag streicht. Luis fängt zu brüllen an...
Es ist, als spielten beide ihre ''Rollen'' nach Drehbüchern ganz verschiedener Stücke. Die Mutter erlebt das Kind als anmaßend, rücksichtslos und machtgierig und sich selbst als ausgenütztes Opfer, das auch auf ein bißchen Rücksicht Anrecht hat. Die Mutter überträgt in diesem Fall für den eingeweihten Beobachter Erlebnismuster aus ihrer gescheiterten Ehe auf diese Anziehszene, wobei sie unbewußt den Buben mit Persönlichkeitszügen ihres geschiedenen Mannes ausstattet. Die Szene aktiviert aber auch aggressive Gefühle aus dem ersten Lebensjahr von Luis, in welchem sich die Mutter durch den Vater und das Kind ausgelaugt erlebte, nachdem sie dem Kind (und dem Mann) zuliebe ihre berufliche Karriere geopfert und auf ihren Traumberuf - Ärztin - verzichtet hatte.
Die geschilderte Szene läßt aber eine weitere seelische Dynamik erahnen, die bei der aggressiven Aufschaukelung von Beziehungskonflikten in der Nach-Scheidungs-Krise - aber keinesfalls nur dort - zum Tragen kommt: Jene frühen und verdrängten Aggressionen der Mutter gegen ihr Kind zeigen zu Zeiten, in welchen sich die Mutter in einer ähnlichen Situation des Ausgebeutetseins befindet, eine starke Tendenz, bewußt zu werden. Diese Gedanken - etwa: ''Hätte ich das Kind nicht bekommen, dann ...'' oder ''Wäre die Lungenentzündung im zweiten Lebensjahr nicht gerade noch behandelt worden ...'' sind mit so massiven Scham- und Schuldgefühlen behaftet, daß sie nicht bewußt werden *dürfen*. Um die aber immer stärker werdenden aggressiven Impulse bewältigen zu können, bedarf es Anlässe, die Zorn und Wut legitimieren können. Das heißt, Luis'Weigerung, den Mantel anzuziehen, eröffnet der Mutter auch die Möglichkeit, *wütend sein zu dürfen*, die aufgestaute, ihrer Herkunft nach aber unbewußte *Aggression abführen* zu können.

2.5 Akkumulation von Angst und Zusammenbruch der Abwehr

Konflikte zwischen den Bedürfnissen und Ansprüchen der Kinder an ihre Eltern einerseits und den Wünschen und Forderungen der Eltern gegenüber ihren Kindern andererseits gehören zum erzieherischen Alltag. Kinder sind aufgrund ihrer Abhängigkeit nur eingeschränkt in der Lage, ihre Bedürfnisse selbst zu befriedigen, sind also meist darauf angewiesen, sie von den Erwachsenen befriedigt zu erhalten. Es gehört zu den schwierigsten Aufgaben im Leben von Vätern und Müttern zu erkennen, wie eingeschränkt sie dazu imstande und wieviel Frustrationen sie den Kindern zu bereiten gezwungen sind. Der Bereitschaft, den Kindern zu geben, was sie wollen, sind viele Grenzen gesetzt: durch gesundheitliche Rücksichten (die es nicht erlauben, im Winter die geliebten Balettschuhe anzuziehen), durch den städtischen Verkehr (der es erzwingt, an der

Hand gehen zu müssen), durch ökonomische und soziale Zwänge (die es erfordern, sich morgens zu beeilen statt zu spielen, sich von den Eltern zu trennen, um in den Kindergarten oder die Schule gehen zu müssen), die Anforderungen eines bornierten und kinderfeindlichen Schulsystems (das in der Erfüllung pädagogisch fragwürdiger Leistungsanforderungen den legitimen Hauptinhalt des Lebens von Kindern zwischen sechs und vierzehn bzw. achtzehn Jahren erblickt), die persönlichen Interessen der Eltern, die ebenfalls in diesem Leben kaum Platz finden (und erfordern, daß sich die Kinder zeitweise allein beschäftigen, abends früher schlafengehen und dem ehelichen Schlafzimmer fernbleiben) und vieles andere mehr[47]. Die Eltern werden mithin gegenüber den Bedürfnissen der Kinder zu Agenten einer Realität, die sie selbst nicht geschaffen und gewollt haben, die zu umgehen oder zu verändern sie nicht die Macht haben. Dadurch laufen sie aber Gefahr, von ihren Kindern mit diesem kinderfeindlichen System gleichgesetzt, also selbst als kinderfeindlich erlebt zu werden, was für das Grundgefühl, *geliebt zu werden*, welches eine Voraussetzung für eine gesunde seelische Entwicklung darstellt, eine ständige Bedrohung bedeutet. Unter günstigen Umständen aber wird es den Eltern einigermaßen gelingen, jene unvermeidlichen Grenzen zu realisieren und die Kinder trotzdem ihre Liebe spüren zu lassen. Und den Kindern wird es allmählich gelingen, Realität zu akzeptieren und die Zuversicht auf Freude im Leben nicht zu verlieren.

Natürlich gibt es immer wieder Situationen, in welchen dieser Balanceakt gefährdet ist oder mißlingt. Kaum eine Situation ist so anfällig wie die Zeit nach der Scheidung, dieses Gleichgewicht *über einen längeren Zeitraum hinweg* zu verlieren. Denn es ist eine Zeit, in welcher das Kind enorm erhöhte Anforderungen an die Eltern, und vor allem an den sorgetragenden Elternteil (also meist die Mutter) stellt: Sie müßte immer für das Kind da sein; müßte durch ihre Geduld, Nachsicht und Liebe beweisen, daß alle Befürchtungen im Zuge des

47 Unlängst erklärte mir ein Vater - und er steht zweifellos nicht alleine: "Man kann den Kindern nicht alles erlauben. Selbst wenn es möglich wäre. Denn sie müssen für ihr Leben lernen, auch verzichten zu können!" Angesichts der gesellschaftlichen Zwänge, denen Kinder spätestens ab dem zweiten Lebensjahr massiv ausgesetzt sind, klingt eine solche Bemerkung wie Hohn. Solche Haltungen von Vätern, Müttern, Erziehern usw. sind häufig nur Rationalisierungen der Unfähigkeit, sich einzugestehen, daß sie (vermittels der vielen Verbote, Gebote und anderen Normen, die den Umgang mit den Kindern leiten) ihren doch so sehr geliebten Kindern immer wieder Enttäuschungen, Trauer und Schmerz zufügen, daß sich sich - aus der Sicht der Kinder - aggressiv, ungerecht, egoistisch usw. verhalten. Statt sich dem *real existierenden* Konflikt zwischen elterlichen und pädagogischen Anforderungen auf der einen und den Wünschen und Erwartungen der Kinder auf der anderen Seit bewußt zu stellen, *entrechten* sie die Position des Kindes: "Es gibt *keinen Grund* für deine Enttäuschung, deinen Ärger und Zorn. Ich habe dir *nur Gutes* getan!" Was Eltern und Erziehern im Alltag mit den Kindern zumeist abgeht, ist eben jene Haltung der "verantworteten Schuld", von der weiter oben die Rede war. Erst wenn ich mir eingestehe, daß ich im Hinblick auf die Wünsche und Erwartungen der Kinder als verantwortlicher Erwachsener immer wieder einschränkend und enttäuschend ("aggressiv") *bin* und gar nicht anders kann, vermag ich ihnen bei der Bewältigung dieser Enttäuschungen zu helfen: indem ich tröste, Kompromisse eingehe, Ersatzbefriedigungen zu Verfügung stelle usw.

Scheidungserlebnisses unbegründet sind und das Leben weitergehen kann. Was also das Kind im Augenblick braucht, ist eine Mutter, die Mutter und Vater zugleich ist, liebevoll und zur selben Zeit sicher wie ein Fels, um es vor den Gefahren zu schützen, die von außen aber auch von den freigewordenen zerstörerischen Impulsen des Kindes selbst (vgl. S. 36f.) drohen.
Zu eben jener Zeit befindet sich aber der große Teil der Mütter selbst in einer so angespannten psychischen Situation, daß sie nichts dringender benötigten als Kinder, die vernünftig sind und ausgeglichen, wenig Ansprüche stellen, kooperativ sind, Freude machen usw. Mutter und Kind richten also aneinander Erwartungen, die sie beide nicht erfüllen können. Ja, geradezu das Gegenteil ist der Fall: Noch nie zuvor war die Mutter weniger in der Lage, sich in ihr Kind einzufühlen als gerade jetzt. Und nie zuvor - vielleicht mit Ausnahme der ersten zwei Lebensjahre - verlangte das Kind soviel seelische Ausgeglichenheit der Mutter.
In diesem Widerspruch liegt die Dramatik der Nach-Scheidungs-Krise so vieler Kinder begründet. Es kommt zu folgenschweren Veränderungen des Bildes, das sich das Kind von seiner Mutter macht, der sogenannten mütterlichen Objektrepräsentanz[48]. Dieses Bild hat durch die Erfahrung der Trennung der Eltern bereits Sprünge bekommen. Ein Stück der Sicherheit, die sich die Kinder im Verlauf der ersten drei Lebensjahre erwerben konnten - daß die Mutter (und der Vater) stets zu ihnen stehen, sie nie alleinlassen werden, weil sie das Kind lieben, auch wenn sie vorübergehend abwesend oder vielleicht "böse" sein mögen ("Objektkonstanz") -, ist erschüttert. Das Kind kann sich nicht vorstellen, daß eine solche "überwiegend und grundsätzlich gute Mutter" ihm antun konnte, den Vater wegzulassen, wegzuschicken, ihn dem Kind wegzunehmen, es für seine (bösen) Phantasien derart zu bestrafen usw. Kommt es angesichts solcher Zweifel nun zu einer aggressiven Zuspitzung der Mutter-Kind-Beziehung, wie ich es beschrieben habe, besteht große Gefahr, daß die Mutter in den Augen des Kindes ihre substantiell mütterlichen Eigenschaften - zu spüren, was das Kind bewegt; da zu sein, wenn es sie am nötigsten braucht - tatsächlich einbüßt. Die eigenen Probleme der Mutter, die dazu führen, daß sie auf das Kind nicht einmal in der gewohnten, geschweige denn in außergewöhnlicher Weise einzugehen vermag, haben zur Folge, daß das Kind seine Mutter nicht "wiedererkennt". Damit erfüllt sich - im psychologischen Sinn - die Befürchtung, die ab der Scheidung latent vorhanden war: nach dem Vater *auch die Mutter zu verlieren*. Anders als bei Richard (S. 57f.) bleibt sie als *reale* Person zwar erhalten. Ein Gutteil dessen, was diese Person hingegen *zur Mutter* machte, erlebt das Kind als abhanden gekommen.
Daß es im Zuge der Nach-Scheidungs-Krise soweit kommen kann, liegt neben den (zumindest partiell) sich ausschließenden gegenseitigen Erwartungen von Mutter und Kind noch an einem weiteren Umstand. Gerade in jener Zeit so erhöhter Konfliktanfälligkeit ihrer Beziehung steht dem Kind wie der Mutter ein Ausweg nicht zur Verfügung, der in der Vergangenheit immer wieder geholfen hat, Konflikte zu entschärfen: die Entlastung der Beziehung durch einen "dritten"

[48] Zum Begriff der "Objektrepräsentanz" vgl. den Exkurs auf S. 65.

Partner, den Vater. Wenn *Christian* mit seiner Mutter stritt, was manchmal vorkam, geriet er oft in große Wut. Wie alle kleinen Kinder hatte er in solchen Situationen den Eindruck, von der Mutter nicht genug geliebt zu werden. In diesen Augenblicken liebte auch Christian seine Mutter nicht. Das ist nicht außergewöhnlich, da Liebe und bewußte Aggression einander ausschließende Gefühle sind. (Erwachsene *wissen* allerdings, daß der Zorn verrauchen und den zärtlichen Gefühlen wieder Platz machen wird; *fühlen* hingegen können wir nur Liebe *oder* Haß[49].) Wenn Christian also seiner Mutter böse war, wollte er auch nichts mehr von ihr wissen und wandte sich dem Vater zu. Er ging zu ihm, rief ihn an oder dachte einfach daran, was er abends mit ihm unternehmen werde. Die ''Suspendierung'' der Liebe und die ''Unabhängigkeitserklärung'' von der Mutter ließen freilich Christians Wut und Enttäuschung rasch abflauen, denn beide Gefühle haben im Grunde nur in Liebes- und Abhängigkeitsbeziehungen Platz. Ähnlich erging es der Mutter. Nach kurzer Zeit fanden sich Christian und die Mutter wieder so, wie sie vor dem Konflikt waren. Die Abkehr und Zuwendung zu einem Dritten ermöglichte der gestörten Beziehung, sich zu regenerieren, und Christian wurde weder von seiner Enttäuschung noch von seiner Wut je überwältigt. Nach der Scheidung veränderte sich das jedoch grundlegend. Christian wurde zwar immer noch - und durch die Umstände der Nach-Scheidungs-Krise immer häufiger - wütend auf seine Mutter. Aber er schaffte es nicht, sich auch nur kurzfristig ''unabhängig zu erklären'', da der Vater als alternatives Liebes- und Schutzobjekt nicht mehr verfügbar war und die Angst vor dem Alleingelassenwerden sich den aggressiven Tendenzen entgegenstellte. Aber auch der Mutter fehlte die dritte Bezugsperson, von der sie intuitiv wußte, daß sie den Konflikt zu ''binden'' vermochte, an die zu denken sie ablenkte, mit der sie die Aussicht hatte, *ihre* Enttäuschung und *ihren* Ärger zu besprechen.

Fehlt jenes ''dritte Objekt'', sind Mutter und Kind mit all ihrer gegenseitigen Liebe aber auch all ihrem Haß einander ausgeliefert. Dadurch jedoch kann jeder Konflikt zur existentiellen Bedrohung werden, denn das Kind kann sich nicht mehr leisten, seine Mutter zu hassen, wie es sich auch nicht leisten kann, von ihr gehaßt zu werden. Je gefährlicher Konflikte dem Kind erscheinen, desto weniger dürfen sie ausgetragen werden; je weniger sie ausgetragen werden, desto massiver staut sich die Enttäuschung und Wut auf. Das erklärt auch das extreme Pendeln der meisten Kinder von alleinerziehenden Müttern (Vätern) zwischen liebevoller, zärtlicher Anschmiegung, verständnisvoller Rücksichtnahme auf der einen und extremen, verletzenden Wutausbrüchen und feindlichen Haltungen auf der anderen Seite.

Bedenkt man die affektiven Erlebnisreaktionen der Kinder auf die Information, daß die Eltern sich trennen werden/getrennt haben und die konfliktentlastende Funktion eines ''triangulierten Beziehungssystems''[50], so läßt sich erkennen,

[49] Die Gleichzeitigkeit bewußter gegenteiliger Gefühle oder Strebungen (z.B. Liebe : Haß; Nähe : Distanz) ist ein Symptom der Schizophrenie.

[50] Rotmann 1978 und 1981. Auf die Bedeutung der Triangulierung komme ich im 5. Kapitel noch ausführlich zurück.

Exkurs:

Objekt, Objektrepräsentanzen und Objektbeziehungen

Als *Objekt* bezeichnet die Psychoanalyse den "Gegenstand" der sinnlichen ("libidinösen") und aggressiven Strebungen des Subjekts. Mit Objekten sind also die Bezugspersonen des Subjekts gemeint; ferner Teilaspekte von Personen, wie einzelne Körperregionen oder Charaktereigenschaften (sogenannte "*Teil-*" oder "*Partialobjekte*"); auch das eigene Selbst wird geliebt ("*Narzißmus*"), kann aber ebenso gehaßt werden (was zumeist die Ursache von Depressionen ist), ebenso Tiere, unbelebte Dinge, Handlungen oder Situationen. Mit *Objektrepräsentanz* bzw. *Selbstrepräsentanz* ist das innere, subjektive Bild (auch "*Imago*") gemeint, das sich ein Subjekt von seinem Objekt bzw. von sich selbst macht, wobei diese Bilder selten einheitlich sind, bewußte und unbewußte Vorstellungen umfassen, weshalb auch meist in der Mehrzahl von Objekt- und Selbstrepräsentanz*en* die Rede ist. Als *Objektbeziehung* bezeichnet die Psychoanalyse schließlich das innere Bild, welches sich das Subjekt von seiner Beziehung zu einem Objekt macht; das subjektive Muster dieser Beziehung, die bewußten und unbewußten Vorstellungen und Phantasien, welche sich an diese Beziehung knüpfen. Man könnte die Objektbeziehung auch definieren als die Beziehung zwischen Selbst- und Objektrepräsentanzen. Die Objektbeziehungen eines Menschen sind natürlich von Objekt zu Objekt verschieden und verändern sich mit der geistigen und psychischen Entwicklung.

welche enorme Bedeutung einer kontinuierlichen und intensiven Beziehung zum Vater, auch wenn dieser nicht mehr unter demselben Dach lebt, beigemessen werden muß. Die Praxis sieht freilich meistens anders aus: sei es, daß der Vater tatsächlich "verschwindet"; daß die Eltern meinen, Distanz zu brauchen, und den Kontakt für einige Zeit einstellen; sei es, daß die Mutter annimmt, es wäre für das Kind besser, den Vater nicht oder wenigstens längere Zeit nicht zu sehen; daß die Kinder das Weiterbestehen der Beziehung gar nicht wahrhaben (und daher auch nicht nützen) können, weil der Eindruck des Verlustes übermächtig ist; oder auch, weil die Kinder ihre Aggressionen und Ängste, vor allem Vergeltungsängste, auf den Vater konzentrieren und die Beziehung ihrerseits ablehnen; in all diesen Fällen kommt es zu einem abrupten Bruch der Beziehung zum Vater und wirft das Kind auf die einzig verbleibende Beziehung mit der Mutter zurück. Aber selbst da, wo das Kind den Vater regelmäßig sehen kann, ist es häufig so, daß die grundsätzlich gegebene Entlastungsfunktion des Beziehungsdreiecks Mutter-Vater-Kind durch eine Reihe neuer Belastungen - von denen später zu berichten sein wird (Kap. 9 und 10) - überschattet wird.

Am Anfang der sogenannten Nach-Scheidungs-Krise stand der *Verlust des Vaters*. Wie ich eben zu zeigen versuchte, ist es, was das Erleben eines großen Teils der Kinder betrifft, gerechtfertigt, die räumliche Entfernung des Vaters als *Verlust* zu bezeichnen, selbst wenn der *Kontakt* zwischen Vater und Kindern erhalten bleibt. Die seelische Belastung der Familienmitglieder nach der Scheidung führt unter anderem zu einer - häufig dramatischen - Stärkung der aggressiven Seite der Mutter-Kind-Beziehung. Am Höhepunkt der Krise verliert das Bild, das sich das Kind von seiner Mutter macht, ein Gutteil jener Eigenschaften, die das "spezifisch Mütterliche" der Mutter-Imago ausmachte. So gesehen werden in der Tat diese Kinder zu Scheidungs*waisen*.

Was das für die seelische Dynamik und die nächste Entwicklung der Kinder bedeutet, wollen wir an dem - ganz und gar nicht ungewöhnlichen - Beispiel von *Stephanie* verfolgen. Stephanie war fünf Jahre alt, als sich die Eltern scheiden ließen. Auf das Ereignis reagierte sie in gewöhnlicher Weise: mit Angst um die Mutter und Wut auf sie, weil sie ihr die Schuld daran gab, daß der geliebte Papa sich eine Freundin gesucht hatte. "Immer hast Du gestritten", warf Stephanie der Mutter vor. "Dabei habe ich mich nur gegen die unerträgliche Unterdrückung durch meinen Mann zur Wehr gesetzt", berichtete später die Mutter. "Er war auch unduldsam und ekelhaft zu Stephanie, aber das scheint sie völlig vergessen zu haben!" Die Mutter war über die Vorwürfe der Tochter und das Ausbleiben ihrer Solidarität tief gekränkt und vermochte weder mit der Aggression der Tochter noch mit der eigenen Wut gegen die Tochter, die sich aus der Enttäuschung nährte, umzugehen. Viele Kinder verschieben bzw. konzentrieren ihre Aggressionen nach der Scheidung auf den *verfügbaren* Elternteil, demgegenüber sie sie in Alltagskonflikten unterbringen und rationalisieren können[51]. Bei

[51] Das muß aber nicht so sein (vgl. Kap. 10.2). Einem ähnlichen Mechanismus der "Unterbringung" von Aggressionen begegneten wir auch bei Müttern (S. 61).

Stephanie, die sich im Zenit ihrer ödipalen Verliebtheit in den Vater befand, kam noch dazu, daß sie die Konzentration aller Schuld auf die Mutter vor der schwer erträglichen Erkenntnis, vom Vater *verlassen* worden zu sein, schützte. Die Beziehung zwischen Stephanie und ihrer Mutter spitzte sich in der für die Nach-Scheidungs-Phase typischen Weise aggressiv zu. Die Enttäuschung und Wut der Mutter hinderte diese, die (der Angst um den Verlust der Mutter entstammenden) Anhänglichkeits- und Kontrollbedürfnisse Stephanies zu spüren, und sie wies sie mit Worten wie "Jetzt kommst Du... jetzt aber will *ich* nicht!" oder "Jetzt soll ich plötzlich nett sein, das hättest Du Dir früher überlegen sollen...!" zurück. Dazu kam, daß Stephanie, die bisher nur drei Stunden im Kindergarten verbrachte, wegen der erweiterten Berufstätigkeit der Mutter den ganzen Tag im Kindergarten bleiben mußte.
Stephanies psychische Verfassung verschlimmerte sich in den Wochen nach der Scheidung zusehends. Die Befürchtung, daß sie den Papa ganz verlieren könnte, schien sich zu bestätigen: Er hatte sich bis jetzt nicht gerührt, woran, wie Stephanie mutmaßte, wohl die Mama ebenso schuld war wie an seinem Weggehen. Dazu konnte in ihrer Vorstellung die Mama wohl nur imstande sein, weil sie Stephanie nicht mehr lieb hatte wie früher. Vielleicht deshalb, weil der Papa sie, Stephanie, lieber hatte als die Mama?! Die Vermutung, die Mutter würde sie nicht mehr lieben, sah das Mädchen durch die täglichen aggressiven Auseinandersetzungen bestätigt, was ihre Angst, nun auf eine "böse Mutter" angewiesen zu sein, steigerte. Mit der Angst nahmen auch Stephanies Schuldgefühle ihrer eigenen Wut und der Liebe zum Vater wegen zu. Die Angst, die Mama würde sich rächen, einen Schlußstrich ziehen und sie alleinlassen, ließ sie immer anhänglicher und unduldsamer gegen die Entfernung der Mutter werden. Es kam zu Heul- und Schreianfällen, wenn die Mutter ging oder sie morgens im Kindergarten zurückließ. Stephanie hatte das Vertrauen, daß die Mama sicher zurückkommen werde, nicht mehr...
Stephanies Trennungsängste akkumulierten sich zur existentiellen Bedrohung. Die Welt schien für das Kind aus den Angeln gehoben, in ganz ähnlicher Weise wie für Manfred und Katharina, nur ein halbes Jahr später und nicht im Zuge des umschriebenen Erlebnisses der Trennung vom Vater, sondern der Beziehungskrise zwischen Kind und Mutter. Und wie bei Manfred und Katharina kommt auch Stephanies Abwehrsystem ins Wanken, nur allmählicher. Zum Zeitpunkt der Scheidung machte Stephanie den Eindruck eines altersgemäß entwickelten Kindes - und zwar auch im Hinblick auf das, was wir in der Psychoanalyse "psychische Strukturierung" nennen: Sie war in den ersten drei Lebensjahren in der Lage gewesen, die guten und bösen Bilder zu ambivalenten Objektrepräsentanzen zu integrieren, das heißt, sie hatte gelernt, daß ihre Eltern ihre guten *und* bösen Seiten haben, war sich aber grundsätzlich deren Liebe und Schutz sicher ("Objektkonstanz"; vgl. Exkurs S. 79ff.). Gestalten, Zeichnen und Spiele erlaubten ihr eine progressive Bewältigung der (aufgrund der erworbenen Objektkonstanz) nicht allzu bedrohlichen Triebkonflikte, die auch durch Stephanies Fähigkeit, innerhalb des triangulierten Beziehungssytems von der Mutter auf den Vater auszuweichen

(und umgekehrt), gemildert wurden. Auf diese Weise wurde die Entwicklung massiver Ängste, die pathogene Abwehrprozesse in Gang setzen könnten, in Grenzen gehalten. Obwohl es sich dabei um innerpsychische Vorgänge und Erwerbungen handelt, ist ein solches psychisches Gleichgewicht bei so kleinen Kindern noch in hohem Maße auf eine gewisse Kontinuität der äußeren Umstände angewiesen. Anhaltende Trennungen, die die vertrauensvolle Hoffnung auf Wiedersehen enttäuschen, und das Ausbleiben liebevoller Zuwendung können die Objektkonstanz erschüttern, wobei die zunehmend "böser" werdende Mutterrepräsentanz und das Fehlen des "dritten Objekts" zu einer Zuspitzung der inneren Konflikte führen. Stephanie vermochte der immer bedrohlicher werdenden Angst mit den gewohnten Abwehrstrategien nicht mehr Herr zu werden.
Die schon beschriebene Anhänglichkeit und das Bedürfnis, die Entfernung der Mutter zu kontrollieren, ist nur die eine Seite der nun immer stärker einsetzenden Regression. Das Versagen der Abwehr ließ Stephanie primitive Abwehrmechanismen wie Projektion und Spaltung aktivieren. Sie projizierte ihre (als zerstörerisch gefürchtete) Wut auf die Mutter, die dadurch noch böser und bedrohlicher erschien. Projektion und reale Aggressivierung der Mutter-Kind-Beziehung führten schließlich zur Spaltung der mütterlichen Objektrepräsentanz in die "ganz gute" und "ganz böse" Mutter, wobei die gute Mutter dem Kind immer mehr abhanden kam, während ihm die böse verblieb. Diesem Spaltobjekt gegenüber verhält sich Stephanie nun so, wie man sich einem *Feind* gegenüber (normalerweise) verhält: Sie begann die Mutter anzubrüllen, zu beschimpfen, schlug auf sie ein oder rannte weg und sperrte sich ein. Die Nach-Scheidungs-Krise hat bei Stephanie also zu einer Veränderung der gesamten *psychischen Organisation* geführt. Stephanie hatte nicht bloß auf die Scheidung *reagiert*, ein paar Monate später war sie *ein anderes Kind* geworden. Wir können das, was mit Manfred, Katharina *und* Stephanie passierte, treffend als einen *Zusammenbruch des Abwehrsystems* bezeichnen, wobei es sich bei Stephanie weniger um einen plötzlichen Einbruch handelte als um eine sukzessive Aushöhlung und Ersetzung des Abwehrsystems durch Mechanismen psychischer Konfliktbewältigung, die längst überwundenen Entwicklungsphasen angehörten. So finden wir die Fünfjährige wenige Monate nach der Scheidung wieder als ein Kind, das seine Ängste und Spannungen mit den psychischen Mitteln einer Zweijährigen ("Trotzalter") zu bewältigen suchte.

2.6 Die mißlungene Regression

Partielle Regressionen gehören zum Repertoire jedes Menschen, mit Belastungssituationen umzugehen. Alltägliche Anlässe sind Müdigkeit, Schmerzen oder Krankheit. Hinter den Ansprüchen des Körpers vermag die erwachsene Welt der Pläne, Rücksichten und Verantwortung zu verblassen, da entsteht der Wunsch, verwöhnt zu werden, da erweckt mitunter ein liebes Wort, ein frisch überzogenes Bett, eine zärtliche Geste glückliche Gefühle von Geborgenheit, wie wir sie gewöhnlich nur von Kindern erwarten. Aber auch gegenüber Menschen, die uns

kränken oder etwas antun, können wir "kindisch" reagieren, indem wir uns schadenfroh gebärden, uns rächen, intrigieren oder auch explodieren, obwohl uns rational klar sein mag, daß "es nichts bringt". Und wir können uns - hoffentlich - noch wie Kinder freuen, wenn Spannungen sich lösen und Wünsche in Erfüllung gehen. Wir feiern Weihnachten, unsere Geburtstage und Erfolge, weil das Gefeiertwerden, Beschertwerden und Verwöhntwerden uns das Gefühl gibt, geliebt und nicht vergessen zu sein, zwei Dinge, die wir offenbar benötigen, um gegenüber den Anforderungen der (erwachsenen) Welt bestehen zu können.
Weit ausgeprägter sind solche partiellen Regressionen bei Kindern, die gewöhnlich mehrmals täglich ihr psychisches Alter wechseln. *Elvira*, sieben Jahre alt, mag sich gerade nicht die Zähne putzen und trotzt wie eine Zweijährige. Im nächsten Moment hilft sie ihrer Mutter bei der Pflege des kleinen Bruders wie ein großes Mädchen. Dafür fordert sie mindestens einmal am Tag, von der Mutter getragen und gewiegt zu werden wie das Baby, weist aber dann mit strenger Stimme ihre Eltern zurecht, weil sie das Gurkenglas in den Mist warfen statt es für den Altglas-Container aufzuheben. Und natürlich hat die Mama oder der Papa abends an ihrem Bett zu sitzen und eine Geschichte zu erzählen, bis sie, ihren Teddybär, dem sie seit ihrem ersten Geburtstag treu ist, fest an sich gepreßt, friedlich einschläft. Es ist ganz so, als müßte sie auf dem schwierigen Weg über den Schwebebalken der sozialen Anpassung und des Selbständigwerdens von Zeit zu Zeit innehalten, sich versichern, daß ein hilfreicher Arm, ein "Netz" für alle Fälle, da ist, um dann wieder alleine weiterbalancieren zu können.
Nehmen die Belastungen zu, wird dieses Haltsuchen in der Vergangenheit, der Sicherheitsschritt zurück, häufiger vorgenommen und die Pausen im Vorwärtsschreiten werden länger werden. Die ausgleichende und kräftigende Funktion dieser partiellen Regressionen ist freilich nur dann gegeben, wenn die Objekte, auf welche sich die regressiven Wünsche, Gefühle und Erwartungen richten, "mitspielen". Das heißt, wenn Elviras Trotz auch wirklich die augenblickliche Zuwendung der Mutter erhöht, wenn diese sie auch tatsächlich wiegt und hält wie ein Baby und abends erzählend am Bett sitzt. Tut sie das nicht, bescheren die regressiven Tendenzen dem Kind nicht nur keine Entlastung, sondern *zusätzliche Belastung*. Denn der Wegfall von Sicherungen bedeutet immer einen Zuwachs an Angst, im Falle Elviras der Angst, möglicherweise doch nicht so geliebt zu werden wie das kürzlich geborene Brüderchen. In solchen Fällen ist immer wieder zu beobachten, daß die Kinder ihre *libidinösen* regressiven Wünsche - hier also: Gehalten- und Gewiegtwerden, Geschichten am Bett usw. - allmählich aufgeben, die *aggressiven* - Trotz, Wutausbrüche usw. - hingegen verstärken: denn das zornige und schreiende Kind vermag bei vielen Eltern mehr zu erreichen als das bittende. Auf diese Weise entdecken bzw. wiederentdecken die Kinder die Machtausübung als Mittel der Angstbewältigung.
Die Nach-Scheidungs-Krise bietet immer wieder die Gelegenheit, die Entwicklung von der "normalen" (partiellen) Regression bis zur weitgehenden Suspendierung des altersadäquaten Inventars von Bedürfnissen, Gefühlen und psychischen Mechanismen und das Überhandnehmen aggressiv-regressiver Strebungen zu

verfolgen. Das Tragische daran ist, daß, je weiter ein Kind wie Stephanie in die Regression schlittert, die Chance immer geringer wird, endlich zu erhalten, was es so dringend braucht: nachdrückliche Beweise, von den Eltern doch geliebt zu werden. Abgesehen von der schwierigen psychischen Situation der Eltern (vor allem der Mutter) zu dieser Zeit, hat das seinen Grund auch darin, daß die aggressiv-regressiven Strebungen für die Eltern meist nicht als Regression erkennbar sind und daher auch spontan kein schützenden, zuwendendes Verhalten auslösen. Nur indem wir unser Augenmerk auf die *innerpsychischen* Vorgänge lenkten, konnten wir sehen, daß *Stephanie* in die Zeit gespaltener Objektrepräsentanzen zurückgefallen war, die Welt wie eine verlassene Zweijährige, die sich von ihr fremden ("bösen") Personen abhängig sieht, erlebte und sich ebenso benahm. *Von außen her* fällt es freilich schwer, in dem zornigen, bald sechsjährigen Mädchen ein verzweifeltes Zweijähriges zu sehen. Denn Stephanie setzt natürlich ihre körperlichen, sprachlichen und intellektuellen Fähigkeiten ein, die von der Regression nicht betroffen sind. Wenn das Zweijährige nicht über die Straße will, zetert und schreit es - Stephanie aber rennt einfach weg; wenn das Zweijährige voll hilfloser Wut ist, wirft es sich auf die Erde oder schlägt mit dem Kopf gegen die Wand - Stephanie hingegen beschimpft ihre Mutter oder schlägt auf sie ein; wo das Zweijährige seine inneren Spannungen durch Fingerlutschen zu lösen sucht, beginnt Stephanie immer häufiger öffentlich zu masturbieren. Vor diesen und anderen Handlungen Stephanies begann jedoch ihre Mutter sich zunehmend zu fürchten und daher zurückzukämpfen. Dadurch aber wurde Stephanies Weltbild geradezu bestätigt: daß sie von bösen (Spalt-)Objekten umgeben ist, während die guten davongegangen sind. Und ihre Angst und Verzweiflung nahm noch zu...[52]

Es ist aber nicht nur das Verhalten der Objekte, welches den Versuch, Angst durch Regression zu bewältigen, scheitern läßt. Obwohl die Kinder ihre nicht von der Regression betroffenen Ich-Funktionen im Dienst der regressiven Tendenzen einsetzen, stellen sich einige der "reif" gebliebenen Persönlichkeitsanteile mitunter der Regression auch entgegen. *Alexander* war sechseinhalb Jahre alt und steckte, wie Stephanie, in einer tiefen Regression. Von einem Augenblick zum anderen konnten die Objekte ihre Qualität wechseln und wurden von "ganz gut" zu "ganz böse". Dann brüllte und tobte Alexander, schleuderte alles Erreichbare durch die Gegend und war kaum zu beruhigen. War der "Anfall" vorbei, gewann Alexander wieder an Klarheit. Natürlich *wußte* er, daß es nur *eine* Mutter gibt und

[52] Übrigens gibt es genügend Eltern, die sich bereits vor ihren zweijährigen Kindern fürchten. Die großen Wutanfälle des zweiten und dritten Lebensjahres hängen meistens damit zusammen, daß die Eltern die Autonomiebestrebungen des Kindes, die sich häufig als Opposition oder schnell wechselnde Ansprüche zeigen, nicht freundlich aufgreifen können, sondern als gegen sich gerichtet erleben, sich ärgern und den Willen des Kindes "durchbrechen" zu müssen glauben. Durchbrechen muß man aber nur etwas Bedrohliches. Diese Eltern führen mit ihren Kleinkindern einen Machtkampf, als hätten sie einen körperlich, geistig und seelisch gleichwertigen Gegner vor sich. Solche Eltern, die Kleinkindern "schon zeigen werden, wer hier der Stärkere ist", können den Kindern nur als schrecklich, bedrohlich, grausam und böse erscheinen, wodurch der Kampf um Autonomie immer mehr zum Kampf gegen böse und bedrohliche Objekte wird (vgl. S. 79ff.).

die sah nun wieder ganz normal aus und hatte ihre fürchterliche Fratze von vorhin verloren. Das eigene regressive Handeln und Erleben erschien Alexander nun fremd. Aber nicht nur das: Er war (immer noch) hoch mit seinem Vater identifiziert, wollte groß und stark wie er werden, und die Mutter sollte stolz auf ihn sein können, zumal jetzt, wo er der einzige "Mann" zu Hause war. Und da mußte Alexander nun erleben, wie er in panischer Verzweiflung nicht mehr wußte, was er tat; und dieser erschreckende Haß auf die Mutter in diesen Augenblicken... Alexander schämte sich und konnte sich selbst nicht mehr ausstehen. Wie die eigene Wut, projizierte Alexander gewissermaßen auch sein Selbstbild auf die Eltern und nahm an, vom Vater verachtet zu werden und die Erwartungen der Mutter zu enttäuschen. Da sich solche Gefühle bei den Eltern tatsächlich breitmachten, kam Alexander aus seinem regressiven Teufelskreis auch nicht heraus. Als er schließlich noch ein Stück Körperkontrolle einbüßte und nachts einzunässen begann, drohte Alexander den letzten Rest an Selbstachtung einzubüßen. Auf die Eltern projiziert, hieß das: den letzten Rest von Geliebtwerden zu verlieren[53].

Am Beispiel von Magdalena und Stefan haben wir gesehen, wie Kinder die Wochen nach der Scheidung nützen können, ihr seelisches Gleichgewicht wieder zu finden. Obwohl die methodischen Voraussetzungen unserer Untersuchung keine statistischen Schlüsse zulassen, neige ich aufgrund der sozialwissenschaftlichen Befunde und meiner eigenen Erfahrungen zur Auffassung, daß Magdalena und Stephan einer Minderheit angehören und die Nach-Scheidungs-Zeit für den größeren Teil der Kinder die eigentlich kritische Phase darstellt. Die angstprovozierenden Konflikte der Mutter-Kind-Beziehung nach der Scheidung sind derart überdeterminiert, daß die Gefahr einer Überlastung des Abwehrsystems größer ist als die Chance, daß die Mutter und ein verfügbar bleibender Vater dem Kind die notwendige Unterstützung zu geben in der Lage sind, mit Hilfe der seelischen Scheidungsreaktionen die Krise selbsttätig zu bewältigen.

[53] Bettnässen kann bei Kindern mit angstmachenden inneren Konflikten auch ein durchaus entwicklungsförderndes neurotisches Symptom sein. Bettina, acht Jahre alt, ist seit über drei Jahren Bettnässerin. Dem Symptom liegt ein komplexer Konflikt zugrunde, der um die Geburt ihrer jüngeren Schwester zentriert ist. Niemand, der Bettina kennt, würde vermuten, daß sie größere Probleme hat: Sie ist eine gute Schülerin, kann sich durchsetzen, ist phantasievoll, künstlerisch begabt, lebenslustig, unterhält durchschnittlich gute Beziehungen zu den Eltern, zu anderen Kindern und auch zur Schwester. Bettina war es gelungen, alle Nöte im Zuge ihrer Triebkonflikte in ihrem Symptom unterzubringen. Bei ihr ist die Enuresis das Ergebnis einer partiellen Regression; zwar ein neurotisches Symptom, das jedoch die meisten Bereiche ihres Ich vor weitgehenderer Destrukturierung bewahrte. Bei Alexander hingegen war die Enuresis Begleiterscheinung einer umfassenden Regression, die ihn in eine Sackgasse geführt hat.

3. Die posttraumatische Abwehr

Im Falle Stephanies, Alexanders und so vieler anderer Kinder ist also die Regression der Nach-Scheidungs-Krise gescheitert. Ursprünglich als Mittel eingesetzt, um die zunehmenden Ängste im Gefolge der Scheidung zu bewältigen, erfährt das Kind einen massiven Durchbruch abgewehrt gewesener Triebregungen, die aufgrund des veränderten Verhaltens der Umwelt und der ebenso veränderten Bewertung durch die von der Regression verschont gebliebenen Ichanteile die entstehenden inneren Konflikte weit über das Maß jener zurückliegenden Entwicklungsetappen hinaustreiben, denen jene Triebstrebungen angehören. Dieser "zweite Regressionsschub" hat nunmehr nicht mehr Abwehr-, sondern traumatischen Charakter, das heißt, er führt nicht zur Bewältigung der akkumulierten Ängste, sondern liefert das Kind diesen Ängsten hilfloser aus als je zuvor.
Damit befinden sich Kinder wie Stephanie oder Alexander also Wochen, mitunter Monate nach der Scheidung in einer ähnlich verzweifelten psychischen Lage wie Manfred und Katharina, für welche sich die Kenntnisnahme von der Trennung der Eltern unmittelbar traumatisch gestaltete.
An irgendeinem Punkt dieses Weges zwischen dem Zusammenbruch des erworbenen Abwehrsystems - sei es nun durch das Scheidungserlebnis selbst oder im Zuge der Nach-Scheidungs-Krise - und der völligen Ich-Auflösung durch Regression kommt es notwendigerweise zu einer neuerlichen "Umkehr" der innerpsychischen Dynamik. Die in der Regression oder in den posttraumatischen Kämpfen Manfreds und Katharinas nicht beherrschbaren Ängste zwingen das Ich dieser Kinder, zu *wirkungsvolleren Abwehrmechanismen* zu greifen. (Es versteht sich von selbst, daß es sich dabei durchwegs um unbewußte Vorgänge handelt.) Diese neuerliche Abwehr vermag die Kinder zwar vor einer völligen Destrukturierung zu bewahren, die unweigerlich zu psychotischen Krankheitsbildern führen würde. Das so erlangte neue Gleichgewicht wird infolge der stattgefundenen Regression aber auf einer Entwicklungsstufe aufgebaut, die unterhalb des vor der Scheidung bzw. der traumatischen Nach-Scheidungs-Krise erreichten seelischen Entwicklungsniveaus liegt. Das hat aber für die *künftige* Entwicklung bedeutsame Konsequenzen. Je "archaischer" die Ängste, die im Zuge von Triebkonflikten auftreten, desto massiver muß die Abwehr gegen sie ausfallen. Und je primitiver die Abwehrmechanismen, die dem Kind zur Verfügung stehen, desto größere Anteile des Ichs werden von der der Abwehr folgenden Symptombildung betroffen. Am Ende einer traumatisch verlaufenen Nach-Scheidungs-Krise steht also die Herausbildung einer infantilen Neurose, die der Preis für das wiedererlangte Gleichgewicht ist, wobei "Gleichgewicht" im vorligenden Zusammenhang die Bändigung unerträglicher Ängste meint. Die Art der Neurose und die Form der Symptomatik sind - bezogen auf die *Scheidung* - ganz unspezifisch und hängen mit der Art der aktivierten Triebkonflikte, den Reaktionen der Umwelt - hier besonders der Mutter - zusammen. *Stephanie*s neurotische Entwicklung etwa war dem hysterischen Formenkreis zuordenbar. Sie

verdrängte ihre zerstörerischen und sexuellen Impulse und setzte an ihre Stelle ein unkindlich-mütterliches Umsorgungs- und Behütungsverhalten ihrer Mutter gegenüber ebenso wie gegenüber anderen Erwachsenen und Kindern. Stephanie kümmerte sich um alles, half, wo es ging und suchte durch Rücksicht, Einsicht und Aufmerksamkeit jedem zu gefallen. Stephanies Mutter war glücklich, betrachtete die Scheidung für ihre Tochter als überwunden und war weit davon entfernt, Stephanies "guten Charakter" als neurotisches Symptom zu verstehen. Selbst ohne psychologische Untersuchung, die jene Verdrängungen und Abwehrprozesse sichtbar machen kann, offenbarte Stephanies "erfreuliche" Entwicklung bei genauem Hinsehen jedoch ihren neurotischen Charakter. So sehr Stephanie um Gefallen und um Anerkennung buhlte - die sie kurzfristig auch erhielt - ging sie mit der Zeit vielen, auch Kindern, mit ihrer ewigen Hilfsbereitschaft und Freundlichkeit schrecklich auf die Nerven. Andererseits konnte man ihr kaum etwas vorwerfen. Auf subtile Art übt Stephanie Macht über ihre Umwelt aus. Mit dem Resultat freilich, daß sie nicht wirklich beliebt war, was sie ihre Anstrengungen noch steigern ließ. Zweitens verriet sich die Abwehrfunktion ihres Verhaltens in jenen Augenblicken, wo dieser Weg, sich Anerkennung, Zuneigung und Kontrolle über andere zu sichern, scheiterte. Schimpfte die Mutter einmal mit ihr, wurde sie von einem Freund oder einer Freundin verraten, bekam Stephanie krampfartige Heulanfälle. Und kehrte die Mutter einmal etwas später als ausgemacht nach Hause, näherte sich ein Auto dem Randstein, hantierte jemand mit offenem Feuer, sowie in einer Reihe anderer, üblicherweise als harmlos eingeschätzter Situationen, geriet Stephanie geradezu außer sich vor Panik, schrie, schlug um sich, warf sich auf den Boden oder rannte weg. Was die Zukunft Stephanies bringen wird, läßt sich natürlich nicht voraussagen. Sicher aber ist, daß infantile Neurosen eine mächtige Disposition für neurotische Störungen in der Adoleszenz oder im Erwachsenenalter darstellen, selbst wenn die aktuelle Symptomatik in den nächsten Jahren abklingen mag.

Auch Manfred und Katharina müssen mit den durch das Trauma ausgelösten Ängsten fertigwerden. Unter Umständen sind diese Kinder, für die die Welt nicht erst im Gefolge, sondern schon mit der Kenntnisnahme der Scheidung auseinanderbricht, aber sogar in einer günstigeren Lage. Anders als bei Stephanie und Alexander brach ihre Abwehr nicht im Zuge einer radikalen Verschlechterung des Beziehungsklimas zusammen. Auch war ihre Symptomatik so nachdrücklich und folgte dem Scheidungserlebnis auf den Fuß. Daher ist es wenig wahrscheinlich, daß die Eltern die Veränderungen im Verhalten des Kindes *nicht* auf die Scheidung zurückführen. Erinnern wir uns an *Katharina*. Sie benahm sich, als wäre sie tatsächlich allein (gelassen) auf dieser Welt. Mit Hilfe des psychoanalytisch-pädagogischen Beraters - die alarmierte Mutter war nur wenige Tage nach Katharinas traumatischem Zusammenbruch in die Beratungsstelle gekommen - gelang es der Mutter, sich wieder als liebendes Objekt in Katharinas Erleben zu "kämpfen". Sie versuchte, "lieb" zu sein, wo immer es ging und setzte Grenzen dort, wo das Kind drohte, von seinen - vor allem aggressiven - Triebwünschen überwältigt zu werden (wodurch diese selbst zur Quelle von Angst geworden

wären). Das war sicher nicht leicht, mitunter mußte die Mutter das Kind im wörtlichen Sinn festhalten. In dieser Zeit stand der Betreuer vor der primären Aufgabe, der Mutter die Angst vor dem Kind und dem eigenen Intervenieren zu nehmen, um zu verhindern, daß sie sich mit der von Katharina auf die Mutter projizierten Aggression identifizierte und in der Folge dem Kind mit ebenso hilfloser Wut begegnete. Nach einigen Tagen verzweifelten Kämpfens gegen die Mutter ließ sich Katharina buchstäblich in die Hände, die sie gehalten hatten, fallen. Im Schoß der Mutter, die Arme um sie geschlungen, weinte sie eine halbe Stunde um die verlorene und wiedergefundene Liebe. Mit Hilfe vieler Gespräche und Spiele, deren Gestaltung durch die Mutter vom Betreuer "supervidiert" wurde, gelang es Katharina im Laufe einiger Wochen, den traumatischen Schrecken, den ihr die Trennung der Eltern bereitet hatte, "portionsweise" abzutragen. Unserer Einschätzung nach konnte sich Katharina von einem massiven posttraumatischen Abwehrschub, der ihre erworbene Persönlichkeit verändert und eine neurotischen Entwicklung eingeleitet hätte, weitgehend freihalten.
Anders hingegen *Manfred*. Die Szenen, die er zu Hause und in der Schule lieferte, veranlaßten weder die Lehrerin noch die Mutter, jenes Netz zu spannen, in dem Katharina sich wieder finden konnte. Die Mutter "ließ sich das hysterische Getue", wie sie sich später ausdrückte, "einfach nicht gefallen" und versuchte, "ihn wieder zur Vernunft zu bringen". Allein die "Vernunft", zu welcher Hausarrest, Aussperren, Ohrfeigen und (immer wieder) Schreien Manfred brachte, war eine trügerische. Ein Jahr nach dem Fernbleiben des Vaters war der einst aufgeweckte Bub in eine deutliche depressive Stimmung geschlittert, pflegte kaum Freundschaften, saß stundenlang vor dem Fernsehapparat und kaute Nägel. Wie Stephanie vermochte Manfred seinen inneren Konflikten nur durch eine große Verdrängungsleistung, welche die Bildung neurotischer Symptome nach sich zog, Herr zu werden.
Die Kenntnisnahme der Kinder von der endgültigen Trennung der Eltern und die Bildung neurotischer Symptome im Zuge der posttraumatischen Abwehr bilden den Anfangs- bzw. Endpunkt eines Spektrums verschiedenster psychischer Vorgänge, mit welchen Kinder auf das Erlebnis der elterlichen Scheidung reagieren. Einige typische Varianten seelischer Scheidungsreaktionen - nicht zu verwechseln mit den verschiedenen Formen "äußerer", das heißt sichtbarer Verhaltensänderungen nach einer Scheidung - haben wir bereits kennengelernt. Und wir haben auch einen Eindruck gewonnen über die Zusammenhänge zwischen unterschiedlichen seelischen Vorgängen bei den Kindern und den Haltungen der Umwelt (vor allem der Eltern, besonders der Mutter) im Zuge der Scheidung und während der Zeit danach. Bevor wir allerdings imstande sind, ein einigermaßen umfassendes Bild dieser Vorgänge und der sie bestimmenden Faktoren zu zeichnen, gilt es, einige noch offengebliebene Fragen zu klären:
1. So sehr der Zusammenhang zwischen traumatisierender Regression und der Eltern-Kind-Beziehung in der Nach-Scheidungs-Phase als gesichert gelten kann, müssen wir doch annehmen, daß weitere Faktoren im Spiel sind, die darüber entscheiden

→ wieviel Unterstützung ein Kind durch seine Umwelt bedarf, um mit Hilfe seiner spontanen Erlebnisreaktionen sein psychisches Gleichgewicht wieder zu finden;
→ wie lange ein Kind bzw. sein Abwehrsystem den (vorübergehenden) Ausfall mütterlicher Kompetenz ertragen kann;
→ in welche früheren Stadien der Objektbeziehungsentwicklung es regrediert;
→ bzw. an welcher "Stelle", oder auch: zu welchem Zeitpunkt und angesichts welcher Arten von Angst sich dieser Prozeß "umkehrt" und es zur Aktivierung ("posttraumatischer") Abwehrvorgänge kommt.

2. Die psychoanalytische Erfahrung legt nahe, für diese Fragen die Art und die Güte der je erworbenen Objektbeziehungsstruktur verantwortlich zu machen, wobei vor allem von nicht allzu konfliktbelasteten *frühen Objektbeziehungserfahrungen* (erstes bis drittes Lebensjahr) zu erwarten wäre, daß sie ein Kind gegenüber den Belastungen der Scheidung bzw. der Nach-Scheidungs-Krise besser wappnen. Dieser theoretisch gut begründbaren Vermutung scheint jedoch eine Gruppe von Kindern zu widersprechen, deren Abwehrsystem sich in unserer Untersuchung gerade in den schwierigen Wochen und Monaten nach der Scheidung als besonders widerstandsfähig erwies. Es handelt sich dabei um jene Kinder, deren Beziehung zu den Eltern, vor allem zur Mutter, bereits *vor der Scheidung* durch häufige und massive aggressive Auseinandersetzungen geprägt waren. Diese Kinder zeigten in der Zeit nach der Scheidung weit geringer auffällige Verhaltensveränderungen, höchstens eine (meist nur geringe) Verstärkung der aggressiven Symptomatik. Es hat den Anschein, daß die (aggressive) Veränderung des mütterlichen Objekts bzw. seiner seelischen Repräsentanz, welche die anderen Kinder so schwer verkraften, für diese Gruppe weniger zum Tragen kommt. Sie dürften das Auseinanderklaffen der gegenseitigen Ansprüche, wie auch die aggressive Zuspitzung der daraus resultierenden Beziehungskonflikte einfach schon gewöhnt sein. Haben diese Kinder die aus einer solchen Beziehungskonstellation entstehende Angst, welche Kinder wie Stephanie überschwemmte, bereits früher bewältigt bzw. abgewehrt?

3. Die Frage, welche psychischen Faktoren, und das heißt auch: welche Vorgeschichte Kinder für die Scheidungsbelastungen besser oder schlechter "disponieren", stellt sich erst recht, wenn wir an jene Kinder denken, die wie Manfred und Katharina bereits auf den Tatbestand der Scheidung traumatisch reagieren; die von der Aussicht, in Zukunft nicht mehr mit dem Vater zu leben, nicht bloß traurig oder wütend werden, wie andere Kinder, sondern sich offenbar ein solches Leben gar nicht vorstellen können. Was verlieh den Vätern von Manfred und Katharina eine solche existentielle Bedeutung?

Wir haben in unserer bisherigen Beschäftigung mit den psychischen Auswirkungen der Scheidung auf die Kinder die Trennung der Eltern, bzw. die Kenntnisnahme der Kinder von dieser Trennung, als "Nullpunkt" gesetzt. Indes werden wir immer mehr auf die offenbar große Rolle hingewiesen, welche die psychische Entwicklung *vor der Scheidung* für den konkreten Verlauf des Scheidungserlebnisses haben muß. In den nächsten Kapiteln werde ich versuchen, diesen Zusammenhängen wenigstens zum Teil auf die Spur zu kommen.

Zweiter Teil
Die Bedeutung der psychischen Entwicklung vor der Scheidung

Die eben aufgeworfenen Fragen veranlaßten uns, der "Vorgeschichte" der von uns untersuchten Fälle besonderes Augenmerk zuzuwenden. Zumal dieser Problembereich aus der bisherigen Scheidungsforschung weitgehend ausgespart blieb, sieht man von einigen, eher allgemein gehaltenen Bemerkungen Wallersteins ab (was zum Teil seinen Grund auch in den methodischen Schwierigkeiten haben dürfte, diese Relationen zu untersuchen). Es versteht sich von selbst, daß jede psychische "Struktur", jede Biographie und familiäre Beziehungsgeschichte einzigartig ist und jeder Versuch, sie nachzuzeichnen, über eine grob verallgemeinernde *Rekonstruktion* nicht hinauszukommen vermag. Und doch stießen wir im Zuge unserer diesbezüglichen Bemühungen auf einige, wie es scheint, typische Konstellationen, die in einem engen Zusammenhang mit den unterschiedlichen Formen des Scheidungserlebens bzw. den verschiedenen Schicksalen der seelischen Reaktionen auf die Scheidung stehen dürften.

4. Frühe Objektbeziehungsstörungen bei jungen Scheidungskindern

Seit vielen Wochen lächelt *Michi* beim Erscheinen der Mutter, des Vaters, der Oma und der Babysitterin, wie überhaupt das *Wiedererkennen* (auch von Dingen, von Gesten und Wörtern) ein bevorzugter Anlaß von Vergnügen darstellt. Plötzlich ändert er aber seine demokratische Gunstverteilung. Vater, Babysitterin und Oma ernten - in eben dieser Reihenfolge - Mundverziehen, Wegschauen bzw. gespannt-ernste Betrachtung und Weinen. Nur die Mama strahlt er nach wie vor an.

Mit diesem sogenannten "Fremdeln", das gewöhnlich im siebenten bis achten Lebensmonat auftritt - Spitz (z.B. 1957) spricht von der "Achtmonatsangst" - verrät das Baby, daß es ein anderes Gesicht als das eben gesehene erwartet hatte. Dieses andere ist ein ganz bestimmtes Gesicht, nämlich das der Mutter. Es geht nicht mehr ums *Wiedererkennen*, sondern um die Erfüllung einer *Erwartung*. Das aber bedeutet erstens, daß das Baby sich - unabhängig von ihrer körperlichen

Anwesenheit - eine Vorstellung von der Mutter machen kann, von ihrer wahrnehmungsunabhängigen Existenz weiß. (Piaget bezeichnet diese Errungenschaft als Gegenstandkonstanz oder -permanenz.) Der Unterschied, den das Baby zwischen den Gesichtern der Mutter und allen anderen, darunter auch wohlbekannten, macht, zeigt uns zweitens, daß sich die Vielzahl der angenehmen und lustvollen Erlebnisse, die das Baby im Laufe seines bisherigen Lebens mit der Mutter hatte, mit deren physischem Erscheinungsbild fest verbunden haben, daß die "Teilobjekte", wie Spitz sagt, zu einem einheitlichen Objekt, zum "ersten wirklichen Liebesobjekt" zusammengewachsen sind.

Natürlich hatte das Baby im Laufe seiner ersten Lebensmonate nicht nur angenehme Erlebenisse mit der Person, die sich schließlich als *Mutter* herausstellen sollte. Wie oft wurde es in seinen Bedürfnissen mißverstanden: wurde getröstet oder gar zugedeckt, wo es sich doch aufsetzen und schauen wollte; wurde ihm zu trinken gegeben, wo es doch Bauchschmerzen hatte; wurde ihm ein Spielzeug gereicht, wo es nur die Wärme und den vertrauten Duft des mütterlichen Körpers spüren wollte; wurde herumgetragen und gehätschelt, wo es nur etwas (z.B. den Schnuller) im Mund spüren und daran saugen wollte. Wie oft fühlte es sich hungrig und unwohl, aber keiner war da. Für die Mutter mag die Zeit zwischen dem Schreien des Kindes und ihrem Herbeieilen nur Sekunden betragen haben, für das Baby, welches von seinen Empfindungen überrascht wird, weder von deren Ursachen noch von der wachenden und schützenden Präsenz seiner Mutter etwas weiß, mögen es Ewigkeiten gewesen sein. Die *Güte* der ersten Objektbeziehung des Kindes hängt - etwas vereinfacht ausgedrückt - daher von dem Maß ab, in welchem die angenehmen und lustvollen Erfahrungen mit der Person der Mutter die unangenehmen, unlustvollen überwiegen. Eine überwiegend positive erste Objektbeziehung, der auch jene Errungenschaft entspricht, die Erikson (1959) als "Urvertrauen" beschrieben hat, stellt ein wichtiges - wenngleich allein nicht ausreichendes - Fundament für die ganze künftige Entwicklung des Kindes dar.

Nun brachten unsere Untersuchungen einen zunächst seltsam anmutenden Befund zutage: Beim Großteil der jüngeren Scheidungskinder (bis etwa sechs Jahre), die wir kennenlernten, häuften sich die Hinweise, daß diese Kinder höchst konfliktreiche erste Lebensmonate durchlebt hatten und ihre spätere Entwicklung auf dem brüchigen Fundament einer mehr oder weniger gestörten ersten Objektbeziehung aufbauen mußten. Darauf muß näher eingegangen werden.

Untersucht man ältere Kinder mit Hilfe projektiver Tests, findet man stets auch unbewußte Phantasien, die nicht nur der psychischen Gegenwart, sondern auch längst vergangenen, selbst den frühesten Entwicklungsphasen angehören oder zumindest mit ihnen in enger Beziehung stehen. (In gewisser Weise läßt sich sogar sagen, daß es im Unbewußten die Scheidung zwischen Gegenwart und Vergangenheit gar nicht gibt.) Zeigen die Testproduktionen eines Kindes nun eine deutliche Dominanz *oraler Themen* (i.w.S.) - z.B. beißende oder verschlingende Wesen; Phantasien, die mit Hunger, Verhungern, Gier bzw. umgekehrt mit Füttern, Versorgen, Kampf um Nahrung zu tun haben; Themen, die sich um

Halten, Gehaltenwerden, um Schmeicheln, Zufluchtsuchen, in Höhlen verkriechen u.a.m. drehen - so kann das ein Hinweis darauf sein, daß dieses Kind sehr früh, u.U. bereits im ersten Lebensjahr, traumatische Erfahrungen machen mußte. Aufgrund der Testergebnisse allein läßt sich diese Frage freilich nicht entscheiden. Es kann sich dabei auch um regressive Phänomene handeln; oder um "spätere" Phantasien, die lediglich in "oralen Bildern" symbolisiert wurden. Im Zuge unserer Testuntersuchungen stießen wir jedoch auf einen überraschenden Umstand: Jüngere Scheidungskinder, das heißt Kinder, deren Eltern sich innerhalb der ersten sechs, sieben Lebensjahre scheiden ließen, produzierten signifikant häufiger "orales Material" als ältere Scheidungskinder oder jüngere ebenso alte Kinder, deren Eltern in intakter Ehe lebten. Wie konnte dieser Befund interpretiert werden?

Aus diesem Grund legten wir bei den Müttern und/oder Vätern dieser Kinder besonderes Augenmerk auf die anamnestischen Tiefeninterviews. Das Ergebnis war erstaunlich: Es scheint tatsächlich eine (statistische) Korrelation zwischen ganz frühen Objektbeziehungsstörungen und der Scheidung der Eltern in den ersten fünf bis sechs Lebensjahren zu geben.

Dieser, auf den ersten Blick fremd anmutende Zusammenhang erklärt sich aus einem bemerkenswerten Umstand: In fast allen dieser Fälle früher Scheidung fanden wir, daß die *Geburt des Kindes* das entscheidende Ereignis darstellte, welches jene Krise der Partnerschaft auslöste, die Monate bis Jahre später diese Ehe endgültig scheitern ließ.

Die Geburt eines Kindes verändert das Leben der Eltern in einschneidender Weise, ganz besonders, wenn es sich um das erste Kind handelt. Und diese Veränderungen sind oft anders oder größer, als die Eltern sich vorstellten. Oder sie hatten die eigene Fähigkeit, die Verzichte zu ertragen, die ein Baby aufnötigt, überschätzt. Dies ist häufig bei noch sehr jungen Eltern der Fall, die zu wenig Gelegenheit und Zeit hatten, die Unabhängigkeit von den eigenen Eltern zu genießen und fast unmittelbar in eine neue Abhängigkeit, nämlich die von ihrem Baby, geraten. Das Kind läßt die Eltern dann ihre fortgesetzte Unfreiheit spüren, und das kann zu Auflehnung, Wut und zur Aktivierung von Ablösetendenzen und -konflikten, wie sie für die Pubertät und Adoleszenz typisch sind, führen. Da im Normalfall Elternliebe und Gewissen das Kind schützen, zum Objekt unmittelbarer Aggression zu werden, verschiebt sich die Unzufriedenheit leicht auf die Partnerschaft. Gereiztheit, das beständige Gefühl, vom anderen ausgenützt zu werden, bewußte und unbewußte Schuldzuweisungen, wer für die gegebene Situation verantwortlich sei, verschlechtern das Eheklima. In dieser Situation sind Väter meist unabhängiger und viele von ihnen agieren ihre Frustration in Form eines sukzessiven Rückzugs von der Familie aus, was zur Folge hat, daß zur Frustration der Mutter nun noch das Gefühl hinzukommt, gerade dann vom Mann im Stich gelassen zu werden, wenn sie seine Unterstützung am nötigsten bräuchte.

Solche partnerschaftlichen Enttäuschungen - der geliebte Mann, der sich als egoistisch-rücksichtslos-untreu herausstellt bzw. die geliebte Frau, die keppelt, den Mann kritisiert und reizbar geworden ist und anscheinend ihre Wärme und

Exkurs:
Frühe Objektbeziehungen und Individuationsprozeß

In den letzten dreißig, vierzig Jahren hat sich die Psychoanalyse zunehmend mit den frühesten Objektbeziehungen (der ersten drei Lebensjahre) beschäftigt. Da der "klassische" (erwachsene) Psychoanalyse-Patient, selbst bei noch so gelungener Wiedererinnerung, über diese ersten Lebensabschnitte nicht viel zu berichten weiß, sahen sich psychoanalytische Forscher nach weiteren Erkenntnisquellen um: Beobachtungen von Kleinkindern; von typischen Interaktionsweisen zwischen Kindern und Eltern; was Analysepatienten von den eigenen Kindern bzw. den Gefühlen ihnen gegenüber berichteten; Erkenntnisse aus Kinderpsychotherapien und schließlich aus der psychoanalytischen Arbeit mit psychotischen Patienten, deren aktuelles Erleben in mancherlei Hinsicht Ähnlichkeit mit der Welt kleinster Kinder hat. Eine für das Verständnis des vorliegenden Textes wichtige Entwicklungslinie möchte ich im Folgenden skizzieren: den von Margaret Mahler (1968, 1975) untersuchten sogenannten *Individuationsprozeß* von der *"Mutter-Kind-Symbiose"* bis zur *"Objektkonstanz"*.
Was immer wir über ein Kind erfahren, enthält auch ein Stück Information über seine Objekte. Ganz besonders gilt das für das Neugeborene, das - für sich - noch gar keine von seinem primären Objekt, der Mutter, unabhängige Existenz hat. Neugeborene haben nämlich noch keine Vorstellung von einem "Ich", das von einem Nicht-Ich, einem "Du", unterschieden wäre. Kleine Babys wissen nicht, wo sie "anfangen" und "aufhören". Die Brust der Mutter mag dem drei Wochen alten Baby weit vertrauter sein als die eigenen Füße; wenn es Glück hat, ist sie auch immer dann da, wenn es sie braucht, ebenso wie die Arme, die es halten, die Stimme, die beruhigt und die Haut, die riecht, wie sie riechen muß, damit alles in Ordnung ist. Mithin gehört nicht nur der Körper der Mutter zum ersten "Ich" des Babys, sondern die ganze Welt, die seinen Bedürfnissen und Empfindungen gemäß erscheint, sich verändert und verschwindet.
Diese halluzinatorische Zwei-Einheit macht die Hauptsache dessen aus, was die Psychoanalyse als frühe Mutter-Kind-Symbiose bezeichnet. Sie umfaßt einen Zeitraum von drei bis vier Monaten. Auf der Seite der Mutter kommt es darauf an, "mitzuspielen": dem Kind die Illusion, mit dem Universum, wie Gott, eins zu sein, zu belassen. Dieses Erleben bildet den Kern des von Erikson "Urvertrauen" genannten (lebenslangen) Gefühls, in einer prinzipiell guten, nichtfeindlichen und für meine Zwecke veränderbaren Welt zu leben. Diese bedeutende Entwicklungsaufgabe zu erfüllen, fällt der Mutter unter gewöhnlichen Umständen nicht allzu schwer und geht "ganz automatisch": Das Kind schläft die meiste Zeit, so daß sie in den Wachzeiten tatsächlich ständig "da" sein kann; die Bedürfnisse sind noch nicht allzu differenziert, daher nicht so schwer zu erkennen und zu befriedigen. Vor allem aber ist die Mutter selbst in hohem Maß mit dem Kind "identifiziert" (vgl. S. 39), erlebt es (bewußt oder unbewußt) als

einen Teil ihrer selbst und "bestätigt" somit die symbiotische Illusion des Kindes durch die eigenen (symbiotischen) Gefühle und Phantasien. Diese, weitgehend vollständige, Symbiose zwischen Mutter und Kind, löst sich allmählich auf, und es kommt zu einem ebenso spannenden wie konfliktreichen Ablösungsprozeß, der, über mehrere Etappen, mit ca. drei Jahren seinen (vorläufigen) Höhepunkt erreicht. Zu diesem Zeitpunkt ist nach Mahler die "psychische Geburt" des Kindes vollbracht, das heißt, es vermag sich als von der Mutter *unabhängig existierendes Subjekt* zu begreifen. Dieser Loslösungs- oder Individuationsprozeß beginnt damit, daß das Baby die Grenzen seines Körpers und seiner Macht kennenlernt. Es lernt zu unterscheiden, was zu ihm und was nicht zu ihm gehört; welche Empfindungen "innen" und "außen" liegen; daß die Welt in dem Maße, in welchem es seine Ansprüche erhöht, es länger wach ist und sich zu bewegen (zu entfernen) vermag, nicht immer (schon) so ist, wie es möchte, daß es also noch etwas, "Objekte", gibt, die selbst "Willen" haben, die es jedoch braucht, um Befriedigung erlangen zu können; und es lernt, mit diesen Objekten umzugehen.
Diese ersten Objekte der sogenannten "Differenzierungsphase" sind noch keine ganzen Personen, sondern "Partialobjekte", d.h. taktile, visuelle und akustische Eindrücke, die lediglich gemeinsam haben, daß sie "Nicht-Ich" sind. Zwischen dem 6. und 8. Monat wachsen nun die mütterliche Brust, ihr Gesicht, ihre Stimme, ihr Geruch und bestimmte Verhaltensweisen zum Bild *einer Person*, der Mutter, dem ersten (Liebes-)Objekt, zusammen. Nach außen hin verrät sich dieser bedeutsame Entwicklungsschritt durch das sogenannte "Fremdeln"*. Es ist dies auch die ideale Zeit, das Kind abzustillen. Denn die Freude an den neuen (ganzen) Objekten und die spannende Welteroberung, die nun mit den sprunghaften Fortschritten in der Fortbewegung in Angriff genommen wird, können diese Veränderung, wenn sie behutsam geschieht, gut wettmachen. (Später ist das Stillen zu einem gewohnten Bestandteil der Liebesbeziehung geworden, weshalb das Abstillen eher als *Verlust mütterlicher Liebe* erlebt wird.) Zwischen dem Ende des ersten Lebensjahres und der Mitte des zweiten Lebensjahres, in der sogenannten *Übungsphase*, erlernt das Kind das Gehen und die ersten Worte und damit eine neue Dimension der Selbständigkeit: Die Dinge müssen nicht gereicht, sondern können *erreicht* werden, die Umgebung lockt, untersucht und "experimentell" geprüft zu werden, und was man nicht selbst zu tun oder zu bekommen vermag, kann *benannt*, (sprachlich) *vorgestellt* und (von den Erwachsenen) *verlangt* werden. Konnte das Kind ein hinreichendes Urvertrauen und eine gute Objektbeziehung zu *beiden* Eltern (vgl. Kap. 5.1) entwickeln, erlangt es in dieser Zeit eine ungeahnte Selbständigkeit, fürchtet sich vor nichts, empfindet kaum Schmerz, wenn es hinfällt oder sich stößt und zieht das Abenteuer des Neuen immer häufiger der gewohnten körperorientierten Zweisamkeit mit der Mutter vor.

* Zum "Fremdeln" vgl. S. 76f.; zur parallelen Entwicklung der Objektbeziehung zum Vater vgl. Kap. 5.

Diesem Rausch der scheinbaren Grenzenlosigkeit der eigenen Möglichkeiten folgt jedoch bald die Ernüchterung. In dem Maße nämlich, in welchem die rasant wachsenden motorischen Fertigkeiten helfen, alte Grenzen zu überwinden, beginnt die Umgebung (neue) Verbotsschilder aufzustellen: vor dem offenen Fenster, vor der heißen Herdplatte, vor der Straße, vor der Stereoanlage, vor der Suppe auf dem Teppich, vor den Buntstiften auf der Tapete, vor den Lieblingssandalen im Winter, vor dem Dreck am Boden, vor dem Aufbleiben am Abend usw. Es ist geradeso, als würden wir z.B. ein Auto gewinnen, dürften damit jedoch nicht fahren. Das führt dazu, daß das Kind seine Autonomiebestrebungen verstärkt, sich über die "Neins" hinwegzusetzen versucht und gegebenenfalls mit den Eltern um die Macht zu kämpfen beginnt. Aber das Kind stößt noch auf eine andere Art von Grenzen: an die seiner eigenen, überschätzten Möglichkeiten. Die Schuhe lassen sich nicht zubinden, die Türe nicht öffnen, die Spieluhr nicht aufziehen, und es ist weggelaufen und findet nicht mehr zurück... Das Eineinhalbjährige wird sich seiner faktischen Abhängigkeit bewußt, es merkt, sich zu weit vorgewagt zu haben, auf die Objekte (vor allem die Mutter) nicht verzichten zu können, und beginnt vermehrt, ihre Nähe wieder zu suchen.
Die nun (ca. nach dem 18. Monat) folgende und ein bis eineinhalb Jahre dauernde *Wiederannäherungsphase* ist gekennzeichnet durch eine wiedererstarkte Anhänglichkeit, die sich, oft in rascher Folge, manchmal aber auch in tage- oder wochenweisen Schüben mit den Selbständigkeitsbestrebungen ablöst. Es ist, als würde das Kind zu seiner Mutter sagen: "Solange ich eins mit dir war, vermochte ich alles. Jetzt merke ich plötzlich, daß ich mich losgerissen habe und ohne dich verloren bin. Aber ich möchte auch meine gewonnene, teure Autonomie nicht verlieren und gegen die völlig abhängig machende alte Symbiose tauschen. Aber du sollst in der Nähe, neben oder hinter mir bleiben, auf mich aufpassen, da sein, wenn ich dich brauche, mir helfen und Kraft geben und meine Erlebnisse mit mir teilen...!"
Daß dies leichter gesagt als getan ist, liegt an der sogenannten *vorambivalenten* oder *ambitendenziellen* Objektwahrnehmung der Kinder dieses Alters: Das Kind kennt zwar die Mutter als *eine* Person, hängt jedoch nach wie vor an der Illusion, sie könnte/müßte alle seine Erwartungen und Wünsche, auch unter den veränderten Voraussetzungen seiner Autonomie, ebenso befriedigen wie einst im "symbiotischen Paradies". Tut sie das nicht, verliert sie ihr "mütterliches Wesen" oder anders ausgedrückt: wird von der (ganz) "guten" zur (ganz) "bösen" Mutter. Das geschieht jedoch in dieser Zeit sehr häufig: immer dann, wenn das Kind an die Grenzen der eigenen Möglichkeiten stößt, an die von der Umwelt (Mutter) gesetzten Verbote und schließlich - was oft vorkommt - wenn beim Kind autonome und regressive Bedürfnisse zeitlich zusammentreffen. *Projektion* und *Spaltung*, die wir bei Erwachsenen (und älteren Kindern) als Abwehrmechanismen gegen bedrohliche innerpsychische Konflikte kennengelernt haben (Exkurs S. 31ff.), sind beim Zweijährigen normale, alltägliche

Objektbeziehungsmodi: Die eigene Enttäuschung wird dem Objekt angelastet, dieses erscheint nun als (nur) böse, und je zorniger und böser das Kind wird, desto böser erscheint ihm das Objekt. Das aktiviert jedoch wieder die aggressiven, verzweifelten Anstrengungen des Kindes, seine "gute", i.e. alles erfüllende Mutter wiederhaben zu wollen usw. In diesen Augenblicken entspricht die Welt der Kinder tatsächlich der Wahnwelt von Psychotikern. Die Grenzen zwischen Selbst und Objekt verschwimmen (Wer ist nun böse: ich oder die Mutter?) und die Objekte, die zur Zeit nichts Gutes, Liebendes an sich haben, werden zu bedrohlichen Feinden und Ungeheuern.
Mit der Zeit kommt das Kind aber üblicherweise darauf, daß es von der "bösen Mutter" *nicht* verschlungen oder vernichtet wird; daß sie, sogar während sie noch bedrohlich erscheint, liebevoll, gütig und tröstend sein kann; daß zwischen den eigenen Affekten und den Affekten bzw. dem Verhalten des Objekts ein Unterschied besteht. Und wenn alles gut geht, hat es mit ca. drei Jahren jene Erlebnisfähigkeit gewonnen, welche die Psychoanalyse (nach Mahler) als *emotionelle Objektkonstanz* bezeichnet: Das Wissen um das (konstante) Getrenntsein von Selbst und Objekt; das heißt, dem Kind ist klargeworden, daß, bei aller nach wie vor bestehenden Abhängigkeit, es selbst und die Mutter eigenständige Wesen sind; es kann unterscheiden, was an Gefühlen und Affekten zu ihm gehört und was es am Objekt wahrnimmt; und schließlich hat es die Sicherheit gewonnen, daß die Mutter seine, das Kind liebende und schützende Mutter auch dann bleibt, wenn sie gerade etwas verbietet oder schimpft und daß sie - ihrer "prinzipiellen Gutheit" wegen - auch zurückkommt, wenn sie gerade abwesend ist. Ab diesem Zeitpunkt hat das Kind die Fähigkeit zu *ambivalenten Objektbeziehungen* gewonnen, das heißt, es vermag anzuerkennen, daß ein und dasselbe Objekt befriedigende und frustrierende Seiten hat, daß es selbst das Objekt liebt und (manchmal) auch haßt, ohne daß es angesichts von Frustrationen oder eigener Wut gleich Angst haben muß, die Beziehung zu verlieren (oder schon verloren zu haben). Die Objektkonstanz gehört mithin zu den unerläßlichen Erwerbungen für eine gesunde psychische Entwicklung. Aber die Hindernisse, die zu Brüchigkeiten oder Verzögerungen der Objektkonstanz führen können, sind mitunter beträchtlich. Den tragischsten Fehler, den Eltern in der sensiblen Wiederannäherungsphase begehen können, besteht darin, den Wechsel zwischen Autonomie- und Anhänglichkeitsbedürfnissen als "Laune" und den aggressiv-verzweifelten Kampf um die Wiederherstellung des "guten" Mutterbildes als puren Machtkampf um Befriedigung unwichtiger Bedürfnisse mißzuverstehen und zurückzukämpfen ("Wir werden ja sehen, wer der Stärkere ist"). Jede massive aggressive Auseinandersetzung aktiviert Projektions- und Spaltungsmechanismen, und diese verzögern und stören die psychische Trennung zwischen Selbst und Objekt und das Zusammenwachsen der ambitendenziellen Bilder zur ambivalenten Objektrepräsentanz. Auf einige weitere Schwierigkeiten dieser letzten Etappe des Individuationsprozesses komme ich im 5. Kapitel zu sprechen.

Lebenslust verloren hat - können in eine Beziehung nicht mehr heilbare Wunden schlagen, so daß das Scheitern der Beziehung nur mehr eine Frage der Zeit ist.
Diese Umstände bleiben nicht folgenlos für das Kind. Ich habe vorher gesagt, daß das Kind vor Wut und Zorn durchschnittlicher Eltern durch Liebe und Gewissen geschützt ist. Das gilt freilich nur für die bewußten Aggressionen. Die Psychoanalyse kennt viele Wege, auf denen wir Aggressionen befriedigen können, ohne sie uns bewußt zugestehen zu müssen. Das gilt bereits für die Mutter (aber auch den Vater) in der Beziehung zum Neugeborenen. Übermäßige unbewußte Aggressionen gegenüber Babys tarnen sich zumeist als Ungeschicklichkeiten, Fehlleistungen, Mißverständnisse oder auch als "pädagogische" Theorien: Sei es, daß das Baby nicht so gehalten wird, wie es sich wohl fühlt; daß es die Mutter nicht schafft, ihm jene ruhige und entspannte Atmosphäre zu schaffen, die das Neugeborene braucht, um jenen heiklen, hoch erotischen Akt des Saugens lustvoll genießen zu können; daß die Eltern das Schreien mißverstehen, z.B. als Äußerung von Hunger, während es nur schlecht liegt; oder daß die Eltern etwa zu dem "theoretischen" Schluß gelangen, ein Baby sollte man ruhig schreien lassen, damit es nicht glaubt, die Eltern tyrannisieren zu können; oder aus "pädagogischen" Gründen den Schnuller ablehnen usw. Natürlich finden sich Aggressionen in jeder Liebesbeziehung, also auch in jeder Mutter-Kind- und Vater-Kind-Beziehung, daher ist es ganz normal, wenn solche Mißverständnisse und Fehlleistungen hin und wieder vorkommen. Übersteigen die unbewußten Aggressionen jedoch ein gewisses Maß, weil die Eltern die aufgenötigten Verzichte (auf Unabhängigkeit, gesellschaftliches Leben, berufliche Karriere oder einfach auf Ruhe und Zeit für sich selbst) schlecht ertragen können, vermag das gewöhnliche, nur vereinzelt vorkommende Auseinanderklaffen zwischen den Bedürfnissen des Kindes und den Handlungen der Eltern zu einem *Beziehungsmuster* zu werden, das die Entwicklung des ersten Mutter- und Selbstbildes, das sogenannte "Urvertrauen" in die Güte und Annehnmlichkeit der Welt nachhaltig beeinträchtigen kann.
Solche durch die Geburt des Kindes ausgelöste Krisen betreffen freilich keineswegs nur junge Eltern und sind auch nicht ausschließlich auf die "äußeren" Belastungen der Babypflege zurückzuführen. Die Geburt eines Kindes ist bei jeder Frau und bei jedem Mann von unbewußten Phantasien und Gefühlen begleitet, die die spätere Beziehung zum Kind mitbestimmen. Einige solcher nicht selten auftretenden unbewußten seelischen Vorgänge, die in enger Beziehung zum Selbstbild, zur sexuellen Identität und zur eigenen Kindheit der Eltern stehen, sind auch geeignet, die Partnerschaft und Elternschaft zu belasten. Es gibt Mütter, die von ihrem Baby "völlig ausgefüllt" sind, so daß vorübergehend nichts mehr auf der Welt, auch nicht der eigene Mann, emotionelle Bedeutung hat. Es gibt Mütter, die das Kind unbewußt als Teil ihrer selbst betrachten, der ihnen gehört und niemanden sonst - auch nicht den Vater - etwas angeht. In beiden Fällen kommt es zu einem Ausschluß des Vaters aus der intimen Mutter-Kind-Beziehung oder - falls der Vater diesen Ausschluß nicht akzeptiert - zu Kämpfen um das Kind. Aber auch das umgekehrte Phänomen gibt es: Für den Vater existiert nur mehr das

Kind, wodurch es passieren kann, daß sich die Mutter sowohl ihrer Mutterschaft als auch ihrer Identität als Partnerin, als Frau, beraubt sieht.
Die Gefährdung der Beziehung durch solche Ausschlüsse des Partners ist dann besonders groß, wenn dieser in bezug auf Trennungs- und Ausschlußerlebnisse übermäßig verletzlich ist. So gibt es viele Väter, für die die Pflege des Kindes durch die Ehefrau unbewußt eine traumatische Wiederholung des Liebesverlustes darstellt, den sie einst in der Kindheit, etwa anläßlich der Geburt eines Geschwisters, empfunden hatten. Die Frau wird in der "Übertragung" (vgl. Exkurs S. 129ff.) zur Mutter, die ihm die gewohnte Liebe vorenthält und sie dem Neuankömmling gibt. Solche Übertragungsphantasien können durch das herabgesetzte Sexualverlangen vieler Mütter nach der Geburt zusätzlich provoziert werden. Oder die Fürsorge der Frau für das Baby akualisiert ein unbewußt immer noch ungestilltes Verlangen nach grenzenloser mütterlicher Zuwendung gegenüber dem Kind, das der Vater einmal war. In solchen Fällen kann es passieren, daß die Liebesbeziehung des Vaters zu seinem Kind von massiver unbewußter Eifersucht getrübt und die Frau zum Ziel eben jener Aggressionen wird, die einmal der eigenen Mutter galten.
Aktualisiert werden durch die Geburt eines Kindes auch verdrängte Konflikte im Bereich der sexuellen Identität. Nicht nur durch die sexuelle Verweigerung der Frau oder den Ausschluß aus der Mutter-Kind-Idylle fühlen sich Väter ihrer Männlichkeit beraubt. Das Baby selbst, das sich nur bei der Mutter, an ihrer Brust, beruhigen läßt, vermittelt dem Vater Gefühle des Nichtgenügens, der Macht- und Hilflosigkeit. Derartige ''Impotenz''-Erlebnisse machen wütend und/oder deprimiert und bringen viele Männer dazu, sich zu distanzieren und diesen potentiell frustrierenden Bereich der Babypflege ganz den Müttern zu überlassen. Dadurch wird die aktuelle Situation jedoch eher noch verschlimmert: Der Vater verliert den intimen Kontakt zum Kind, lernt es in seinen Äußerungen und Eigenheiten nicht kennen, aber auch das Kind seinen Vater nicht. Die Beziehung zwischen der ''Expertenmutter'' und dem Baby wird daher noch exklusiver.
Solche Gefühle von Vätern, ihrer Fähigkeit, Macht, Männlichkeit verlustig zu gehen, finden nicht selten eine Ergänzung durch unbewußte Kastrationswünsche von Müttern, für die ihre Weiblichkeit lebenslang mit Gefühlen von Benachteiligung und Minderwertigkeit verknüpft war. Als Gebärende, als (vom Baby vor allen anderen geliebte) Mutter sind nun *sie* die Priviligierten, und dieses Privileg soll nicht verloren gehen. Obwohl viele dieser Frauen *bewußt* darunter leiden, daß die ganze Last des Kindes auf ihren Schultern ruht, genießen sie es unbewußt, daß sich der Vater hilflos fühlt, sich das Baby nur von ihnen beruhigen läßt, und sie richten es - vor sich und anderen nicht sichtbar - so ein, daß es dabei bleibt. Häufig gewinnt das Baby ganz unmittelbar die Bedeutung des (endlich doch gewachsenen) Penis[54]. Das macht den Mann einesteils entbehrlich, andererseits zur Bedrohung der lustvollen Illusion - ein nicht seltener Mitgrund, warum Mütter in den ersten Wochen oder Monaten nach der Geburt so wenig Neigung zum

[54] Zum weiblichen Peniswunsch und zur männlichen Kastraionsangst vgl. den Exkurs S. 98ff.

Beischlaf verspüren. Das ändert sich wieder, wenn das Baby mit der Loslösung von der Mutter beginnt. In anderen Fällen wird eben diese Last, ja die Geburt selbst, die wie kein anderes Ereignis der Frau ihre Weiblichkeit vor Augen führt, als weiteres Indiz für die Benachteiligung der Frau erlebt. Und es kann passieren, daß sich die gesamte damit zusammenhängende Wut gegen den Vater, der das privilegierte männliche Geschlecht repräsentiert, richtet.

Solche unbewußten Erlebniskonstellationen führen zu weiteren Belastungen der Beziehung zwischen Eltern und Kind. Dem Vater wird das Baby zum männlichen Rivalen und/oder zu jemandem, der seine Liebe zu wenig erwidert, ihm zu verstehen gibt: "Du bist nicht gut genug für mich". Der Mutter wird es zum Symbol ungeliebter Weiblichkeit und/oder der Ehekrise, zum Auslöser ("Schuldigen") des Rückzugs des Mannes von der Frau. Und es lohnt dieses Opfer der Mutter nicht einmal, schreit stattdessen und will immer noch mehr.

Eine, fast zwangsläufige, Folge von Ehekrisen, im Zuge derer sich der Vater von der Mutter-Kind-Dyade zurückzieht, ist ferner eine noch weitergehende, kompensatorische Konzentration der Mutter auf das Kind. Das bedeutet, daß das Kind nun Wünsche und Ansprüche der Mutter erfüllen soll, die eigentlich nur von einer erwachsenen Umwelt befriedigt werden können: Wünsche nach Anerkennung, Wertschätzung, Dankbarkeit, sich fallen und gehen zu lassen, erotische Bedürfnisse u.a.m. Als Partnerersatz muß das Baby jedoch versagen, das heißt: die Mutter enttäuschen, wodurch die ohnedies bereits hoch ambivalente Beziehung der Mutter zum Kind einer weiteren Aggressivierung ausgesetzt wird.

Schließlich ist auf den einfachen Umstand hinzuweisen, daß wir uns umso eher in einen anderen Menschen einfühlen und uns für ihn einsetzen können, je ausgeglichener unsere eigene seelische Verfassung ist. Somit sind Väter wie Mütter durch seelische Anspannungen und Krisen zwangsläufig in ihrer elterlichen Kompetenz beeinträchtigt. Ein eklatantes Beispiel dafür haben wir schon kennengelernt: die weitreichenden Auswirkungen der psychosozialen Belastungen der Mutter in den Wochen und Monaten nach der Scheidung. Erst recht müssen sich die Sorgen und der Schmerz im Zusammenhang von Ehekrisen auf die Beziehung der Mutter (und auch des Vaters) zum Kind im ersten Lebensjahr auswirken. Handelt es sich doch um jene Entwicklungsetappe von Kindern, die für Eltern, selbst bei optimalen Rahmenbedingungen, wohl die anstrengendste ist.

Es gehört zur Naivität, mit der Menschen ihre Partnerschaften eingehen und leben, daß sie von den psychischen Belastungen, die die Geburt eines Kindes provozieren kann, völlig überraschend getroffen werden. So viele Möglichkeiten die Gesellschaft werdenden Vätern und Müttern zur Verfügung stellt, sich hinsichtlich körperlicher Pflege und Versorgung auf die Elternschaft vorzubereiten und die Gesundheit von Mutter und Kind vor und nach der Geburt zu sichern, so sehr scheint die Tatsache, daß an der gesunden Entwicklung eines Kindes auch die Seele - und zwar nicht nur die des Kindes, sondern auch die der Eltern - beteiligt ist, aus dem öffentlichen Bewußtsein ausgespart zu sein. Wieviel menschliches Leid, wieviele psychische Entwicklungsstörungen (damit letzten Endes auch volkswirtschaftliche Kosten) könnten verhindert werden, würde der psychohy-

gienischen Vorsorge in der Geburtsvorbereitung ein größeres Augenmerk geschenkt. In vielen der von uns untersuchten Fälle hätte es vielleicht schon genügt, wären sich die werdende Mutter und der werdende Vater über die mögliche Verletzbarkeit des Partners im klaren und auf eigene Gefühlsreaktionen besser oder überhaupt vorbereitet gewesen.
Man könnte annehmen, die Gefahr, daß die Geburt eines Kindes zu Ehekrisen und (damit eng verknüpft) zu Entwicklungskrisen des Kindes führt, bestünde nur beim ersten Kind. War die Beziehung zwischen Mann und Frau *einmal* in der Lage, ein Kind zu integrieren, sollte das doch auch bei künftigen Kindern möglich sein. Indes fanden wir die geschilderten Phänomene nicht nur bei Erstgeborenen. Auch die Geburt eines zweiten, dritten oder vierten Kindes konnte der Ehe jenen entscheidenden Riß zufügen, der in absehbarer Zeit zur Scheidung - und zu den mit der Ehekrise zusammenhängenden Beeinträchtigungen der frühesten Objektbeziehungen - führte. In so gut wie allen diesen Fällen stellte sich allerdings heraus, daß der Geburt dieses Kindes ernste Beziehungskonflikte bereits *vorausgegangen* waren. Bewußt oder unbewußt sollte das Kind die - meist nur oberflächliche - Versöhnung zwischen den Eltern besiegeln bzw. die Ehe kitten. Die Rollc, die Beziehung der Eltern zu retten, kann aber kein Kind längerfristig erfüllen. Es müßte in der Lage sein, seinen Eltern so viel Freude zu schenken, daß diese darüber ihre Beziehungsprobleme vergessen können. Wenn aber schon eine *funktionierende* Ehe an der Geburt eines *gewünschten Kindes* scheitern kann, wie sollte es dann gehen, daß ein gar nicht um seiner selbst willen empfangenes Kind für eine bereits zerrüttete Ehe nicht noch eine zusätzliche, kritische Belastung darstellen sollte, geschweige denn, daß diese Ehe durch dieses Kind wieder zusammengefügt werden könnte[55].
Natürlich präjudizieren die frühesten Lebenserfahrungen nicht schon das spätere Leben eines Kindes, aber sie bilden, wie schon erwähnt, das Fundament der künftigen Entwicklung. Sie konstituieren zum einen eine gewisse Erwartungshaltung in bezug auf das, was das Leben - für welches die Erlebnisse des Babys mit seiner Mutter ja repräsentativ sind - zu bieten hat und zweitens eine Anzahl grundlegender affektiver Erlebnis- und Reaktionsmuster, an welche spätere Erfahrungen (im Piaget'schen Sinne) ''assimiliert'' werden, auf welche das Kind, gerade in Krisensituationen, bevorzugt zurückgreift. Kinder, deren früheste Objektbeziehungserfahrungen mit überdurchschnittlich massiven Konflikten belastet sind, deren ''Urvertrauen'' Risse aufweist, neigen auch später verstärkt zu Liebesverlustängsten; zu Befürchtungen, für schlimme Taten oder Phantasien verfolgt und bestraft zu werden; zum depressiven Rückzug angesichts äußerer oder innerer Beziehungskonflikte, es ermangelt ihnen in Krisensituationen eher an Zuversicht und ganz allgemein an neugieriger Offenheit für neue, das heißt auch: ungewisse Erfahrungen. Machen solche Kinder nun die bittere Erfahrung einer

[55] Es muß wohl kaum noch darauf hingewiesen werden, in welchem Maße die Ehe und das Kind belastet sind, wenn es sich gar um eine *unerwünschte* Geburt gehandelt hat. (Vgl. dazu die Untersuchung von Amendt/Schwarz 1990).

Scheidung ihrer Eltern, sind sie für die Bewältigung der damit verbundenen Belastungen besonders schlecht gerüstet. Gehören doch, wie wir gesehen haben (Kap. 1), die Angst vor Objektverlust, Vergeltungsängste, Kränkung und Wut zu den typischen seelischen Reaktionen von Scheidungskindern. Sie stellen sich bei Kindern mit frühen Objektbeziehungsstörungen besonders intensiv ein, da durch das aktuelle Ereignis die früheren traumatischen Erfahrungen aktiviert werden. Ebenso sind diese Kinder benachteiligt, was die Zuversicht und den Mut betrifft, einer neuen Zukunft entgegenzugehen und hinsichtlich der Fähigkeit, sich von ihr Gutes zu erwarten, was den erlittenen Verlust erträglicher machen würde.
Das Tragische nun ist, daß der große Teil der Kinder, deren Eltern sich während der ersten fünf bis sechs Lebensjahre scheiden ließen, zu dieser Gruppe der für solche Krisen schlechter ausgestatteten Kinder gehören. Dabei bezieht sich diese ''dispositionelle'' Benachteiligung nicht allein auf ein besonders konfliktreiches erstes Lebensjahr: Die Krisen und ungelösten Objektbeziehungskonflikte jeder Entwicklungsetappe werden gewissermaßen in die nächste Etappe ''mitgenommen'' und verschärfen die für jene (allgemein) charakteristischen Konflikte. Man könnte also sagen, daß die gesamte Entwicklung dieser Kinder bereits von der (künftigen) Scheidung der Eltern überschattet ist.
Dieser, wie auch andere Befunde der folgenden Kapitel, werfen ein neues Licht auf die ''Scheidungsreaktionen'' ebenso wie auf den psychohygienischen Stellenwert der Scheidung für die Kinder. Es scheint nämlich so zu sein, daß ein Teil der dramatischen seelischen Vorgänge, welche die endgültige Trennung der Eltern bei den Kindern in Gang setzt, nicht allein auf das ''Konto'' der Scheidung geht, sondern mit dem konfliktbeladenen Familiensystem (vor der Trennung) zusammenhängt, welches die psychische Entwicklung des Kindes während eines besonders sensiblen und wichtigen Zeitabschnittes vielleicht beeinträchtigt hatte, ohne daß dies den Beteiligten aufgefallen sein muß. Wie andere ''Großereignisse'' im Leben (Berufserfahrungen, Verlust eines Partners oder eben auch die Geburt eines Kindes u.a.m.)sind auch die Scheidung bzw. die ''Scheidungsfolgen'' zu einem Teil nur ein Anlaß, an welchem sich die seelische Stabilität und mit ihr die seelische Vergangenheit des betreffenden Kindes ''bewähren'' muß und der in den ''Scheidungssymptomen'' zu einem gewissen Teil nur frühere Entwicklungsstörungen sichtbar werden läßt.
Für eine umfassende Diskussion der Frage vieler Eltern: ''Sollen wir der Kinder wegen (noch) zusammenbleiben oder uns scheiden lassen?'' ist es noch zu früh. Eines aber läßt sich doch schon sagen: Die einfache Schlußfolgerung: ''Die Scheidung ist für Kinder umso belastender, je jünger sie sind - daher sollen Eltern wenigstens bis zum Schulalter mit der Scheidung warten'', die immer wieder geäußert und auch durch die vorliegende Fachliteratur nahegelegt wird, ist zweifellos zu kurz gegriffen. Mitunter kann es sein, daß jenes Warten einen Teil der Probleme erst schafft, die dadurch vermieden werden sollten. Die folgenden Abschnitte werden uns den Zusammenhang zwischen Scheidungsreaktionen und der Vor-Scheidungs-Geschichte der Kinder, die ja fast stets eine Geschichte ist, die durch Ehekonflikte geprägt ist, noch besser verstehen lassen.

5.Frühe Triangulierung und Individuationsprozeß

5.1 Die Bedeutung der frühen Triangulierung

Erinnern wir uns nochmals an Michis "Fremdeln" (S. 76f), mit dem er anzeigte, daß er die Vielzahl von angenehmen, zum Teil auch unangenehmen Erlebnissen zu einem zusammenhängenden Bild *einer Person*, der Mutter, integriert hatte. Wenige Tage bis ein paar Wochen später lassen Kinder die gleiche Reaktion auch beim Nichterscheinen des Vaters erkennen. (Der Abstand vom ersten Fremdeln hängt im wesentlichen von der Intensität und Häufigkeit der Beziehung des Vaters zum Baby ab)[56]. Daß das Baby nun auch dem Vater zulächelt, deutet Abelin (1971; zit. nach Rotmann 1978) als Zeichen dafür, daß es den Vater als Person von der Mutter zu unterscheiden gelernt hat. Zunächst ist es aber wohl so, daß die Mutter, richtiger: die Erlebnisse (und die entsprechenden Erwartungen), welche das Mutterbild (die erstc "Objektrepräsentanz") ausmachen, ein "zweites Gesicht", eine "zweite Gestalt" zugeordnet bekommen. Oder anders ausgedrückt: Das Baby erkennt Mutter und Vater als ganze, äußerlich unterschiedene Personen, verbindet jedoch mit *beiden* die gleichen Eigenschaften. Eher ist der Vater also zunächst nur eine "andere Mutter", wobei umgekehrt auch in die Mutter-Imago Erlebnisse miteingehen bzw. eingegangen sind, die das Kind mit dem Vater und anderen Personen hatte.

Ein anderes Merkmal dieser Periode ist, daß die Kinder zur selben Zeit jeweils nur zu einer Person in Beziehung treten können. Wieviele Omas, Tanten, ja auch Väter haben sich nicht schon darüber gekränkt, daß der kleine Engel, der sie eben noch angestrahlt hatte, nichts mehr von ihnen wissen will, sobald die Mama wieder im Zimmer ist. Dasselbe Phänomen ist auch dafür verantwortlich, daß es Babys sehr schwer fällt, plötzlich von der Mutter weg zu einer anderen Person zu gehen. Selbst wenn es diese "gut kennt" - im Augenblick hat es zu ihr keine *innere Beziehung* und spürt nichts anderes als das Weggehen der Mutter. Dagegen kann die Trennung ganz unproblematisch vor sich gehen, wenn etwa die Oma behutsam den mütterlichen Part in der momentanen Mutter-Kind-Interaktion übernimmt, also sich an die Stelle der Mutter setzt und dadurch die Kontinuität der (mütterlichen) Objektbeziehung aufrecht bleibt. Ist es soweit, kann die Mutter ruhig "verschwinden" und muß das nicht einmal besonders leise und heimlich tun.

Allmählich aber beginnen die Kinder ihre Objektbeziehung zu differenzieren. Sobald das Baby Mutter und Vater als ganze Personen erkennen und äußerlich unterscheiden kann, beginnt es auch die "objektiven" Unterschiede in der Art,

[56] Natürlich bezieht sich diese Folge von Entwicklungsschritten der frühkindlichen Objektrepräsentanzen auf Familien mit (statistisch) üblichen Rollenverteilungen zwischen Mutter und Vater und anderen Bezugspersonen.

wie beide mit ihm umgehen, der jeweiligen Person zuzuschreiben: Der Vater redet anders mit ihm als die Mutter, reagiert anders, spielt andere Spiele, und das Kind seinerseits beginnt, an Vater und Mutter unterschiedliche Bedürfnisse und Erwartungen heranzutragen, wodurch der Vater - meist gegen Ende des ersten Lebensjahres - tatsächlich zu einem eigenständigen, also von der Mutter unterschiedenen Objekt wird. Ist es soweit, dann bleibt der Vater für es existent auch dann, wenn es gerade mit der Mutter etwas tut. Oder es begrüßt den heimkommenden Vater ohne gleichzeitig die Existenz der Mutter zu vergessen. Und es beginnt zu lernen, daß es möglich ist, mit zwei Personen *auf einmal* umzugehen.

Aber die Triangulierung ist mehr als bloß das Hinzukommen einer "zweiten Objektbeziehung". (Im Grunde genommen müßte man von *drei* Objektbeziehungen reden: die zur Mutter, die zum Vater und jene, die durch *beide Eltern zusammen* gegeben ist.) Sie schafft ein neues Gleichgewicht, ein innerpsychisches *System* - oder eine "Struktur", wie Rotmann (1981) es ausdrückt - und zwar der Art, daß die Gestaltung und jede Veränderung der Objektbeziehung zum einen Elternteil immer auch die Objektbeziehung zum anderen beeinflußt[57]. *Die Entlastungsfunktion des dritten Objekts*, die wir im vorigen Kapitel am Beispiel Christians (S. 64) kennenlernten, ist eine der Folgen des triangulierten Objektbeziehungssystems. Und wir haben gesehen, wie der Wegfall dieses dritten Objektes, des Vaters, (neben anderen Bedingungen) die aus der Scheidung unmittelbar resultierenden Trennungs- und Vergeltungsängste so ansteigen läßt, daß das erworbene Abwehrsystem sie nicht mehr zu bewältigen vermag.

Im Anschluß an Arbeiten von Mahler, Greenacre, Winnicott, Abelin u.a. weist Rotmann (1978) auf eine weitere entwicklungspsychologisch bedeutsame Funktion der frühen Triangulierung hin: auf die Rolle, welche der Vater für den Verlauf und das Gelingen des Individuationsprozesses während der *Wiederannäherungsphase* spielt. Für unser Thema ist dieser Aspekt der Triangulierung aus zwei Gründen wichtig. Erstens kommt neben den Erfahrungen des ersten Lebensjahres gerade der Wiederannäherungsphase, die zum Erwerb der Objektkonstanz führt, ein zentraler Stellenwert in der Entwicklung jener grundlegenden Strukturen zu, von denen wir glauben, daß ihr Gelingen das Kind vor destrukturierenden Einbrüchen der Abwehr, wie sie die Nach-Scheidungs-Krise mit sich bringen kann, besser bzw. länger schützt. Zweitens handelt es sich um jene Phase, in welche jüngere Scheidungskinder (bis etwa sechs, sieben Jahre) im Falle eines solchen Einbruches bevorzugt regredieren. Diese "Wiederbelebung" der Vergangenheit vollzieht sich jedoch nun weitgehend *ohne den Vater*, welcher einst für den Verlauf dieses Entwicklungsprozesses so bedeutsam war.

Der knapp Einjährige sieht sich - zwar nicht mehr körperlich aber geistig-seelisch

[57] Das Konzept der Triangulierung zeigt, daß psychoanalytisches und "systemisches" Denken sich nicht ausschließen muß. Von psychoanalytischer Seite ist die Verständigungsmöglichkeit freilich auf jene Vertreter der systemisch-familientherapeutischen Schule beschränkt, die bereit sind, auch ein "innerpsychisches System" anzunehmen und sich nicht auf äußere Beziehungs- bzw. Verhaltensmuster zu beschränken.

- immer noch mit der Mutter symbiotisch verbunden. Sobald nun der als getrenntes Objekt realisierte Vater *mit der Mutter* in Beziehung tritt, wird diese symbiotische Selbst-Mutter-Einheit erschüttert: Indem sich das Kind aus dieser Kommunikation *ausgeschlossen* erlebt, erfährt es sich als von der Mutter Unterschiedenes (Rotmann 1978; 1981). Aber das Kind lernt dabei noch etwas anderes: Unterschiedensein, Getrenntsein heißt nicht, allein bzw. verloren sein zu müssen. Der Vater lebt dem Kind das Modell einer Beziehung zwischen autonomen Subjekten vor. "There must be an I, like him, who wants her", rekonstruiert Abelin (1975; zit. nach Rotmann 1978) diesen Eindruck[58]. Über die Identifizierung mit dem Vater eröffnet sich dem Kind die Möglickkeit einer neuartigen, nicht-symbiotischen Liebesbeziehung zur Mutter. Mit diesem neuen Gefühl, unabhängig von der Mutter zu existieren bzw. existieren zu können, tritt das Kind in die kritische Phase der Wiederannäherung ein, die geprägt ist durch den Konflikt des Kindes zwischen dem Streben nach immer mehr Autonomie und Selbstbestimmung auf der einen und seinen (regressiven) Wünschen nach unbegrenztem Versorgtwerden und symbiotischem Wiederverschmelzen mit der Mutter auf der anderen Seite. Dieser Konflikt geht einher mit (ebenso) gegensätzlich gerichteten Ängsten: der gleichzeitigen Angst vor jenem Wiederverschmelzen, welches das Kind als Verschlungenwerden erleben kann und seine Autonomiestrebungen stärkt; und der Angst vor der Trennung von der Mutter, vor jenem unbekannten "Draußen", zu dem es das Kind dennoch hinzieht. Diese Erwartungen, deren zeitweise Unvereinbarkeit zunächst vom Kind selbst ausgeht, bergen ein beträchtliches Konfliktpotential für die Objektbeziehung zur Mutter in sich. Die Widersprüchlichkeit der Wiederannäherungsbedürfnisse führt dazu, daß das Kind seine Mutter immer wieder als frustrierend erlebt. Das hat zur Folge, daß sich das eineinhalb bis zweieinhalbjährige Kind zwei ganz konträre Bilder von seiner Mutter macht, die einmal als ausschließlich gutes, schützendes, Befriedigung spendendes Objekt erscheint, im nächsten Augenblick jedoch als ausschließlich böse, zurückweisend, verfolgend und bedrohlich erlebt wird. Im Gegensatz zu den Partialobjektbeziehungen um die Mitte des ersten Lebensjahres, *weiß* das Kind zwar, daß es nur *eine* Mutter gibt, aber es scheinen in der Mutter zwei konträre Wesenheiten zu existieren, die von ihr Besitz zu nehmen trachten. Das erklärt auch, warum Kinder in dieser Zeit (der sogenannten "Trotzphase") manchmal geradezu verzweifelt um anscheinend geringfügige Befriedigungen kämpfen bzw. auf deren Nichterhalten wie auf eine Katastrophe reagieren: Es geht dann gar nicht mehr so sehr um das ursprüngliche Bedürfnis, sondern um den "Beweis", daß die Mutter (noch) die gute Mutter ist bzw. darum, durch den erbitterten Kampf gegen die "böse Mutter" die "gute Mutter" wiederherzustellen.

In dieser, für Kind und Mutter schwierigen Zeit kommen dem Vater zwei ganz

[58] Eine sinngemäße (erweiterte) Übersetzung könnte lauten: "Es muß ein (von der Mama ganz unabhängiges) Ich geben (können), das - wie der Papa - die Mama liebt (und von ihr geliebt wird)".

bedeutsame Funktionen zu. Erstens bietet er sich dem Kind als minder "kontaminiertes" (Kris), das heißt weniger konfliktbesetztes Objekt an und vermag das Kind in seinen Verschmelzungs-Loslösungs-Konflikten mit der Mutter *zu entlasten*. Zweitens ist er Repräsentant von sowohl mütterlichen Eigenschaften (s.o.) als auch "der Welt draußen", der "Anders-als-die-Mutter-Welt". Diese Eigenschaft, die schon in der Übungsphase eine Rolle spielte, bekommt jetzt neuerlich große Bedeutung. Der Vater stellt sozusagen eine sichere "Insel" dar, zu der man sich von der "Heimatbasis Mutter" hinauswagen kann. Die Lösung von der Mutter ist dann nicht mehr nur *Weg*gehen, sonder auch *Hin*gehen, nämlich zum (auch ein Stück mütterlichen) Vater. Die triangulierte Beziehungsstruktur schafft dem Kind somit im zweiten und dritten Lebensjahr auf psychischem Gebiet für den Abschluß des Individuationsprozesses ähnlich hilfreiche Voraussetzungen wie einst das Arragement, welches das Kind den Entschluß fassen ließ, die ersten selbständigen Schritte zu wagen: *von einer vertrauten Person weg - in die Arme einer anderen.*

Abelin bezeichnet den Vater als einen Katalysator für die Entwicklung einer reifen Objektbeziehung zur Mutter, in welcher an die Stelle der Spaltung in die (einmal) ganz gute und (einmal) ganz böse Mutter-Imago eine integrierte mütterliche Objektrepräsentanz tritt, die das Kind von seinem eigenen Selbstbild, seinen eigenen Gedanken und Gefühlen zu unterscheiden vermag und der jeweils böse *und* gute Eigenschaften zur selben Zeit zukommen, also das, was die Psychoanalyse als *Objektkonstanz* bezeichnet. Da das Kind nun die Sicherheit gewonnen hat, daß die Mutter es auch liebt und schützt, wenn sie gerade abwesend ist oder eine Befriedigung versagt, hält sich auch die von ihr ausgehende Bedrohung in Grenzen. Darüber hinaus ist die triangulierte Objektbeziehungsstruktur nach Rotmann auch die Voraussetzung für den "reifen", und das heißt auch: letztlich entwicklungsförderlichen Ödipuskonflikt. Der Konflikt zwischen der Eifersucht und der Liebe zum gleichgeschlechtlichen Elternteil setzt ja voraus, daß erstens das Kind zu zwei Objekten eine (nicht-symbiotische) Liebesbeziehung unterhalten kann und zweitens, daß der ödipale Rivale nicht bloß gehaßt und (umso mehr) gefürchtet wird, sondern als "auch gutes" Objekt erhalten bleibt. Wo die frühe Triangulierung sich hingegen nicht entwickeln konnte, tritt, wie Rotmann betont, an die Stelle der Eifersucht der Loyalitätskonflikt: Jede Beziehung kommt dem Verrat und damit der Vernichtung der anderen Beziehung gleich. Vom verratenen Objekt aber kann nur Vergeltung kommen. Das macht präödipal strukturierte Loyalitätskonflikte auch so bedrohlich.

Überblicken wir nochmals, was uns an Kenntnissen über den schwierigen Entwicklungsprozeß während der ersten drei Lebensjahre zur Verfügung steht, so läßt sich sehen, daß ein einigermaßen störungsfreies Gelingen des Individuationsprozesses von einigen wichtigen Voraussetzungen abhängt:

→ Zunächst einmal von einer hinreichend guten ersten Objektbeziehung, die das Kind während des ersten Lebensjahres aufbauen konnte. Ist dies nicht der Fall, geht dem Kind unter Umständen ein wichtiges Stück Zuversicht ab, das es braucht, um sich sukzessive von der Mutter zu lösen und sich dem "Draußen" zuzuwenden. Auch besteht die Gefahr, daß sich das Kind in Kämpfe verstrickt, die entbehrten Befriedigungen doch noch zu erhalten, wodurch es zu einer zwar aggressiv gefärbten, aber doch verstärkten Bindung kommt, während das "gesättigte" Kind, im Hochgefühl seiner neu erworbenen Fähigkeiten (Krabbeln, Gehen), sich daran macht, die Welt - in zunehmender Entfernung von der Mutter - zu erobern ("Übungsphase")[59].

→ Unabhängig von der Güte der ersten Objektbeziehung bedarf es für die zu erwartenden Individuationskonflikte im zweiten und dritten Lebensjahr einer Mutter, die ihr Kind loslassen kann, deren eigene Objektbeziehung zum Kind nicht allzu ambivalent, das heißt, mit (unbewußten) Aggressionen angereichert ist und die nicht allzu reizbar, sondern eher geduldig ist, sich also in einem einigermaßen ausgeglichenen Gemütszustand befindet. Schließlich muß gewährleistet sein, daß die Mutter auch nach dem ersten Lebensjahr für das Kind hinreichend verfügbar ist, die Kontinuität der (noch nicht gefestigten) Beziehung erhalten bleibt, so daß das Kind bei seinen Individuationsbemühungen nicht fürchten muß, die Mutter zu verlieren. Auch wir Erwachsenen vermögen uns nur dann unbelastet zu trennen, etwa zu verreisen, wenn wir uns sicher sind, daß es unseren Lieben gut geht und sie uns erhalten bleiben. Zur Sicherung dieses Gefühls können *wir* uns der Korrespondenz oder des Telefons bedienen. Das Kind benötigt dagegen die häufige, durch nicht allzu lange Intervalle verzögerte, *Rückkehr* zur Mutter, bevor es sich wieder "auf Reisen" begeben kann.

→ Drittens braucht das Kind einen Vater, welcher bereits im ersten Lebensjahr hinreichend anwesend ist und sich mit dem Kind beschäftigt, damit dieses seine erste Objektbeziehung von der Mutter auf die Person des Vaters ausweiten kann, was wir als eine Voraussetzung für die so wichtige frühe Triangulierung erkannten.

→ Die zeitliche und emotionelle Verfügbarkeit des Vaters gewinnt während der "Übungsphase" (ca. 8. bis 18. Lebensmonat) und der "Wiederannäherungsphase" (ca. 18. bis 30. Lebensmonat) ganz besondere Bedeutung. Zu große Unregelmäßigkeiten in der Intensität der Beziehung zwischen dem Kind und dem Vater oder längere Abwesenheiten desselben gefährden die Triangulierung. Denn es wird dadurch dem Kind schwergemacht, den Vater in den schwierigen Loslösungskonflikten mit der Mutter als entlastendes und als Identifizierungsobjekt zu benützen.

[59] Nicht selten beantworten jedoch Kinder frühe Frustrationen auch mit einem Entwicklungsschub: Die Kinder fliehen gewissermaßen aus der - unsicheren - Symbiose in Objektbeziehungsmodi größerer Autonomie und "Distanz" zum mütterlichen Objekt. Klinisch bedeutet das, daß besonders eindrucksvolle Fortschritte von Kindern zwischen dem 10. und 24. Monat, vor allem im Bereich der der Autonomie des Kindes dienenden Ichfunktionen (Sprache, Motorik, Ausscheidungskontrolle), sowohl die Folge überaus befriedigender als auch übermäßig frustrierender Objektbeziehungserfahrungen sein können. Abhängigkeiten, bzw. umgekehrt Verlust von Autonomie und Selbstkontrolle, können für solche Kinder/Menschen zu einer steten Quelle massiver Ängste (vor Wiederverschmelzung, "Verschlungenwerden" u.ä.) werden.

→ Schließlich weisen die Studien von Mahler, Abelin, Rotmann u.a. nachdrücklich darauf hin, welch große Bedeutung einer positiven, libidinösen Beziehung der Eltern zueinander für das Gelingen der frühen Triangulierung und damit der Erleichterung des Individuationsprozesses zuzumessen ist. Ist eine solche Beziehung nicht gegeben, fehlt dem Kind das Modell - und damit auch die Vorstellung von der Möglichkeit - einer nicht-symbiotischen Liebesbeziehung. Ja, unter Umständen signalisiert eine vorwiegend aggressive Beziehung zwischen den Eltern dem Kind die Gefahr, daß die Loslösung, das heißt der Verzicht auf das symbiotische Verschmolzensein mit der Mutter, gleichbedeutend mit dem Verlust der Mutter als Liebesobjekt ist.

Hält man sich diese Bedingungen vor Augen, läßt sich ermessen, daß das zweite und dritte Lebensjahr zu den besonders kritischen Entwicklungsetappen im Leben jedes Kindes gehört. Wie oft erfährt die Mutter-Kind-Beziehung nach dem ersten Lebensjahr eine abrupte Unterbrechung ihrer Kontinuität, weil das Karenzjahr zu Ende geht und die Mutter wieder arbeiten gehen muß. Wie oft lastet die gesamte Last der Pflege und Erziehung auf den Schultern der Mutter und erkennen die Väter nicht, welche enorme Bedeutung ihnen für die Entwicklung des Kindes zukommt. Das zweite Lebensjahr fordert aufgrund der rasanten motorischen Entwicklung der Kinder von den Eltern ein besonders Maß an Aufmerksamkeit und Geduld. Vor allem die Mütter, die mitunter von den Anstrengungen des ersten Lebensjahres ausgelaugt, durch die wiederaufgenommene Berufstätigkeit mehrfach belastet sind und in sich - bewußt oder unbewußt - ein großes (Nachhol-)Bedürfnis verspüren, an sich selbst denken zu dürfen, sind von jenem "ausgeglichenen Gemütszustand", von dem wir oben sprachen, oft weit entfernt. Meist belastet die Reinlichkeitserziehung die ohnehin schon schwierigen Konflikte der Wiederannäherungsphase zusätzlich. Viele Kinder kommen mit zwei Jahren in den Kindergarten und müssen mithin die Trennung von der Mutter zu einem Zeitpunkt erfahren, zu welchem sie - aufgrund der regressiven Wiederannäherungsbedürfnisse - besonders beunruhigend ist. Auch die Geburt eines Geschwisters wird während der Wiederannäherungsphase besonders bedrohlich erlebt, nimmt es dem Kind doch ein beträchtliches "Stück" der Mutter (Zeit, regressive Verwöhnung, Geduld, Einfühlung) weg. Aber gerade das zweite Lebensjahr ist bei Eltern offenbar ein besonders beliebter Zeitpunkt für die Anschaffung eines weiteren Kindes.

Bereits unter gesellschaftlich durchschnittlichen familiären Lebensbedingungen sind also bei einer Vielzahl von Kindern einzelne der genannten Voraussetzungen für eine hinreichend gelungene Entwicklung während der ersten drei Lebensjahre nicht oder nur teilweise gegeben. Kommt zu all diesen normalen Belastungen nun eine Partnerschaftskrise der Eltern hinzu, bleibt in den meisten Fällen von diesen Voraussetzungen so gut wie nichts mehr übrig. Störungen in der ersten Objektbeziehung zur Mutter als Folge und Katalysator von Ehekonflikten, abwesende bzw. sich distanzierende Väter, überlastete und unglückliche Mütter und das Fehlen des Modells einer reifen Liebesbeziehung zwischen den Eltern führen geradezu zwangsläufig zu Rückschlägen im Bemühen des Kindes um seine

Autonomie. Je mehr das Kind jedoch auf seine Mutter angewiesen ist, desto dramatischer gestalten sich die Objektbeziehungskonflikte dieser Zeit, desto größer sind die Frustrationen, welche das Kind erfährt. Diese Frustrationen, die es als gegen sich gerichtete Aggression erlebt, und die eigenen, gegen die (böse) Mutter gerichteten Aggressionen verstärken sich über Projektion und Identifizierung gegenseitig und erschweren sowohl die Integration der in positive und negative Imagines gespaltenen mütterlichen Objektrepräsentanz als auch die Differenzierung von Selbst- und Objektrepräsentanzen, das heißt das Erringen der Fähigkeit, unterscheiden zu können, ob Affekte und Phantasien der eigenen Person (als Wünsche, Gefühle) oder dem Objekt (als dessen Eigenschaften) angehören.
Dem Leser, der Leserin wird vielleicht schon aufgefallen sein, welche Ähnlichkeit diese Schilderung der Individuationskonflikte, vor allem in der späten Übungsphase und in der Wiederannäherungsphase, mit einigen Charakteristika der Objektbeziehungskonflikte in der Nach-Scheidungs-Phase hat. Da wir aus dem psychoanalytischen Erfahrungsschatz wissen, daß besonders konfliktbelastete Entwicklungsphasen Anziehungspunkte ("Fixierungen") für Regressionen im Zuge späterer psychischer Konflikte bilden, sollte uns diese Ähnlichkeit nicht verwundern. Die Nach-Scheidungs-Krise dürfte eben jene frühen Objektbeziehungskonflikte - vor allem des zweiten und dritten Lebensjahres - beim Kind (und wohl auch bei der Mutter) aktivieren. Erstens, weil - jedenfalls bei jüngeren Scheidungskindern - dieser Lebensabschnitt meist mit beträchtlichen Konflikten belastet war, wie wir sehen konnten; und zweitens, weil die inneren wie äußeren Bedingungen, unter welchen Kinder und Eltern in die Nach-Scheidungs-Phase eintreten, eine große Nähe zu den Gegebenheiten jener früheren Entwicklungsetappe aufweisen. Nun können wir uns auch eine theoretische Vorstellung machen, warum die besondere "Dramaturgie" der Nach-Scheidungs-Krise oft unabhängig von dem Maß der Belastung durch äußere Umstände von Kind zu Kind variiert, warum die Kinder "verschieden weit" regredieren; sich im Maß und im dominanten Inhalt der Ängste, Phantasien, Wünsche und Aggressionen, die sich entwickeln, unterscheiden; warum der traumatische Zusammenbruch der Abwehr - mit anschließender neuerlicher ("posttraumatischer") Abwehr - bei einigen Kindern früher erfolgt als bei anderen; usw. Schließlich sehen wir die im vorangegangenen Abschnitt formulierte Vermutung, daß die Beziehungskonflikte zwischen den Eltern *vor der Scheidung* einen wesentlichen Anteil an den psychischen Scheidungsreaktionen haben, nachdrücklich bestätigt.

5.2 Die unabgeschlossene Individuation

Simone, bei der Scheidung fünf Jahre alt, war eines jener Kinder, deren Individuation durch massive Konflikte mit der Mutter aufgehalten wurde. Simone hatte im ersten Lebensjahr eine außergewöhnlich innige Beziehung mit ihrem Vater. Die Mutter fühlte sich gezwungen, ihrer kranken Mutter in deren Geschäft zu helfen, engagierte für Simone ein Kindermädchen, den größeren Teil der Pflege und Versorgung übernahm jedoch der Vater. Er leistete es sich, sein berufliches Engagement radikal einzuschränken, um für seine Tochter da zu sein. Es ist nicht verfehlt zu sagen, daß es der Vater war, der bei Simone die Stelle des mütterlichen Objekts einnahm. Gegen Ende des ersten Lebensjahres änderten sich die Verhältnisse jedoch schlagartig. Die Aushilfe der Mutter im elterlichen Betrieb war nicht mehr nötig, und sie blieb zu Hause, um sich ab sofort nur mehr um ihre Tochter zu kümmern. Der Vater, der seiner Frau stets Vorwürfe gemacht hatte, daß ihr die eigene Mutter wichtiger als die Familie bzw. das Kind sei, empfand das mütterliche Engagement seiner Gattin nun aber als Konkurrenz, begann um die Liebe seiner Tochter zu fürchten und fühlte sich schließlich ausgenützt und ausgestoßen. Da er dazu neigte, Konflikten durch Rückzug aus dem Weg zu gehen, verwundert es uns nicht so sehr, daß er für seine eigene Firma einen Großauftrag übernahm, der seine Zeit und Energie vollständig beanspruchte und ihn außerdem wochen- und monatelang ins Ausland führte. Man könnte sagen, er überließ das elterliche, pädagogische Feld seiner Frau. Mit dem Vater verlor Simone aber ihre *psychologische Mutter* und mußte mit dem sekundären Objekt Vorlieb nehmen. Die (biologische) Mutter aber konnte die primären und regressiven Ansprüche Simones kaum erfüllen, fehlten ihr doch wichtige Beziehungserfahrungen, so daß ein Stück Fremdheit zwischen Mutter und Tochter bestand. Alle Versuche der Mutter, Simone in die Kinderkrippe (Krabbelstube) oder zu einer Tagesmutter zu geben, scheiterten am Toben des Kindes, das sich in gleichem Maße an seine Mutter anklammerte wie es auf sie brüllend, schlagend losging. Das Gefühl der Fremdheit gegenüber Simone, ihre Hilflosigkeit, die Frustration über die Entwicklung der Ehe und die - vielleicht nicht ganz unzutreffende - Phantasie, daß der Vater mit Simone weniger Probleme hätte, reicherte die ohnedies so konfliktbelastete Beziehung mit zusätzlichen Aggressionen der Mutter gegenüber ihrer Tochter an. Simones Individuationsprozeß wurde nicht nur verzögert, vielmehr fand die Wiederannäherungsphase mit ihren Autonomiekämpfen überhaupt keinen Abschluß, das Stadium der Objektkonstanz vermochte Simone nicht zu entwickeln und die gespaltenen Objektrepräsentanzen wurden zunehmend in ein geradezu sado-masochistisches Beziehungsmuster zwischen Mutter und Tochter eingebaut, so daß bis heute kaum ein Tag ohne Kämpfe, Brüllen und Tränen vergangen war. Wie wir schon anhand der Nach-Scheidungs-Krise verfolgen konnten, vermag eine solche Beziehung jedoch die massiven Ängste des Kindes, die sich aus den eigenen zerstörerischen Impulsen, aus den auf die "böse Mutter" projizierten und den von der "realen" Mutter erfahrenen Aggressionen speisen, nicht zu binden. Simone wurde nie richtig sauber und näßte und kotete fast jeden Tag ein, was als regressives und aggressives Symptom zu verstehen ist.

Simone gehörte zu jenen Kindern, die durch die Scheidung ihrer Eltern, welche kurz vor ihrem sechsten Geburtstag erfolgte, relativ unberührt blieben (vgl. S. 75). Zwar zeigte auch sie die typischen affektiven Reaktionen, und die aggressive Symptomatik verstärkte sich vorübergehend. Der strukturelle Einbruch, den wir bei den meisten Kindern in der Nach-Scheidungs-Phase beobachtet haben, blieb jedoch aus. Für die in dieser Phase auftretenden Ängste hatte Simone nämlich bereits vor der Scheidung eine neurotische Lösung gefunden. Das ist auch der Schlüssel für das Phänomen der größeren Resistenz der Kinder, die bereits vor der Scheidung eine stark aggressiv gefärbte Beziehung zur Mutter hatten: In all diesen Fällen ließ sich schließlich ein seit längerer Zeit bestehendes Symptom (Enuresis, Enkopresis, Phobien, konversions- oder angsthysterische Symptome, zwangsneurotische Bildungen) ausfindig machen, das einen Teil jener Ängste band, die andere Kinder eine dermaßen aggressive Beziehung mit der Mutter nicht aushalten lassen und sie in Regression und (posttraumatische) Abwehrmaßnahmen drängen.

5.3 Asynchrone Objektbeziehungsentwicklung bei unvollständiger Triangulierung

Wie wir festgestellt haben, erleichtert die Existenz eines verfügbaren Vaters den schwierigen und konfliktreichen Individuationsprozeß des Kindes im zweiten und dritten Lebensjahr in mehrfacher Weise. Er eröffnet dem Kind die Möglichkeit alternativer Objekterfahrungen; dadurch und durch seine Beziehung zur Mutter kann (und muß) sich das Kind als von der Mutter getrenntes bzw. die Mutter als von sich getrenntes Wesen wahrnehmen; die Beziehung der Eltern zueinander liefert überdies ein Modell, gewissermaßen einen tröstenden Beweis für die grundsätzliche Möglichkeit, unabhängig von der Mutter existieren und doch mit ihr in inniger Beziehung bleiben zu können; schließlich erleichtert der Vater dem Kind, in seinen Autonomie-Regressions-Konflikten Nähe und Ferne zur Mutter flexibel, seinen augenblicklichen Wünschen und Notwendigkeiten gemäß zu gestalten, indem es zwischen der Mutter und dem "auch-aber-nicht-nur-mütterlichen" Vater pendeln kann, wodurch die Loslösung erleichtert und die Objektbeziehung zur Mutter entlastet wird. Gelingt der Individuationsprozeß, hat sich das Kind nicht nur aus seiner symbiotischen Verschmelzung mit der Mutter gelöst, konstante Objektrepräsentanzen aufgebaut, sondern darüber hinaus die Fähigkeit gewonnen, mehrere reife und je besondere Objektbeziehungen zur selben Zeit aufrecht zu erhalten.
Die physische Abwesenheit des Vaters durch Tod, Scheidung, Alleinleben der Mutter oder, wie im Fall *Simone*s, durch Rückzug des Vaters von der Familie bzw. aufgrund beruflich bedingter Abwesenheit stellt indes nur eine, wenngleich extreme Möglichkeit dar, wie dieser Prozeß des Ineinandergreifens von Individuation und Triangulierung beeinträchtigt werden kann. Oft existiert zwar ein sogenanntes "drittes Objekt" - und das muß ja nicht unbedingt der Vater sein -, welches zwar die eine oder andere, nicht jedoch die Gesamtheit der genannten Triangulierungsfunktionen erfüllt. Eine im Hinblick auf die Probleme von Scheidungskindern besonders bedeutsame, weil häufig vertretene Form einer solchen "unvollständigen Triangulierung" ist jene Familienkonstellation, in welcher der Vater noch zu Hause lebt, mit seinem ein- bis dreijährigen Kind eine normal intensive Beziehung unterhält, die lebendige und libidinöse Beziehung *zur*

Mutter jedoch nicht mehr existiert. Das heißt, von dem für die Triangulierung der kindlichen Objektbeziehungen so wichtigen Beziehungsdreieck

Kind

Mutter ———— Vater

fehlt der untere Schenkel. Ein solcher Vater bleibt für die Objektbeziehungsentwicklung seines Kindes von großer Wichtigkeit. Es vermag das mütterliche vom väterlichen Objekt zu unterscheiden, findet im Vater auch die Stütze, die es für die Loslösung von der Mutter benötigt, und er steht ihm im Falle bedrohlich-aggressiver Konflikte mit der Mutter auch als Entlastungsobjekt zur Verfügung. Was hingegen wegfällt, ist die progressiv wirksame Erfahrung des fallweisen Ausschlusses, wenn Vater und Mutter sich einander zuwenden. Zweitens fehlt das tröstliche und Zuversicht schenkende Modell einer nicht-symbiotischen Liebesbeziehung zur Mutter - im Gegenteil: Die Lösung der Symbiose, welche ja der Vater repräsentiert, wird für das Kind zum Synonym für Beziehungs*losigkeit*. Da es meist ausschließlich mit Vater *oder* Mutter umgeht, gelingt es ihm, drittens, nicht nur schwer, mit zwei Objekten gleichzeitig eine Beziehung zu haben, sondern die beiden Beziehungen schließen sich geradezu aus. Das fehlende Beziehungsband zwischen den Eltern läßt das Kind stets um die *andere* Beziehung fürchten und führt zu schwer erträglichen Loyalitätskonflikten. Solche Kinder sind dann mitunter in der Lage, *zum Vater* eine reife, nicht-symbiotische, ambivalente Liebesbeziehung aufzubauen, bringen jedoch den Individuationsprozeß in der Objektbeziehung *zur Mutter* zu keinem Abschluß. Die Entwicklung der Objektbeziehungen verläuft also asynchron. Diese Kinder pendeln gewissermaßen ständig zwischen ungleich reifen Objektbeziehungsformen, zwischen der "väterlichen" und "mütterlichen" Objektbeziehung, mit all den dazugehörigen unterschiedlichen Ansprüchen, Erwartungen und Affekten hin und her. Bleibt der Vater dem Kind zeitlich und emotionell verfügbar, vermag sich das Kind unter sonst günstigen Umständen ein gewisses seelisches Gleichgewicht zu erhalten. Vor allem ermöglicht ihm jenes Pendeln zwischen Mutter und Vater immer wieder, den Abstand zur Mutter so zu regeln, daß die mit einer ungenügend individuierten Objektbeziehung einhergehenden Ängste und Aggressionen in Stärke, Frequenz und zeitlicher Ausdehnung ein gewisses Maß nicht überschreiten. Lassen sich die Eltern aber schließlich doch scheiden und bleibt das Kind bei der Mutter, fällt die entlastende und das Kind auf einer reifen Objektbeziehungsebene haltende Funktion des "dritten Objekts" weg. Das Kind erlebt sich dann der Macht der Mutter ausgeliefert und versucht sich mit allen Kräften gegen die Mutter bzw. die Gefahr des Verschlungenwerdens zur Wehr zu setzen, um seine Identität, um seine (mit Hilfe des Vaters gewonnene) Autonomie nicht zu verlieren.
Diese Asynchronität der Objektbeziehungsentwicklung ist einer der häufigsten Gründe, warum die Nach-Scheidungs-Krise mancher Kinder außergewöhnlich dramatisch verläuft. Nach außen hin verrät sie sich dadurch, daß die diese Krise

Exkurs:
Die infantile Sexualität

In den bisherigen Erörterungen war immer wieder von den kindlichen "Bedürfnissen" die Rede; von der überwiegend guten ersten Objektbeziehung und vom Urvertrauen als Erbe "befriedigender" Objekterfahrungen; von der Unabweisbarkeit, der "Triebhaftigkeit" der kindlichen "Strebungen", weshalb ihre Hemmung zu ängstigenden psychischen Konflikten führen kann. Es gilt, die psychologische Natur dieser Regungen näher zu betrachten.
Bereits im Jahre 1874 wies der Kinderarzt Lindner auf die auffallende Ähnlichkeit der Affekte hin, die das Lutschen des Säuglings mit jenen des Sexualaktes aufweist. Freud (z.B. 1905d) stellte das Phänomen des "Wonnesaugens" in eine Reihe mit anderen Tätigkeiten bzw. Situationen, die durch Erregungen in bestimmten Körperregionen, sogenannten *erogenen Zonen*, gekennzeichnet und auf körperliche Lustempfindungen gerichtet sind. Bereits kurz nach der Geburt stillt das Trinken nicht nur den Hunger des Babys, sondern das Saugen bereitet ihm auch Lustempfindungen an den Schleimhäuten der Mundhöhle, nach denen es bald ein *selbständiges Bedürfnis* entwickelt. Das geht so weit, daß die Befriedigung dieses Bedürfnisses zur notwendigen Voraussetzung für jenen Entspannungszustand wird, der es nach dem Stillen selig einschlafen läßt. An diesem Wohlbehagen sind aber noch weitere Empfindungen beteiligt: die Körperwärme der Mutter, der von ihrer Haut ausgehende Geruch, ihr Puls - Empfindungen, die der Säugling bereits aus der vorgeburtlichen Zeit kennt und die ihm ein Gefühl des "Alles ist in Ordnung" vermitteln. Dazu kommen die so überaus intensiven Empfindungen aus der Körperlage bzw. deren Veränderungen, die zu großen Ängsten bis zu höchstem Vergnügen führen können.
Berücksichtigt man diese "erotische" Erlebnisdimension nicht, kann das leicht zu Mißverständnissen und "Erziehungsfehlern" führen. Eltern, die nur den körperlichen Bedarf (Hunger, Wärme, Schlaf) im Auge haben und die Bedeutung der Lust-Unlust-Sensationen vernachlässigen, geben dem Kind bei jeder Unmutsäußerung zu trinken, statt darauf zu "hören", was es gerade in diesem Augenblick möchte; sie stillen auch noch, wenn es im Grunde nur mehr um das Wonnesaugen geht und der Schnuller genügen würde; sie legen es nieder, wenn es getragen werden will usw. Das Ergebnis ist häufig, daß sich die Kinder nicht beruhigen, zu viel trinken (eine mögliche Ursache der Drei-Monats-Koliken), die Nahrung verweigern u.a.m. Manche Mütter berichten, ihr Kind "lehne den Schnuller ab", nachdem es ihn drei- oder viermal verweigert hat. Auch das ist ein Mißverständnis, das daraus entsteht, daß es sich beim Saugen nicht einfach um eine "Liebhaberei", sondern einen sinnlichen Akt handelt, der - wie bei unseren sinnlichen Bedürfnissen - eben *seine Zeit* hat; das Baby, das den Schnuller gerade ausgespuckt hat, wird vielleicht nur eine Minute später voll Wonne daran saugen. Worum es in diesen ersten Wochen und Monaten allein geht, ist, die "Sprache" des Kindes verstehen und also spüren zu lernen,

wonach sich sein *Begehren* im Augenblick richtet.
Die Bedeutung der oralen Sensationen nimmt in den folgenden Monaten weiter zu. Über die unmittelbar körperlichen Erregungen hinaus wird v.a. der Schnuller (oder auch ein Finger, eine Windel ...) zu einem ersten Symbol für alles Positive, das von der Mutter ausgeht. Weshalb er oder seine Surrogate bis in die späte Kindheit hinein zu einem unverzichtbaren Begleiter des Einschlafens, das ja eine Trennung von den geliebten Personen ist, wird bzw. überhaupt - quasi als Muttterersatz - die Funktion eines Trösters, eines sogenannten ''Übergangsobjekts'' (Winnicott 1979), übernimmt*. Die besondere Sensibilität der Mundzone führt auch dazu, daß der Mund zunächst das wichtigste Organ darstellt, mit dem das Kind die Welt zu ''begreifen'' sucht. Die ''oralen'' Eigenschaften sind die ersten, die der Säugling an den Gegenständen seiner Umwelt kennenlernt. Und die von daher ausgehenden (angenehmen) Reize sind auch ein wichtiger Motor seiner Entdeckungslust. Es hat also die Entdeckungslust des Kindes, wie sie vor allem in der Übungsphase zum Tragen kommt, eine starke sinnliche oder ''sexuelle'' Komponente. Man könnte auch sagen, daß die Neugier des Kindes eine Art Verschiebung libidinöser Energien von der Mutter bzw. den mütterlichen Partialobjekten und vom eigenen Körper auf die Dinge der Welt darstellt. Das setzt freilich voraus, daß die im engeren Sinn erotischen Bedürfnisse hinreichend befriedigt und die seelischen Energien - auch die aggressiven - nicht im Kampf um die vorenthaltene Befriedigung gebunden sind**. Bei ausreichender Befriedigung der oralen und angrenzenden Strebungen verlieren diese im zweiten Lebensjahr an psychischem Stellenwert, wodurch der Loslösungsprozeß entscheidend erleichtert wird.
Allerdings beginnt im zweiten Lebensjahr eine andere, überaus empfindliche Körperzone zur Quelle von Lustsensationen zu werden: die Schleimhäute des Analbereichs. Das beginnt mit der angenehmen Reizung durch die Wärme des Stuhls und des Säuberns; Zurückhalten und Ausstoßen des Stuhls bereiten den Kindern (ab dem 2. Lebensjahr) durchwegs angenehmste Empfindungen. Dazu kommt das Interesse am eigenen Kot, der einerseits als Teil des eigenen Körpers erlebt wird, auf der anderen Seite aber auch die erste ''Produktion'' des Kindes darstellt. Berücksichtigt man den erotischen (Lust-)Aspekt der Stuhlentleerung, wird klar, daß die Reinlichkeitserziehung einen bedeutenden Eingriff in das - so hoffen wir - bisher weitgehend befriedigte Triebleben des Kindes bedeutet:

→ Statt sich nach seinem Bedürfnis zu richten, soll es die Stuhlentleerung nach äußeren Regeln vollziehen.
→ Was für das Kind lustvoll und interessant ist, wird von den Erwachsenen als

* Als "Übergangsobjekte" kommen allerdings keineswegs nur orale Objekte in Frage.
** Allerdings kann diese Verschiebung auch als Abwehrmechanismus, also zur Bewältigung von Angst angesichts massiver Frustrationen, eingesetzt werden (vgl. Anm. 59).

''pfui'' verteufelt, was nichts anderes heißt, als daß das Kind in seiner Freude daran sich selbst als ''pfui'' erlebt.

→ Zum ersten Mal verlangen die Eltern konsequent, daß das Kind auf etwas für es besonders und unersetzbar Wichtiges und sinnlich Lustvolles verzichten soll.

→ Und nicht nur das: Es soll sogar das teure zu ihm gehörige bzw. von ihm ''gemachte'' Stück hergeben.

Die Bedeutung der Analerotik bzw. ihrer ''Zivilisierung'' für die Entwicklung ist eine doppelte. Erstens fügen Eltern, die den Kindern mit dem ''Sauberwerden'' nicht Zeit lassen, bis auch die analen Interessen an Bedeutung verlieren und die (physische) Schließmuskelkontrolle problemlos funktioniert (ab Mitte des dritten Lebensjahres), der ohnedies schwierigen Wiederannäherungsphase eine neue Frustrationsquelle hinzu. Vor allem aber besteht die Gefahr, daß das Kind beginnt, die (aggressiven) Wiederannäherungskonflikte mit der Mutter auf dem Gebiet der Reinlichkeit auszutragen. Denn hier ist seine Macht nahezu unbeschränkt. Geschieht dies, erhält der Analbereich eine enorme psychische Aufwertung im Kampf um Autonomie, Befriedigung und um die ''gute Mutter''. Kommt es nun zur Entwicklung massiver Ängste und werden die analen Strebungen frühzeitig verdrängt, bleibt ein gutes Stück der analen Triebregungen und Phantasien von der weiteren seelischen Entwicklung ausgeschlossen und es kann dieser seelische Bereich - über unterschiedliche Abwehrmechanismen - das künftige Leben nachhaltig prägen. Vor allem die zwangsneurotischen Symptome und Charakterbilder haben eine enge unbewußte Verbindung mit der infantilen Analerotik.
Spätestens im dritten Lebensjahr beginnen sich die meisten Kinder mit den Geheimnissen der Geburt und des Unterschiedes der Geschlechter zu befassen und auf diese brennenden, weil die eigene Herkunft und den eigenen Körper betreffenden Fragen Antworten zu suchen. Bei diesem Bemühen gehen die Kinder ganz logisch vor, die Ergebnisse leiden freilich unter dem Umstand, daß sie von einigen wichtigen Dingen keine Kenntnis haben:

→ Fast alle Kinder erfahren heutzutage recht früh, daß die Kinder im Bauch der Mutter wachsen, nicht aber, wie sie ''hineingekommen'' bzw., nachdem sie groß waren, wie sie herausgekommen sind.

→ Der Unkenntnis der väterlichen Zeugungsfunktion und der (ja unsichtbaren) weiblichen Körperöffnung entspricht die Unkenntnis darüber, daß dem Penis des Mannes (des Buben) ein (inneres) Geschlechtsorgan bei der Frau (beim Mädchen) entspricht und sich das Verhältnis Mann-Frau nicht in einem Haben (des Penis) und einem Nichthaben erschöpft.

Diese, den meisten Drei- und Vierjährigen gemeinsamen Wissensdefizite führen unter Umständen zu skurrilen Theorien, wie etwa, daß die Kinder durch bestimmte Speisen oder durch Vielessen im mütterlichen Bauch wachsen; daß sie schließlich aus diesem herausgeschnitten oder durch die (einzig bekannte) Afteröffnung geboren werden u.a.m. Die "magische" Denkungsart der Kinder (vgl. dazu Fraiberg 1959, Zulliger 1952), d.h. die aus der Unkenntnis von Naturgesetzen stammende Vorstellung, alles Seiende ist "gemacht", führt sie auch dazu anzunehmen, daß dem Mädchen der Penis vorenthalten oder gar weggenommen wurde, wobei dafür - naheliegenderweise - meist die Eltern, v.a. die für das Entstehen der Kinder ja zuständige Mutter, verantwortlich gemacht werden. Dies umso mehr, als die Kinder den Unterschied zwischen Mädchen und Buben keineswegs automatisch auf Vater und Mutter übertragen und viele Kleinkinder die Mutter mit Penis phantasieren.

Diesen infantilen "Sexualtheorien" muß eine zwar behutsame, kindergerechte, aber doch auch realitätsgerechte erste Aufklärung entgegengesetzt werden. Diese hätte vor allem die Befruchtung, den Geburtsvorgang und das dem sichtbaren männlichen äquivalente weibliche Organ und damit die "Gleichwertigkeit" des Mädchens zu umfassen (z.B. "Die Mädchen haben statt des Penis ein Nestchen, in dem später, wenn sie groß sind, die Babys wachsen ..." oder so ähnlich).

Geschieht solche Aufklärung nicht, können aus den unwiderrufenen Theorien der Kinder eine Reihe von Problemen erwachsen: Eßstörungen (Verhinderung oder Herbeiführung von Schwangerschaften), Zurückhalten des Stuhls (etwa zur Verhinderung eines "Abortus")***, vor allem aber der sogenannte *Kastrationskomplex*, der darin besteht, daß die Mädchen die Buben darum beneiden, "mehr" zu haben und die Buben auf ihr Glied zwar sehr stolz sind, aber um seinen Verlust fürchten. Der Kastrationskomplex kann beim Mädchen zu Minderwertigkeitsgefühlen, zu bewußten oder unbewußten Vorwürfen gegen die (verantwortliche) Mutter führen. Die Buben dagegen sind zumeist auf ihren Besitz sehr stolz, versäumen es auch nicht, den Mädchen ihre Geringschätzung zu zeigen, sind jedoch zugleich von der Angst beseelt, durch irgendwelche Umstände der so geschätzten Männlichkeit wieder verlustig zu gehen. Die Phantasien, die sich um den Geschlechtsunterschied drehen, bekommen eine zusätzliche Bedeutung dadurch, daß die Kinder in dieser Zeit das Genitale als primäre körperliche Lustzone entdecken.

Der Abschluß des Individuationsprozesses (vgl. den Exkurs S. 79ff.), die Triangulierung der Objektbeziehungen (vgl. Kap. 5) und die Entwicklung des genitalen Primats in der infantilen Sexualentwicklung (mit all den daran haftenden Interessen und Phantasien) bilden die Voraussetzung für jene Entwicklungsetappe, welche die Psychoanalyse als *ödipale Phase* bezeichnet (S. 110ff.).

*** Es muß freilich hier angemerkt werden, daß nicht alle Eß- und Verdauungsstörungen ihren Ursprung in Phantasien des Kinderkriegens haben!

auszeichnende Regression ganz besonders rasant erfolgt. Bei *Alexander* (S. 70f.) etwa waren seit dem Auszug des Vaters kaum zwei Wochen vergangen, bis die aggressiv-verzweifelten Auseinandersetzungen mit der Mutter bereits in vollem Gang waren. Dagegen spitzte sich die Nach-Scheidungs-Krise *Stephanie*s ganz allmählich zu und umspannte einen Zeitraum von mehreren Monaten. Die Erklärung dieses Unterschiedes macht nun keine Schwierigkeit mehr. Im Grund genommen handelte es sich bei Alexander nämlich gar nicht um eine *Regression* seiner Objektbeziehung zur Mutter, sondern darum, daß mit der plötzlichen Abwesenheit des Vaters die weitgehend latent gehaltenen Konflikte der, in der Wiederannäherungsphase gewissermaßen steckengebliebenen, Objektbeziehung zur Mutter *manifest* wurden.

5.4 Die aggressive Triangulierung

Solange der Vater für das Kind verfügbar ist, können also selbst Kinder mit beträchtlichen Störungen ihrer frühen Objektbeziehungsentwicklung unter Umständen ihr seelisches Gleichgewicht aufrechterhalten, ohne zu neurotischen Abwehrmaßnahmen greifen zu müssen. Wir führten das auf die relative Reife der Objektbeziehung zum Vater zurück, die es dem Kind ermöglicht, seine Distanz zur Mutter autonom zu regeln, so daß die hoch konfliktbesetzte Objektbeziehung zur Mutter von überwältigenden Aggressionen und Ängsten weitgehend freigehalten werden kann.

An der Aufrechterhaltung dieses Gleichgewichts ist in vielen Fällen ein weiterer psychischer Vorgang beteiligt, den wir *aggressive Triangulierung* nannten. Wie die ''unvollständige Triangulierung'' fußt sie auf der Voraussetzung, daß zwischen Vater und Mutter keine manifeste Liebesbeziehung existiert. Nicht nur, daß unter solchen Umständen den Kindern das (positive) Modell einer nicht-symbiotischen Beziehung (zur Mutter) abgeht, muß ihnen die *Loslösung* von der Mutter, die ja durch den unabhängigen Vater repräsentiert wird, in hohem Maß bedrohlich erscheinen, fallen doch im Erleben kleiner Kinder Abwesenheit von Liebe und Aggression zusammen. Wir können uns vorstellen, wie ängstigend es erst sein muß, wenn das Kind miterleben muß, daß die Eltern sich nicht nur nicht lieben, sondern *manifest bekämpfen*. Letzteres gilt, wie Untersuchungen zeigten, auch für ältere Kinder. Unter bestimmten Voraussetzungen jedoch, die noch nicht restlos aufgeklärt sind, sind Kinder auch in der Lage, die aggressiven Auseinandersetzungen zwischen den Eltern zur Angst*bekämpfung* zu nützen. *Herbert* war knapp fünf Jahre alt, als wir ihn kennenlernten. Seine Eltern standen noch vor der Scheidung und berichteten, daß er zur Mutter wie zum Vater eine sehr innige, liebevolle Beziehung habe. Die Streitereien und Schreiduelle zwischen den Eltern, bei welchen der Vater hin und wieder auch handgreiflich wurde, nahm Herbert anscheinend unbeeindruckt hin. Meist blieb er im selben Zimmer und spielte einfach weiter. Diese Gleichgültigkeit schien uns eine Fassade zu sein, war es doch kaum vorstellbar, daß jene Szenen Herbert nicht große Angst machen sollten.

Den Eltern war diese Überlegung durchaus plausibel, dennoch ließen sich in unseren Gesprächen über Herbert weder manifeste Ängste noch irgendwelche der typischen Symptome auffinden, mit welchen Kinder dieses Alters auf außergewöhnliche Angst reagieren. Er machte nicht ins Bett, zeigte keine manifesten (phobischen) Ängste, war lebhaft, fiel im Kindergarten weder durch Überangepaßtheit noch durch aggressives Verhalten auf, war nicht besonders krankheitsanfällig und kognitiv normal entwickelt. Erst die projektive Testuntersuchung lieferte die Erklärung für Herberts erstaunliche psychische Ausgeglichenheit. Zwar stimmte es, daß seine Gleichgültigkeit gegenüber den aggressiven Auseinandersetzungen der Eltern nur Fassade war, hinter welcher sich freilich nicht Angst, sondern große *Lust* und *Genugtuung* verbarg. Herbert "benützte" nämlich die aggressiven Auseinandersetzungen zwischen den Eltern, um sich von den eigenen Aggressionen gegen die Eltern zu entlasten. Vor allem die Objektbeziehung zur Mutter, die noch deutliche, Herberts Alter nicht mehr gemäße, symbiotische Züge trug, erwies sich als hoch konfliktbelastet. Gerieten nun die Eltern in Streit, identifizierte sich Herbert mit dem aggressiven Vater, "partizipierte" geradezu an den Aggressionen des Vaters gegen die Mutter und vermochte auf diese Weise, die eigene Beziehung zur Mutter weitgehend aggressionsfrei zu halten. Dadurch ersparte er sich aber auch die Ängste, die aggressive Auseinandersetzungen des Kindes mit seiner Mutter zwangläufig begleiten. Man könnte auch sagen: Herbert "läßt hassen".

Die Identifizierung mit den aggressiven, gegen die Mutter gerichteten Anteilen des Vaters führt zu einer Abspaltung der "bösen" Anteile des mütterlichen Objekts und erschwert dem Kind die Integration der guten *und* bösen Anteile der Mutter in einer einheitlichen, ambivalenten Objektrepräsentanz. Das Kind lebt nur die Beziehung zur guten Mutter aus, während die Frustrationen, die sie ihm bereitet, vom Vater gerächt werden, der damit auch die Aggressionen und die mit ihnen verknüpften Ängste des Kindes "mit erledigt". Freilich um den Preis der Verdrängung der eigenen Aggressionen, die sich ihr Ventil im lustvollen Geschehenlassen der väterlichen, gegen die Mutter gerichteten, Aggressionen schaffen.

Viele Mütter erleben schmerzhaft, daß ihre Kinder, die sich ihnen gegenüber bisher liebevoll verhalten hatten, nach der Scheidung massive Aggressionen entwickeln, die oft eine deutliche äußere Ähnlichkeit mit den Aggressionen haben, die sie früher vom Ehemann erleiden mußten. Diese Kinder scheinen also gegenüber der Mutter die (aggressive) Stelle des Vaters zu vertreten, indem sie sich mit ihm identifizieren, um auf diese Weise ein Stück Trennung wieder aufzuheben, zum Teil auch, um sich für den Verlust an der Mutter zu rächen. Diese Deutung mag in einigen Fällen auch zutreffen. Wir glauben aber, daß in vielen dieser Fälle die Identifizierung mit dem (aggressiven) Teil des Vaters bereits *vor der Scheidung*, im Sinn der *aggressiven Triangulierung*, bestanden hatte und die plötzlichen Wut- und Haßgefühle der Kinder eher die Folge des Umstandes sind, daß das delegierende Ausleben der Aggressionen über den Vater die primäre Form dieser Kinder darstellte, mit ihrer Wut, ihrem Haß und ihren

Ängsten umzugehen. Mit dem Wegfall des Vaters bzw. seiner Funktion, stellvertretender Aggressor zur sein, müssen jedoch die auf die Mutter gerichteten Aggressionen und Ängste manifest ausbrechen. Besonders wenn es sich um jüngere Kinder (bis zu etwa sechs Jahren) handelt, dürfte für das plötzliche Auftreten einer massiv aggressiven Symptomatik nach der Trennung der Eltern die *Asynchronität der Objektbeziehungsentwicklung* und die *aggressive Triangulierung* eine zutreffendere Erklärung abgeben als die Vorstellung, die Identifizierung mit dem Vater hätte sich erst *als Folge* der Trennung und als Strategie ihrer Bewältigung eingestellt. Wir verstehen dann auch besser, wieso solche Scheidungsreaktionen bei Buben und Mädchen gleichermaßen beobachtet werden können und auch bei Kindern vorkommen, die vor der elterlichen Trennung selbst unter den Aggressionen des Vaters zu leiden hatten. Die Unterscheidung ist auch deshalb nicht unwesentlich, weil angesichts der aggressiven Triangulierung nochmals deutlich wird, welchen großen Einfluß die (spannungsreiche) *Vor-Scheidungs-Zeit* auf die psychische Strukturierung der Kinder und die Scheidungssymptome hat.

Das durch aggressive Triangulierung erreichte Gleichgewicht im Rahmen einer asynchronen Entwicklung der Objektbeziehungen zu Mutter und Vater ist allerdings labil und kann auch ohne gravierende Veränderung der äußeren Familienverhältnisse, also auch vor bzw. unabhängig von einer Scheidung der Eltern zusammenbrechen. Kommt es im Zuge der Verschärfung der elterlichen Konflikte zu einem Anwachsen des, für das Kind wahrnehmbaren, Hasses bzw. der manifesten Gewalt des Vaters gegen die Mutter über ein gewisses Maß hinaus, kann es geschehen, daß die an den Vater delegierte Aggression für die *gute Mutter* dem Kind ebenso bedrohlich erscheint wie (unbewußt) die eigenen archaischen, der Liebe zur Mutter entgegengesetzten Haßgefühle. Mehr noch als die eigenen entziehen sich die delegierten Aggressionen der Verfügbarkeit durch das Kind, wodurch die teils bewußten, teils unbewußten Phantasien (Hoffnungen und Befürchtungen) aller kleinen Kinder über die magische Macht ihrer Wünsche kraft des ''ausführenden'' Vaters scheinbar Realität werden. Ebenso kann es geschehen, daß das Kind zu fürchten beginnt, die Mutter könne sich an ihm für die Identifizierung mit dem aggressiven Vater rächen. Eine Möglichkeit, diesen neuen seelischen Konflikt abzuwehren, besteht in einer Verstärkung der Verdrängung der gegen die Mutter gerichteten Aggressionen, einer Sicherung des bedrohten (und bedrohlichen) mütterlichen Objekts durch Identifizierung und/oder der Verschiebung eines Teils der Aggressionen bzw. der bösen Objektanteile von der Mutter auf den Vater.

Lassen sich solche Eltern scheiden, kann diese Abwehr unter den belastenden Eindrücken der Nach-Scheidungs-Krise zusammenbrechen. Diese Kinder zeigen dann das paradox erscheinende Bild, massive Aggressionen gegen die Mutter zu entwickeln, gleichzeitig jedoch den Vater, unter Umständen auch die Besuche bei ihm, abzulehnen[60].

[60] Die Ablehnung des Vaters kann aber auch andere Gründe haben (vgl. Kap. 9.2, 10.1 und 10.2).

Eine andere Spielart der aggressiven Triangulierung ergibt sich dann, wenn sich das Kind im zweiten und dritten Lebensjahr die Vater-Mutter-Beziehung zum Modell seiner Ablösung von der Mutter nimmt, *obwohl* diese Beziehung manifest aggressive Züge trägt. Anders als unter günstigen Triangulierungsbedingungen, bei welchen die Beziehung zwischen den Eltern als Modell für die Möglichkeit einer autonomen *Liebesbeziehung* zur Mutter wirkt und daher die Autonomiebestrebungen des Kindes stützt, wird hier die *Aggressivität des Vaters unmittelbar zum Vorbild der Loslösung von der Mutter*. Die Identifizierung mit dem Vater gibt diesen Kindern die Stärke, ihre Aggressionen gegen die Mutter zu richten. Sie wird zur bevorzugten Strategie, sich in den Wiederannäherungskonflikten von der Mutter abzugrenzen. Indem die Aggression gegen die Mutter der Abwehr der Wiederverschmelzungsängste dient und außerdem im parallelen Erleben von Autonomie ein hohes Maß an narzißtischer Befriedigung ermöglicht, erhält die Aggression einen hohen Stellenwert im psychischen Haushalt dieser Kinder. Freilich um den Preis, daß die Trennung von Selbst- und Objektrepräsentanzen sowie von guten und bösen Objektimagines immer wieder von neuem durch aggressive Handlungen hergestellt werden muß und die damit einhergehende Aggressivierung der Objektbeziehung zur Mutter den Abschluß des Individuationsprozesses - und damit die Separierung und Integration der präambivalenten (gespaltenen) Selbst- und Objektrepräsentanzen - verzögert oder gar verhindert.
Wie die Kinder, deren Individuation durch die Abwesenheit des dritten Objekts unabgeschlossen blieb (Kap. 5.2), zeigen auch diese Kinder massives aggressives Verhalten gegenüber der Mutter. Aber es hat nicht den panischen Charakter wie bei jenen, ist nicht defensiv gegen eine - im Augenblick erlebte - existentielle Bedrohung durch ein böses Objekt gerichtet, sondern macht einen offensiven, "reiferen" Eindruck, ähnelt einer Karikatur männlichen Dominanzverhaltens und verbirgt meist nur schwach die beträchtliche Befriedigung, welche die Abwertung und Beherrschung der Mutter bereitet. Da es sich bei dieser Art von Aggression um ein Symptom im engeren Sinn handelt, das heißt um eine unbewußte Abwehr von Angst bei gleichzeitiger Befriedigung - hier narzißtischer - Bedürfnisse, entfällt bei diesen Kindern meist auch die Notwendigkeit, andere Symptome auszubilden. Dafür hat das aggressive Verhalten eine Tendenz zur Verallgemeinerung, tritt also auch in anderen Situationen auf, in denen es um Probleme der Autonomie und Macht geht, und zwar nicht nur gegenüber Autoritätspersonen (Übertragungsobjekten), sondern auch gegenüber gleichaltrigen Konkurrenten. (Nicht jedes aggressive Sich-Messen mit anderen ist jedoch auf aggressive Triangulierung zurückzuführen.)
Da die Aggression dieser Kinder in der Beziehung zur Mutter der Angst*abwehr* dient, zeigen sich viele von ihnen, ähnlich den "vaterlosen" aggressiven Kindern, gegenüber den Belastungen der kritischen Nach-Scheidungs-Phase relativ widerstandsfähig. Die Trennung vom Vater und die (normalen) Beunruhigungen, denen alle Kinder sich scheidender Eltern ausgesetzt sind, führen möglicherweise zu einer Verstärkung der Identifizierung mit dem Vater und somit auch des aggressiven Verhaltens. Wird jedoch der Druck von außen (vgl. Kap. 2.3, 2.4)

nicht allzu groß, kommt es bei diesen Kindern zu keinem Zusammenbruch der Abwehr. Für diese Milderung des "Scheidungstraumas" zahlen sie hingegen einen hohen Preis: die Aufrechterhaltung und mitunter Festigung einer neurotischen Abwehrformation über einer unreifen Stufe der Objektbeziehungsentwicklung. Theoretische Überlegungen ebenso wie unsere Untersuchungsbefunde legen die Annahme nahe, daß es sich bei dieser Spielart der aggressiven Triangulierung nicht nur um eine "primäre" Art bzw. Abart der frühen Triangulierung handelt, sondern sie oft eine sekundäre Bildung darstellt, welche die bisher beschriebenen Formen gestörter früher Triangulierung unter gewissen Umständen abzulösen vermag. Sie kann eine der möglichen neurotischen Lösungen darstellen, die das Kind bilden muß, um die Objektbeziehungskonflikte zu bewältigen, die einer "unvollständigen Triagulierung" folgen; und sie kann die - überaus labile - erste Form der aggressivne Triangulierung, die Delegation der Aggression an den Vater, ersetzen.

5.5 Die kompensatorische Triangulierung

Je mehr wir uns mit der "Vorgeschichte" von Scheidungskindern befaßten, desto fester wurden wir in unserer Überzeugung, daß die "Auswirkungen" der Scheidung in Gestalt von Partnerschaftskonflikten der Eltern im größeren Teil der Fälle Jahre zurückreichen, was bei jüngeren Kindern bedeutet, daß wichtige Etappen der frühkindlichen Entwicklung bereits im Schatten der späteren Trennung stehen. Daher haben wir uns in Verfolgung der Frage, wie sich besondere Konstellationen des Beziehungsdreieckes Mutter-Vater-Kind auf die psychische Entwicklung des Kindes in den allerersten Lebensabschnitten auswirken und wie diese besonderen Entwicklungen die seelischen Vorgänge beeinflussen, wenn sich dieses Beziehungsdreieck auflöst, bis jetzt weitgehend auf die Achse der Mutter-Vater-Beziehung konzentriert. Darüber hinaus gibt es Konstellationen früher Triangulierung, die nicht unmittelbar mit der Qualität der elterlichen Beziehung zusammenhängen, für die Schwere und Art des Scheidungserlebnisses des Kindes aber von großer Bedeutung sind. Eines dieser Triangulierungsmuster konnten wir an einer Reihe von Fällen studieren.
Eine der wichtigen Funktionen des Vaters im Verlauf des Individuationsprozesses, vor allem in der Wiederannäherungsphase, besteht, wie wir sehen konnten, darin, daß die Kinder die Möglichkeit haben, im Augenblick eines akuten aggressiven Konfliktes mit der Mutter, welcher in diesem Alter stets auch beängstigend ist, sich die notwendige Befriedigung und Zuwendung durch das "gute Objekt" beim Vater zu holen. In diesem Intervall der Abwendung von der Mutter - die sich das Kind nur leisten kann, wenn es zum Vater eine Objektbeziehung aufbauen konnte und dieser dem Kind auch verfügbar ist - vermag sich das gute Mutterbild zu regenerieren, und die durch Wut und Angst verlorengegangenen Liebesgefühle des Kindes zur Mutter können sich an der Beziehung zum Mutter-Substitut Vater wieder herstellen.

Jenes "Umkippen" der mütterlichen Objektrepräsentanz, also die (vorübergehende) Auslöschung der guten Mutterimago durch Bilder einer ganz bösen und bedrohlichen Mutter, ist indes nicht stets und ausschließlich eine Folge der in sich selbst widersprüchlichen Bedürfnisse und Erwartungen, die das Kind in der Wiederannäherungsphase an die Mutter richtet. Sehr oft ist es *die Mutter*, die aufgrund ihrer Persönlichkeit, ihrer Einstellung oder ihrer psychischen Situation nicht in der Lage (oder bereit) ist, einzelne Bedürfnisse des Kindes, *die durchaus erfüllbar wären*, zu befriedigen. Das Pendeln zwischen Mutter und Vater wird unter solchen Umständen die Objektbeziehung des Kindes zur Mutter nur dann entlasten, wenn der Vater seinerseits in der Lage und willens ist, dem Kind zu geben, was die Mutter ihm versagt oder zu geben nicht imstande ist.
Eines der Kinder, deren Väter es zuwege brachten, ein gutes Stück defizitärer Befriedigungsfähigkeit der Mutter zu kompensieren, war *Manfred*, dessen spontane traumatische Reaktion auf die Trennungsabsicht der Eltern uns schon früher beschäftigte (s.S. 39ff.). Manfreds Mutter, eine Lehrerin, nahm ihre Erziehungsaufgabe sehr ernst. Insbesondere im ersten Lebensjahr stellte sie ihr Leben ganz auf die Bedürfnisse des Kindes ein und unternahm alles, was seiner Entwicklung förderlich sein könnte. Mit Freude und Stolz stellte sie fest, daß Manfred den "Marschtabellen" über die durchschnittlichen körperlichen, motorischen und kognitiven Entwicklungsdaten stets ein Stück vorauseilte. Dagegen war das Interesse der Mutter an dem, was man den emotionellen und Beziehungsaspekt nennen könnte, vergleichsweise gering. In den Gesprächen mit ihr stellte sich heraus, daß allzu große Nähe zu anderen Menschen, vor allem zu Männern, für sie etwas Beängstigendes an sich hat und es ihr Schwierigkeiten macht, körperliche Zärtlichkeit zu empfangen und zu geben. Daher war der Zuwachs an *Selbständigkeit* auch ihr zentrales pädagogisches Anliegen an Manfred. Aber Manfred hatte ein sehr gutes erstes Lebensjahr. Das Bemühen der Mutter um eine fördernde Erziehung erforderte in dieser Zeit ein hohes Maß an Anwesenheit und Eingehen auf das Kind, sodaß Manfred eine positive erste Objektbeziehung aufbauen konnte. Dazu kommt, daß Kinder in den ersten Lebensmonaten auch Erfahrungen mit anderen Personen in das Bild von der Mutter aufnehmen. Und Manfred hatte einen Vater, der seinen Sohn innig und zärtlich liebte und in der Zeit, die er mit ihm verbrachte, sehr viel Körperkontakt pflegte. Der Vater war es auch, der meist die Aufgabe übernahm, Manfred während der Nacht, manchmal bis zu einer Stunde lang, herumzutragen, wenn er aufwachte, weinte und nicht wieder einschlafen konnte. Sollte Manfred im Kontakt mit der Mutter doch etwas an Wärme und Nähe abgegangen sein, machte das der Vater wieder wett, der dadurch auch das Bild der Mutter, des ersten Liebesobjekts, komplettierte und schützte. Auch die erste Hälfte des zweiten Lebensjahres verlief problemlos. Die Mutter hatte sich ein zweites Karenzjahr genommen und freute sich an Manfreds Lust, die Welt zu entdecken, zu experimentieren und über seine rasch wachsende Fähigkeit, durch Sprache die Beziehung und Kommunikation mit der Mutter über immer größere Entfernungen aufrechtzuerhalten. Zwischen dem 18. und dem 20. Monat, also mit dem Auslaufen der Übungsphase, begannen jedoch die

Schwierigkeiten. Die Mutter war außerstande, die plötzlichen Wiederannäherungsbedürfnisse Manfreds anzunehmen. Sie konnte nicht verstehen, "daß er sich wieder an sie hängte, wie vor einem Jahr". Sie mochte kein Baby mehr, sondern den selbständigen Bub, der er ja schon war, wiederhaben, und sie fühlte sich durch das Hin-und-Her einmal autonomer und dann wieder regressiver Wünsche und Verhaltensweisen an der Nase herumgeführt. Während zwischen Manfred und seiner Mutter heftige Kämpfe zu toben anfingen, begann im selben Maße die Beziehung zum Vater an Bedeutung zu gewinnen. Für Manfred war der Vater hingegen mehr als nur die Möglichkeit, in einem dritten Objekt ein vorübergehendes Muttersubstitut zu finden, bis die libidinösen Aspekte der Objektbeziehung zur Mutter wiedererstarkt waren. Der Vater hatte *kontinuierlich* Bedürfnisse zu erfüllen, welche die Mutter (ebenso kontinuierlich) frustrierte. Wenn er zum Vater "pendelte", dann nicht nur, weil die Mutter gerade als "böse" erschien, sondern Manfred kam bereits, wenn er Bedürfnisse spürte, von denen er wußte, sie würden vom Vater befriedigt, von der Mutter jedoch eher zurückgewiesen werden. Mit der Zeit lernte er, sich einen Teil der regressiven Wiederannäherungsbedürfnisse "aufzuheben", bis der Vater nach Hause kam. Manfred konnte sich in potentiellen Konfliktsituationen mit der Mutter durch die Vorstellung trösten, abends mit Papa zusammen zu sein, wodurch sich - selbst bei momentaner Abwesenheit des Vaters - diese Situationen entschärften und die Objektbeziehung zur Mutter vor allzu großer Aggressivierung geschützt wurde. Der Vater war für Manfred nicht nur ein (sekundäres) Objekt, das zwar mutterähnlich aber doch verschieden, vor allem von Manfreds inneren Konflikten minder belastet ist und welches er *im Augenblick* benötigte. Vielmehr repräsentierte er Eigenschaften, die Manfred ursprünglich der Mutter zugeordnet und welche diese in seinen Augen daher *verloren* hatte. Um ein früher verwendetes Bild zu gebrauchen: Es hat den Anschein, als wäre der Vater für Manfred weniger die sichernde "Insel", die ihm die Loslösung von der Mutter (dem "Heimathafen") erleichtert, sondern selbst jener Hafen, nach dem sich das Kind, gleich dem Matrosen auf stürmischer See, sehnen kann und der ihm hilft, die Gefahren des Meeres - des mit der Mutter verbrachten Tages - zu bestehen. Somit hat sich also für Manfred eine Objektvertauschung vollzogen, oder vielleicht richtiger: ein Objekt*ersatz*. Denn die Übernahme "mütterlicher" Funktionen durch den Vater ging im Erleben Manfreds einher mit dem Verlust eines Stücks guter mütterlicher Objektrepräsentanz, was gleichbedeutend ist mit einer teilweisen *Trennung* von der wunderbaren Mutter des ersten Jahres.

Die Rekonstruktion der triangulären Objektbeziehungsstruktur Manfreds liefert uns auch eine erste Erklärung, wieso das psychische Gleichgewicht dieses Buben angesichts der Scheidung der Eltern so abrupt zusammenbrach. Es drohte nämlich Manfred mit dem väterlichen Auszug gar nicht der Verlust des "Vaters", sondern

[61] Der zweite Grund liegt in der durch die kompensatorische Triangulierung bzw. die zärtliche "Mutterliebe" Manfreds gegenüber dem Vater erheblichen Komplizierung der ödipalen Entwicklung (s. folgenden Abschnitt).

in gewisser Weise der Verlust seiner *psychologischen Mutter*, und zwar bereits zum *zweiten Mal*, so daß die archaischen Ängste der Wiederannäherungsphase aktiviert wurden und die aktuellen Trennungsängste verstärkten[61].

Natürlich zeichnet die Gleichung *realer Vater = psychologische Mutter* nur ein vergröbertes Bild von Manfreds Objektbeziehungsstruktur, aber im Hinblick auf einzelne Facetten der (ursprünglichen) mütterlichen Objektbeziehung scheint sie wohl zuzutreffen. Und Manfreds Geschichte führt uns vor Augen, daß das trianguläre Beziehungssystem sehr oft imstande ist, dem Kind Entwicklungsbedingungen zu eröffnen, die günstiger sind, als es die invididuelle Einstellung oder Persönlichkeit von Mutter und/oder Vater erwarten ließe, indem es für individuelle elterliche Defizite Kompensationsmöglichkeiten bereitstellt. Kompensatorische Triangulierungen erlangen indes nicht nur im Fall emotionell distanzierter und zur Selbständigkeit drängender Mütter Bedeutung. Entsprechende qualitative Entlastungen der Objektbeziehung zur Mutter eröffnen sich auch Kindern, deren Mütter überbehütend sind, das Kind nicht loslassen können, es aber einen Vater gibt, der Autonomie angstfrei zuzulassen vermag; deren Mütter sich vor aggressiven Auseinandersetzungen fürchten, der Vater jedoch Konflikte gelassener hinnehmen kann; die Solidarität und Unterstützung durch ihren Vater erfahren, während die Mutter (vorübergehend) in ihrer "Liebesfähigkeit" durch ein jüngeres Geschwister eingeschränkt ist; bei welchen besonders rigide Erziehungshaltungen (z.B. in bezug auf Reinlichkeit, Leistung, "Benehmen" usw.) durch einen "liberaleren" Vater gemildert werden, so daß sich das Kind die Schuldgefühle erspart, den Anforderungen nicht genügen zu können. In allen diesen und weiteren Fällen kommt es zu Verschiebungen der üblichen Gewichtung zwischen (primärer) mütterlicher und (sekundärer) väterlicher Objektbeziehung. Die vergleichsweise größere Bedeutung, welche die Väter für das seelische Gleichgewicht dieser Kinder spielen, läßt die Scheidung dann mitunter vom schmerzlichen Trennungserlebnis zur Katastrophe werden[62].

62 Natürlich kommt es auch umgekehrt häufig zu einer Entlastung der Objektbeziehung zum Vater durch bestimmte Persönlichkeitseigenschaften der Mutter. Sie spielt aber erst etwas später, in der ödipalen Phase, in welcher der Vater als selbständiges Objekt (d.h. unabhängig von den Individuationskämpfen mit der Mutter) Bedeutung gewinnt, eine Rolle. Das trianguläre Beziehungssystem schützt also auch den Vater vor übermäßigen Enttäuschungen (und Aggressionen) des Kindes. Darin mag ein weiterer Grund dafür liegen, daß Kinder auch Vätern nachtrauern, die - nach Ansicht der Mutter - sich um das Kind zu wenig gekümmert oder ihm gar Leid zugefügt haben.

6. Die ödipale Entwicklung

Wenn sich die Ängste des Kindes in der Wiederannäherungsphase in Grenzen halten und die triebhaften Erregungen, vor allem aggressiver Art, es nicht ständig überschwemmen, wird es ihm zunehmend gelingen, die Eigenschaften, die zu ihm selbst und jene, die zum (mütterlichen) Objekt gehören, in seinen inneren Bildern von der Welt auseinanderzuhalten. Und es lernt darauf zu vertrauen, daß die bösen Objekteigenschaften die guten nicht auslöschen, daß die Mutter beide Seiten in einem verkörpert (Ambivalenz), wobei die Liebe gegenüber den als aggressiv erlebten Anteilen der Mutter überwiegt. Ein Wesen, das mir im Augenblick als böse erscheint, von dem ich aber sicher weiß, daß es mich *auch* bzw. *dennoch* liebt, verliert seine unmittelbare Bedrohlichkeit. Das erleichtert wiederum, Selbst- und Objektrepräsentanzen auseinanderzuhalten und so fort. Für das Gelingen dieses Prozesses innerer Strukturbildung ist, wie wir sehen konnten, die Verfügbarkeit eines "dritten Objekts" ein überaus hilfreicher Umstand, ja vielleicht sogar eine notwendige Bedingung. Im Zuge der frühen Triangulierung festigt sich die Objektbeziehung zum Vater, und zwar sowohl was ihre Intensität und Verläßlichkeit betrifft als auch hinsichtlich ihrer Besonderheit gegenüber jener zur Mutter. Mit etwa drei Jahren verfügt das Kind - unter günstigen Entwicklungsvoraussetzungen - also über (mindestens) zwei eigenständige ("konstante") Objekte, die voneinander ebenso gesondert werden können wie jedes von ihnen vom Selbst des Kindes, sowie über die Fähigkeit, die je spezifischen Beziehungen *gleichzeitig* aufrechtzuerhalten.

Unter dem Einfluß einer Reihe von entwicklungspsychologischen, seelischen und gesellschaftlichen Faktoren kommt es etwa im vierten Lebensjahr zu einer geschlechtsspezifischen Akzentverschiebung der triangulierten Objektbeziehungsstruktur. Die Buben richten den größeren Teil ihrer zärtlichen, sexuellen und besitzergreifenden Strebungen auf die Mutter, die Mädchen dagegen auf den Vater. Angesichts der Liebesbeziehung zwischen den Eltern wird im Erleben des Kindes der gleichgeschlechtliche Elternteil zum Rivalen. Die Rivalität mit der Mutter verstärkt die (präödipale) Ambivalenz der Mutterbeziehung des kleinen Mädchens, während die Buben einen Teil der aggressiven Regungen gegen die Mutter nun auf die Objektbeziehung mit dem Vater verschieben. Die gleichgeschlechtliche Objektbeziehung wird dadurch zu einem Feld massiver *psychischer Konflikte*, welche für die narzißtischen und die Sicherheitsbedürfnisse des Kindes eine eminente Gefahr bilden. Unter günstigen Umständen gelingt es den Buben schließlich, in einem Prozeß zunehmender Identifizierung mit dem Vater, dem Ambivalenzkonflikt und damit einem großen Teil der ödipalen Ängste zu entgehen. In gleicher Weise lösen die Mädchen den Ödipuskomplex durch Identifizierung mit der Mutter. Diese Identifizierung mit dem ödipalen Rivalen macht es den Kindern möglich, die Beziehung zum ödipalen Liebesobjekt zu sichern, freilich um den Preis einer mehr oder weniger vollständigen Verdrängung der die Liebesregungen der ödipalen Zeit begleitenden sexuellen Wünsche und Phantasien[63].

In dieser Zeit zwischen dem vierten und sechsten oder siebenten Lebensjahr kommt es zu entscheidenden Weichenstellungen für die künftige seelische Entwicklung. Wie schon im Zuge der frühen Triangulierung die Identifizierung mit dem Vater den Wegbereiter einer neuen Art von Beziehung zur Mutter bildete, führt auch die *ödipale Identifizierung* mit dem gleichgeschlechtlichen Elternteil zu einer neuen Qualität von Liebesbeziehung. Ging es dort um das Aufgeben der symbiotischen Illusion, handelt es sich nun um den Verzicht auf eine, dem körperlichen und sozialen Entwicklungsstand sowie kulturell (Inzesttabu) unangemessene, sexuelle Beziehung des Mädchens mit dem Vater bzw. des Buben mit der Mutter. Die Identifizierung ermöglicht ihnen, die narzißtische Kränkung über die eigene erotische Minderwertigkeit wettzumachen, indem sie zu einer geschlechtlichen Identität finden, deren letzte Erfüllung zwar auf die Zukunft verschoben werden muß, dafür jedoch - im Gegensatz zu den ödipalen Frustrationen - möglich erscheint. Die Überwindung des Ödipuskomplexes ermöglicht den Kindern also das Akzeptieren des Generationsunterschiedes. Das setzt sie in die Lage, die zuvor noch ängstigende und kränkende Überlegenheit der Eltern für sich zu nützen, indem sie die Sicherheit und Geborgenheit genießen können, welche von der elterlichen Stärke ausgeht. Die Beruhigung im Bereich der primären Objektbeziehungen erlaubt den Kindern nun, ihre Aufmerksamkeit wieder der "Welt draußen" zuzuwenden. War das im zweiten Lebensjahr die "Anders-als-die-Mutter-Welt", welche vom Vater repräsentiert wurde, ist es jetzt die "Anders-als-die-Eltern-Welt", die durch neue Qualitäten von Objektbeziehungen, wie z.B. zu Lehrern, vor allem jedoch zu Gleichaltrigen, vertreten wird. Mißlingt hingegen die Lösung des Ödipuskomplexes, wird die Eroberung jenes außerfamiliären Lebensbereiches schwierig. Die Verstrickung in den primären Objektbeziehungskonflikten bindet die seelische Energie und Aufmerksamkeit und/oder die neuen Beziehungen zu Erwachsenen wie zu Kindern erleiden durch die Übertragung jener Konflikte realitätsinadäquate Verzerrungen, welche dem Kind weitere Probleme bereiten. (Ein nicht geringer Teil der frühen Schulschwierigkeiten von Kindern haben ihren tieferen Grund in der Übertragung nicht hinreichend gelöster ödipaler Konflikte auf den Lehrer, die Mitschüler oder die Institution.)

In die Zeit des Ödipuskomplexes fällt auch die Ausbildung der grundlegenden *strukturellen* und *dynamischen Merkmale*, welche die seelischen Verhältnisse des

63 Der Ödipuskomplex ist ein überaus komplexes psychisches Geschehen, von welchem ich hier nur den "Hauptstrom" skizziert habe. Daneben existiert noch der, üblicherweise schwächer ausgebildete, "negative Ödipuskomplex", d.h. das Kind betrachtet auch den gegengeschlechtlichen Elternteil als Rivalen in seiner weiterbestehenden Liebe zum gleichgeschlechtlichen Elternteil. Schließlich finden die ödipalen Wünsche der Kinder eine Ergänzung in (unbewußten) ödipalen Phantasien der Eltern. Diese erotischen Übertragungen der Eltern auf ihre Kinder werden besonders bedeutungsvoll, wenn der Partner als Liebes- und Sexualobjekt wegfällt (worauf wir noch mehrmals zu sprechen kommen).

Menschen sein ganzes Leben lang kennzeichnen werden. Zunächst einmal *erlebt* das Kind seine psychischen Konflikte auch wirklich als *innere Konflikte* zwischen unterschiedlichen Regungen und richtet die der Vermeidung von Angst dienende Abwehr gegen Teile seines Selbst statt, wie bisher, ausschließlich gegen die Objekte. Die Verlagerung des Konfliktgeschehens von "außen" nach "innen" erreicht mit der Errichtung des "Überich" als Ergebnis der ödipalen Identifizierung (vgl. Exkurs S. 129ff.) seinen Höhepunkt, wodurch sich auch die geschlechtliche Identität des Kindes festigt. Zweitens begründet die gegen Triebregungen, Vorstellungen und Affekte des Selbst gerichtete Abwehr einen neuen psychischen "Raum" - das "dynamische Unbewußte". Da (ins Unbewußte) abgewehrte psychische Inhalte von der weiteren kognitiven und emotionellen Entwicklung weitgehend ausgeschlossen bleiben und in ihrer infantilen Gestalt das gesamte Seelenleben auch des Erwachsenen dynamisch mitgestalten, ist der konkrete Verlauf der ödipalen Konflikte von hervorragender Bedeutung für die psychische Zukunft des Kindes: Wie erlebt das Kind sich und seine Objekte? Von welchen Triebqualitäten sind seine Objektbeziehungen bestimmt? Wie bedrohlich erlebt es seine inneren Konflikte bzw. mit welchen konkreten Phantasien und Angstvorstellungen sind sie verknüpft? Welche Regungen, Vorstellungen und Objektbeziehungsfacetten werden abgewehrt und welche Abwehrmechanismen ergreift das Kind, um der Konflikte Herr zu werden? usw. Jeder Mensch macht also seine ganz individuellen ödipalen Erfahrungen. Und diese bilden schließlich auch das Muster, nach welchem er künftighin trianguläre Beziehungen (d.h. Mehr-als-zwei-Personen-Beziehungen) gestalten wird. Oder anders ausgedrückt: ob bzw. auf welche Weise er in der Lage ist, in seine (Zweier-)Beziehungen die Beziehung zu "dritten" Objekten zu integrieren: etwa die Beziehung zu Geschwistern in die Beziehung zu den Eltern; die Beziehung zu den Eltern in die Beziehung zu Freunden oder Liebespartnern; Freundschafts- und Arbeitsbeziehungen in die Partnerbeziehung; die Beziehung zu den Kindern in die Beziehung zum Partner (vgl. als ein Beispiel die Schwierigkeiten von Vätern angesichts der Geburt eines Kindes: Kap. 4); die Beziehung zu Institutionen in persönliche Beziehungen usw.

6.1 "Verzerrungen" der ödipalen Entwicklung

Angesichts dieser Bedeutung der ödipalen Entwicklungsphase liegt die Annahme nahe, daß es sowohl für das Scheidungserleben als auch für die langfristige psychische Entwicklung des Kindes einen großen Unterschied machen muß, ob die Trennung der Eltern vor bzw. in diese Zeit fällt, oder ob die Kinder Gelegenheit hatten, diesen wichtigen Entwicklungsschritt noch innerhalb der kompletten Familie zu absolvieren. Als wir mit unseren Untersuchungen begannen, erwarteten wir, daß Kinder, deren Eltern sich erst scheiden ließen, nachdem jene das sechste, siebente Lebensjahr vollendet hatten, auf den Verlust eines Elternteils - vor allem, wenn es sich um den Vater handelt - zwar möglicherweise *unmittelbar* stärker reagieren würden als kleinere Kinder, sie jedoch größere Chancen hätten als jene, die Scheidung ohne gravierende langfristige Entwicklungsbeeinträchtigungen zu überstehen. Diese Erwartung gründete sich auf die Annahme, daß zwar der Verlust des Vaters umso schmerzlicher erlebt werde, je älter und damit intensiver und bedeutsamer die Beziehung zu ihm war, andererseits die fundamentalen (triangulären) Objektbeziehungsstrukturen so weit gefestigt, "verinnerlicht" seien, daß der (teilweise) Verlust des "äußeren" Objekts diese Strukturen in geringerem Maß gefährden würde und leichter kompensierbar wäre: sei es durch die Nach-Scheidungs-Beziehung zum Vater oder die Beziehung zu einem oder mehreren väterlichen Ersatzobjekten (Stiefvater, Großvater, väterliche Freunde usf.). Diese Hypothese schien auch durch eine Arbeit von Burgner (1985) gut gestützt zu sein. Sie stellte aufgrund von Psychoanalysen mit vaterlosen Kindern sowie mit Erwachsenen, die ohne Vater aufgewachsen waren, fest, daß diese Kinder präödipalen Objektbeziehungsmustern verhaftet bleiben, aus diesen und anderen Gründen die Konflikte der ödipalen Phase weit bedrohlicher erleben, gegen welche dann auch verstärkte Abwehranstrengungen mobilisiert werden müssen (wodurch auch langfristig neurotische Symptom- und Charakterbildungen grundgelegt werden).

Obwohl unsere Untersuchungen Burgners Befunde bestätigen, können wir unsere Hypothese - die ja unter anderem scheidungswilligen Eltern nahelegt, mit der Trennung bis zum Abschluß der ödipalen Phase zu warten - in dieser Form nicht aufrechterhalten. Das hat vor allem zwei Gründe.

Erstens mußten wir feststellen, daß die Vorstellung, die Kinder könnten in der Zeit vor der Scheidung eine "normale" ödipale Entwicklung durchlaufen, in den allermeisten Fällen eine Illusion war: Mußten wir doch sehen, daß die Voraus-Schatten der Scheidung oft bis ins erste Lebensjahr reichen. Erst recht gilt dies für die spätere ödipale Phase. Die mehr oder weniger offenen Konflikte zwischen den Eltern schaffen nämlich eine Konstellation, die jener in vaterlosen Ein-Eltern-Familien in mancherlei Hinsicht nahekommt. Das fehlende Liebesband zwischen den Eltern bringt mit sich, daß es statt zu einem triangulären Beziehungssystem zu einem Nebeneinander von zwei Zweierbeziehungen, zwischen Kind und Vater und zwischen Kind und Mutter kommt. (Auch in "vaterlosen" Familien gibt es ja meist noch eine weiterbestehende, außerfamiliäre Beziehung zum Vater, bzw. lebt der Vater als phantasiertes "inneres Objekt" weiter). Das erspart den Kindern zwar ein Stück Rivalitätskonflikt mit dem gleichgeschlechtlichen Elternteil, doch ist der Schein einer *ödipalen Idylle* trügerisch. Selbst wenn die Väter ihre Töchter bzw. die Mütter ihre Söhne zeitweise wie vollwertige Partner behandeln, den Großteil ihrer Liebe und Aufmerksamkeit auf die Kinder richten, Angelegenheiten mit ihnen besprechen, die üblicherweise zwischen den Eltern ausgemacht werden usw., bleibt es dem kleinen Mädchen und dem kleinen Buben natürlich nicht verborgen, daß sie dem Vater keine vollwertige Frau bzw. der Mutter kein vollwertiger Mann sein können. Scheint in der "normalen" ödipalen Konstellation der eine Elternteil als Haupthindernis für die Erfüllung der erotischen Liebeswünsche, so ist es nun die eigene erotische Unzukömmlichkeit, wodurch auch die Angst entsteht, das Liebesobjekt zu enttäuschen und aus diesem Grund zu verlieren. Wenn der Vater oder die Mutter das Kind, das sie eben noch wie einen vollwertigen Partner behandelten, schelten und in Grenzen weisen, es also spüren lassen, doch "nur ein Kind" zu sein, ist das zutiefst kränkend und demütigend und verstärkt außerdem jene Angst, der Liebe des ödipalen Objekts verlustig zu gehen. Aber auch unter Rivalität haben diese Kinder zu leiden, freilich mit umgekehrten Vorzeichen: Nun sind es - jedenfalls sehr oft - die Eltern, die um die Liebe des Kindes buhlen. Natürlich sind alle Eltern auch eifersüchtig auf die Liebe des Kindes zum anderen Elternteil. Handelt es sich dabei jedoch um einen geliebten Partner, ist solche "Untreue" leicher zu ertragen. Die Eifersucht bleibt unbewußt und/oder der betreffende Elternteil identifiziert sich seinerseits mit dem Kind. Anders aber, wenn der Partner, dem das Kind seine Vorliebe schenkt, nicht mehr geliebt oder gar gehaßt und als bedrohlich erlebt wird. Dann wird unter Umständen der scheinbare Verlust der Liebe des Kindes unerträglich und die Eifersucht (oft bewußt) agiert. Das bringt die Kinder, anstelle des ödipalen Eifersuchtskonfliktes, in einen schweren *Loyalitätskonflikt* (worauf schon Rotmann hingewiesen hat.Gibt das Kind seinen Liebesgefühlen für den einen Elternteil nach, gefährdet es zugleich die Beziehung zum anderen. Wie die Kinder aus vaterlosen Familien lernen auch diese Kinder nicht, trianguläre Beziehungssysteme zu handhaben. Kinder, deren frühe Objektbeziehungen durch Loyalitätskonflikte belastet waren, neigen dazu, Menschen zu werden, die permanent das Gefühl haben, sich zwischen zwei (oder mehreren) Personen, Beziehungen, Engagements entscheiden zu müssen, sich durch die Angst, den abwesenden "Dritten" zu verletzen oder seine Sympathie zu verlieren, wie zerrissen fühlen.

Anders als bei den vaterlosen Kindern scheint in *Konfliktfamilien* immerhin die Chance aufrecht zu sein, die psychischen Konflikte dieser Zeit durch Identifizierung mit dem gleichgeschlechtlichen Elternteil zu lösen. Allerdings reicht - wie schon bei den vaterlosen Kindern, die Burgner untersuchte - die Identifizierung mit dem gleichgeschlechtlichen Elternteil oft nicht aus, um die gegenüber der "normalen" ödipalen Entwicklung verschärften Konflikte abzuwehren, so daß es zur Entwicklung von neurotischen Symptomen oder Charakterzügen kommt. Obwohl der gleichgeschlechtliche Elternteil verfügbar ist, geschieht es ferner nicht selten, daß sich die *Mädchen* mit den *Vätern* oder die *Buben* mit der *Mutter* identifizieren. Der durch die aggressive Beziehung der Eltern bedingte Loyalitätskonflikt kann nämlich dem Motiv, dem gleichgeschlechtlichen Elternteil nachzueifern, entgegenstehen. Zu werden wie die Mutter würde doch für das Mädchen beinhalten, den Vater zu hassen, und zu werden wie der Vater würde für den Buben bedeuten, die Mutter abzulehnen. Die (zumindest teilweise) Identifizierung mit dem gegengeschlechtlichen Elternteil, die einen Weg darstellt, sich das ödipale Liebesobjekt *irgendwie* zu erhalten - indem ich es "in mir" trage bzw. "an mir" weiterlieben kann - führt, zusammen mit der ohnedies verschärften Selbstwertproblematik (s.o.), zu einer nachhaltigen Beeinträchtigung der Entwicklung der sexuellen Identität dieser Kinder.

Kommt es dennoch zu einer Identifizierung mit dem gleichgeschlechtlichen Elternteil, besteht die Gefahr, daß das Kind im gleichen Zuge auch dessen Haß auf den anderen Elternteil verinnerlicht, wodurch die ödipale Liebesbeziehung - damit aber auch die spätere Fähigkeit zur heterosexuellen Liebe - zerstört oder stark beeinträchtigt wird. Für das kleine Mädchen ist es freilich meist viel zu bedrohlich, diesem Haß nachzugeben und sich gänzlich vom Vater abzuwenden. Noch mehr gilt das für den Buben in seiner Beziehung zur Mutter: Zu stark sind noch die Ängste vor Liebes- oder Objektverlust, die durch archaische Trennungsängste, durch Angst vor Vergeltung, aber auch durch immer noch bestehende libidinöse Bande gespeist werden. Daher wird dieser Haß meist verdrängt, und diese Verdrängung durch "Delegation der Aggression", also das, was wir "aggressive Triangulierung" nannten, oder durch andere Abwehrmaßnahmen gesichert. Nicht oder ungenügend abgewehrt wird in vielen dieser Fälle der sexuelle Anteil der ödipalen Liebesbeziehung bzw. kommt es häufig zu einer unseligen Legierung von aggressiven und sexuellen Triebregungen und Phantasien, was diese Kinder für ihr späteres Leben zu sadistischen und/oder masochistischen Liebesbeziehungen prädisponiert.
Die Ähnlichkeit der ödipalen Entwicklungsbedingungen zwischen der "Vor-Scheidungs-Familie" und der "Ein-Eltern-Familie" ist dort am größten, wo sich ein Elternteil - meistens der Vater - vom Familienleben zurückzieht. Ich meine hier gar nicht die häufigen real vollzogenen Trennungen vor der Scheidung, sondern die Väter, die abends, wenn überhaupt, nach Hause kommen, wenn die Kinder schon schlafen oder sich in einen eigenen Raum zurückziehen; die sich auch am Wochenende in ihren Beruf stürzen oder ihre Freizeit außer Haus verbringen, so daß für die reale Vater-Kind-Beziehung kaum mehr Zeit und Raum verbleibt. Solche Konstellationen ähneln vorweggenommenen Scheidungen. Zwar bleibt diesen Kindern der Schmerz der abrupten Trennung (noch) erspart, "ein bißchen" haben sie ja den Vater noch, wenigstens formal und in ihrer Phantasie ist er noch Teil der Familie. Andererseits erleben sie über einen mitunter langen Zeitraum den Rückzug des Vaters als Desinteresse und Liebesentzug an ihrer Person. Das kann unter Umständen mehr kränken als eine zunächst stürmische Scheidung, der eine kontinuierliche und intensive Nach-Scheidungs-Beziehung zum Vater folgt, die dem Kind allmählich die Sicherheit gibt, daß die Trennung der Eltern tatsächlich nicht seine Schuld war und ihm ermöglicht, sich weiterhin bzw. wieder geliebt zu fühlen.
Abgesehen von den langfristigen Entwicklungsbeeinträchtigungen bleiben die Partnerschaftskonflikte der Eltern während der ödipalen Phase kaum je ohne Auswirkungen auf die *aktuelle psychische Gesundheit*[64] der Kinder. Am ehesten vermögen noch die Kinder, die ihre Objektbeziehungskonflikte über "aggressive Triangulierung" - wenigstens kurzfristig - abzuleiten verstehen, ihr psychisches Gleichgewicht ohne massive Abwehrmaßnahmen aufrecht zu erhalten. Meist jedoch verrät sich die spezifische Zuspitzung der psychischen Konflikte durch die

[64] Zum Begriff der psychischen Gesundheit im psychoanalytischen Sinn s. den Exkurs, S. 129ff.

Entwicklung neurotischer Symptome, wie vor allem Bettnässen, hysterische Angstanfälle und Phobien; durch charakterliche Veränderungen, z.B. eine starke allgemeine aggressive Reaktionsbereitschaft, Ängstlichkeit und Scheuheit, Unterwürfigkeit, Neigung zu depressiven Verstimmungszuständen, Affekt- und/oder Phantasiearmut. Schließlich können die psychischen Konflikte auf außerfamiliäre Beziehungen übertragen werden bzw. zu einer Abschließung des Interesses gegenüber solchen Beziehungen (z.B. Schule) führen. Allerdings werden diese äußeren Veränderungen von den wenigsten Eltern als Zeichen seelischer Konflikte verstanden und erst recht nicht in Zusammenhang mit ihren Partnerschaftskonflikten gebracht. Ein großer Teil der Eltern sieht in ihnen einfach ein "Fehlverhalten", das sie den *Kindern zum Vorwurf machen:* "Benimm dich nicht hysterisch" oder "Bitte hör auf zu spinnen" (bei Angstanfällen); "Sei nicht so feig", "Was soll der Unsinn" oder auch "Glaubst du, ich laß mich von dir terrorisieren" (bei Phobien, d.h. einer konstanten, irrationalen Furcht vor bestimmten Tieren, Menschen, Plätzen, Orten, vor Dunkelheit, vor dem Einschlafen usw.); "Benimm dich gefälligst!", "Man haut nicht zurück!", "Der Hansi hat dir gar nichts getan!", "Du mußt rücksichtsvoller sein" u.ä. (bei aggressiven Charakterveränderungen)[65]; "Mach nicht so ein Gesicht", "Fade Gurken" oder auch "Sei nicht so faul" (bei depressiven Verstimmungen); "Sei nicht so schlimm", "Du mußt Dich bemühen", "Du mußt mehr üben", "Du hast zu wenig Pflichtbewußtsein", "Streng dich an" (bei Schulproblemen) usw. Dementsprechend versuchen diese Eltern, den Verhaltensproblemen der Kinder mit "erzieherischen Mitteln", also Lob, Überreden, Erklären, Drohen und Strafen Herr zu werden, was natürlich ein hoffnungsloses Unterfangen ist. Die umgangssprachlichen Kategorien "hysterisch", "spinnen", "faul", "feig" usw. dienen dazu, die Bedeutung jener Symptome oder Verhaltensweisen zu verharmlosen und in ihnen eine "persönliche Note", eine "Entwicklungskrise" oder "soziale Unreife" - eine besonders bei Berufspädagogen beliebte "diagnostische" Kategorie - zu erblicken. Mitunter werden neurotische Wesensveränderungen sogar ausdrücklich begrüßt. So rühmte etwa eine Mutter ihre depressive Tochter als "ernsthaft und besonnen", die an den "unsinnigen Vergnügungen" ihrer Kameraden "kein Interesse" zeigt. Der Vater eines schon deutlich zwangsneurotischen, phantasiegehemmten Buben war mächtig stolz darauf, daß sein sechsjähriger Sohn, statt zu spielen, sich stundenlang in Lexika und Sachbücher vertiefte und sich mit der Ordnung und Systematisierung von Tier- und Eisenbahnbildern beschäftigte. Die Scheu und Ängstlichkeit einer Fünfjährigen wurde von ihren Eltern als "weibliche Schüchternheit" begrüßt, ja vom Vater sogar als eine Art reizvoller Koketterie mißverstanden. Manche Eltern begrüßen auch aggressive Charakterveränderungen ihrer Kinder. Fast ausschließlich handelt es sich dabei um Väter bzw. bei den betreffenden Kindern um Buben. Solche Väter sind etwa stolz auf das (männliche) Durchsetzungsvermögen ihrer Söhne. Ein Vater zeigte unverhohlen seine

[65] Nicht alle aggressiven Verhaltensweisen müssen aber auf eine neurotische Charakterveränderung hinweisen!

Genugtuung darüber, daß der Bub mit seiner aggressiven Art (Wutausbrüche, körperliche und verbale Attacken bei geringstem Anlaß) "die Weiber zur Verzweiflung bringt" - womit er sowohl die Mutter als auch die Kindergärtnerin meinte. (Auch hier haben wir es mit einer Form "aggressiver Triangulierung" zu tun, wobei freilich die Wut und Abwertung gegenüber dem weiblichen Geschlecht vom Vater an den Sohn delegiert wird, der sich seinerseits mit dieser Haltung des Vaters identifiziert hatte.)

Am ehesten werden die sichtbaren Veränderungen der Kinder von den Eltern (oder einem Elternteil) als Ausdruck eines seelischen Problems begriffen, wenn sich in ihrem Gefolge Schwierigkeiten in der Schule ergeben oder wenn es sich um klar umgrenzte Symptome, wie vor allem Bettnässen, handelt. In der Mehrzahl dieser Fälle werden die Störungen des Kindes von Mutter und/oder Vater allerdings mehr oder weniger offen für die gegenseitigen Auseinandersetzungen benützt, indem das seelische Leiden des Kindes dem jeweils anderen Elternteil *als Schuld angelastet wird*. Das hat unter Umständen fatale Folgen für die Handhabung dieser Leiden. Frau S., zum Beispiel, schrieb die Verantwortung an der totalen Lernverweigerung ihres siebenjährigen Sohnes *Anton* ausschließlich ihrem Mann zu, der sich ihren Angaben nach um die Familie überhaupt nicht kümmerte und sich, wenn er einmal da war, laut, aggressiv und ekelhaft sowohl gegenüber der Mutter als auch gegenüber dem Buben benahm. Das Verhalten von Anton, der stets zu seiner Mutter hielt und den Vater ablehnte, bestätigte sie noch in ihrer Einschätzung und erleichterte ihr den Entschluß, sich endgültig von ihrem Mann zu trennen. Für Anton, der bereits in hohem Maße mit seiner Mutter identifiziert war, wäre es nun ganz wichtig gewesen, zu seinem Vater eine "neue", von den Konflikten der Ehe befreite Beziehung aufzubauen. Eine solche Beziehung hätte ihn in seiner hoch ambivalenten Beziehung zur Mutter entlasten und ihn ein Stück seiner männlichen Identität wiedergewinnen lassen können. Die Mutter dagegen, die die tieferen Gründe von Antons Problemen, also auch ihre eigene "Beteiligung", nicht sehen konnte, vielmehr davon überzeugt war, daß einfach "der Vater dem Kind schade", betrieb geradezu das Gegenteil: Sie versuchte mit allen Mitteln, den weiteren Kontakt des Buben mit dem Vater zu unterbinden.

Kehren wir zurück zu unserer Ausgangshypothese, daß Kinder, deren Eltern sich nach (voraussichtlichem) Abschluß der ödipalen Phase scheiden lassen, in ihrer künftigen seelischen Entwicklung weniger beeinträchtigt sein würden als jene, welche die Scheidung vor dem sechsten Lebensjahr erleiden. In den vorangegangenen Kapiteln habe ich dargelegt, daß die Trennung der Eltern, selbst wenn die Kinder zum Scheidungszeitpunkt bereits sechs, sieben Jahre alt waren, ihre Schatten mitunter bis ins erste Lebensjahr "vorausgeworfen" hatte. Erst recht gilt dies für die relativ späte ödipale Entwicklungsphase. Die wenigsten Scheidungen fallen vom blauen Himmel, das heißt sind ohne krisenhafte Vorgeschichte. Und die Ehekrise bleibt nur in seltenen Fällen den Kindern verborgen bzw. ohne Auswirkung auf das Erleben der Kinder und damit auf ihre seelische Entwicklung. Aggressive Auseinandersetzungen zwischen den Eltern; der eifersüchtige Kampf

der Eltern um das Kind bzw. seine Liebe; die daraus resultierende Ersetzung des ödipalen Eifersuchtskonfliktes bei den Kindern durch Loyalitätskonflikte; die partielle "ödipale Illusion" mit ihren sexuellen und narzißtischen Konflikten; die erschwerten Bedingungen der Erledigung des Ödipuskomplexes durch gegengeschlechtliche Identifizierung - um nur einige der wichtigsten Faktoren zu nennen - bringen viele Kinder um jene (hypothetische) Chance, sich für das Trauma Scheidung zu wappnen, indem sie die charakteristischen ödipalen Konflikte verschärfen bzw. verzerren und den Kindern weit geringere Chancen einer progressiven Bewältigung einräumen. Dazu kommt, daß viele dieser Kinder, wenn sie in den ödipalen Entwicklungsabschnitt eintreten, bereits mit Problemen aus den ersten Lebensjahren belastet sind. Ungelöste präödipale Konflikte sind aber, selbst bei "normalen" familiären Beziehungskonstellationen, mächtige Wegbereiter übermäßiger Angstentwicklung während der ödipalen Phase.
Faßt man diese Befunde zusammen, kommt man zu der theoretisch wie praktisch bedeutsamen Erkenntnis, daß ein großer Teil der Kinder zum Zeitpunkt der Scheidung bereits ein Stück neurotischer Entwicklung hinter sich haben und/oder Störungen ihrer Objektbeziehungs- und Ichentwicklung aufweisen - und zwar unabhängig davon, ob diese Kinder ihrer Umwelt, vor allem den Eltern, in irgeneiner Weise auffällig erschienen waren oder den Eindruck ungetrübter seelischer Gesundheit machten. Diese Erkenntnis erweitert nicht nur unser Verständnis der - unmittelbar sichtbar werdenden - "Scheidungssymptome", sondern wirft auch ein neues Licht auf die prinzipielle (pädagogische) Frage: Scheidung - ja oder nein? Es hat den Anschein, als wäre ein beträchtlicher Teil der dramatischen Reaktionen der Kinder auf die Trennung der Eltern - und damit auch ein Gutteil der mittel- und längerfristigen Entwicklungsfolgen - psychologisch gesehen in der Entwicklung *vor der Scheidung* mitbegründet. Oder anders ausgedrückt: Es wäre zu fragen, ob die *Disposition* zu mittel- und längerfristigen Entwicklungsbeeinträchtigungen, die durch die Scheidungsforschung belegt sind, nicht bereits zum Zeitpunkt der Scheidung bestand. Oder nochmals anders gewendet: Ob es nicht vielleicht für eine Reihe von Kindern günstiger gewesen wäre, hätte sich die entwicklungsbeeinträchtigende Konfliktfamilie schon früher aufgelöst. Die letzte Vermutung ist freilich an eine wesentlich Voraussetzung geknüpft: daß es den Eltern gelingt, dem Kind nach der Scheidung förderlichere Entwicklungsbedingungen zu gestalten als davor. Das beinhaltet sowohl die Wochen und Monate der Scheidung selbst (wovon im ersten Teil des Buches die Rede war) als auch die weitere Zukunft[66].

[66] Unsere Befunde über die gravierenden Auswirkungen ehelicher Konflikte auf die psychische Entwicklung des Kindes dürften auch von allgemeiner (psychoanalytisch-)entwicklungspsychologischer Relevanz sein. Werfen sie doch ein zusätzliches Licht auf die Frage, warum sich sowohl die frühen als auch die ödipalen Objektbeziehungserfahrungen von Kind zu Kind so unterschiedlich konfliktreich entfalten, obwohl weder die äußeren Lebensverhältnisse noch die Charaktere der Eltern besondere (pathologische) Auffälligkeiten zeigen. Der Mutter-Vater-Konflikt darf m.E. ein Stück des Terrains beanspruchen, das heute noch "konstitutionellen Faktoren" für die Erklärung unterschiedlicher Entwicklungsschicksale innehaben. Darüber hinaus bildet er eine Art äußerer

6.2 Die "aufgehobene" ödipale Entwicklung

Wie aber steht es mit den Kindern, die tatsächlich das Glück einer, von größeren Ehekonflikten der Eltern ungestörten, "normalen" Entwicklung während der ersten fünf, sechs Lebensjahre genießen konnten? Eines dieser Kinder, über welche das Zerwürfnis von Vater und Mutter gewissermaßen über Nacht hereinbrach, war *Sebastian*, dessen Eltern eine durchschnittlich glückliche Ehe geführt hatten. Als Sebastian gerade sieben Jahre alt geworden war, verliebte sich der Vater während eines beruflichen Fortbildungsseminars Hals über Kopf in eine attraktive, selbst geschiedene Geschäftsfrau, die in derselben Branche wie er arbeitete und ebenfalls an dem Seminar teilnahm. Mit ihr erlebte er eine Woche lang "einen neuen Frühling", wie er sich ausdrückte. Diese Frau erschien ihm wie die Verwirklichung lebenslanger Träume. Alles schien zu stimmen: eine leidenschaftliche sexuelle Anziehung auf beiden Seiten, gleiche berufliche und geistige Interessen und die (gegenseitige) Anerkennung der beruflichen Leistungen und Erfolge des anderen. Wie kontrastierte diese Beziehung zum ehelichen Alltag, vor allem zum zwar nicht unbefriedigenden aber doch über die Jahre etwas flau gewordenen sexuellen Verkehr mit der eher kühlen Ehefrau. Und noch etwas war da, das jene neue Frau zu erfüllen versprach: Als junger Mann hatte er immer davon geträumt, in seiner Frau eine Gefährtin zu haben, die Seite an Seite mit ihm die Herausforderungen des Berufes teilen würde. Seine Gattin aber hatte nie ein Hehl daraus gemacht, daß sie das, was ihr Mann tat, inhaltlich nicht interessierte. Ja mitunter äußerte sie sich direkt abschätzig über sein berufliches Engagement und warf ihm vor, zu wenig Zeit für die Familie aufzubringen. Erst jetzt wurde ihm klar, daß er dieses Desinteresse und die Kritik seiner Frau im Grunde immer als eine Geringschätzung seiner Person, seiner Männlichkeit, erlebt hatte. Und mit einem Male war da eine - selbst erfolgreiche - Frau, die ihn schätzte und bewunderte und ihn, wie nie zuvor, fühlen ließ, ein begehrenswerter *Mann* zu sein. Dies änderte allerdings nichts daran, daß er nach wie vor an seiner Familie hing, ganz besonders an seinem Sohn, aber auch an seiner Frau, die er immer noch "zwar anders, aber doch liebte", wie er sagte. Die sexuelle und narzißtische Attraktivität der neuen Beziehung war jedoch zu groß, um es bei einem Abenteuer zu belassen. Nach wenigen Wochen kam die Ehefrau dahinter und reichte spontan die Scheidung ein. Alle Versöhnungsversuche des Mannes, seine Versicherung, die andere Beziehung sofort zu beenden, schlugen fehl: zu groß war die Kränkung, die er seiner Frau angetan hatte.

Sebastian war zu diesem Zeitpunkt ein aufgeweckter, selbstsicherer, gesunder Bub, der seinen Vater als großes Vorbild und als Kumpel bewunderte und liebte und

Klammer zwischen den frühen Objektbeziehungserfahrungen, in deren Mittelpunkt allein die Mutter zu stehen scheint, und den psychischen Konflikten der ödipalen Konstellation: Übermäßige Angstentwicklung im Zuge der ödipalen Konflikte erscheint demnach nicht *nur* als (innerpsychische) *Folge* von Störungen der frühen Objektbeziehungen, sondern *auch* als Folge einer *fortlaufenden "Kontamination"* durch eben jene ("äußeren") Bedingungen, die schon den frühen Individuationsprozeß des Kindes komplizierten.

seine Mutter zärtlich verehrte. Man könnte sagen, daß die *subjektiven Voraussetzungen*, den Schmerz der Scheidung zu bewältigen, sehr günstig waren. Aber es handelte sich hier um einen jener Fälle, wo es den Eltern, vor allem der Mutter, angesichts der eigenen seelischen Verwundung ganz unmöglich war, auch die "objektiven" Voraussetzungen für eine solche Bewältigung zur Verfügung zu stellen, jene "Erste Hilfe" zu leisten, der eine so große Bedeutung zukommt (vgl. Kap. 2). Für Sebastians Mutter war der abrupte Bruch mit ihrem Mann wohl der einzige Weg, sich ihre Selbstachtung zu bewahren. Aber natürlich liebte sie diesen Mann noch, oder liebte das, was einmal zwischen ihr und ihm war. Und sie spürte, daß sie sich vor dieser Liebe und vor den Ängsten, welche eine ungewisse Zukunft heraufbeschwor, schützen mußte. Die größte Gefahr, ihren Sehnsüchten zu erliegen, ging von den verführerischen Versöhnungsversuchen des Vaters aus. Daher machte sie "Schluß", vermied jeden Kontakt und versuchte auf diese Weise, Abstand zu gewinnen. Wäre es nur das, könnte für Sebastian noch alles gut werden. Es gibt viele geschiedene Eltern, die es vorziehen, einander aus dem Weg zu gehen, ihren Kindern jedoch jede Freiheit lassen, die Beziehung zum jeweils anderen Elternteil zu pflegen, und darüber die eigene Beziehung zum Kind nicht belastet oder bedroht erleben[67]. Dazu war Sebastians Mutter, jedenfalls zur Zeit, nicht in der Lage. Um sich gegen die Bestürmungen des Mannes, das Zureden ihrer Freunde, gegen ihre eigenen Liebeswünsche und gegen die Schuldgefühle, dem Kind den Vater zu nehmen, wehren zu können, mußte sie das Bild seines Verrates und seiner Niedertracht lebendig halten, ja, in einer gewissen Weise - natürlich unbewußt - kultivieren. Je häßlicher sie vor sich das Bild von ihm zeichnete, desto geschützter war sie, "schwach" zu werden: Einem solchen ("nur bösen") Menschen *kann* man nicht mehr trauen, ja man *kann* ihn auch nicht lieben. Und dafür, dem Kind *solch einen Vater* zu nehmen, braucht man auch kein schlechtes Gewissen zu haben. Solche "Spaltungen", die am einst geliebten Menschen kein gutes Haar lassen, bergen eine große Gefahr für eine Fortführung der Beziehung des Kindes zu diesem nun gehaßten und haß*baren* Menschen in sich: Von einem durch und durch bösartigen Menschen geht Gefahr aus, vor der man auf der Hut sein muß. Wie also kann eine Mutter, in ihrer psychischen Abwehr so weit gekommen, ihr Kind "diesem Mann ausliefern"? Diese Angst bildet den Hintergrund vieler Besuchsrechtskonflikte, in denen (aus der Sicht der Väter) "böse Mütter" den Kontakt zwischen Kind und Vater vereiteln. Diese "Bosheit" ist oft ein unmittelbarer Ausdruck von Mütterlichkeit: Die Mutter schützt ihr Kind vor einem Ungeheuer, zu dem sie den Vater machen mußte, um die Trennung von ihm zu bewältigen und mit den eigenen Schuldgefühlen fertig zu werden.

Im Fall Sebastians bedeutete dies, daß die Mutter nicht nur für sich selbst, sondern auch für ihr Kind den Kontakt mit dem Vater verhindern mußte. Nun stellte sich

[67] Die Betonung liegt auf der *Freiheit*, welche die Mutter/der Vater dem Kind in der Beziehungsgestaltung zum jeweils anderen einzurämen vermögen, weil sie selbst vor jener Beziehung keine Angst haben. (Vgl. dazu auch Kap. 9)

aber die nächste Bedrohung ihres labilen Gleichgewichts ein: die Sehnsucht Sebastians nach dem Vater und die Wut des Kindes auf die Mutter, die mit tiefer Traurigkeit über den Verlust abwechselte. Diese normalen und gesunden Reaktionen des Buben waren für Sebastians Mutter jedoch unerträglich. Sie aktivierten Schuldgefühle, wiederholten die Kränkung, die sie vom Vater erleben mußte und ließen sie fürchten, auch noch das Kind bzw. seine Liebe zu verlieren. Nichts aber benötigte diese Frau im Augenblick mehr, als ein Kind, das in bedingungsloser Liebe zu ihr hielt. Daher kämpfte sie um die Loyalität Sebastians, indem sie versuchte, sich zu verteidigen, ihm ihre Sicht der Dinge nahezubringen, was darauf hinauslief, dem Buben "die Augen über seinen Vater zu öffnen", wie sie selbst sagte, nicht wissend, daß sie damit ein zentrales Stück der Identität Sebastians zerstörte: jenes Stück seines Selbstgefühls und seiner Selbstsicht, welches im Laufe von Jahren aus der Identifizierung mit dem geliebten und bewunderten Vater erwachsen war. Sebastian geriet in einen unlösbaren Loyalitätskonflikt zwischen seinen Gefühlen für den Vater und für die Mutter. Wenn er um die Beziehung zum Vater kämpfte und die Mutter bekämpfte, konnte er sich spüren und blieb "lebendig". Aber es war eine Lebendigkeit auf Kosten der Mutter: Kann sie bzw. ihre Mutterliebe diesen Kampf überleben? Die Verletzbarkeit der Mutter, die sich Sebastian in ihren Verzweiflungs- und Wutausbrüchen vermittelte, erzeugte in ihm eine unsagbare Angst vor der Macht seiner eigenen Leidenschaft. Aber auch die Versuche, die Beziehung zur Mutter zu sichern, schlugen fehl. Es muß kaum erwähnt werden, daß Sebastians Schulleistungen rapide zurückgingen, was die Mutter, zusammen mit seinen regressiven Anhänglichkeits- und Kontrollbedürfnissen, als aggressive, gegen sich gerichtete Akte erlebte, die von ihr mit Hilflosigkeit und Wut beantwortet wurden. Die Aggressivierung war aber nur die eine Seite von Sebastians Objektbeziehungskonflikten mit der Mutter. Dazu kam die verführerische Einladung der Mutter, mit ihr allein glücklich zu werden, so wie *sie* bereit war, ihre ganze Liebe ab nun nur mehr ihm zu schenken. Diese Aktivierung von alten ödipalen Sehnsüchten, die durch Identifizierung mit dem Vater bereits erfolgreich abgewehrt waren, verliehen der Scheidung im Nachhinein die (zusätzliche) Bedeutung der *Beseitigung* des Vaters - woran sich all die Ängste und narzißtischen Probleme knüpften, welche die "ödipale Illusion" (vgl. S. 113f.) mit sich bringt.

Ich denke, diese Schilderung der Nach-Scheidungs-Phase Sebastians und seiner Mutter genügt, um erkennen zu können, daß Sebastian in eine ödipale Krise geraten war, die jedoch nicht einfach als Regression in den eigenen, bereits überwundenen, ödipalen Entwicklungsabschnitt kennzeichenbar ist, sondern eine Reihe von Charakteristika aufweist, welche die ödipale Entwicklung von Kindern in vaterlosen oder Konfliktfamilien auszeichnen. Der Zusammenbruch von Sebastians ("gesunder", postödipaler) Abwehr (vgl. Kap. 2.5) führte nicht einfach zu einer Wiederbelebung der Vergangenheit, sondern zu einer konfliktuös verschärften und verzerrten "Neuauflage" eines zentralen Stücks seelischer Entwicklung. Die "posttraumatische Abwehr" (vgl. Kap. 3), mit deren Hilfe Sebastian die Ängste der Nach-Scheidungs-Krise schließlich bewältigte, bestand in

einer weitgehenden Identifizierung mit der *Mutter,* im Zuge derer er die Ablehnung des Vaters mit übernahm. Hinter dieser Ablehnung zeigte sich jedoch eine passiv-ängstliche, homosexuell getönte Sehnsucht nach dem männlichen Liebesobjekt. Spätestens hier, in der Verkehrung der Bewältigung des Ödipuskomplexes, wird der pathogene Charakter solcher ''Neuauflagen'' deutlich.
Sebastians Schicksal ist repräsentativ für viele Latenzkinder, deren Eltern sich ''plötzlich'' scheiden lassen und widerlegt unsere ursprüngliche Hypothese von der weit größeren Chance der über sechsjährigen Kinder in schmerzlicher Weise. Denn offenbar kann das Scheidungserlebnis, die Nach-Scheidungs-Phase eingeschlossen, unter ungünstigen *äußeren* Verhältnissen - vom Standpunkt des Kindes aus gehören die inneren Verhältnisse der Eltern den äußeren Verhältnissen an - *erfolgreich vollzogene Entwicklungsschritte rückgängig machen.* Wir sehen also, daß die Scheidung den für das künftige Leben so bedeutsamen Entwicklungsabschnitt des Ödipuskomplexes und seiner Überwindung von zwei Seiten her angreift: indem die der Scheidung vorausgehenden familiären Spannungen in der ödipalen und präödipalen Zeit die (''normalen'') psychischen Konflikte des Kindes beträchtlich komplizieren; und zweitens, indem das Scheidungserlebnis bereits erfolgte Entwicklungsschritte wieder rückgängig zu machen droht. Beides gilt natürlich nur unter der Voraussetzung, daß einerseits die Objektbeziehungen des Kindes in die Beziehungskonflikte der Eltern einbezogen werden bzw. andererseits die bereits geschiedenen Eltern nicht in der Lage sind, dem Kind die für die Bewältigung des Scheidungserlebnisses notwendige Hilfe angedeihen zu lassen. Beide Voraussetzungen treffen leider in der Mehrzahl der Fälle zu.

6.3 Gibt es ein ''optimales Scheidungsalter''?

Es könnte nun der Eindruck entstehen, es sei für die Entwicklung des Kindes völlig gleichgültig, ob sich die Eltern scheiden lassen, wenn ihr Kind vier oder sieben Jahre alt ist, ob die Ehe der Eltern harmonisch oder konfliktreich verlaufen war, weil die ödipalen Konflikte in jedem Fall eine pathogene Verschärfung erfahren, sei es von vornherein oder im Nachhinein durch die der Scheidung folgenden Destrukturierungsprozesse. Das ist, zumindest in dieser verallgemeinernden Formulierung, natürlich nicht der Fall. Erstens sind die Verzerrungen der ödipalen Entwicklung - in der Ein-Eltern-Familie, in der Konfliktfamilie oder als Destrukturierung im Zuge der Nach-Scheidungs-Krise - an je spezifische psychische und äußere Voraussetzungen geknüpft, *müssen* also nicht eintreten bzw. lassen eine Vielzahl individueller Variationen zwischen ''pathogen'' und ''normal'' offen. Zweitens betreffen destrukturierende Regressionen keineswegs bloß den postödipalen Entwicklungsstand. Auch das drei- und vierjährige Kind vermag unter ungünstigen Umständen wichtiger Errungenschaften seiner bereits vollzogenen psychischen Entwicklung (z.B. Objektkonstanz, Triangulierung der Objektbeziehungen, autonome Beherrschung der Körperfunktionen) wieder verlustig gehen. Je früher aber die Entwicklung Störungen ausgesetzt ist, desto höher ist die Gefahr anzusetzen, daß die künftige seelische Entwicklung Beeinträchtigungen ausgesetzt sein wird[68]. Drittens gehen im Zuge von Destrukturierungsprozessen keineswegs alle Errungenschaften der vorhergehenden Entwicklung verloren. Das Abwehrsystem mag zusammengebrochen sein, durch das Wiederauftauchen abgewehrt gewesener sexueller und aggressiver Wünsche und Phantasien können sich alte Ängste wieder einstellen und das Kind (mitunter auch die Eltern) in bereits überwundene Objektbeziehungsmuster zurückfallen. Aber der große Teil der sogenannten *Ichfunktionen* - darunter fallen die kognitiven Fähigkeiten (Denken, Sprechen), vor allem auch die Fähigkeit der (unbewußten) Konfliktabwehr mit Hilfe differenzierter Abwehrmechanismen - bleibt erhalten, so daß regressiv aktivierte Konflikte niemals eine einfache Neuauflage ursprünglicher Konflikte darstellen. Dazu kommt noch das (ideale) Selbstbild des Kindes, also die Vorstellung, wie es ist bzw. gerne sein möchte, worin sich ein Vierjähriger und ein Siebenjähriger beträchtlich unterscheiden. Wir haben früher schon festgestellt (*Alexander*, S. 70f.), daß das reife Selbstkonzept[69] des Kindes sich der durch den Zusammenbruch der Abwehr initiierten Regression entgegenstemmt, indem es auf eine (möglichst frühzeitige) neuerliche Abwehr der traumatisch aktivierten Konflikte (Ängste) drängt, wofür es, eben aufgrund der relativ größeren Ichreife, auch über reichhaltigere psychische Mechanismen verfügt. Jene "posttraumatische" Abwehr macht das Kind daher zwar "neurotischer" als es vor dem traumatischen Einbruch (Scheidung bzw. Nach-Scheidungs-Krise) war, beeinträchtigt jedoch zweifellos weniger Lebensbereiche als dies bei einem vierjährigen Kind mit ähnlichen Trieb- und Objektbeziehungskonflikten der Fall wäre.

Somit läßt sich ein Stück unserer Ausgangshypothese doch "retten": Eine günstige ödipale Entwicklung - die ja eine gelungene Individuation und Triangulierung in den ersten drei Lebensjahren einschließt - ist bestimmt eine wichtige Voraussetzung dafür, daß es dem Kind gelingt, sein psychisches Gleichgewicht auf einem Niveau wiederzufinden, das *nicht allzu sehr* unter dem schon erreichten Entwicklungsstand liegt, oder anders ausgedrückt: daß es nicht allzu vieler psychischer Errungeschaften wieder verlustig geht. Besonders deutlich wird das an den Kindern, die binnen kürzester Zeit vom scheinbar normalen Sechs-, Siebenjährigen in die Wahrnehmungs- und Gefühlswelt von Kleinkindern zurückfallen. Haben wir doch festgestellt, daß dieser "Rückfall" nur zum Teil als Regression zu verstehen ist, mehr jedoch ein *Sichtbarwerden* von verzerrt, unvollständig oder nicht stattgefundenen Entwicklungsprozessen darstellt. Aber wir haben auch gelernt, daß das *Alter als solches* keinerlei spezifische Prognosen zuläßt und auch, daß die Variable "abgeschlossene ödipale Entwicklung" nur eine

[68] Dies ist nicht nur quantitativ, im Sinn einer *erhöhten neurotischen* Disposition, gemeint: Nach Mahler, Kernberg u.a. sind massive Belastungen der frühen Objektbeziehungserfahrungen für psychotische und "Borderline"-Entwicklungen verantwortlich zu machen.

[69] Mit "Selbstkonzept" meine ich hier, was in der Sprache der Psychoanalyse als "Ich-Ideal" bezeichnet wird. Es hat den Anschein, als wäre das Ich-Ideal gegenüber den Destrukturierungsprozessen der Nach-Scheidungs-Krise resistenter als die repressiven Anteile des Überich.

von vielen Variablen ist, die Schwere, Verlauf und spezifische Folgen des Scheidungs- und Nach-Scheidungs-Traumas bestimmen: die Fähigkeit der Eltern, mit den unmittelbaren und mittelbaren seelischen Reaktionen des Kindes auf die Scheidung und die Zeit danach umzugehen; Dauer und Intensität des ehelichen Konfliktes vor der Scheidung bzw. das Ausmaß, in welchem die Objektbeziehungen und (normalen) *seelischen* Konflikte des Kindes in diese Auseinandersetzungen einbezogen waren; der seelische "Reifegrad" des Kindes, der jedoch offenbar weniger vom Alter als von eben jenen Entwicklungsbedingungen vor der Scheidung abhängig ist; die Art und Weise, wie das Kind frühere seelische Konflikte bewältigt und sein psychisches Gleichgewicht aufrechterhalten hat; die Fähigkeit der Eltern, auch nach der Scheidung miteinander umzugehen, wobei eine besondere Rolle spielt, ob sie in der Lage sind, den jeweils anderen Partner nach wie vor als Vater bzw. als Mutter zu akzeptieren (es ist dies weniger eine moralische als eine psychische Fähigkeit, die etwa Sebastians Mutter nicht mehr aufbringen konnte); und schließlich das, was längerfristig der Scheidung folgt, also das weitere Schicksal der Beziehungen zwischen den Eltern und zwischen dem jeweiligen Elternteil und dem Kind u.a.m. (wovon im Dritten Teil ausführlich die Rede sein wird). All diese Faktoren bilden ein komplexes psychologisches Bedingungsgefüge, sie beeinflussen einander, können sich gegenseitig verstärken aber auch wieder aufheben. Was nützte *Sebastian* seine seelische Reife und Gesundheit angesichts der Verzweiflung der Mutter, die sie unfähig machte, der Liebe Sebastians zu seinem Vater und dem Schmerz des Kindes über die Trennung einen Platz in ihrer eigenen Beziehung zum Kind einzuräumen? Was nützte es wiederum *Manfred* (S. 39ff.), daß seine Eltern bereit waren, weiterhin für ihn da zu sein, wenn er selbst - angesichts spezifischer Objektbeziehungskonstellationen, die bis in die ersten Lebensjahre zurückreichten - nicht in der Lage war, sich ein Leben nach der Trennung vorzustellen? Wann immer man einen Faktor herausnimmt, um ihn in Bedeutung und Gewicht für stattgehabte oder künftige Entwicklungen zu beurteilen, bedarf es des einschränkenden Zusatzes "... unter der Voraussetzung, daß ...".

Das bringt mit sich, daß sich auch Fragen, die Eltern im Zusammenhang mit einer Scheidung bewegen, kaum je in allgemeiner Form eindeutig beantworten lassen. Ein Beispiel dafür ist jene Frage, die uns in diesem Kapitel, eigentlich im ganzen Zweiten Teil dieses Buches, mehr oder weniger ausdrücklich immer wieder über den Weg lief: Gibt es ein "optimales Scheidungsalter"? Oder anders ausgedrückt: Wann sind die negativen Entwicklungsfolgen für das Kind voraussichtlich am geringsten: wenn es noch ein Baby ist oder mit drei Jahren? Soll man vielleicht warten, bis es zur Schule geht? Oder bis vor oder nach der Pubertät? Vor einigen Wochen suchte mich eine noch sehr junge Frau in meiner Praxis auf, deren Tochter gerade dreieinhalb Jahre alt war. Sie erzählte mir, wie enttäuscht sie von ihrer Ehe sei. Vor kurzem hatte sie einen Mann kennengelernt, in den sie sich sehr verliebte, ein Ereignis, das ihr "ihre langvermißte Lebensfreude wiederbrachte", wie sie sich ausdrückte. Sie war entschlossen, sich von ihrem Ehemann zu trennen, wollte aber nicht, daß *Irma* (so hieß das Kind) an der Trennung Schaden nehmen könnte, da die Mutter sah, wie sehr ihre Tochter am Vater hing. Von mir wollte sie nun wissen, ob sie die Scheidung sofort betreiben oder, dem Kind zuliebe, noch warten sollte, etwa bis zum Schulbeginn. Sollte es für das Kind günstig sein, wäre sie allerdings auch bereit, die Beziehung zu jenem Mann zu opfern. Sehen wir einmal davon ab, daß es nicht die Aufgabe eines Beraters sein kann, lebenswichtige Entscheidungen für seine Klienten zu treffen: Könnte ich aber - zumindest *für mich* - die Frage der Mutter beantworten?

Die Antwort muß lauten: Nein, bzw. nein angesichts der mir in dieser ersten Stunde zur Verfügung stehenden Informationen. Denn, wie schon gesagt, *es kommt darauf an...* Es kommt z.B. darauf an, wie die Mutter, der Vater und Irma ihre gegenseitigen Beziehungen gestalten werden können, wenn die Eltern noch ein paar Jahre zusammenbleiben. Werden sie es schaffen, ihrem Kind eine positiv gefärbte Beziehung zwischen Vater und Mutter erleben zu lassen? Wird die Mutter ihrer Tochter verzeihen können, ihretwegen auf eine glückversprechende neue Partnerschaft verzichtet zu haben? Steht nämlich zu erwarten, daß sich die Eltern immer weiter auseinanderleben und es zu aggressiven Spannungen kommt und sollte die Mutter Irma unbewußt mit der Schuld für den geleisteten Verzicht belasten, scheint es günstiger zu sein, die Mutter trennte sich sofort von ihrem Mann. Aber auch die Gültigkeit dieser Aussage wäre an Voraussetzungen zu knüpfen: In welcher psychischen Verfassung befindet sich Irma zur Zeit - hat sie den Inividuationsprozeß der ersten drei Lebensjahre bereits abgeschlossen? Ist sie bereits zu einer befriedigenden Triangulierung der primären Objektbeziehungen gelangt? Andernfalls wäre nämlich durch den Schmerz der Trennung die so wesentliche Herausbildung der Objektkonstanz gefährdet. Und selbst wenn Irma diese Entwicklungsschritte bereits vollziehen konnte, wäre zu fragen, ob die Eltern seelisch in der Lage sind, dem Kind die Fortsetzung seiner Beziehung zum geliebten Vater zu ermöglichen und ihm die nötige Unterstützung angesichts der zu erwartenden Scheidungs- und Nach-Scheidungs-Reaktionen angedeihen zu lassen. Denn, wie wir an mehreren Beispielen sehen konnten, auch schon erreichte psychische Errungenschaften sind vor (regressiven) Destrukturierungen nicht gefeit. Schließlich kommt es darauf an, ob die Mutter nach einer Scheidung zusammen mit ihrem neuen Partner familiäre Rahmenbedingungen für eine progressive ödipale Entwicklung des kleinen Mädchens zu schaffen versteht. Das wiederum hängt unter anderem davon ab, wie sich die Beziehung zwischen Irma und dem neuen Partner der Mutter entwickelt; ob der Vater in der Lage ist, die Liebe zu seiner Tochter aufrechtzuerhalten, obwohl diese zu dem Mann, der ihm bereits die Frau genommen hat, eine zärtliche Beziehung unterhält; und ob die Mutter und ihr Partner es schaffen zu akzeptieren, daß der Vater - über die aufrechte Liebe der Tochter zu ihm - trotz Scheidung und "Neuanfang" auch weiterhin ein Teil der (neuen) Familie bleibt.

Mithin läßt sich die diesem Abschnitt vorangestellte Frage recht eindeutig beantworten: Es gibt *kein* optimales, ja nicht einmal ein mehr oder minder günstiges "Scheidungsalter". Was es gibt, sind mehr oder minder günstige "Konstellationen", die als ein komplexes Insgesamt von jeweiligem Entwick-

lungsstand und psychischer Verfassung des Kindes; von sozialen, ökonomischen und (vor allem auch unbewußten) seelischen Faktoren bei den Eltern und anderen wichtigen Bezugspersonen; von spezifischen Beziehungsmustern u.a.m. zu verstehen sind.
Der Fall Irmas rückt aber noch eine weitere Erkenntnis in den Mittelpunkt: die enorme Bedeutung *professioneller Hilfe* für Eltern in entsprechenden Krisensituationen, die - für sich alleine - angesichts der Komplexität dessen, was für das Kind förderlich ist und was nicht, in den meisten Fällen überfordert sind.

7. Zwischenresümee: Versuch einer dynamischen Klassifikation von Scheidungsreaktionen

Mit diesem Kapitel wollen wir versuchen, einen zusammenfassenden Überblick über die Vielzahl und die Komplexität der am Scheidungserleben der Kinder beteiligten Vorgänge zu gewinnen.

Die Scheidungsreaktionen der Kinder können auf unterschiedlichste Weise klassifiziert werden. Man kann einfach die verschiedenen äußeren Erscheinungsbilder nebeneinanderstellen (vgl. etwa die Aufzählung auf S. 13ff.); man kann diese Erscheinungsbilder nach unterschiedlichen Kriterien in Gruppen zusammenfassen (etwa nach dem Schweregrad, ob sich die Reaktionen im innerfamiliären oder außerfamiliären Raum manifestieren, ob es sich um Affekte, um Verhaltensweisen oder körperliche Symptome handelt usw.); die Einteilung kann sich an psychiatrische Klassifikationen anlehnen; sie kann auch vorgenommen werden nach der Dauer der sichtbaren Reaktionen (wonach etwa spontane, mittel- und langfristige Reaktionen unterscheidbar wären). Diese und andere Charakterisierungen sind jedoch - im Hinblick auf die psychodynamischen Vorgänge, welche hinter den manifesten Reaktionen stehen - nicht nur weitgehend *theorielos*, sie sind auch von *geringem praktischen Wert*. Ob nämlich ein Kind einzunässen beginnt oder auf den Vater wütend ist; ob sein Verhalten einen hysterischen oder depressiven Eindruck macht; ob seine plötzlich gesteigerte Angst vor dem Alleinbleiben schon nach drei Wochen oder erst nach sechs Monaten wieder abklingt, sagt - für sich allein - noch überhaupt nichts über die *Bedeutung* und die *dynamische Struktur* der beobachteten Reaktion aus. Das Einnässen z.B. mag Ausdruck einer spontanen Regression sein, die dem Kind helfen kann, sein seelisches Gleichgewicht wiederzufinden (also das, was wir als Erlebnisreaktion bezeichnen; s.u.). Das Einnässen kann aber auch ein neurotisches Symptom darstellen, welches sich im Zuge der posttraumatischen Abwehr gebildet hat oder aber ein tiefes Zurückfallen in präödipale Objektbeziehungskonflikte, also einen massiven psychischen Destrukturierungsprozeß anzeigen. Das Gleiche gilt für "hysterische", "depressive" und ähnlich etikettierte Verhaltensweisen. Die wütende Ablehnung des Vaters wiederum kann die erlebte Kränkung des Kindes ausdrücken; die Aggression kann aber auch von der Mutter auf den Vater verschoben worden sein, sie kann dazu dienen, quälende ödipale Schuldgefühle abzuwehren, das Ergebnis einer Identifizierung mit der Mutter sein oder vielleicht auch nur vorgetäuscht sein, um (reale oder phantasierte) Wünsche der Mutter zu erfüllen. Schließlich wissen wir, wenn ein "Symptom" verschwindet, nicht von vornherein, ob das Kind seine Krise bewältigt hat oder ob es seine phobischen Ängste, seine Aggressionen (oder was auch immer) nicht nur verdrängt und durch andere Abwehrbildungen ersetzt hat.

Das sind nun keineswegs Fragen von lediglich theoretischem Belang. Erst wenn ich die *Bedeutung* einer bestimmten Verhaltensweise oder Einstellung, eines besonderen Affektes, Gefühles usw., wenn ich also den bewußten und unbewußten *Sinn* und die *Funktion* des beobachteten Phänomens verstehe, kann ich abschätzen, ob bzw. welche Hilfe dieses Kind benötigt. Genau darum aber geht es mir bei dem Versuch einer "dynamischen" Klassifikation. Natürlich ist sie, wie jede Art von Klassifikation, eine Verallgemeinerung. Aber das Wissen um typische psychische "Konstruktionsmuster" von Scheidungsreaktionen und Erlebnisweisen kann eine große Hilfe sein, wenn es darum geht, das einzelne Kind mit seinen besonderen Problemen zu verstehen. Darüber hinaus soll diese Übersicht auch dazu dienen, uns die so unterschiedlichen "seelischen Ausgangsbedingungen", mit welchen die Kinder in die Nach-Scheidungs-Zukunft (welche ja das Thema des Dritten Teils darstellt) eintreten, vor Augen zu halten.

7.1 Erlebnisreaktionen und stützende Maßnahmen

Als Erlebnisreaktion bezeichnet Spiel "eine psychische Reaktion, die eintritt, wenn eine Persönlichkeit irgendwann in ihrer Entwicklung mit Umständen konfrontiert wird, die sie irritieren. Das geschieht, wenn die psychische Struktur überfordert wird, also wenn noch keine ausreichende Leistungsapperatur zur Bewältigung dieser Einflüsse zur Verfügung steht, oder wenn Umstände obwalten, die durch extrem abnorme Bedingungen gekennzeichnet sind" (1967, 3). Erlebnisreaktionen können sich in verschiedensten Verhaltensauffälligkeiten, Wahrnehmungsverzerrungen, Angstzuständen, Schlafstörungen, somatischen Symptomen u.a.m. manifestieren. Bei aller äußerlichen Ähnlichkeit mit neurotischen Symptomen unterscheiden sie sich von jenen dadurch, daß erstens das auslösende erschreckende und ängstigende Ereignis *bewußt* erlebt und behalten wurde und zweitens, daß das betroffene Individuum lediglich etwas *Zeit* und günstige, d.h. unterstützende *äußere Umstände* benötigt, um sein seelisches Gleichgewicht wiederherstellen zu können. Zeit und förderliche Umstände setzen es in die Lage, das Ereignis *bewußt zu verarbeiten*, ohne daß eine "aufdeckende", d.h. abgewehrte psychische Konflikte bewußtmachende, Psychotherapie vonnöten wäre (ebd., 4).

Diese Definition der Erlebnisreaktion als einer quasi *passageren* pathologischen Erscheinung trifft offenbar genau auf jene Irritationen zu, die wir als unmittelbare ("normale") seelische Reaktionen der Kinder auf das Scheidungserlebnis kennenlernten (vgl. Kap. 1.2, 1.3, 2.1 und 2.2). Das Ereignis, das die Kinder traurig und wütend macht, Schuld- und Angstgefühle auslöst, wird bewußt wahrgenommen. Die Affektionen können sich in vielfältigsten Verhaltensauffälligkeiten, in somatischen Reaktionen ausdrücken, mitunter aber auch unbemerkt bleiben. Wie stark die seelischen Reaktionen jedoch auch sein mögen: Die seelische "Struktur" ist zwar im Augenblick überlastet, aber noch nicht verändert. Und das Kind ist prinzipiell in der Lage - nicht zuletzt mit Hilfe jener spontanen Scheidungsreaktionen (vgl. Kap. 2.2) - unter hilfreichen äußeren Umständen, also

Exkurs:

Über den Zusammenhang zwischen infantiler Neurose und "psychischer Gesundheit / Krankheit" im Erwachsenenalter

Ich sprach oben über die große Bedeutung des ödipalen Entwicklungsabschnittes für das künftige Leben der Kinder. In diese Zeit fallen entscheidende Weichenstellungen für die Entwicklung der geschlechtlichen Identität, des Umgangs mit "Dreierbeziehungen", und die Verdrängungen dieser Zeit gestalten jenen unbewußten "Raum", von welchem aus das kleine Kind mit all seinen Konflikten und Ängsten das künftige Leben des heranwachsenden und schließlich erwachsenen Subjekts "mitregieren" wird (vgl. S. 111f.). Wieso aber kommt es zu diesem "Überleben" der frühen Kindheit? Die Verdrängung allein vermag diese grundlegende psychoanalytische Erkenntnis nicht zu erklären. Es wäre doch denkbar, daß die allmähliche Veränderung der kindlichen Objektbeziehungen, in welchen die Kinder ein immer größeres Ausmaß an Autonomie von den Eltern gewinnen, auch den Abwehrdruck vermindert: Wenn ich von meinen Eltern unabhängig geworden bin, werden doch auch die die Abwehr initiierenden Ängste hinfällig! Warum also fürchtet sich der erwachsene "Neurotiker" vor seinen infantilen Triebwünschen und Phantasien immer noch so, als wäre er das kleine, auf die Liebe und Gunst der Eltern angewiesene Kind?

Um das zu verstehen, gilt es zwei seelische Phänomene zu erläutern, welche die Psychoanalyse als *Überich* und als *Übertragung* bezeichnet. Das *Überich* ist als eine Art psychische Instanz ebenfalls ein Erbe des Ödipuskomplexes: Mit der ödipalen Identifizierung (s. S. 110 bzw. zur Identifizierung im allgemeinen S. 39f.) löst das Kind nicht nur seinen ödipalen Rivalitätskonflikt, sondern nimmt das (die) Objekt(e) der Identifzierung gewissermaßen in sich auf, macht sie zu einem Teil der eigenen Person. Das betrifft bestimmte Charaktereigenschaften, die sexuelle Identität, aber auch eine Reihe jener (realen oder phantasierten) normativen Haltungen - Erwartungen, Ge- und Verbote, Drohungen -, die für die vorangegangenen Konflikte verantwortlich waren. Anders ausgedrückt: Das Kind hat einen Teil seiner Eltern (richtiger: seiner elterlichen Objektrepräsentanzen) verinnerlicht. Da Abwehrprozesse unbewußt sind, ist auch ein Gutteil des Überichs - nämlich seine Herkunft - unbewußt. Das heißt, das Individuum weiß bzw. spürt zwar, was es soll und was nicht; hat eine Vorstellung von gut und böse, von erlaubt und verboten; spürt Angst (Schuldgefühle, ein "schlechtes Gewissen"), wenn es die moralischen Normen übertritt, aber es weiß nicht, woher sie kommen, weiß nicht, daß es sich (im Überich) unbewußt *die Eltern der frühen Kindheit am Leben erhält.*

Die Übertragung lernte Freud zunächst als Phänomen in der psychoanalytischen Situation kennen. Er stellte fest, daß die Patienten ihm gegenüber Bedürfnisse,

Sehnsüchte, Phantasien, Gefühle und Befürchtungen entwickelten, die aus deren kindlichen Objektbeziehungen (v.a. gegenüber den eigenen Eltern und Geschwistern) stammten. Die Patienten "übertrugen" diese Regungen bzw. Objektbeziehungsmuster unbewußt auf die aktuelle Beziehung zum Psychoanalytiker, oder anders ausgedrückt: In der Übertragung macht der Patient den Analytiker unbewußt zum Vater, zur Mutter usw.* Bald erkannte Freud, daß die Übertragung in der psychoanalytischen Situation zwar besonders stark ist, es sich dabei jedoch um einen unbewußten Vorgang handelt, der an so gut wie allen sozialen Beziehungen des Menschen Anteil hat. Überich und Übertragungsneigung liefern nun die Erklärung dafür, wieso es kommen kann, daß für einen Erwachsenen verschiedenste Lebenssituationen und Beziehungskonstellationen unbewußt zu einer Neuauflage von Erlebnissen und Erfahrungen der frühen Kindheit werden. Das können durchaus lustvolle "Szenen" (Lorenzer) sein; ein nicht unbeträchtlicher Teil unseres zeitweiligen Wohlbefindens rührt von solchen Wiederbelebungen glücklicher Kindheitserlebnisse her. Aber die Übertragung vermag auch verbotene Regungen zu aktivieren, deren Bewertung und Verurteilung durch die einstigen elterlichen Objekte nun vom (ebenso mächtigen) Überich wahrgenommen wird, sodaß dem Betreffenden unter Umständen kein anderer Ausweg zu bleiben scheint, als den aktualisierten Konflikt abzuwehren, was mit der Entwicklung neurotischer Handlungen und Haltungen ("Symptomen") Hand in Hand geht.

Hier ergibt sich aber neuerlich eine Frage. Sagten wir nicht, daß die Übertragung ein ubiquitäres Phänomen sei? Auch gehen alle Kinder durch die konfliktuöse Ödipussituation, lösen sie (wenigstens teilweise) durch sexuelle Verdrängung und Identifizierung und bauen ein Überich auf. Darüber hinaus kommt jedes Kind, selbst bei noch so unrepressiven und hilfreichen Umweltbedingungen, kraft seiner Phantasien und Projektionen immer wieder in die Lage, Konflikte nicht bewußt lösen zu können, sondern abzuwehren. Ja, ein gewisses Ausmaß an Abwehr/Triebbeherrschung ist wohl sogar eine Voraussetzung für Arbeitsfähigkeit und nichtsexuelle Sozialbeziehungen. Wenn es jedoch stimmt, daß Abwehrmechanismen pathogen wirken, müßten wir dann nicht alle "neurotisch" sein? Die Antwort muß lauten: in einem gewissen Sinn ja! Das Konfliktmodell (vgl. Exkurs S. 31ff.) beschreibt nämlich durchaus nicht die Entstehung lediglich "klassischer" neurotischer Symptome, sondern kann als *allgemeines Modell der psychischen Dynamik* gelten: Das gesamte Seelenleben spielt sich im Spannungsfeld unterschiedlich gerichteter Strebungen und Kräfte ab, wobei jeweils ein mehr oder minder großer Teil der entstehenden Konflikte auch durch (unbewußte) Abwehrmechanismen gelöst wird. Umgekehrt läßt sich sagen, daß *jeder* seelischen Regung - sei es nun der zwanghafte Impuls, sich

* Später wurde dieses regelmäßig sich einstellende Phänomen zu einem zentralen Therapiefaktor: Holt doch die Übertragung die verdrängte Kindheit des Patienten in die Gegenwart, in das Behandlungszimmer, zurück.

zum x-ten Mal die Hände zu waschen, die Freude über eine bestandene Prüfung oder ein einfach hingesagter Satz während einer Unterhaltung - *auch* unbewußte Motive eingeschrieben sind und daher alles, was wir tun und denken, sowohl Ausdruck bewußten Wollens und Meinens als auch *Symptom* ist: das heißt: die Funktion hat, verpönte Strebungen (entstellt) zu befriedigen. Die Grenze zwischen psychischer "Krankheit" und "Gesundheit", zwischen "neurotisch" und "nicht-neurotisch", beruht demnach nicht auf prinzipiell verschiedenen psychodynamischen Verhältnissen, sondern ist eher quantitativ zu ziehen: Es kommt offenbar darauf an, in welchem Ausmaß die unbewußten Determinanten unseres Handelns, Denkens und Fühlens die Möglichkeit bewußt erlebbaren Wohlbefindens und der befriedigenden Realisierung von Lebenszielen offenlassen, behindern oder gar verunmöglichen.
Nun ist die Frage von "Wohlbefinden" oder "neurotischem Leid" nicht ausschließlich durch die psychische Entwicklung, also die erworbenen psychodynamischen Verhältnisse festgelegt, sondern auch von den aktuellen Lebensverhältnissen abhängig. Mitunter kann es einem Menschen gelingen, sein Leben so zu organisieren, daß selbst massive (und aktuell wirksame) seelische Konflikte befriedigend "untergebracht" werden können. Freilich um den Preis eingeschränkter *Flexibilität* der Lebensgestaltung, wovon der Betreffende gar nichts wissen muß. Frau *Edith D.* z.B. war eine erfolgreiche Universitätsassistentin, die ihre ungestillten ödipalen Sehnsüchte nach dem früh verstorbenen und idealisierten Vater auf den von ihr verehrten Professor, bei welchem sie arbeitete, übertrug. Sie war glücklich verheiratet und führte ein zufriedenes Leben. Mit 35 Jahren entschloß sie sich (hauptsächlich, aber nicht nur) auf Drängen ihres Mannes, zu einem Kind. Von da ab wurde alles anders. Wie sich in der analytischen Behandlung herausstellte, erlebte sie den Weggang von der Universität primär als Trennung von ihrem geliebten Professor und diese unbewußt als Neuinszenierung des Todes ihres Vaters. Dadurch verschlechterte sich nicht nur die Beziehung zur ihrer Mutter, der sie als Kind die Schuld am Verlust des Vaters gegeben hatte, sondern begann offenbar, auf ihren Mann zentrale Aspekte ihrer hoch konfliktbelasteten Objektbeziehung zum einstigen Stiefvater zu übertragen: Sie konnte nicht mehr mit ihm schlafen, machte ihm wegen allem und jedem Vorwürfe (unbewußt: den Platz des Vaters/Professors einnehmen zu wollen) und wertete ihn ab. Nach einem knappen Jahr ließ sich der Mann, der es nicht mehr aushielt, scheiden, nachdem die Mutter zum dritten Mal aus der ehelichen Wohnung auszog (wie sie schon als Kind mehrmals von zu Hause ausgerissen war). Dazu kam, daß ihr die eigene Tochter zur Wiederverkörperung der (als Kind) gehaßten Halbschwester wurde, was sie mit overprotectivem Verhalten und ständiger Angst um das Kind abwehrte ...
Alle Menschen übertragen, also reinszenieren ein Stück Kindheit in ihrem aktuellen Leben. Aber Edith D.'s Übertragungen *dominierten* ihre aktuellen Beziehungen. Die Berufsbeziehung zu ihrem Professor konnte die idealisierte Vater-Übertragung offenbar noch problemlos verkraften - sieht man davon ab,

daß sie sich nach Strich und Faden ausnützen ließ. Die Beziehungen zu Ehemann und Stiefvater schlossen sich hingegen aus.
Möchte man also die psychische Entwicklung eines Menschen bzw. seinen aktuellen Status nach psychohygienischen Gesichtspunkten bewerten, genügt es nicht, das "aktuelle Wohlbefinden" zu befragen. Worauf es offenbar ankommt, ist erstens, die Wahrscheinlichkeit, mit welcher das betreffende Subjekt auf (wichtige) Lebenssituationen und Beziehungen bedrohliche und daher abgewehrte Objektbeziehungskonflikte (aus der Kindheit) überträgt; und zweitens die Wahrscheinlichkeit, daß diese Übertragungen (also der unbewußte Anteil) so stark werden, daß das realitätsgerechte Erleben und Handeln schwer beeinträchtigt ist.
Diese Wahrscheinlichkeit ist aber nach psychoanalytischer Erfahrung um so größer, je massiver erstens die im Zuge der infantilen Konflikte entwickelten Ängste waren; zweitens steigt sie mit der Zahl der Lebens- und Erlebensbereiche, welche von den dem Konflikt folgenden Abwehrmaßnahmen betroffen wurden. Beide Variablen sind von den Hilfen, welche die Umgebung dem Kind zur Verfügung stellen kann und - ganz besonders - vom (Entwicklungs-)Alter des Kindes abhängig. Dies ist auch der Grund dafür, daß jene der Regression der besonders ängstigenden Nach-Scheidungs-Krise folgenden Abwehrbildungen als psychohygienisch ungünstiger eingestuft werden müssen als die zum Teil "reiferen" und unter günstigeren, d.h. hilfreicheren, äußeren Bedingungen gebildeten Abwehrformationen, wie sie zum Zeitpunkt der Scheidung noch bestanden. Man könnte also formulieren: Das Ausmaß und die Dramatik der psychischen Konflikte der Kindheit - wobei die ersten sechs Lebensjahre eine besondere Rolle spielen - bestimme das Ausmaß der Dispositon künftigen neurotischen Leids**.

** "Neurotisches Leid" ist freilich nicht gleichzusetzen mit *Krankheitseinsicht*. An ihren neurotischen Konflikten leidende Menschen unterziehen ihre Symptome sehr häufig einer neuerlichen, zumeist narzißtisch motivierten Abwehr, um sich nicht krank bzw. an ihrem Unglück "schuldig" fühlen zu müssen: Symptomatische Handlungen, Gefühle, Wünsche, somatische Leiden usw. werden etwa *rationalisiert*, d.h im Nachhinein scheinbar vernünftig oder "harmlos" begründet; idealisiert, also als besonders wertvoll und geradezu erstrebt dargestellt; einfach *verleugnet*; angebliche Anlässe auf andere Personen und Verhältnisse *projiziert* u.a.m.

das, was wir "Erste Hilfe" nannten, sein Gleichgewicht selbsttätig wiederherzustellen.

Natürlich[70] schließt die Kennzeichnung "Bewußte Wahrnehmung und Verarbeitung des erschreckenden Ereignisses" nicht aus, daß an der Erlebnisreaktion und ihrer Verarbeitung auch unbewußte Seelenvorgänge beteiligt sind[71]. Da jeder psychischer Akt in die seelische Konfliktdynamik des betreffenden Individuums eingebunden ist, ist auch die Erlebnisreaktion das Ergebnis der Abwehr verpönter Wünsche und Phantasien, also letztlich eine Kompromißbildung und nicht etwa eine Art "automatischer Reflex" auf das auslösende Ereignis. Bei aller "Normalität" der spontanen Scheidungsreaktionen gibt es nicht zwei Kinder, die auf den (realen oder befürchteten) Verlust eines Elternteils mit gleicher Trauer, gleicher Wut usw. reagieren. Das liegt erstens daran, daß das eine Kind z.B. mit seinem Mehr an Wut seine große Trauer und die damit verbundene narzißtische Kränkung abwehrt und in seiner Aggression die Beziehung, die es zu verlieren droht, aufrechterhält - wenn auch mit "negativen Vorzeichen". Besonders große Schuldgefühle wiederum können bei einem anderen Kind gerade die Wut auf einen oder beide Elternteile verbergen usw. Zweitens ergibt sich m.E. eine theoretische Nähe zwischen den "Erlebnisreaktionen" und jenen symptomatischen Irritationen, die Anna Freud als *passagere Entwicklungsstörungen* beschreibt (1962/1964, 1965). Es handelt sich dabei um neue oder modifizierte unbewußte Kompromißbildungen, zum Teil um Ergebnisse passagerer Regressionen, die sich durch die Aktualisierung von Konflikten im Zuge einschneidender Veränderungen von Entwicklungsbedingungen ergeben. Als solche typischen Veränderungen nennt A. Freud: Trennung von der Mutter, Geburt eines Geschwisters, Krankheiten und Operationen, Eintritt in den Kindergarten oder in die Schule, Übergang von der (ödipalen) Familie in die Gemeinschaft von Altersgenossen, der Schritt vom Spiel zur Arbeit, das neue bzw. verstärkte Auftreten genitaler Strebungen vor und in der Pubertät, außerfamiliäre Liebesbeziehungen u.a. (1962, 1656 f.).
Demgegenüber scheint beim Konzept der "Erlebnisreaktion" das Moment des *bewußt wahrgenommenen* erschreckenden Ereignisses noch mehr im Vordergrund zu stehen. Diese bewußte Präsenz des Ereignisses ist m.E. auch der hauptverantwortliche Faktor für das Phänomen, daß die im Rahmen von Erlebnisreaktionen (oder passageren Entwicklungsstörungen) auftretenden Symptome vorübergehen können, ohne mit Notwendigkeit durch andere ersetzt zu werden oder sonstige pathologische Spuren (bzw. Dispositionen) zu hinterlassen: Zwar sind diese Symptome (bzw. die die Erlebnisreaktion begleitenden Affekte) selbst auch unbewußt determiniert, sie sind aber in erster Linie nicht zu verstehen als unbewußte Bewältigungsversuche (Abwehr) jenes *aktuellen,* durch das irritierende Ereignis ausgelösten Konfliktes, sondern als (zum Teil modifizierte) Manifestationen *alter* Konflikte, welche durch das Ereignis aktiviert wurden. Sie sind *Bestandteile* eines *immer noch akuten Konflikts* und nicht schon dessen Lösung. Oder noch genauer ausgedrückt: Die Konflikt- bzw. Abwehrgeschichte des Individuums liefert zwar einen guten Teil der Bedeutungen, mit welchen das auslösende Ereignis ausgestattet wird sowie das Repertoire an affektiven Reaktionen und Bewältigungsstrategien. Aber während diese Affekte und Bewältigungsstrategien - also die "Symptome" der Erlebnisreaktion - zum Tragen kommen, ist die aktuelle Situation nach wie vor konfliktbeladen, beunruhigend. Gelingt es nun der Umwelt, durch helfende, stützende Maßnahmen, die aktuelle Situation in ihrer Bedrohlichkeit zu mildern, was für den Betreffenden, also z.B. das Scheidungskind, auch heißt, daß seine Lösungsversuche erfolgreich

[70] Die in diesem Kapitel kleingedruckten Abschnitte können von dem an psychoanalytischer Theoriebildung und Systematik weniger interessierten Leser übersprungen werden.
[71] "Daß bei diesem Geschehen alle jene Mechanismen zum Tragen kommen, die auch bei den neurotischen Reaktionen und den Persönlichkeitsentwicklungsstörungen zu beobachten sind, ergibt sich von selbst" (Spiel 1967, 4).

waren, können die zum Teil durch frühere Konflikte determinierten Reaktionen ("Symptome") ihren *aktuellen Sinn* verlieren und wieder aufgegeben werden.
Schließlich ist in Betracht zu ziehen, daß ein Teil der Symptomatik von Erlebnisreaktionen und/oder passageren Entwicklungsstörungen sich wohl auch jenem Geschehen verdankt, das Sigmund Freud einst als *Aktualneurose* beschrieb, deren Ursprung in erster Linie nicht in infantilen Konflikten zu suchen sei, sondern auf einer *direkten Umsetzung* aktuell gehemmter libidinöser, wohl aber auch aggressiver[72] Regungen *in nervöse und somatische Sensationen* beruht (Ängste, Erregbarkeit, Schlafstörungen, Konzentrationsschwächen u.a.m.). Die aktualneurotischen Symptome können ebenso schnell wieder verschwinden, wie sie gekommen sind, wenn die Lebenssituation ein gewisses Maß an Befriedigung (wieder) zu gewährleisten vermag. Zwar mögen sich eine Reihe, in der frühen psychoanalytischen Literatur beschriebene, "aktualneurotische" Erkrankungen mit Hilfe neuerer Modelle (Strukturmodell, Objektbeziehungen) auf unbewußte Konflikte, die sie mitbegründen, hin analysieren lassen. Die grundsätzliche Möglichkeit einer unmittelbaren Umsetzung nicht abführbarer Triebspannung in körperliche Symptome ist aber wohl nicht von vornherein von der Hand zu weisen.

Die günstigen und förderlichen Umstände, die dem von der Scheidung betroffenen Kind die Wiederherstellung ermöglichen können, müssen in erster Linie von den Eltern bereitgestellt werden. Nicht zuletzt deshalb, weil sie es sind, auf die sich die Affekte, Gefühle und bedrohlichen Phantasien der Kinder richten. Es liegt an ihrem Verhalten bzw. an der Wahrnehmung dieses Verhaltens durch die Kinder, ob sich die konkreten Befürchtungen als (real oder scheinbar) berechtigt oder als unbegründet erweisen. Es kommt darauf an, ob es den Eltern gelingt, dem Kind zu vermitteln, daß, bei aller Veränderung der *äußeren Lebensumstände*, die "Welt in ihren Grundfesten" sich nicht verändert hat. Als solche Grundfesten können gelten: die Gewißheit, daß mir die geliebten Objekte erhalten bleiben; daß ich weiterhin lieben kann und geliebt werde; daß ich mich sicher und geborgen fühlen kann; daß ich das Gefühl haben kann, immer noch der zu sein, der ich war; und die Aussicht auf Freude, auf Befriedigung auch unter den veränderten Umständen.
Dazu kommen hilfreiche Maßnahmen, die ebenfalls von den Eltern, aber auch von anderen Personen, denen das Kind vertrauen kann (Familienangehörige, Pädagogen, Psychotherapeuten), zur Verfügung gestellt werden können: die Schaffung von Gelegenheiten und "Räumen", die es dem Kind ermöglichen, seine inneren Spannungen auszudrücken, die ihm helfen, das, was sie bewegt, auszusprechen oder auch symbolisch - z.B. durch das Spiel - zu gestalten. Es sind dies Hilfen, die das Kind entlasten, stützen, trösten, die ihm neue Perspektiven eröffnen können. Und sie stellen eine Art "Übergangsraum" (vgl. Winnicott, Schäfer) zur Verfügung, in dem sich das Kind mit Gefahren, aber auch mit den eigenen destruktiven Impulsen auseinandersetzen kann, ohne daß wirklich etwas passiert oder das Kind wirklichen Schaden anrichten kann. Schließlich käme es darauf an, die Versagungen, die dem Kind in dieser Zeit zugemutet werden, so gering wie möglich zu halten, insbesondere bezüglich der regelmäßig aktivierten regressiven Wünsche: körperliche Nähe, der Wunsch, nicht alleinbleiben zu müssen, die Mutter kontrollieren zu können, Unersättlichkeit, Schmutzlust, "rücksichtsloses"

72 Laplanche/Pontalis 1967, 53.

Verfolgen eigener Bedürfnisse u.a.m. Natürlich kommt es immer wieder vor, daß die Befriedigung all dieser Wünsche aus zeitlichen, räumlichen oder finanziellen Gründen nicht möglich ist. *Aber dann sollte die notwendige Versagung nur die Befriedigung, nicht aber den Wunsch selbst betreffen.* Was ich damit meine, läßt sich am besten an einem Beispiel illustrieren. Eine Mutter klagte mir, daß ihr fast neunjähriger Sohn *Lukas* kurze Zeit nach der Scheidung damit begann, seine Spielsachen nicht mehr aufzuräumen und täglich mit der nachdrücklichen Forderung nach einem Satz neuer Lego-Bausteine, einem neuen Comic-Heft, einem Modellbau-Kasten usf. an sie herantrete, ein Verhalten, das die Mutter stets schrecklich wütend macht: "Er weiß ganz genau, daß es mir auch nicht gut geht, wieviel ich arbeiten muß und daß wir in nächster Zeit sparen müssen. Aber das ist ihm offenbar völlig egal. Aber abends soll ich so lange an seinem Bett sitzen bleiben, bis er eingeschlafen ist. Immer soll nur ich Rücksicht nehmen. Und tu ich es einmal nicht, geht er wütend auf mich los und beschimpft mich!" Unter diesem Eindruck führen die nicht erfüllbaren Wünsche von Lukas regelmäßig zu aggressiven Szenen, in welchen die Mutter zornig auf ihrem "Nein" besteht und ihm Vorwürfe macht, die der Bub mit Beschimpfungen und Tränen beantwortet. Diese Mutter versagt ihrem Kind nicht nur die Befriedigung seiner regressiven Ansprüche, sondern sie nimmt ihm bereits übel, daß er diese Ansprüche überhaupt an sie stellt. Vielleicht merkt sie auch unbewußt, daß Lukas' Verhalten nicht "bloß" regressiv ist, sondern ein gutes Stück (freilich ebenfalls regressiver) Aggression enthält, indem er spürt, wie er die Mutter treffen kann und/oder von ihr - in Gestalt materieller und sozialer Ansprüche - eine Art Wiedergutmachung für einen erlittenen Verlust, nämlich den des Vaters, fordert. Käme hingegen die Mutter in die Lage, die seelische Situation ihres Sohnes zu verstehen, das heißt auch, sich mit seinen Wünschen identifizieren zu können, könnte und würde sie anders reagieren und auch anders "Nein" sagen: Sie würde die Unmöglichkeit der Befriedigung *bedauern*, sie würde nach Möglichkeiten der *Ablenkung* und des *Trostes* suchen und sie wäre über jede Möglichkeit *froh*, in der sie seine Wünsche tatsächlich erfüllen *kann*, statt ihm gerade bei diesen Gelegenheiten *seine* "Rücksichtslosigkeit" vorzurechnen und Befriedigung zu verweigern, wo sie möglich wäre.

Wenn es der Beratung gelingt, die Mutter fähig zu machen, sowohl die aggressiven Gefühle als auch die passagere Regression ihres Kindes anzunehmen, wird sie Lukas so begegnen können, daß er sein Gleichgewicht wiederfindet. Andernfalls steht zu befürchten, daß es zu einer aggressiven Anreicherung der Mutter-Kind-Beziehung (im Sinn der "Nach-Scheidungs-Krise") kommt, die das psychische System *über*lastet. Dann kann es geschehen, daß es zu einer Zuspitzung der seelischen Konflikte kommt, die nicht mehr belassen oder mit bewußten Mitteln bewältigt werden können, sondern die provozierte Angst durch diverse Abwehrmechanismen gebannt werden muß. Auf diese Weise kann - unter ungünstigen äußeren Bedingungen - die Erlebnisreaktion auch zum Ausgangspunkt und Kern einer i.e.S. neurotischen Entwicklung werden.

7.2 Die Verstärkung "alter" Symptome

In den ergänzenden theoretischen Anmerkungen zur Erlebnisreaktion (S. 133f.) habe ich darauf hingewiesen, daß die Elemente der Erlebnisreaktion, also die erscheinenden Symptome, Affektzustände, Verhaltensveränderungen, selbst unbewußte Kompromißbildungen sind, die sich aus früheren, bereits bewältigten, aber durch das Scheidungserlebnis wieder aktivierten Konflikten herleiten. Sie bilden sich wieder zurück, wenn die *aktuelle* Situation ihre Bedrohlichkeit verliert. Es kann jedoch anders kommen, wenn bereits die diesen "alten", also vor der Scheidung gelegenen Konflikten innewohnenden Ängste einst nur mit Hilfe neurotischer Symptom- und Charakterbildungen abgewehrt werden konnten. Bei solchen Kindern beobachteten wir des öfteren, daß sie auf die Wahrnehmung, daß die Eltern sich trennen werden, "einfach" mit einer Verstärkung ihrer (bereits bestehenden) Symptomatik[73] reagierten: Aggressive Kinder wurden noch aggressiver, phobische Kinder zeigten noch mehr Angst und verstärkten bzw. erweiterten ihre Vermeidungsstrategien, Bettnässer machten noch öfter ins Bett usw. Interessant ist, daß die Eltern dieser Kinder immer wieder berichteten, daß ihr Sohn oder ihre Tochter im übrigen von der Scheidung ganz unbeeindruckt gewesen zu sein schien. Nun haben wir ja ausführlich darüber gesprochen, daß das Ausbleiben von *Zeichen* der Enttäuschung, Trauer, Wut, von Schuldgefühlen und Angst nicht schon heißen muß, daß dieses Kind auch tatsächlich *nicht* traurig, *nicht* wütend usw. ist (vgl. v.a. Kap. 1.2). Wir gewannen bei jener Gruppe von Kindern jedoch den Eindruck, daß es sich hier nicht wie bei anderen, von der Scheidung scheinbar unberührten Kindern, um eine *Verleugnung der Erlebnisreaktionen* - sei es nun von Seiten der Eltern und/oder der Kinder selbst - handelte, sondern *die Verstärkung der alten Symptomatik an die Stelle der sonst üblichen Erlebnisreaktionen getreten war.* Und zwar schien das besonders dann der Fall zu sein, wenn zwischen der Scheidung und jenen vor der Scheidung angesiedelten Konflikten - vor allem der ödipalen Entwicklungsphase - eine große *erlebnismäßige Ähnlichkeit* bestand. Die Scheidung ist dann weniger ein neues, selbständiges, erschreckendes Ereignis, sondern gewissermaßen die Wiederholung einer schon einmal erlebten und im Unbewußten fortdauernden Gefahrensituation. Und die Kinder reagieren darauf so, daß sie ihre gewohnten und "bewährten" Mechanismen, Angst zu bekämpfen, einfach verstärken. Gelingt dies, verstärkt oder erweitert sich auch die Symptomatik. Die durch das Scheidungserlebnis zusätzlich ausgelösten Ängste werden dadurch aufgefangen bzw. gebunden, wodurch das Kind - jedenfalls für eine gewisse Zeit - sein inneres (wenngleich neurotisches) Gleichgewicht zu erhalten vermag, und sich somit erlebnisreaktive Veränderungen seines Gefühlslebens und Verhaltens erübrigen.
Es handelt sich hier um eine Gruppe von Kindern, die die Scheidung tatsächlich ohne größere seelische Irritationen überstehen. Auch die Umwelt, die an die

[73] Ich differenziere im folgenden nicht zwischen umschriebenen Symptomen und neurotischen Charakterbildungen. Zu den häufigsten infantilen neurotischen Bildungen vgl. z.B. S. 115f.

Symptomatik der Kinder, die sie möglicherweise als gar nicht sonderlich auffällig erlebt hatte (vgl. S. 116f.), bereits gewöhnt ist, kann daher den Eindruck gewinnen, die Scheidung hätte keine größeren Auswirkungen auf die Kinder gehabt. Das stimmt aus psychoanalytischer Sicht jedoch nur zum Teil. Die beschriebene Verstärkung der Symptomatik geht ja auf eine Verstärkung der unbewußten Angstabwehr zurück. Je massiver aber die Abwehr, desto geringer ist die Wahrscheinlichkeit, daß die früheren, traumatischen Erfahrungen mit späteren, kommenden Erfahrungen "kommunizieren" können, das heißt, daß gute Erfahrungen des gereiften "Ich" des Kindes im Nachhinein die Schrecklichkeit früherer Erfahrungen (wenigstens zum Teil) zu mildern vermögen. Die Scheidung führt also gewissermaßen zu einer "Fixierung" frühinfantiler Konflikte bzw. ihrer neurotischen Lösungen. Aus psychoanalytisch-pädagogischer bzw. psychohygienischer Sicht handelt es sich somit bei der Gruppe "Verstärkung alter Symptome" um eine Klasse von Scheidungsphänomenen, die als weit ungünstiger zu bewerten ist als die - mitunter lebhafteren - Erlebnisreaktionen. Um langfristigen Auswirkungen der Scheidung entgegenzusteuern, reicht es bei diesen Kindern nicht aus, daß die Eltern - mit oder ohne Beratung - günstige äußere Bedingungen zur Verfügung stellen. Die Fixierung früher neurotischer Konflikte ist nur mehr über eine psychoanalytische Psychotherapie der Kinder selbst behebbar[74]. Obwohl grundsätzlich zu empfehlen ist, in Fällen, in welchen eine Psychotherapie angezeigt ist, mit der Behandlung möglichst bald zu beginnen, empfiehlt es sich bei dieser Gruppe von Scheidungskindern aus Gründen, auf welche wir noch zu sprechen kommen (vgl. S. 144), allerdings, ein paar Monate bis ein Jahr nach der Scheidung zuzuwarten.

Wie bereits erwähnt, handelt es sich bei allen "Klassen" von Scheidungsreaktionen lediglich um verallgemeinerte Gewichtungen. Auch zwischen "Erlebnisreaktionen" und "Symptomverstärkungen" ist keine trennscharfe Grenze ziehbar. In der Praxis ist es wohl so, daß sich nicht alle die Erlebnisreaktion ausmachenden bzw. begleitenden Symptome, die ja zum Teil auch "alten" Konflikten entstammen, bei günstigen, entängstigenden Umständen zurückbilden, sondern ein bestimmter "Rest" an fixierten alten Konflikten zurückbleibt. Auf der anderen Seite steht zu erwarten, daß die durch die Scheidung ausgelösten Gefühle und Affekte jener Kinder, die mit "Symptomverstärkung" reagieren, nicht zur Gänze in die verstärkte neurotische Abwehr einbezogen werden, so daß auch hier "Reste" von Erlebnisreaktionen vorliegen werden. Schließlich ist daran zu erinnern, daß auch die Grenze zwischen neurotischer und nichtneurotischer Konfliktlösung fließend ist, so daß es nicht immer leicht zu entscheiden sein wird, ob es sich bei den Reaktionen eines Kindes nach der Scheidung nun um ein "neues" Symptom oder um ein "verstärktes" Symptom handelt, ob wir es also mit einer passageren Abwehr eines (erlebnisreaktiv) aktivierten, "bewältigt" gewesenen Konflikts zu tun haben oder mit der bloß verschärften Fortsetzung der immer schon neurotischen Abwehr alter Konflikte. Dennoch ist die Unterscheidung von theoretischer, vor allem aber von praktischer Bedeutung: führt doch die Antwort auf die Frage, ob die Scheidungsreaktionen eines bestimmten Kindes auf der Koordinate

[74] Dies gilt zumindest für Kinder, die älter als sieben Jahre sind. Bei kleineren Kindern ist es mitunter möglich, psychotherapeutische Effekte (im psychoanalytischen Sinn) auch über eine psychoanalytische Elternarbeit zu erzielen. (Vgl. dazu Datler 1985; Figdor 1989c; Furman 1957; Jacobs 1949.)

"Erlebnisreaktion - Symptomverstärkung" *eher* den Erlebnisreaktionen oder *eher* der Symptomverstärkung zuzuordnen sind, zu ganz unterschiedlichen Ergebnissen darüber, welche Maßnahmen zu ergreifen sind, um den Kindern zu helfen, das Scheidungserlebnis ohne größere, die langfristige Entwicklung beeinträchtigende Folgen zu bewältigen.

7.3 Die spontane Traumatisierung

Am Beispiel Manfreds und Katharinas (Kap. 1.4) haben wir die Symptomatik der spontanen Traumatisierung bereits ausführlich besprochen. Auf den ersten Blick mögen sich diese Kinder von Kindern mit besonders heftigen Erlebnisreaktionen nicht sehr unterscheiden. Und doch haben wir es hier mit einem anderen psychischen Geschehen zu tun. Die Ängste, mit denen Kinder üblicherweise auf die Scheidung reagieren, sind immer Ängste *vor etwas*, und zwar vor einer ganz konkreten Gefahr: etwa die Angst davor, den Papa nicht mehr zu sehen, die Mutter zu verletzen oder zu verlieren, vor Vergeltung usw. Es handelt sich also um Ängste, die eine Gefahr *signalisieren*, auf die sich das Kind noch einstellen, die es noch zu verhindern vermag - und sei es, wenn bewußte Strategien nicht ausreichen, durch Verdrängung von Triebwünschen, durch Reaktionsbildungen oder den Einsatz anderer Abwehrmechanismen. Vom traumatischen Zusammenbruch sprachen wir dagegen dann, wenn die Scheidung vom Kind so wahrgenommen wird, als wäre das Befürchtete *bereits eingetreten* und wenn dies Befürchtete bei dem betreffenden Kind mit der Vorstellung verknüpft ist, *nichts mehr* zu haben, völlig *wehr- und schutzlos* zu sein. Unter diesen Bedingungen vermag das erworbene (neurotische oder nichtneurotische) Abwehrsystem weitgehend zusammenzubrechen. Man könnte auch sagen, Erlebnisreaktionen und unbewußte Abwehrvorgänge sind *vor* und traumatische Zusammenbrüche *nach der Katastrophe* angesiedelt. Auch traumatische Zusammenbrüche äußern sich in Angst. Aber es ist eine *panische* Angst, eine Angst von der Art einer totalen Reizüberflutung, der das "Ich" nichts mehr entgegenzusetzen hat, eine existentielle Angst vor dem Ende, dem sich das Kind *hilflos* ausgesetzt sieht. Unserer Erfahrung nach ist die Wahrscheinlichkeit, die Scheidung der Eltern in so dramatischer Weise zu erleben, dann besonders groß, wenn das Kind glaubt, durch sie sein primäres Objekt zu verlieren bzw. verloren zu haben. Bei kleineren Kindern ist dies meist die Mutter. Wir haben aber gesehen, daß etwa über kompensatorische Triangulierungsprozesse (vgl. Kap. 5.5) auch dem Vater oder dem System Mutter + Vater die Funktion zukommen kann, dem Kind das Gefühl zu geben, sicher und geborgen *leben* zu können.
Spontan traumatisierte Scheidungskinder leben vorübergehend in einer irrealen, wahnhaften Welt. Die begleitenden Symptome sind daher, anders als bei der Erlebnisreaktion, nicht (zum Teil modifizierte) Kompromißbildungen alter Konflikte. Affekte, Gefühle und Verhaltensweisen entsprechen viel eher psychotischen Zustandsbildern, sind also Reaktionen auf eine "innere Welt", die im Zuge des Zusammenbruchs des Ichs (und seiner Abwehrfähigkeit) den Kontakt mit der "realen" Welt verloren hat. Und doch unterscheidet sich die Hilfe, die jene

Kinder benötigen, um aus ihrer alptraumhaften Wahnwelt zurückzufinden, grundsätzlich nicht von jener, die für "normal" reagierende Scheidungskinder angemessen ist: Die Realität muß dem betroffenen Kind gewissermaßen *"beweisen", daß es sich geirrt hat,* daß also die Welt noch steht; die gute Mutter/der gute Vater noch existiert; die böse Mutter/der böse Vater es nicht verschlingt und nicht zubeißt; daß der eigene Körper noch intakt ist; daß Lust und Freude noch möglich sind. Unter günstigen Umständen, vor allem, wenn die Eltern in der Lage sind, sich den vom Kind angetragenen archaischen, "gespaltenen" Rollenbildern zu entziehen und ihm auch nach der Scheidung ein (wenn auch verändertes) trianguläres Beziehungssystem zur Verfügung zu stellen, kann das auch gelingen[75].

Eine häufige Form von unmittelbaren Scheidungsreaktionen bildet eine Art Mittelstellung zwischen Erlebnisreaktion und Traumatisierung. Diese Kinder schwanken gewissermaßen zwischen dem Gefühl der Gefährdung und dem Gefühl, die Katastrophe ist schon geschehen, hin und her. Bei dieser "Zwischengruppe" entsteht der Eindruck, daß einige der auffälligen Verhaltensweisen sich in erster Linie nicht aus aktivierten Konflikten herleiten, wie die meisten erlebnisreaktiven Symptome und auch nicht das Ergebnis eines traumatischen Zusammenbruches sind. Vielmehr scheinen sie geradezu der Abwehr eines solchen Zusammenbruches zu dienen, indem diese Kinder Handlungen setzen, die primär die Funktion haben, sich selbst immer wieder zu beweisen, daß die Welt doch noch in Ordnung ist. Ein eindrucksvolles Beispiel lieferte uns das "Weglaufen" der achtjährigen *Iris*, das frappant an die Versteckspiele ganz kleiner Kinder erinnert, denen es noch nicht darum geht, sich möglichst gut zu verbergen, sondern (möglichst bald) wiedergefunden zu werden. Dieses Weglauf-Versteckspiel, das die Familie jedesmal in Aufruhr versetzte, wiederholte das Mädchen in immer neuen Varianten. Einmal kam sie von der Schule nicht nach Hause, ein andermal packte sie ihre Sachen in eine Tasche und gab vor, zu ihrem Vater, der jetzt in einer 200 km entfernten Stadt wohnte, zu übersiedeln, dann schloß sie sich wieder einen ganzen Nachmittag in ihrem Zimmer ein und gab keine Antworten. Natürlich hat dieses Verhalten auch eine starke aggressive Komponente. Aber die sichtliche Befriedigung, mit der sie sich nach größten Aufregungen und Anstrengungen, vor allem der Mutter, schließlich doch stets "wiederfinden" ließ, verät, daß es sich bei diesem Symptom noch um etwas anderes handelte: nämlich um die immer neue Inszenierung - und zugleich Negation - der traumatischen Vorstellung, die Mutter zu verlieren. Wenn Iris Glück hat, stets "gefunden" zu werden, weil ihre Mutter nicht die Geduld verliert, sie weiterhin zu "suchen", kann sie mit der Zeit jene Gewißheit erlangen, nicht "verloren zu gehen", die es ihr auch ermöglichen wird, ihr Symptom aufzugeben. Sehr häufig jedoch können solche Verhaltens- oder Charaktermuster auch chronisch werden, und zwar besonders dann, wenn der sogenannte sekundäre

[75] Vorausgesetzt, daß nicht durch ganz frühe Traumatisierungen eine psychotische Disposition grundgelegt wurde.

Krankheitsgewinn, also die lustvollen Effekte des Symptoms selbst, sehr groß ist: etwa die Befriedigung, im Mittelpunkt der Sorge und Aufmerksamkeit der Umgebung zu stehen; oder die Befriedigung aggressiver Impulse, was vor allem dann zählt, wenn etwa die Mutter in der kritischen Zeit nach der Scheidung nicht imstande ist, die Wut und die Vorwürfe des Kindes sowie seine regressiven Bedürfnisse ohne Aggression ihrerseits anzunehmen. Spielen sich solche Beziehungsmuster ein, kann zwar unter Umständen eine krisenhafte Zuspitzung der Nach-Scheidungs-Beziehung zwischen Mutter und Kind und ein darauffolgender Zusammenbruch der Abwehr vermieden werden, sie sind jedoch ohne professionelle psychotherapeutische Hilfe kaum auflösbar. Bleiben derartige Beziehungsstörungen unbehandelt, können sie langfristig zum Kern einer neurotischen Charakterentwicklung werden. Es gibt Menschen, die ihr gesamtes privates, aber auch berufliches Leben als "Versteckspiel" gestalten. Da die Beziehungspartner des erwachsen gewordenen Scheidungskindes selten die Hingabe und Geduld der Mutter aufbringen und früher oder später frustriert das "Suchen" aufgeben, können solche charakterlichen Dispositionen im späteren Leben zu Unzufriedenheit und (psychischer) Erkrankung führen.
Jene "Zwischenstellung" zwischen erlebnisreaktiver und traumatischer Angst bildet aber auch bei vielen spontan traumatisierten Scheidungskindern den vorläufigen Endpunkt der Wiederherstellung. Zwar gelang es der Umwelt, den Kindern den Kontakt mit der Realität wieder zu ermöglichen, so daß sie erleben konnten, daß die lebensnotwendigen Beziehungen noch bestehen, daß sie selbst noch lebens- und liebesfähig sind, daß sie sich vor Gefahren schützen können usw. Was ihr jedoch nicht gelang, war, dem Kind auch jene *Gewißheit* zu vermitteln, daß die Katastrophe nicht doch noch eintreten könnte. Erinnern wir uns z.B. an *Manfred*, der in der ersten Zeit nach der Scheidung auf alle Personen seiner Umgebung wie ein "Verrückter" losging, auch gegen seine Mitschüler. Dieses, von der verzweifelten Angst, überwältigt zu werden, geprägte Verhalten bildete sich mit der Zeit zurück. Was Manfred jedoch blieb, war eine übergroße Wachsamkeit gegenüber möglichen Angriffen anderer auf seine Person sowie eine geradezu triebhafte Neigung, aggressive Konflikte zu provozieren, in denen er sich bewies, sich wehren zu können oder sogar der Überlegene zu sein. Wie das "Versteckspiel" von Iris macht dieses Verhalten den Eindruck einer Inszenierung, in diesem Fall einer Inszenierung der doch (noch) nicht stattgefundenen Kastration.

7.4 Symptome als Folge psychischer Destrukturierungsprozesse; Gefahren und Chancen

Die Frage, ob es den Eltern gelingt, jene günstigen äußeren Verhältnisse zu schaffen, die Scheidungskindern angesichts von Erlebnisreaktionen oder spontanen traumatischen Zusammenbrüchen die weitgehende Wiederherstellung ermöglichen, ist zum geringsten Teil ein Problem des *Wollens* oder *erzieherischer Fähigkeiten*. Die spezifischen "pädagogischen" Schwierigkeiten im Zuge oder nach der

Trennung der Eltern kommen in erster Linie daher, daß die Scheidung (und ihre Folgeerscheinungen) nicht nur ein Problem für das Kind, sondern ebensosehr für die Mutter und den Vater darstellen. Und es ist allemal die eigene psychische Not der Eltern, ihre (bewußten *und* unbewußten) Gefühle, Ängste und Phantasien, die es so schwer machen, das für die Kinder *rational* Richtige und Wichtige zu tun. Das - und nicht etwa moralische oder pädagogische Insuffizienz - ist auch der Grund dafür, daß es nur selten gelingt, dem Kind nach der Scheidung die entstandenen Befürchtungen so weit zu nehmen, daß es sein erschüttertes Gleichgewicht wiederfindet und die Erlebnisreaktionen sich zurückbilden können. Im Gegenteil: In der Mehrzahl der Fälle nehmen die Ängste der Kinder im Verlauf der sogenannten Nach-Scheidungs-Krise noch zu und führen zu einem psychischen Geschehen, das wir als ''Zusammenbruch der Abwehr'' charakterisierten (vgl. Kap. 2 und 3). Bei näherer Betrachtung ergab sich, daß wir es dabei nicht mit einem plötzlichen, auch nach außen hin als solcher erkennbaren Einbruch der psychischen Struktur zu tun haben, sondern mit einem *allmählichen Destrukturierungsprozeß*, an dessen Anfang die ''normalen'' Erlebnisreaktionen stehen und der mit dem (traumatischen) Verlust der erworbenen Konfliktlösungs- und Abwehrmechanismen endigt, also an jenem Punkt, zu dem auch die spontan traumatisierten Kinder direkt, gewissermaßen ohne den ''Umweg'' über die Nach-Scheidungs-Krise, gelangen. Die meisten Kinder allerdings durchmessen dieses Kontinuum nicht bis zum Schluß, sondern unterbrechen diesen Prozeß der Destrukturierung durch einen neuerlichen (''posttraumatischen'') Abwehrschub.
Die ersten Schritte dieses Destrukturierungsprozesses sind durch eine *Verstärkung regressiver Bedürfnisse* gekennzeichnet, die zunächst noch als Erlebnisreaktionen einzustufen sind, allmählich aber, wenn sie nicht hinreichend befriedigt werden, ihren vorübergehenden Charakter verlieren. Dann schreitet die Regression fort, und bereits überwundene, immer früheren Stufen der Objektbeziehungsentwicklung angehörende Ansprüche an das verfügbare Liebesobjekt machen sich geltend. Mit dieser ''Bedürfnisregression'' geht zumeist ein merkbarer *Anstieg des Aggressionspotentials* des Kindes einher, was sich fast immer in erster Linie in der Beziehung zum sorgetragenden Elternteil auswirkt. Dieser Anstieg speist sich aus mehreren Quellen: Da ist einmal die ''erlebnisreaktive'' Wut auf die Mutter, die nicht ausgelebt bzw. verarbeitet werden konnte und nun auf ''Gelegenheiten wartet'', abgeführt zu werden. Verstärkt werden diese ''primären Scheidungsaggressionen'' noch häufig durch eine Verschiebung eines Teils der dem Vater geltenden Aggressionen und durch die Projektion eigener Schuldgefühle auf die Mutter. Hinzu gesellen sich jene Aggressionen, die das Kind entwickelt, wenn die Mutter seine nach der Scheidung immer gesteigerten Ansprüche, allen voran jene regressiven Bedürfnisse nach Anhänglichkeit, Verwöhntwerden usw., aufgrund der eigenen sozialen, zeitlichen und seelischen Belastungen nicht hinreichend erfüllt. Dadurch steigt nicht nur die Enttäuschung und Wut des Kindes, sondern auch die Formen der Aggression werden regressiver: Die Frustrationstoleranz wird geringer, das Kind reagiert beleidigt, alsbald trotzig, schließlich mit Wutanfällen. Eine weitere Quelle des steigenden Aggressionspotentials ergibt sich aus dem

Wegfall der entlastenden Triangulierungsfunktion des Vaters, der zum einen als "Ausweichobjekt" im Falle von Spannungen mit der Mutter nicht mehr - oder zumindest in geringerem Ausmaß - zur Verfügung steht (vgl. S. 64) und zum anderen - in den Fällen aggressiver Triangulierung der Objektbeziehungen vor der Scheidung (vgl. Kap. 5.4) - die zwischen Mutter und Kind entstehende Aggression nicht mehr durch seine Person zu binden vermag. Die frustrierten regressiven Bedürfnisse und sukzessive Aggressivierung der Objektbeziehung zur Mutter führen zu einem mitunter dramatischen Anstieg der - ursprünglich noch erlebnisreaktiven - Ängste, wodurch der durch die Regression bereits eingeleitete Abbauprozeß erworbener Abwehrschranken beschleunigt wird und bedrohliche Konflikte früher Entwicklungsepochen (einschließlich der zugehörigen Aggressionen) aktiviert werden. Man ist versucht zu sagen, daß in der Zeit der Nach-Scheidungs-Krise das Buch der psychischen Entwicklung des Kindes rückwärts aufgeblättert wird. Was die *sichtbaren Verhaltensweisen* betrifft, mag es sein, daß das regredierte achtjährige Kind seine Eltern keineswegs an das Vierjährige erinnert, das es einmal war. Aber das liegt daran, daß sich das sprachliche, motorische und Verhaltensrepertoire, mit dessen Hilfe das Kind seine Gefühle und Konflikte zu äußern und auszutragen vermag, inzwischen entwickelt hat oder es in der Lage war, einen Teil seiner Konflikte über Triangulierungsprozesse "latent" zu halten. Was jedoch die inhaltliche Seite dieser Gefühle und Konflikte betrifft, spiegeln sich in der *Nach-Scheidungs-Krise* - wenngleich durch die veränderten Bedingungen verzerrt - *die Entwicklungsprobleme des Kindes vor der Scheidung*. Mit einigem Recht läßt sich also behaupten, daß es sich in einer großen Zahl von Fällen bei den Symptomen der Nach-Scheidungs-Krise weniger um *Scheidungs*symptome i.e.S. als um Folgen der konfliktuösen Beziehung der Eltern vor der Scheidung handelt, die ja, wie wir sehen konnten, einen wesentlichen Anteil an der Verschärfung der normalen seelischen Entwicklungskonflikte haben. (Natürlich unterliegen auch Kinder mit relativ konfliktarmer, günstiger Vor-Scheidungs-Entwicklung einer gewissen Destrukturierung ihrer seelischen Errungenschaften im Zuge der Nach-Scheidungs-Krise - wie wir am Beispiel der ödipalen Entwicklung gesehen haben. Aber ihre Regression geht, zumindest bei "durchschnittlich ungünstigen"[76] Bedingungen weniger "tief", und die freiwerdenden Ängste können auf einem weniger dramatischen Niveau durch neuerliche Abwehranstrengungen gebannt werden.)

Psychodynamisch gesehen haben wir es bei den Destrukturierungssymptomen der Nach-Scheidungs-Krise also ebenfalls nicht mit *neurotischen* Symptomen (im psychoanalytischen Sinn) zu tun, sondern geradezu mit deren Gegenteil: der *Auflösung* von Abwehrstrukturen und dem Durchbruch verdrängter Triebwünsche und Ängste. Und gerade darin liegt eine, vielleicht überraschende, *Entwicklungschance* dieser schweren und belastenden Zeit. Denn die "Destrukturierung" trifft ja nicht nur "gesunde", das heißt entwicklungsgünstige Formen der Abwehr

[76] *Ungünstig* sind die äußeren Bedingungen der Nach-Scheidungs-Krise jedenfalls, sonst würde es voraussichtlich zur destrukturierenden Regression gar nicht kommen.

früherer Konflikte, sondern unter Umständen auch neurotische Symptome und Charakterbildungen. Wenige Wochen nach der Scheidung hörte z.B. der achtjährige *Roland*, der seit gut vier Jahren bettnäßte auf, ins Bett zu machen. Und die neunjährige *Nina* verlor ihr scheues, ängstliches Wesen gegenüber Fremden und Gleichaltrigen. Was normalerweise nur eine psychoanalytische Psychotherapie zuwege bringt, nämlich verfestigte Abwehrstrukturen aufzuweichen und die abgewehrten Konflikte sichtbar - damit aber auch einer "reiferen", weniger einschränkenden und entwicklungsförderlicheren Lösung zugänglich - zu machen, leistete hier die Nach-Scheidungs-Krise! Wie in einer Psychotherapie wurden die hinter der Symptomatik stehenden Triebstrebungen sichtbar. Roland begann (wieder) zu masturbieren und sich massiv aggressiv gegen seine Umwelt zu gebärden. Nina kehrte ihr Symptom in sein (ursprüngliches) Gegenteil um, wurde herrschsüchtig und eitel, trachtete, im Mittelpunkt zu stehen usw. Leider bleibt diese - theoretische - Chance in den allermeisten Fällen ungenützt. Denn erstens erkennen die Eltern nicht den Zusammenhang zwischen dem Verschwinden des alten Symptoms und den neuen Symptomen und erschrecken über die aktuelle Veränderung ihrer Kinder. Zweitens übersehen sie die mit der Auflösung der neurotischen Abwehr ebenfalls freiwerdende Angst, vermögen auf sie nicht adäquat zu reagieren, so daß der aufgebrochene Konflikt erneut abgewehrt wird; nur häufig auf einem noch höheren Angstniveau als einst, so daß diese Kinder aus der destrukturierenden Nach-Scheidungs-Krise neurotischer herauskommen als sie es vorher waren. Und wenn die Kinder Pech haben, wird ihre neue Symptomatik von der Umwelt noch begrüßt, so daß keine weiteren Anstrengungen unternommen werden, ihnen zu helfen. Als wir Roland zwei Jahre nach der Scheidung kennenlernten, fanden wir einen affektgehemmten, depressiven Buben. Offenbar hatte er den unerträglich gewordenen, im Zuge der Nach-Scheidungs-Krise aufgebrochenen und zusätzlich verschärften Konflikt durch eine weitgehende Verdrängung aller sinnlichen Regungen und durch eine Wendung seiner aggressiven Impulse gegen die eigene Person "gelöst". In der Beratungsstelle vorstellig wurde die Mutter jedoch aus einem ganz anderen Grund: Sie konnte sich nämlich mit dem Vater wegen der Besuchsfrequenz nicht einigen. Roland hingegen schilderte sie beim Erstgespräch als ruhigen, etwas ernsten Buben, der die Scheidung offenbar "gut bewältigt" hat. Etwas "phlegmatisch" sei er vielleicht, aber das habe er wohl von ihrem Vater. Es war ein schwieriges Stück Arbeit, der Mutter zu ermöglichen einzusehen, daß ihr Sohn ziemlich krank ist. Gefährdete diese Einsicht doch das (recht zufriedene) Selbstbild der Mutter, die einst die Scheidung von ihrem Mann aktiv betrieben hatte[77].

[77] An diesem Fall wird deutlich, wie wichtig es ist , die psychodynamischen Auswirkungen der *Diagnosestellung* auf die Eltern zu reflektieren. Wie bei der *Deutung* (im Rahmen des therapeutischen Prozesses) muß darauf geachtet werden, daß klinische Untersuchungsergebnisse nicht zu Widerständen führen, die die (beratende) Weiterarbeit gefährden. (Es ist dies ein Gesichtspunkt, der zumeist von gerichtlichen Sachverständigen, deren Gutachten ja den betroffenen Eltern zugänglich sind, völlig außer acht gelassen wird.)

Im Gegensatz dazu suchte uns Ninas Mutter gerade zur rechten Zeit auf: Die hinter ihrem ängstlichen Charakter stehenden Konflikte waren zutagegetreten, aber der weitere Regressionsproezß noch nicht allzu weit fortgeschritten. So konnten wir der Mutter helfen, die bewußten und unbewußten Probleme ihrer Tochter zu verstehen. Es gelang ihr, Nina zu ermutigen, ihre Sehnsüchte, Wünsche und Befürchtungen, aber auch ihre Enttäuschung, Kränkung und Wut angstfrei auszudrücken und, mit Untersützung auch des Vaters, weiterhin aufrechte Befürchtungen zu entkräften. Sie eröffneten Nina Möglichkeiten, ihre exhibitionistischen Bedürfnisse in einer sozial und altersadäquaten Weise zu befriedigen - Nina durfte rhythmische Sportgymnastik betreiben, außerdem akzeptierte die Familie ihr gesteigertes Bedürfnis nach Anerkennung und Lob, welches nach wenigen Monaten bereits deutlich zurückging - und sie gestanden ihr in einer Reihe von Lebensbereichen mehr autonome Entscheidungsfreiheit zu, wodurch sich auch ihr Dominanzbedürfnis deutlich reduzierte. Ninas Destrukturierungssymptome verschwanden allmählich, jedoch nicht wie üblicherweise durch neuerliche unbewußte Abwehrvorgänge, sondern durch eine Entflechtung und wirkliche Lösung der ursprünglich ängstigenden psychischen Konfliktkonstellation. Nina gehörte mithin zu den (leider wenigen) Kindern, die die Scheidung nicht bloß bewältigen, sondern von ihr profitieren konnten[78]. Eine gelungene Hilfe während der Nach-Scheidungs-Krise, wie sie die Mutter und der Vater Ninas zuwege brachten, ist freilich ohne professionelle psychoanalytisch-pädagogische Unterstützung der Eltern kaum zu erwarten: geht es doch erstens darum, auch die unbewußten Bedürfnisse des Kindes zu erkennen und entsprechende Befriedigungs- und Entwicklungsmöglichkeiten zu finden. Zweitens - und das ist vielleicht das Wichtigste - muß den Eltern geholfen werden, die Bedürfnisse und Regungen des Kindes - auch die aggressiven - ertragen und akzeptieren zu können.

7.5 Posttraumatische neurotische Symptome bzw. Charakterentwicklungen

Die posttraumatische Ausbildung neurotischer Symptome und/oder Charaktereigenschaften bildet den (vorläufigen) Endpunkt des Scheidungserlebnisses der meisten Kinder, das sich zusammenfassend charakterisieren läßt als ein über die ''Zwischenstationen'' *Erlebnisreaktion* und *Regression/Destrukturierung* sich vollziehender Prozeß fortschreitender (psychischer) Konfliktverschärfung. Die dadurch freiwerdende und sich akkumulierende Angst veranlaßt das Kind, den, durch die Regression immer existentieller werdenden, Bedrohungen[79] durch Verdrängung von Teilen seiner Triebwünsche und/oder der sie begleitenden

[78] Der Umstand, daß sich alte neurotische Bildungen im Zuge der Nach-Scheidungs-Krise auflösen können, ist auch der Grund dafür, warum ich oben (S. 137) empfahl, mit psychotherapeutischer Hilfe nach der Scheidung noch etwas zuzuwarten.

[79] Zum Beispiel Angst vor Liebesverlust - vor Vergeltung (darunter fällt auch die Angst vor Kastration) - vor der (magischen) Zerstörung oder dem Verlust des Objekts - vor (symbiotischer) Wiederverschmelzung - vor Aufgefressen-Werden - vor dem Tod ...

Affekte und Phantasien zu begegnen und diese Verdrängung durch neurotische Kompromißbildungen abzusichern. Es mag durchaus sein, daß das Kind an den so gebildeten Symptomen und Charaktereigenschaften *leidet*, aber dieses Leid ist nichts gegen die mit deren Hilfe abgewehrten Ängste (was auch der Grund dafür ist, daß sich neurotische Bildungen gegen bewußte Anstrengungen, sie zu verändern oder aufzugeben, weitgehend resistent erweisen). Die posttraumatische Abwehr bringt also ein gutes Stück *Beruhigung* mit sich. Das Kind ist nun zwar "neurotischer" als vor der Scheidung, aber es hat sich wieder ins Gleichgewicht gebracht.

Zu welchem Zeitpunkt Scheidungskinder jenes "posttraumatische Gleichgewicht" erlangen, ist individuell sehr verschieden und hängt einerseits von der Rasanz der Destrukturierungsprozesse und andererseits davon ab, auf welchem Niveau der Destrukturierung die posttraumatische Abwehr erfolgt. Dementsprechend ist der Zeitpunkt, an dem die Kinder ihr neues Gleichgewicht finden, etwa zwischen einem halben Jahr und eineinhalb Jahren nach dem psychologischen Scheidungszeitpunkt (vgl. Kap. 1.1) zu erwarten. Je weniger abrupt die Auflösung erworbener Abwehrstrukturen erfolgt *und* je früher das Kind die freiwerdenden Ängste wieder abwehrt, desto geringer sind die schädlichen Auswirkungen des Scheidungserlebnisses zu veranschlagen. Inwieweit das gelingt, hängt vor allem von zwei Faktoren ab: ob die Eltern in der Lage sind, die Dramatik der Nach-Scheidungs-Krise wenigstens einigermaßen in Grenzen zu halten und zweitens von der psychischen Entwicklungsgeschichte des Kindes, die ihrerseits wieder eng mit der ehelichen Konfliktgeschichte zusammenhängt. Je heftiger diese Konflikte waren und je länger sie andauerten, desto mehr Störungen und Beeinträchtigungen mußte auch die seelische Entwicklung der Kinder erfahren und desto ungünstiger sind auch die künftigen Entwicklungschancen anzusetzen - und zwar mit oder ohne Scheidung der Eltern.

Die positive Bewertung einer durch baldige Abwehr abgekürzten Nach-Scheidungs-Krise gilt jedoch nur für den - freilich gewöhnlichen - Fall, daß die Eltern zur Bewältigung ihrer und der Kinder Scheidungskrise *keine professionelle Hilfe* in Anspruch nehmen. Tun die Eltern (oder wenigstens ein Elternteil) dies zur rechten Zeit, wird es im Gegenteil darum gehen, eine frühe Abwehr der entstandenen Ängste zu verhindern, um dem Kind andere Möglichkeiten offen zu halten, die entstandenen bzw. aktivierten Konflikte zu lösen (vgl. *Nina*, S. 143f.). Leider wird diese Chance nur selten wahrgenommen. Aus Unkenntnis der spezifischen Psychodynamik des kindlichen Scheidungserlebens wird diese Chance auch von vielen Scheidungsberatern nicht genützt. Sie verwechseln, wie viele Eltern auch, die relative Beruhigung, die die posttraumatische Abwehr nach sich zieht, mit der tatsächlichen Beruhigung, die einem Abklingen spontaner Erlebnisreaktionen aufgrund stützender und befriedigender Verhältnisse folgt. Sie raten den Eltern, einfach zuzuwarten, bis sich der Sturm von selbst legt[80].

80 Solche Empfehlungen schaden zwar nicht, weil sie die betroffenen Eltern entängstigen und eine (günstige) frühzeitige Abwehr der Nach-Scheidungs-Ängste wahrscheinlicher machen. Aber es

Die posttraumatisch gebildeten neurotischen Symptome und Charakterhaltungen sind die eigentlichen langfristig verbleibenden Narben des Scheidungserlebnisses[81]. Und wie es vernarbte Wunden an sich haben, bluten sie nicht und werden daher leicht übersehen. Sieht man von wenigen umschriebenen Symptomen, wie Bettnässen oder Phobien ab, fallen die neurotischen Bildungen entweder der Umwelt kaum auf oder sie werden nicht mit der Scheidung in Zusammenhang gebracht (wie etwa die vielfältigen Schulprobleme) oder vielleicht sogar begrüßt: depressive Verstimmungen, die als ''Ernsthaftigkeit'' gefallen; innere Zwänge, die als ''Ordentlichkeit'', ''Pünktlichkeit'' und ''Disziplin'' oder, auf geistiges Gebiet verschoben, als ''frühhreifes systematisches Denken'' imponieren; auch übermäßige soziale Anpassung, die sich als besondere ''Freundlichkeit'' und ''Hilfsbereitschaft'' äußert, kann neurotischer Art, nämlich die Folge massiver Verdrängung eigener (oppositioneller) Bedürfnisse und aggressiver Regungen, sein usw. Alle dies Symptome bzw. Charakterhaltungen stellen jedoch psychische Entwicklungsgefahren dar[82]: Sie können sich auf die Schul- bzw. Bildungskarriere auswirken; können die Probleme der Ablösung bzw. der sozialen Integration in der Pubertät und Adoleszenz verschärfen; können die soziale Beziehungs- und Liebesfähigkeit stören; das Selbstbild und die Fähigkeit, befriedigende Lebensperspektiven zu entwickeln, beeinträchtigen u.a.m. (Vgl. auch Kap. 11).

Die posttraumatische Abwehr verstärkt also die *neurotischen Dispositionen* der Kinder. Sie erhöht die Wahrscheinlichkeit späterer psychischer Erkrankungen oder Lebenskrisen bzw. verringert die Chancen auf eine befriedigende, glücklich machende Lebensgestaltung. Aber natürlich wäre es falsch zu glauben, daß das Leben dieser Kinder gewissermaßen ''schon (mehr oder weniger schief-) gelaufen'' sei. Die Entwicklungsspielräume sind zwar enger geworden, aber es gibt sie. Und zwar in umso größerem Ausmaß, je jünger die Kinder noch sind. Daher kann ein Buch über die Auswirkungen der Scheidung auf die psychische Entwicklung der Kinder an der Bedeutung der Folgejahre, das heißt aber auch: an der *Organisation des Lebens nach der Scheidung* nicht vorbeigehen.

wird dadurch die große Chance verpaßt, nicht nur den Schaden durch die Scheidung zu begrenzen, sondern sie darüber hinaus für langfristig bedeutsame Korrekturen bereits stattgefundener Fehlentwicklungen zu nützen.

81 Hinzuzuzählen sind hier jene ''verstärkten (alten) Symptome'' (Kap. 7.2), welche durch die (möglicherweise gar nicht stattgefundene) Nach-Scheidungs-Krise nicht aufgelöst wurden.

82 Das heißt natürlich nicht, daß jede Schulschwierigkeit bedenklich ist, bzw. jedes intelligente und hilfsbereite Kind entwicklungsgefährdet sei. Es kommt auf die, hinter den sichtbaren Manifestationen stehende, Psychodynamik an. Bedenklich sind solche Haltungen dann, wenn sie in erster Linie der *Abwehr* frühinfantiler, massiver Ängste dienen. Denn dann handelt es sich nicht mehr um bloße ''Eigenschaften'', sondern um inflexible Bedingungen für das Gefühl psychischer Sicherheit.

Dritter Teil
Zur psychischen Entwicklung des Kindes nach der Scheidung

Die Überschriften der drei Hauptabschnitte dieses Buches - *Scheidungs*erleben, die Entwicklung *vor* und die Entwicklung *nach* der Scheidung - legen nahe, daß es sich um eine Einteilung handelt, die *zeitlichen* Gesichtspunkten folgt. Die bisherigen Ausführungen haben aber gezeigt, daß sich Scheidung und Vor-Scheidungs-Entwicklung nicht wirklich trennen lassen. Beginnt die ''Scheidung'' doch bei vielen Kindern bereits mit der Geburt und bestimmt die vor der endgültigen Trennung der Eltern stattgefundene Entwicklung - ihre Störungen, Konflikte und Bewältigungsschicksale eingeschlossen - das psychische ''Drehbuch'' des Scheidungserlebens im engeren Sinn wesentlich mit. Andererseits setzt die ''Entwicklung *nach* der Scheidung'' spätestens am ersten Tag, welcher der Scheidung folgt[83], ein und umfaßt damit auch jene ersten ein bis eineinhalb Jahre, welche die psychischen Vorgänge beanspruchen, die das *Scheidungs*erleben ausmachen.

Jene, meist so krisenhaften, Monate nach der Scheidung bilden auch den ''Verknüpfungspunkt'' zwischen den ersten beiden und dem dritten Teil des Buches, der weniger einen neuen Zeitabschnitt als vielmehr eine andere theoretische Perspektive zur Sprache bringt. Ging es dort primär um die Bedeutung und Auswirkung der Scheidung unter dem Aspekt des (teilweisen) *Verlustes* eines Elternteils bzw. der *Auflösung* der Familie, wollen wir nun Bedeutung und Auswirkungen der Scheidung unter dem Aspekt der *vollzogenen Trennung* bzw. der *Um- und Neuorganisation* der Familie betrachten. Ein gutes Beispiel für diesen Perspektivenwechsel liefert die Nach-Scheidungs-Beziehung des Kindes zum weggeschiedenen Vater. Sie interessierte uns bislang vor allem unter dem Gesichtspunkt der räumlichen Trennung, des schmerzlichen Objektverlustes und als ein Ereignis, das die Triangulierungsmöglichkeiten des Kindes einschränkt und somit einen bedeutsamen Beitrag zur (vor allem aggressiven) Konfliktanreicherung der Beziehung zur Mutter leistet. Aber natürlich ist mit der Scheidung weder die äußere noch die innere Beziehung zum Vater zu Ende. Selbst wenn das Kind ihn längere Zeit nicht sehen sollte, bleibt er (wie auch für die Mutter) als *inneres Objekt* existent. Vielleicht verändert sich der psychische Stellenwert und das Bild, das es sich von ihm macht, aber jedenfalls gibt es

83 Gemeint ist natürlich der psychologische Scheidungszeitpunkt (vgl. Kap. 1.1).

weiterhin ein Bild von ihm. Ferner beeinflußt er durch seine Handlungen das Familienleben und ist ein wesentlicher Gestaltungsfaktor auch jener äußeren Rahmenbedingungen, die darüber mitentscheiden, ob die Zeit nach der Scheidung dem Kind bei der Bewältigung der erlebnisreaktiven Erschütterungen zu helfen vermag oder zur destrukturierenden Krise wird. Mit solchen und ähnlichen Fragen, die die konkrete Gestaltung der Nach-Scheidungs-Beziehungen betreffen, will ich mich in diesem dritten Teil beschäften. Der Schwerpunkt liegt natürlich wieder auf der Bedeutung und den Einflüssen, welche diese Geschehnisse auf das Kind und seine seelische Entwicklung haben, und ich nehme an, daß die folgenden Erkenntnisse unser bereits gewonnenes Verständnis über das Scheidungserleben des Kindes noch ein Stück erweitern werden. Vor allem aber dürften sich differenziertere Perspektiven eröffnen, wo und auf welche Weise die Entwicklungsgefahren der Scheidung begrenzt bzw. die ihr innewohnenden Chancen (besser) genützt werden können.

8. Günstige und ungünstige Entwicklungsbedingungen nach der Scheidung

8.1 Literaturüberblick

Zwei, miteinander eng verknüpfte, Fragen rücken in den Mittelpunkt des Interesses, wenn man beginnt, über spezifische Entwicklungsbedingungen des Kindes nach einer Scheidung seiner Eltern nachzudenken. Die erste Frage richtet sich auf den Umstand, was es für das Kind und seine Entwicklung bedeutet, daß es im engeren Familienverband (normalerweise) nur mehr mit einer erwachsenen Elternperson zusammenlebt. Und die zweite Frage dreht sich um die Bedeutung und den Stellenwert der Beziehung des Kindes zum weggeschiedenen Elternteil bzw. der verschiedenen Formen, die jene Beziehung anzunehmen vermag. Diese beiden Fragen bildeten in den letzten Jahren auch eindeutig den Arbeitsschwerpunkt der Scheidungsforschung. Diese Untersuchungen führten zu einer ziemlich einheitlichen und heute weitgehend unbestrittenen Vorstellung darüber, wie die Beziehungskonstellationen aussehen müßten, wenn es um die Sicherung bestmöglicher Entwicklungschancen für das Kind nach der Scheidung geht. Diese allgemeine Vorstellung läßt sich in einem Satz ausdrücken: Die Chance, negative Auswirkungen der Scheidung auf die Persönlichkeitsentwicklung der Kinder zu begrenzen oder vielleicht gar zu verhindern, ist normalerweise umso größer, je besser es den Eltern gelingt, den Kindern die Fortsetzung einer intensiven Beziehung zu *beiden* Elternteilen, also auch zum weggeschiedenen Elternteil (zumeist der Vater), zu ermöglichen. Einige wichtige Ergebnisse, welche diese These stützen, sollen im folgenden kurz vorgestellt werden.

Mehrere Autoren stellten etwa fest, daß die meisten Kinder - und zwar noch Jahre nach der Scheidung - eine ungebrochene Sehnsucht nach dem nicht mehr zu Hause wohnenden Vater bzw. nach der Wiedervereinigung der Eltern haben[84]. Mitunter hat es den Anschein, als ob sogar ein Teil der *Symptomatik* von Kindern vor wie nach der Scheidung den (unbewußten) Zweck hätte, die Eltern von ihren gegenseitigen Beziehungsproblemen abzulenken, um zu erreichen, daß sie sich in der Sorge um das Kind wieder verständigen[85]. Und es ist anzunehmen, daß die Wiedervereinigungswünsche für die Kinder um so weniger quälend sind, je mehr sie das Gefühl haben, den weggeschiedenen Vater nicht wirklich verloren zu haben und je mehr Befriedigung sie aus einer intensiven Beziehung zu ihm erleben können[86].

[84] Z.B. Kalter/Pickar/Lesowitz 1984; Wallerstein/Kelly 1980; Wille 1985

[85] Bernhardt 1986, Psychoanalytic inferences 1983

[86] Dagegen scheint der Befund von Balloff/Walter zu sprechen, dem zufolge mit der Intensität der Beziehung zum (weggeschiedenen) Vater bzw. der Kooperation beider Eltern nach der Scheidung

Obwohl die Zahl der "unvollständigen" Familien seit Jahren im Steigen begriffen ist und statistisch bereits als Variation normaler Sozialisationsbedingungen angesehen werden muß, wird sie im öffentlichen Bewußtsein als gesellschaftliches Randphänomen, als (unglückliche) Abnormität behandelt. Das gilt auch für die Schulöffentlichkeit. Die (immer wieder von Lehrern oder Kindergärtnerinnen zu hörende) Bemerkung "Vater gibt es keinen ..." offenbart den stigmatisierenden Charakter solch scheinbar "sachlicher" Schülerbeschreibungen. Auch in den Lernmaterialien kommt die vater- oder mutterlose Familie so gut wie nicht vor. Also ist es auch nicht verwunderlich, daß Scheidungskinder immer wieder *große Scham* gegenüber Außenstehenden (eben z.B. Lehrern) empfinden, über keine "richtige" Familie zu verfügen[87]. Zum Schmerz und der Kränkung, von dem einen Elternteil verlassen worden zu sein, kommt mithin das Gefühl des Kindes, daß mit ihm "etwas nicht in Ordnung" sei. Immer wieder konnte ich in meiner therapeutischen Arbeit mit Scheidungskindern die Erfahrung machen, welch *narzißtische Entlastung* es für Kinder darstellt, wenn sie auf Fragen, die die Scheidungssituation betreffen, antworten können: "Aber ich sehe den Papa sehr oft und wir telephonieren jeden Tag miteinander!"
Eines der wohl wichtigsten Argumente für die Fortführung einer intensiven Beziehung zum Vater ist die Entlastung des Kindes in seiner Beziehung zur Mutter und die mit dieser Beziehung in engem Zusammenhang stehende Entwicklung seines *Selbstwertgefühls*. Für viele Kinder bedeutet die Scheidung (zum Teil objektiv, vor allem aber subjektiv) einen beträchtlichen Machtverlust. Die Unmöglichkeit, beim anderen Elternteil Zuflucht zu suchen, macht sie abhängiger vom fürsorgenden Elternteil. Sie müssen erfahren, über keine Mittel zu verfügen, die Eltern wieder zusammenzubringen. Dazu kommt das Gefühl, versagt zu haben und die Hilflosigkeit, mit den ihnen aufgebürdeten Loyalitätskonflikten (s.u.) umzugehen. Die Enttäuschungen, die Trauer und das Gefühl der Machtlosigkeit führt bei den Kindern nach der Scheidung zumeist zu einem

auch die Wiedervereinigungswünsche der Kinder steigen, was die Autoren als einen eventuell *belastenden* Faktor werten. Sie weisen allerdings darauf hin, daß die An- bzw. Abwesenheit kindlicher Wiedervereinigungswünsche allein über die Auskunft der Eltern erhoben wurde. Nun konnten wir in unserer eigenen Untersuchung *(der Kinder)* feststellen, daß die Eltern von der faktischen Existenz dieser Wünsche in den meisten Fällen gar nichts wissen (bzw. wissen wollen?), woraus zu schließen wäre, daß die Auskunft der Eltern in dieser Hinsicht nicht valid ist. Es wäre denkbar, daß kooperierende Eltern über diesbezügliche Wünsche ihrer Kinder einfach *besser Bescheid* wissen bzw. der diesbezüglichen Einsicht weniger Widerstand entgegensetzen. Darüber hinaus ist festzuhalten, daß Wiedervereinigungswünsche oft unbewußt sind. Was nun die Belastung betrifft, meine ich, daß es weniger um die Frage geht, ob die Kinder Wiedervereinigungswünsche hegen oder nicht, sondern darum welchen seelischen *Stellenwert* sie haben bzw. *wie quälend* die bestehende Trennung der Eltern erlebt wird. Es ist gut möglich, daß die Trennung der Eltern ein Kinderleben lang Anlaß von *Trauer* ist, ohne daß deshalb schon eine Entwicklungsbeeinträchtigung gegeben sein muß.

[87] Kalter/Pickar/Lesowitz 1984. Im übrigen entstammen solche Schamgefühle nicht nur "von außen" kommenden Diskriminierungen. Viele alleinerziehende Mütter haben selbst das Gefühl, "nicht in Ordnung" zu sein und geben dieses Gefühl ihren Kindern weiter.

deutlichen Absinken ihres Selbstwertgefühls[88]. Dagegen verfügen *Scheidungskinder mit einer guten Beziehung zum Vater* über ein höheres Selbstbewußtsein[89], während sich Kinder von Vätern, die sich nicht um sie kümmern, unwichtig und gekränkt fühlen[90] und in Selbstbewußtsein und sozialer Reife hinter ihren Altersgenossen zurückbleiben[91]. Scheidungskinder mit einer guten Vaterbeziehung haben auch weniger Symptome und vermögen sich besser an die neue Lebenssituation anzupassen[92]. Dabei ist freilich zu berücksichtigen, daß es, wenn von "guter" oder "intensiver" Beziehung zum abwesenden Elternteil die Rede ist, nicht um die Quantität (äußerer) Kontakte geht. Eine *gute* (innere) Beziehung ist nur dann möglich, wenn sich das Kind innerlich für eine solche Beziehung auch frei fühlt. Und das erfordert, daß beide Elternteile die Fortsetzung der Beziehung zum jeweils anderen auch bejahen.

Trifft dies nicht zu, sondern versuchen Vater und Mutter, die Kinder in ihre gegenseitigen Auseinandersetzungen zu ihrem eigenen Vorteil miteinzubeziehen, geraten die Kinder in schwere *Loyalitätskonflikte*. Solche Eltern bedenken den Ex-Partner mit abfälligen Bemerkungen; an das Kind wird die Erwartung herangetragen, sich als loyaler Verbündeter zu verhalten; der Verkehr mit dem anderen Elternteil wird untersagt oder wenigstens mißbilligt; oft versuchen die Eltern auch, ihre Kinder als Detektive zu benützen, indem sie sie über den Ex-Partner ausfragen oder umgekehrt ihm verbieten, gewisse Dinge weiterzuerzählen usw. Für das Kind schaffen solche Haltungen ein schier unlösbares Dilemma. Einerseits liebt es nach wie vor beide Eltern, andererseits muß es fürchten, daß die Absage an die Bündniserwartungen zum Verlust der Liebe des betreffenden Elternteils führt[93].

Die umfangreichste und differenzierteste Arbeit zu diesem Themenkomplex bildet die einzigartige, sich über einen Zeitraum von über fünfzehn Jahren erstreckende, Langzeitstudie unter der Leitung von Judith Wallerstein[94]. Sie wies darauf hin, daß angesichts der Fortdauer aggressiver Auseinandersetzungen zwischen den Eltern sich bei den Kindern nicht nur quälende Loyalitätskonflikte herstellen, sondern ein (meist unbewußtes) Gefühl entsteht, *in ihrer Existenz unerwünscht* zu sein, gewissermaßen einen Unglücksfall der Geschichte, ein Kind des Hasses statt der Liebe darzustellen. Über Identifizierungsprozesse haben solche Kinder größte Schwierigkeiten, sich selbst zu mögen und in ihrem Leben einen Sinn zu erblicken[95].

88 Kalter/Pickar/Lesowitz 1984; Leahy 1984

89 Leahy 1984

90 Kalter/Pickar/Lesowitz 1984

91 Wallerstein/Kelly 1980

92 Doust 1983; Leahy 1984. Auf den beschränkten Aussagewert von sichtbaren Symptomen bzw. angepaßtem Verhalten habe ich allerdings wiederholt hingewiesen.

93 Bernhardt 1986; Doust 1983; Leahy 1984; Psychoanalytic inferences 1983; Wallerstein/Kelly 1980; Wille 1985

94 Wallerstein/Kelly 1980 und Wallerstein/Blakeslee 1989

95 Das Gefühl, *erwünscht* zu sein, spielt auch in dem unter der Mitarbeit Anna Freuds

Große Bedeutung kommt einer funktionierenden Beziehung zum abwesenden Elternteil auch *für die Güte der Beziehung zum sorgetragenden Elternteil* zu. Von der Macht der Mutter und der fehlenden Zufluchtsmöglichkeit beim Vater im Konfliktfall war schon die Rede. Dazu kommt, daß viele Kinder nicht aufhören, der Mutter übelzunehmen, ihnen den Vater weggenommen zu haben und nun vorzuenthalten. Mütter, die sich den Anschein geben, schwach und hilflos zu sein, geben ein problematisches Identifizierungsobjekt ab, lassen die Kinder ein gutes Stück Schutz und Geborgenheit vermissen und behindern aggressive Regungen, indem sie Schuldgefühle induzieren ("Die Mama ist so arm, da darf ich doch nicht auch noch ..."). Die Abwesenheit eines Objekts fördert auch *Idealisierungen* seiner Person. Viele "Sonntags-" und "Urlaubsväter" erscheinen den Kindern als allesgewährende Prinzen, während die Mutter die alltäglichen Versagungen repräsentiert und dafür angegriffen, gegen den Vater ausgespielt und (auch) gehaßt wird. Idealisierte Väter erschweren darüber hinaus den Buben, zu einer realistischen Selbsteinschätzung, einem realisierbaren "Ichideal" zu gelangen; und den Mädchen, ein realistisches Bild von Männern zu gewinnen. Auch das umgekehrte Phänomen gibt es: daß in der Mutter-Familie Männer mit so viel Diskriminierung und Kritik ausgestattet werden, daß die geschlechtliche Identität des Buben und das gegengeschlechtliche Interesse des Mädchens Beeinträchtigungen erfahren. Darüber hinaus weist Wallerstein auf die große *Vorbildwirkung* hin, die der Vater für die Entwicklung von (nicht nur "männlichen") Wertorientierungen, qualifizierten Berufsvorstellungen, für das Bedürfnis nach dauerhaften Beziehungen und die Gestaltung von Lebenszielen hat[96].
Als besonderes Problem von Scheidungskindern (bzw. ihrer Familien) erkannte Wallerstein schließlich den *Ablöseprozeß der Jugendlichen während der Pubertät und Adoleszenz*. Schon unter gewöhnlichen familiären Verhältnissen handelt es sich dabei um eine der schwierigsten, weil konfliktreichsten Entwicklungsaufgaben im Leben. Kommt nun eine besonders enge und ausschließliche Bindung an einen Elternteil (vor allem, wenn es sich um die Mutter handelt) hinzu, fällt dieser Schritt hinaus - in ein selbstbestimmtes Leben mit Gleichaltrigen und (vergleichsweise) fremden Erwachsenen - besonders schwer[97]. Diese Schwierigkeit wird dadurch verschärft, daß viele Jugendliche das Gefühl haben, sie dürfen die Mutter nicht allein und im Stich lassen, also nicht das Gleiche tun, was schon der Vater an der Mutter verbrochen hatte. Sie vermögen sich nur unter größten Anstrengungen abzulösen, entwickeln massive Schuldgefühle oder wehren diese

entstandenen, vor allem an familiengerichtlichen Entscheidungen interessierten Buch "Jenseits des Kinderwohls" (Goldstein/A.Freud/Solnit 1973) eine große Rolle. So sollten den Autoren zufolge etwa Sorgerechtsentscheidungen in erster Linie von zwei Kriterien geleitet sein: Welcher Elternteil ist am ehesten in der Lage, die psychologischen Elternfunktionen in einer kontinuierlichen Beziehung (wenigstens teilweise) wahrzunehmen; und welche Lösung eröffnet dem Kind am ehesten die Möglichkeit, sich auch weiterhin als erwünscht zu fühlen.

96 Vgl. dazu auch Fthenakis 1985 und Fthenakis/Wiesel/Kunze 1982

97 Diese Probleme der pubertären Ablösung erinnern unwillkürlich an die Bedeutung des "dritten Objekts" für den Individuationsprozeß der ersten Lebensjahre (vgl. Kap. 5).

aggressiv ab, etwa indem sie sich mit dem (bösen) Vater identifizieren, die Mutter abwerten, um sie doch verlassen zu können. Andere schaffen es nicht, bleiben zu Hause "picken", allerdings um den Preis einer hohen Ambivalenzbelastung der über das normale Maß hinaus verlängerten Mutter-Kind-Beziehung[98].

Die Erkenntnisse ihrer Studie veranlassen Wallerstein zu einer Zusammenstellung jener Haltungen und Handlungen, zu denen sich Eltern durchringen müßten, wenn es darum gehen soll, daß ihre Kinder an der Scheidung einen möglichst geringen Schaden nehmen. Die wichtigsten sind:

→ Die Eltern müssen versuchen, trotz gescheiterter Partnerschaft *als Eltern* auch weiterhin zu kooperieren. Dazu gehört, allem voran, daß sie die Kontinuität der Beziehung der Kinder zu beiden Eltern sichern.

→ Die Eltern müssen trachten, aus ihrer persönlichen, leidvollen und gefühlsintensiven Betroffenheit möglichst bald wieder in ihre *elterliche Verantwortung* zurückzukehren. Dazu gehört ganz besonders, daß sie lernen, ihre persönlichen Bedürfnisse von jenen der Kinder zu unterscheiden und zu trennen. Eltern sollten auch in der Lage sein, sich für die Scheidung bei den Kindern zu entschuldigen[99] und ihnen die Sicherheit zu geben, daß ab sofort von beiden wieder alles zu ihrem Wohl unternommen wird.

→ Dazu gehört, daß die Eltern alles versuchen, um dem Kind das Gefühl zu geben, daß seine fortgesetzte Liebe zu beiden Eltern ganz in Ordnung ist. Der weggeschiedene Elternteil sollte möglichst bald mit dem Kind gemeinsam besucht werden; Besuchsregelungen sollten mit den Kindern besprochen werden, Wünsche der Kinder wären zu berücksichtigen.

→ Schließlich müßten die Eltern all jene Vorkehrungen treffen, die es den Kindern erleichtern, über den Schmerz und die Belastung der Trennung hinwegzukommen. Vor allem müssen die Kinder rechtzeitig und ausführlich über die kommenden Ereignisse informiert werden und es muß ihnen Gelegenheit gegeben werden, ihre Sorgen und Gefühle zu äußern. Im wesentlichen decken sich die diesbezüglichen Vorschläge Wallersteins und anderer Autoren mit unseren Ausführungen über die so wichtige "Erste Hilfe" angesichts der spontanen seelischen Reaktionen der Kinder auf die Mitteilung von der endgültigen Trennung der Eltern.

8.2 Ergänzende Anmerkungen

Wie stellen sich nun diese empirischen Befunde über die Entwicklung nach der Scheidung im Licht unserer eigenen Untersuchungen dar? Zunächst ist anzumerken, daß die große Bedeutung, die nach Ansicht der Autoren der Fortsetzung der

[98] Vgl. auch Stierlins (1974) Untersuchung über den Zusammenhang zwischen bestimmten (sehr engen) "Beziehungsmodi" und Problemen der Jugendlichen im Prozeß der pubertären/adoleszenten Ablösung.

[99] Vgl. dazu auch meine Ausführungen über die sogenannte *verantwortete Schuld* (S. 50f.).

Beziehung zu beiden Eltern zukommt, den Leser/die Leserin eigentlich nicht allzu sehr überrascht haben dürfte. Weist doch ein großer Teil der Befunde und theoretischen Überlegungen über die Psychodynamik des akuten Scheidungserlebens, die ich bis jetzt vorgestellt habe, genau in diese Richtung. Ja, in einer gewissen Weise bildet die Analyse der Entwicklungsschwierigkeiten, mit denen Kinder in der Konfliktfamilie *vor* der Scheidung zu kämpfen haben, eine Vorwegnahme jener, durch den andauernden gegenseitigen Haß der Eltern und durch Loyalitätskonflike der Kinder gekennzeichneten, Beziehungskonstellationen nach der Scheidung, welche die Forscher als so bedenklich für die künftige Entwicklung der Kinder ansehen. Ebenso ist jene Phase des Scheidungserlebens, die wir als Nach-Scheidungs-Krise beschrieben, gekennzeichnet durch den plötzlichen *Verlust* des Vaters und den Wegfall des "dritten" (Triangulierungs-) Objektes. Zwar ging es uns - gemäß unserer Aufmerksamkeit auf die "inneren" Vorgänge - bisher in erster Linie um die *Befürchtungen und Phantasien* des Kindes über Verlust und Trennung. Aber natürlich ist es z.B. für die Furcht des Kindes, seinen Vater nicht mehr wiederzusehen, für das Gefühl, von ihm nicht mehr geliebt oder für die Aussicht, von der Mutter völlig abhängig zu sein, nicht ganz gleichgültig, ob das Kind den Vater nach der Scheidung mehrmals pro Woche oder mehrere Monate hindurch überhaupt nicht sieht. Aufgrund unserer bisherigen Befunde ist also durchaus zu erwarten, daß eine fortgeführte oder wenigstens bald wiedereinsetzende Kooperation zwischen den Eltern, die dem Kind eine Fortsetzung der Beziehung mit dem nun getrennt lebenden Elternteil ermöglicht, bei der Bewältigung der Scheidung hilft. Und zwar in mehrfacher Hinsicht:
Erstens dürften sich dadurch die Ängste des Kindes vor Objektverlust mindern, die sich im übrigen nicht nur auf den getrennten Elternteil richten ("Wenn die Mama den Papa nicht mehr lieb hat, wer weiß, wie lange sie mich noch lieb hat...); die Kränkung, verlassen worden zu sein, wird geringer sein, mithin auch die Gefahr einer bleibenden "narzißtischen Narbe", indem das Gefühl, doch noch geliebt zu werden, sich rascher wieder aufzubauen vermag; dadurch kann sich wohl auch ein Teil der häufig von Vergeltungsängsten begleiteten Schuldgefühle besänftigen; schließlich ist zu hoffen, daß so an die Stelle der Trauer das Kind möglichst bald wieder ein Stück Zuversicht setzen kann. *Zweitens:* Wenn die elterliche Kooperation und die fortgesetzte Beziehung zu beiden Eltern für sich allein vielleicht auch nicht ausreichen mag, das erlebnisreaktive Ungleichgewicht wieder in Balance zu bringen, sollte doch die Chance größer sein, daß die Nach-Scheidungs-Krise bei diesen Kindern weniger dramatisch verläuft und somit die Destrukturierungsprozesse in Grenzen bleiben. Maßgeblich dafür ist die geringere Aggressionsbelastung der kindlichen Objektbeziehungen, der (unter Kooperationsbedingungen) voraussichtlich geringere psychische, soziale, ökonomische und "pädagogische" Druck, der auf dem sorgetragenden Elternteil lastet; und endlich sollte die Möglichkeit des Kindes, die erworbenen Triangulierungsmodi wenigstens zum Teil aufrechterhalten zu können, das Ausmaß der (regressiven) Aktivierung alter Konfliktängste - und damit auch die pathogenen

Effekte der posttraumatischen Abwehr - mindern. Diese strukturelle Entlastung der Objektbeziehung zum sorgetragenden Elternteil sollte sich *drittens* auch auf die längerfristige Entwicklung des Kindes positiv auswirken, indem neurotische Dispositionen, die im Verlauf des Scheidungserlebens zusätzlich erworben wurden, nicht durch übermäßige spätere Objektbeziehungskonflikte verstärkt werden. *Viertens* darf angenommen werden, daß die fortdauernde Präsenz beider Elternteile hilft, Fehlentwicklungen der geschlechtlichen Identität zu verhindern. Das betrifft nicht allein drohende Fehlidentifizierungen (mit dem gegengeschlechtlichen Elternteil) im Zuge der posttraumatischen Abwehr. Identifizierungen finden auch weiterhin statt und es kann für einen Buben kaum folgenlos bleiben, wenn er über Jahre hinweg ein starkes, männliches Vorbild entbehren und sich als einziger "Mann" in der Familie gegenüber einer (über)mächtigen Mutter/Frau stets unterlegen bzw. von ihr abhängig erleben muß. Und ebensowenig folgenlos wird es für das weibliche Selbstgefühl des Mädchens sein, wenn es erleben mußte, daß die erste und wichtigste Liebesbeziehung zu einem Mann, dem Vater, sich nicht erfüllte, sondern es vom geliebten Mann verlassen und vergessen wurde.

Die psychoanalytische Untersuchung des Scheidungserlebens liefert also zusätzliche theoretische Erklärungen für die empirische Evidenz der Wichtigkeit, die Zwei-Elternschaft nach der Scheidung *neu zu organisieren*, statt sie durch eine Ein-Elternschaft zu ersetzen. Um die betroffene Öffentlichkeit von dieser Wichtigkeit zu überzeugen, bedürfte es all dieser Argumente dagegen kaum. Ich habe mich in den letzten Jahren davon überzeugen können, daß es kaum noch pädagogische Berater, Gutachter oder Familienrichter gibt, die die Scheidung ausschließlich als *Schlußpunkt* gemeinsamer Elternschaft und *Besuchsregelungen* lediglich als peripheres Problem (das eher mit den Bedürfnissen des Vaters als den Entwicklungsnotwendigkeiten der Kinder zu tun hätte) betrachten[100]. Das Gleiche gilt aber auch für die meisten Eltern. Meiner Erfahrung nach sind die meisten Eltern *grundsätzlich* der Ansicht, daß es für ein Scheidungskind gut wäre, könnte es auch zum weggeschiedenen Elternteil eine postive Beziehung weiterführen[101].

In eklatantem Gegensatz zu dieser Entwicklung der öffentlichen Meinung steht hingegen die Praxis geschiedener Familien. In Österreich haben mehr als 70% der

[100] Eine bedauerliche Ausnahme bildet leider ein großer Teil der *Anwälte*, welcher auch in Scheidungsangelegenheiten dem Gewinner-Verlierer-Kalkül folgt und sich allein für *ihren* Klienten einsetzt. Es ist mir sogar mehrmals begegnet, daß sich Anwälte engagierten, ihren Klienten vorhandene Neigungen zur Kooperation, zur Versöhnung mit dem Partner auszureden und sie zum Kampf zu ermutigen. Manchmal kommt es zu einer Art vormundschaftlicher Vertretung eines oder beider Partner durch den Anwalt. Das kann recht angenehm sein, wird doch die Konfliktaustragung an einen anderen delegiert und der Konflikt selbst objektiviert, das heißt, auf eine Ebene gehoben, wo es endlich klare Aussagen über Recht/Unrecht und richtig/falsch gibt, was Widersprüche und Schuldgefühle erspart. Freilich bezahlen Eheleute diese Entmündigung mit dem Verlust ihrer elterlichen Verantwortung bzw. bezahlen die Kinder, indem sie im gerichtlichen Streit ihre (verantwortungsvollen) *Eltern* verlieren.

[101] Diese Erfahrung wird durch die Ergebnisse einer jüngst abgeschlossenen empirischen Studie über das gemeinsame Sorgerecht bestätigt (Balloff/Walter 1989).

geschiedenen, nichtsorgetragenden Väter keinen oder nur unregelmäßigen Kontakt mit den Kindern (Imas 1988). Und Balloff/Walter (1989) stellten fest, daß in 40% der befragten Berliner Scheidungsfamilien der Kontakt mit dem Vater völlig abgebrochen war. Ich denke, es gibt für dieses Auseinanderklaffen von "theoretischen" Haltungen und der Alltagspraxis geschiedener Eltern zwei unterschiedliche Erklärungsansätze: Man kann dieses Phänomen als Folge eines verbreiteten *moralischen Defizits* geschiedener Eltern betrachten und dementsprechend versuchen, ihm mit dem erhobenen Zeigefinger zu begegnen. Die das tun, sind meist auch jene, die bereits in der Scheidung selbst eine Verantwortungslosigkeit der Eltern erblicken, die prinzipiell gegen das "Wohl des Kindes" gerichtet sei - eine Position, die aus mehreren Gründen theoretisch unhaltbar ist[102]. Die moralisierende Tendenz verbirgt sich freilich häufig hinter sachlichen Argumenten. Zum Beispiel werden richtige theoretische Einsichten zu normativen Aufforderungen umgemünzt. Aus der Erkenntnis etwa, daß es wichtig ist, daß Eltern ihre partnerschaftlichen Konflikte von ihrer elterlichen Verantwortung abzukoppeln vermögen, wird die Mahnung: "Vergessen Sie nicht, daß der Mann, der Ihnen so viel angetan hat, immer noch der Vater ihres Kindes ist und das Kind ihn braucht!" Oder man erwartet, daß die Eltern, sobald sie die Schwierigkeiten erkennen, die ihre Auseinandersetzungen dem Kind bereiten, ihr Verhalten verändern können sollten. Auch viele professionelle Berater - und zwar keineswegs bloß konfessioneller Herkunft - erliegen dieser Versuchung, die Beziehungsprobleme der Nach-Scheidungs-Zeit direktiv zu lösen, indem sie ausschließlich mit den Kindern identifiziert sind[103]. Auch Wallerstein legt den Eltern im Interesse der Kinder bestimmte Haltungen nahe (s.o.), aber sie weist gleichzeitig darauf hin, was geschehen muß, bevor die Eltern auch gute Scheidungseltern sein *können*: Sie müssen die Ehe auch psychisch beendet und sie mußten Gelegenheit zur Trauer (um den Partner, um verlorene Hoffnungen und Illusionen) haben ("Scheidungsarbeit"); sie müssen lernen, ihre Emotionen zu beherrschen (was ohne jene Scheidungsarbeit kaum möglich ist); und sie müssen sich selbst wiederfinden und von Neuem ins Leben hinauswagen (Wallerstein/ Blakeslee 1988).

Mit diesen Hinweisen ist auch schon der andere Ansatz skizziert. Den verschiedenen Formen des moralisierenden Umgangs in der Elternberatung ist gemeinsam, daß sie sich im Grunde an ein theoretisches Konstrukt von "Eltern" wenden, indem sie deren Persönlichkeit auf bloße Vater- bzw. Mutterschaft reduzieren, als handle es sich um "pädagogische Wesen", die stets über die *innere Freiheit* verfügen, ihre bewußten Einstellungen wiederspruchsfrei in Handeln umzusetzen. Sie vernachlässigen, daß es sich auch bei Scheidungsvätern und -müttern um *Menschen* handelt, die Gefühle haben, deren Seelenleben nicht

102 Vgl. S. 14ff.

103 Auch der von Goldstein/Solnit (1989) kürzlich erschienene Ratgeber für Scheidungseltern, der auf einer guten Kenntnis der Materie aufbaut und viele wichtige Empfehlungen enthält, leidet m.E. an diesem Manko.

zuletzt auch von unbewußten Prozessen bestimmt ist. Das mag zu einem subjektiven Bild von der Realität führen, das sich von jenem des Beraters sehr unterscheiden kann oder die betroffenen Eltern hindert, bewußt Gewolltes auch zu praktizieren. Nehmen wir als Beispiel Eltern, die sich bewußt vorgenommen haben, den gegenseitigen Konflikt *nicht* auf dem Rücken des Kindes auszutragen. Nur, die Einbeziehung des Kindes in den elterlichen Konflikt muß gar nicht in jener oben beschriebenen offenen Weise geschehen, daß der andere Elternteil explizit abgewertet, das Kind zum Spion oder Geheimnisträger mißbraucht wird usw. Häufig ist es so, daß etwa die Mutter mit der Tatsache, daß das Kind den Vater, der ihr vielleicht großes Leid, Enttäuschung und Kränkung zugefügt hatte, nach wie vor liebt, ja vielleicht sogar vorzieht - trotz allen guten Willens - nicht zurechtkommt. Ihr *unbewußter Wunsch* kann leicht in die Richtung gehen, das Kind möge die eigene Abneigung teilen, oder aber sie leidet unter der Angst, nach dem Partner nun auch die Liebe des Kindes zu verlieren. Diese Wünsche und Befürchtungen werden dann unter Umständen unbewußt und subtil agiert: Dem Kind wird am Besuchstag eine attraktive Unterhaltung in Aussicht gestellt, auf die es nun "leider" verzichten muß; umgekehrt werden vom Vater vielleicht Bedürfnisse des Kindes, welche die Mutter nicht erfüllen will oder kann, prompt befriedigt; manche Mütter oder Väter begegnen dem Wunsch nach Wiedervereinigung der Eltern mit der Beteuerung: "*Ich* würde ja gerne..., aber die Mama/der Papa mag mich nicht mehr haben!"; oder der Vater mag auf die Beschwerde des Kindes, daß es den Papa öfter sehen möchte, antworten: "Ich auch, aber die Mama will es nicht!" Abschiedsszenen und Tränen vermitteln dem Kind, mit seiner Anwesenheit bei einem Elternteil dem anderen schweres Leid zuzufügen; oder die Mutter verstummt stets, wenn das Kind vom Papa redet; usw. Alle diese Aktionen, wie sie zum Alltag geschiedener Eltern gehören, erwecken beim Kind den Eindruck, daß seine fortgesetzte Liebe zu Vater *und* Mutter und damit an ihm selbst etwas nicht in Ordnung ist; lassen es befürchten, die Beziehung zum jeweils anderen aufs Spiel zu setzen; verstärken das Gefühl, für alles verantwortlich zu sein und schüren schließlich auch seine Enttäuschung und seinen Haß. Oder denken wir an die Mutter (S. 120ff.), die ihr Kind vor dem Vater schützen zu müssen glaubte. Was soll diese Frau mit unserer Mahnung, dem Kind den Vater nicht zu nehmen, anfangen? Und wie soll ein Vater seiner Verantwortung nachkommen, wenn er bemerkt, daß ihn sein Kind offen ablehnt und sich an jedem Besuchstag bei der Abholung vor ihm versteckt?

Der andere Ansatz, das Nachhinken der Praxis von Scheidungsfamilien hinter (allgemein geteilten) theoretischen Einsichten zu erklären, besteht darin, das Problem nicht als ein moralisches, sondern als psychologisches zu betrachten. Die Frage, auf welche ich mich im folgenden konzentrieren möchte, lautet also: *Warum funktioniert es nicht?* Welches sind besonders häufige emotionelle Probleme, die dazu führen, daß sich die Beziehungen nach der Scheidung nicht so gestalten, wie die meisten Betroffenen - Eltern und Kinder, Berater und Richter - es sich wünschen mögen? Und ganz besonders: Welche unbewußten Vorgänge spielen dabei eine Rolle?

9. Einiges über "böse Mütter", "verantwortungslose Väter" und "aufgehetzte Kinder"...

9.1 "Das Kind ist nach den Besuchen beim Vater völlig durcheinander!"

Feststellungen dieser Art bilden einen häufigen Grund, warum sich Mütter, in welcher Form auch immer, gegen die Besuchstage beim Vater wehren. *Albert*s Mutter erzählte, daß der Fünfjährige in der Nacht vor den Besuchen beim Vater schlecht schlafe und am Abend seiner Rückkehr wie verwandelt sei: "aufgedreht", will nicht ins Bett, hört überhaupt nicht, was die Mutter sagt oder faucht sie aggressiv an. Erst ein paar Tage später sei er wieder der alte, findet er zu seinem freundlichen und zärtlichen Wesen zurück. Auch die Kindergärtnerin wisse inzwischen genau, daß Albert am Vortag bei seinem Vater gewesen sein mußte. Denn an den darauffolgenden zwei Tagen sei er aggressiv zu den anderen Kindern, und überhaupt könne man mit ihm nichts anfangen.
Solche Irritationen vor, besonders aber nach den Besuchen beim getrennt lebenden Elternteil sind eher die Regel als die Ausnahme. Sie hängen damit zusammen, daß sich das Kind vor eine völlig neue Beziehungskonstellation gestellt sieht. Was die Objekte für das Kind sind, hängt ja nicht nur an deren individueller Person, sondern ist wesentlich durch bestimmte (auch trianguläre) Beziehungsmuster charakterisiert. Zum Beispiel Muster wie: Vater und Mutter gehören zusammen; sind gleichzeitig anwesend; ich kann von einem zum anderen wechseln usw. Nun aber heißt es plötzlich: Den Vater sehen, bedeutet, auf die Mutter verzichten zu müssen; die Mutter (wieder) haben, bedeutet, den Vater verlassen zu müssen. Dazu kommt bei kleineren Kindern die quälende Unsicherheit: Was geschieht mit dem Vater in der Zeit meiner Abwesenheit? Wird er nächste Woche noch da sein, wenn ich jetzt weggehe - sofern das kleine Kind überhaupt begreifen kann, was "nächste Woche" heißt? Auch aktiviert der Objektwechsel an den Besuchstagen jedesmal das Scheidungserlebnis und mit ihm die typischen Ängste und wütenden Affekte. Und Schuldgefühle: Viele Kinder erleben Besuch bzw. Rückkehr als Verrat am jeweils zu verlassenden Elternteil. Hier entstehen Loyalitätskonflikte schon ohne jedes Zutun der Eltern. Die nächstliegende Lösung der Konflikte und der heftigen Gefühlsregungen besteht in der Projektion der Schuld auf einen Elternteil. Und zwar meist auf jenen, den das Kind *sicherer* hat, also die Mutter. Vorwürfe wie: "Du hast mir den Papa genommen", "Du enthältst ihn mir vor" bzw. "Du läßt zu, daß es mir schlecht geht und ich mich fürchte, ihn ganz zu verlieren, weil ich nicht bei ihm sein kann", bilden einen mächtigen Antrieb und den (nicht verbalisierten) Inhalt des aggressiven Verhaltens der Kinder nach den Besuchstagen.
Welche Konsequenz ist daraus zu ziehen? Sollte man die Besuche einstellen? Selbst manche Gutachter und Berater, auch Hausärzte empfehlen eine "Beruhi-

gung'' des Kindes. Später könne man dann mit den Besuchen wieder beginnen. Mich erinnert diese Haltung immer an das bis vor wenigen Jahren gültige Regime traditioneller Krankenschwestern in Kinderspitälern: Man beschränkte die Möglichkeit der Elternbesuche etwa auf einen Tag pro Woche, weil man die - übrigens zutreffende - Beobachtung machte, daß die Kinder sich ruhig, angepaßt und freundlich verhalten, wenn sie mit den Schwestern alleingelassen sind, jedoch jedesmal aggressiv und aufmüpfig werden, wenn sie von den Eltern besucht worden waren. In Spitälern hat sich heute die Einsicht durchgesetzt, daß jene Irritation für die Kinder günstiger ist als das angepaßte Verhalten. Die Irritation zeugt von einer aufrechten Beziehung, ist das Ergebnis von Trauer bzw. dem Kampf gegen die Trennung. Die Ruhe dagegen ist resignativ. Die geliebten Objekte (die Eltern) müssen ein Stück abgeschrieben, vergessen werden, um an den verfügbaren Objekten (den Schwestern) Gefallen zu finden oder sie zu fürchten. Nicht oder kaum besuchte Kinder sind, jedenfalls bis zum sechsten Lebensjahr, wenn sie das Spital nach einem längeren Aufenthalt verlassen, mit Gewißheit nicht mehr ganz dieselben, die sie vorher waren. Wenigstens ein kleines Stück Beziehung, Vertrauen und Selbstgefühl ist da in Brüche gegangen.
Zweifellos braucht das Kind nach der Scheidung Ruhe. Aber nicht seine eigene, sondern die Ruhe der Eltern. Das Kind selbst muß erst die Erfahrung machen, daß es in dieser neuen Welt - ohne größere Aufrüstung und Kampfbereitschaft - leben kann. Was das Besuchsproblem betrifft, muß es die Erfahrung machen, daß die alten Beziehungsverhältnisse nicht wiederbelebbar sind, daß aber eine Beziehung zu jedem Elternteil auch unter Ausschluß des anderen möglich ist; es muß lernen, sich trennen zu können und darauf zu vertrauen, daß das gerade verlassene Objekt erhalten bleibt. Eine Unterbrechung der Besuche würde die Ängste des Kindes, den anderen zu verlieren, geradezu bestätigen. Da das Kind den Vater dann zumeist abschreibt, ist eine ''einfachere Wiederaufnahme'' der Beziehung nach einer längeren Unterbrechung zumeist eine Illusion. Dagegen nehmen die typischen Besuchstag-Irritationen unter normalen Umständen spätestens nach ein paar Monaten deutlich ab. Ein kleiner Rest kann sich allerdings manchmal sehr lange behaupten: als normale Reaktion auf eine nicht gewünschte Lebenssituation, als Trauer, mit einem Wort als Teil bewußter Problemverarbeitung.

9.2 ''Mama, ich mag nicht zum Papa!'' und ''Papa, ich möchte bei dir bleiben!''

Die Probleme rund um die Besuchstage werden mitunter noch verschärft, indem sich das Kind gegen die Besuche beim Vater wehrt. Für die Mutter ist es dann noch schwerer, die Fortführung des Besuchsarrangements gutzuheißen, ist es doch das Kind selbst, das, allen psychologisch-pädagogischen Empfehlungen zum Trotz, den Vater offenbar nicht sehen *will*.
In der überwiegenden Zahl der Fälle stehen jedoch hinter dieser ''Ablehnung des Vaters'' die gleichen Probleme, welche die Irritationen der Kinder nach den

Besuchstagen hervorrufen. Bei *kleinen Kindern* ist die Besuchsverweigerung zumeist nur die Kehrseite der Angst, sich von der Mutter zu trennen oder einfach nur der (zornige) Widerstand, eine, im Augenblick schöne und lustvolle Beziehungssituation zu unterbrechen. Das heißt nicht, daß man diesen Widerstand ignorieren soll. Denn in beiden Fällen besteht die Gefahr, daß das Kind den Vater als "Bösen" erlebt, der es der Mutter wegnimmt oder die Mutter als ebenso "Böse", die es nicht mehr haben will und weggibt. Dazu kommt das Gefühl der Ohnmacht, das wütend macht und sich unter Umständen als schwere narzißtische Narbe in die kindliche Seele eingraben kann und/oder jenes, bereits durch das Scheidungserlebnis (eventuell auch schon durch frühere Erfahrungen) hervorgerufene Gefühl verstärkt, keine Macht über Beziehungen zu haben und sich auf deren Kontinuität nicht verlassen zu können. Hingegen gelingt es meist durch einfache, altersgemäße Unterstützungen, Trennungsangst und Widerstand zu besänftigen und damit das Problem der "Besuchsverweigerung" aus der Welt zu schaffen. So z.B. bei der knapp dreijährigen *Susanne*, deren Vater sich verzweifelt an mich wandte, weil sich seine Tochter jedesmal schreiend und mit Händen und Füßen wehrte, mit ihm zu kommen. Die "Übergabe" fand gewöhnlich so statt, daß die Mutter das Kind für den Besuch schon vorher anzog. Spielwünsche der Kleinen mußte sie zurückweisen, "weil doch der Papa gleich komme". Wenn der Vater kam, wollte er sie auf seine Arme nehmen und weggehen. Susanne lief jedoch weg, klammerte sich heulend an die Mutter oder versteckte sich in ihrem Zimmer. Auch die Mutter war verzweifelt, wollte sie dem Vater doch die Tochter, die er sehr liebte, nicht vorenthalten, andernteils ihre Rolle als liebende und verfügbare Beschützerin nicht verspielen, indem sie das Kind gegen seinen Willen wegschickte. Da es sich um kooperative Eltern handelte, konnten wir Alternativen zu diesem "das-Kind-dem-Vater-in-die-Hand-Drücken" entwickeln. Das Wichtigste war, daß sie sich für die Übergabe Zeit ließen: Der Vater kam, wenn Susanne noch (allein oder mit der Mutter) spielte, es ihr also gut ging. Er nahm vorsichtig an dem Spiel teil und erneuerte auf diese Weise die über Tage (durch die geschilderten Szenen sogar seit Wochen) unterbrochene Beziehung. Bald konnte sich die Mutter mehr und mehr zurückziehen. Dann machte der Vater attraktive Vorschläge: in den Prater oder auf den Spielplatz zu gehen; das Dreirad, das in der neuen Wohnung des Vaters stand, zu holen; die Musiker in der Fußgängerzone, die Susanne stets fasziniert hatten, zu besuchen usw. Es fand sich stets etwas, wozu Susanne Lust hatte. Sie ließ sich - schon ungeduldig - anziehen, manchmal vom Vater, manchmal sollte es die Mutter oder auch beide gemeinsam tun. Dann beschloß sie, was mitzunehmen sei, machte sich freudig auf den Weg und vergaß zumeist sogar, sich von der - inzwischen in den Hintergrund getretenen - Mutter zu verabschieden.

Was auf den ersten Blick vielleicht als bloß lapidarer Aufwand erscheinen mag, ist psychologisch gesehen eine radikale Veränderung der Trennungssituation oder richtiger: nimmt der Übergabesituation ihren Trennungscharakter. Der Vater nimmt das Kind nicht von der Mutter weg, sondern knüpft zunächst die aktuelle Beziehung an; er gibt dem Kind Zeit, von der Mutter zu ihm zu wechseln; es geht nicht bloß mit dem Vater *weg,* sondern (mit ihm) in den Prater, zu den Musikern *hin*; und es kann über den ganzen Vorgang mitbestimmen, statt dem Willen der Erwachsenen, ohne gefragt zu werden, ausgeliefert zu sein. Es dauerte übrigens nicht lange, bis Susanne anfing, bereits vor dem Erscheinen des Vaters von selbst Pläne zu machen und sich auf das Weggehen mit ihm zu freuen[104].

Bei älteren Kindern (ab fünf Jahren etwa) nimmt diese Form der Trennungsangst ab, dafür erhöht sich sich ihre Sensibilität und Belastung durch Loyalitätskonflikte, die teils, wie im vorigen Kapitel beschrieben, von den Eltern induziert werden, teils vom Kind selbst ausgehen (s.o.). *Franzi* fürchtete, wie die psychologische Untersuchung ergab, die Mutter zu verletzen, wenn er seine Freude auf die Besuche beim Vater zeigte. Schon am Vorabend, wenn die Mutter ihn auf den kommenden Besuchstag aufmerksam machte, begann er (eilfertig) zu jammern: "Muß ich...?", "Ich will viel lieber mit Dir...!" usw. Wenn der Vater dann erschien, versteckte er sich, lief demonstrativ zur Mutter und verließ die Wohnung mit dem Vater stets nur unter lautem Protest. Daß es sich auch bei Franzi nicht um eine wirkliche Ablehnung des Vaters handelte, zeigte sich daran, daß er sich außerhalb der Sichtweite der Mutter ganz schnell beruhigte; daß diese Szenen nie stattfanden, wenn der Vater ihn vom Kindergarten abholte (laut Auskunft der Kindergärtnerin); und daß er dasselbe Verhalten abends zeigte, wenn ihn der Vater zurückbrachte. Dann wollte er nämlich den Vater nicht verlassen.

Ein drittes Motiv für Besuchswiderstände sind heftige Wiedervereinigungswünsche der Kinder. Was diese Kinder möchten, wenn der Vater kommt, ist, daß er bleibt - nicht aber: mit ihm wegzugehen und damit die Trennung von Mutter und Vater zu zementieren. Der Protest dieser Kinder ist nicht ein Protest gegen die Person des Vaters, sondern gegen die Scheidung.

Es kommt freilich auch vor, daß Kinder tatsächlich den Vater als Person ablehnen. Das kann sein, wenn das Kind hochgradig mit der Mutter identifiziert ist und jene den Vater ihrerseits offen ablehnt; wenn die Wut über die erlittene Kränkung stärker ist als das Bedürfnis nach dem Vater; wenn das Kind all seinen Haß, auch jenen gegen die Mutter (oder gegen sich selbst), auf den Vater verschiebt, ihn also unbewußt zum Sündenbock macht; wenn es für diesen Haß und die Loyalität mit der Mutter Bestrafung durch den Vater befürchtet, und/oder die Vergeltungsängste knüpfen sich an massive Schuldgefühle, die das Kind wegen der Scheidung hat;

104 In einem ganz ähnlich gelagerten Fall, in welchem sich die Angst des Kindes vor den Besuchstagen, die (als Gewalt erlebte) Trennung von der Mutter und die Irritationen nach dem Besuch beim Vater sich in erhöhter Infektionsanfälligkeit und Fieberanfällen äußerten, stellte der Hausarzt ein Attest aus, daß die Besuche beim Vater die Gesundheit des Kindes gefährdeten, worauf der Richter das väterliche Besuchsrecht für ein halbes Jahr supendierte. Es ist dies ein typisches Beispiel so häufiger Kompetenzüberschreitung von Ärzten. Natürlich war das Kind gesundheitlich belastet, aber nicht durch die Besuche, sondern durch die Gestaltung der Besuchssituation durch die Eltern. Ein kompetentes medizinisches Gutachten hätte lediglich zu bestätigen gehabt, daß die entsprechenden Krankheitsbilder *ohne organischen Befund* seien und auch in psychischen Belastungen ihre Ursache haben *könnten*, weshalb eine *psychologische Abklärung* vorgenommen werden müßte.

wenn die Loyalitätskonflikte so quälend werden, daß das Kind lieber auf das ihm im Augenblick weniger wichtig erscheinende Objekt verzichtet u.a.m. Auch solche Objektbeziehungsstörungen darf man nicht auf sich beruhen lassen, sondern sie müssen möglichst rasch *professionell* abgeklärt werden. Weiß man dann, wo das Problem des betreffenden Kindes genau liegt, lassen sich fast immer mit den Eltern gemeinsam zielgerichtete Lösungen entwickeln (vgl. auch Kap. 10.1 und 10.2).

9.3 Das "aufgehetzte" Kind

Die Irritationen nach den Besuchstagen und die Besuchsweigerungen der Kinder machen viele Eltern nicht nur ratlos oder verzweifelt. Sie sehen in diesen Problemen, die ihnen die Kinder bereiten, fast immer eine unmittelbare Folge zielgerichtet-negativer Beeinflussung des Kindes durch den anderen Elternteil. Sie vermögen sich die zutage tretenden Unsicherheiten, vor allem aber die Aggressionen des Kindes nicht anders zu erklären, als daß das Kind von der Exfrau oder dem Ex-Mann gegen sie aufgehetzt sein mußte. Sie kommen, wie es scheint, nicht auf die Idee, daß die Beziehungskonstellation nach der Scheidung für das Kind erhebliche Anpassungsschwierigkeiten mit sich bringt und daß der Schmerz über die alles verändernde Scheidung, damit aber auch die begleitenden Gefühle und Affekte - gerade auch jene aggressiver Art - noch längere Zeit andauern. Eine Erklärung wäre, daß Eltern vielleicht über die komplexe Dynamik des kindlichen Scheidungserlebens zu wenig Bescheid wissen. Das wird wohl stimmen, ist aber mit großer Wahrscheinlichkeit nur die halbe Wahrheit. Zunächst hat man den Eindruck, daß es sich bei den genannten Verdächtigungen oft um das Ergebnis von Mißverständnissen handelt, an denen nicht zuletzt auch die Kinder Anteil haben. So warf etwa der vierjährige Jakob, der nach den Besuchstagen beim Vater zwei bis drei Tage lang alle Mahnungen, Anweisungen und Verbote der Mutter zu ignorieren pflegte, der Mutter heulend an den Kopf: "Du bist ganz, ganz böse, weil du den Papa fortgeschickt hast!" Dieser Ausbruch erfolgte, nachdem sie dem Buben in ihrer Ohnmacht, ihn zum Anziehen für den Kindergarten zu bewegen, einen mittleren Klaps auf den Hintern gegeben hatte. Als die - zunächst erstarrte - Mutter zornig fragte: "Wer hat das gesagt?" antwortete Jakob: "Der Papa und die Omi und alle sagen das!" und lief davon. Daraufhin wandte sich die Mutter an mich, um sich bestätigen zu lassen, daß der durch das regelmäßige Besuchsrecht vom Vater ausgeübte Einfluß für Jakob schädlich sei.
Wer mit Kindern zu tun hat, weiß, wie gerne sie peinliche und gefährliche Gefühle und Gedanken anderen zuschreiben, in die Worte eines Dritten kleiden. Die Frage der Mutter ("Wer hat das gesagt?") kam Jakob wohl in diesem Augenblick sehr gelegen, konnte er doch die Verantwortung für seine Wut auf einen anderen abwälzen bzw. seinem Vorwurf besonderes Gewicht verleihen. Und da müssen wir uns fragen: Warum stellte die Mutter gerade *diese* Frage? Warum

antwortete sie nicht: ''So traurig bist Du noch, daß der Papa nicht mehr hier wohnt?'' oder ''Du glaubst, nur ich wollte nicht mehr mit ihm zusammenbleiben?'' oder ganz einfach: ''Komm her, ich weiß, Du bist ganz unglücklich, aber es wird schon werden!'' oder noch besser: ''Komm her, ... Erzähl einmal, was ist denn ganz besonders schlimm?'' Mit solch einer Bemerkung hätte sie Jakobs augenblicklichen Schmerz aufgefangen, hätte ihm ihr Verständnis signalisiert und vielleicht sogar ein Stück Kommunikation darüber eingeleitet, was in dem Buben zur Zeit vorging. Aber Jakobs Mutter fragte: ''Wer hat das gesagt?'' Diese Frage beinhaltet doch: ''Du kannst das nicht von dir aus glauben, ich habe dir ja gar nichts angetan!'' Und: ''Es muß einen Verleumder geben, der dich benützt, um mir zu schaden - wer anders als der Vater und seine Familie könnte das sein!''
Natürlich ist es möglich, daß der Vater eine solche oder ähnliche Bemerkung wirklich gemacht hat, zum Beispiel, um sich gegen den Vorwurf zu verteidigen, warum er weggegangen sei. Auffällig ist nur, daß die Mutter offenbar gar nicht die *Möglichkeit* in Betracht zieht, daß ihr Sohn, und zwar *von sich aus*, auch *ihr* wegen der Scheidung Vorwürfe machen könnte. Und auffällig ist ebenso, daß von all den Möglichkeiten, auf Jakobs Vorwurf zu reagieren, das Interesse, den Vater bei einer Bosheit zu ertappen, offenbar besonders groß ist. Ich habe in meiner psychoanalytisch-pädagogischen Beratungstätigkeit immer wieder die Erfahrung gemacht, daß viele Mütter und Väter unbewußt auf Zeichen möglicher Aufhetzung durch den geschiedenen Partner geradezu *warten*; daß sie, konfrontiert man sie vorschnell mit psychologischen Erwägungen, es könnte sich auch um Schutzbehauptungen des Kindes handeln oder um eine (übliche) Vermischung von Phantasie und Realität, ihre Version der böswilligen Verleumdung und Aufhetzerei mit Engagement zu verteidigen versuchen, als ob sie *wollten*, daß es so sei. Es stellt sich dann in den Gesprächen meist bald heraus, daß jenes Aufgehetzt-Werden nicht nur ein (leidvolles) Problem ist, sondern auch eine oder mehrere ''positive'' Funktionen für diese Eltern erfüllt. So offenbarte Jakobs Mutter schließlich, daß für sie die vom Gericht großzügig verfügte Besuchsregelung von Anfang an schrecklich war und sie an jedem Besuchstag Qualen litt[105]. Nun endlich hatte sie ein ''pädagogisches Argument'' in Händen, mit dem vielleicht eine Einschränkung des väterlichen Besuchsrechtes erwirkt werden könnte. In einem anderen Fall hatte ein Vater für sich beschlossen, es nicht einfach auf sich beruhen zu lassen, daß das Sorgerecht für seine Tochter der Mutter zugesprochen wurde. Ähnlich wie Jakobs Mutter wartete er darauf, einen nachteiligen Einfluß der mütterlichen Erziehung wahrnehmen zu können. Als das Mädchen begann, dem Vater Vorwürfe wegen seiner neuen Freundin zu machen, war ein solcher ''Einfluß'' gefunden: Das Kind muß von der Mutter aufgehetzt worden sein.
An diesem und Jakobs Beispiel bemerken wir eine weitere Funktion dieser Beschuldigungen: Sie helfen den Eltern, sich nicht mit dem Anteil auseinandersetzen zu müssen, den *sie selbst* an der Irritation, der Verstimmung, den

[105] Auf die Gründe, warum die Besuchstage für den sorgetragenden Elternteil oft so qualvoll sind, komme ich noch zu sprechen (z.B. Kap. 9.4).

Aggressionen des Kindes haben. Die *Aufhetzungstheorie* entpuppt sich von dieser Seite her als ein Teil der allgemeinen Tendenz so vieler Eltern, den Schmerz und die Probleme, welche die Scheidung für die Kinder mit sich bringt, zu verleugnen. Wenn ich von der Aufhetzungs*theorie* spreche, meine ich nicht, daß es nie vorkäme, daß Väter ihren Kindern gegenüber die Mutter abwerten, beschuldigen und umgekehrt. Natürlich geschieht das, und zwar eher als Regel denn als Ausnahme. Und selbstverständlich stellen solche Bemerkungen für die Kinder eine Belastung dar, indem sie sie verunsichern und in Loyalitätskonflikte bringen. Aber: In den seltensten Fällen handelt es sich um eine *einseitige* Einflußnahme nur durch einen Elternteil. (So erzählte mir Jakobs Mutter, wie "sachlich" sie gegenüber dem Buben vom Vater spreche: "Du wirst noch draufkommen, daß Menschen nicht immer die Wahrheit sagen." Oder, als Jakob einmal behauptete, der Papa hätte ihn lieber als die Mama: "Dein Papa, mein Kind, hat überhaupt niemanden wirklich lieb, sondern denkt nur an sich." Sie war gar nicht auf die Idee gekommen, daß sie den Vater ebenso disqualifizierte, wie sie dies umgekehrt dem Vater vorwarf, mit ihr zu tun.) Zweitens sind Abwertungen und Beschuldigungen dieser Art nie die einzigen oder auch nur wichtigsten Gründe für die Nach-Scheidungs-Probleme der Kinder, einschließlich der aggressiv-ablehnenden Reaktionen rund um die Besuchstage.

9.4 Die Liebe des Kindes zum geschiedenen Partner tut weh und macht Angst

Ich fragte Jakobs Mutter, was sie denn glaube, welches Interesse der Vater haben könnte, den Buben gegen sie aufzuhetzen. Sie meinte, er könne es nicht verwinden, daß sie sich aus seiner Unterdrückung durch die Scheidung befreit habe, daß er seinen Sohn, auf den er so stolz war, der Mutter lassen mußte, er sie dafür haßte und ihr das Kind daher abspenstig machen wolle. So oder ähnlich interpretierten aber fast alle Mütter oder Väter ihre Ex-Partner, denen sie die Aufhetzung der Kinder vorwarfen: Es ging immer um übriggebliebene *Haß- oder Rachegefühle*, um die *Abwehr von Schuld* und um das Bedürfnis, *das Kind für sich zu gewinnen* bzw. um die Angst, *das Kind* (seine Liebe) *ganz zu verlieren*. Diese Interpretationen nun sind in zweierlei Hinsicht bemerkenswert. Wo wir Gelegenheit hatten, mit beiden Eltern zu arbeiten, stellte sich nämlich heraus, daß die Interpretationen zwar zumeist zutrafen, es sich jedoch dabei nicht um *bewußte* Einstellungen und Handlungsstrategien handelte. Wie Jakobs Mutter selbst, wußten die Betroffenen meist gar nichts davon, daß sie den Ex-Partner vor dem Kind schlecht machten. Sie meinten, über ihre Enttäuschung hinweg zu sein oder sie wenigstens von der Beziehung mit den Kindern fernhalten zu können. Und sie waren zum Großteil der Ansicht, das Kind solle beide Eltern lieben können. Mit Hilfe des psychoanalytischen Beraters vermochten sie indes bald, ihre, nur oberflächlich verdrängten, Haßgefühle, Kränkungen und Schuldgefühle wiederzuentdecken und sich den Wunsch, das Kind für sich einzunehmen (bzw. die Angst, es zu verlieren) zuzugestehen. Zweitens ist an der Interpretation von Jakobs

Mutter bemerkenswert, daß sie nicht nur auf den Vater zutrifft, sondern ebenso die eigene (vorerst freilich ebenso unbewußte) seelische Situation beschreibt. Im Grunde muß man nur genau hinhören, um die übriggebliebene Wut auf den Ex-Partner zu bemerken; ferner die Genugtuung darüber, daß er dem Kind nun nachtrauert; aber auch die Angst, es könne ihm gelingen, ihr das Kind bzw. dessen Liebe doch noch zu nehmen.

So entdecken wir in der ''Aufhetzungstheorie'' doch noch ein wichtiges Stück ''psychologischer Wahrheit''. Zwar trifft es eher selten zu, daß Väter oder Mütter ihre Kinder bewußt und zielgerichtet gegen den anderen Elternteil einzunehmen versuchen. Vielmehr ''passieren'' ihnen die abwertenden Bemerkungen, und meistens merken sie es nicht einmal. Als *unbewußtes* Handlungskonzept - und zwar fast immer *beider* Eltern - ist die ''Aufhetzung der Kinder'' dagegen eher ein alltägliches Merkmal von Nach-Scheidungs-Beziehungen. Denn sie steht im Dienste *typischer psychischer Probleme*, die - wenn auch Ausmaß und Gewichtung sich von Fall zu Fall unterscheiden - fast allen Scheidungseltern gemeinsam sind. Unbewältigte Aggressionen gegen den ehemaligen Partner, das Selbstbild gefährdende Schuldgefühle und die Angst, nach dem Partner auch noch das Kind zu verlieren, verdichten sich in der Unfähigkeit, der fortgesetzten Liebe des Kindes zum anderen Elternteil ohne Gefühle der Kränkung, Eifersucht und Wut zu begegnen, geschweige denn, sie offen zu bejahen und zu fördern. Und sie bringen die Eltern dazu, um die Zuneigung, um die Loyalität und letzten Endes auch um die Exklusivität der Liebesgefühle des Kindes zu kämpfen. Dabei erscheint die gute und intensive Beziehung zum anderen Elternteil als beständige Gefahr, die daher ausgeschaltet bzw. behindert werden muß. Mitunter wird dieser Kampf ganz offen geführt. Je aufgeklärter die Eltern hingegen sind, das heißt, je mehr sie darüber *wissen*, wie wichtig auch nach der Scheidung beide Eltern für das Kind sind, desto versteckter und mit umso subtileren Mitteln wird der Kampf geführt. Vor sich selbst vermögen diese Väter und Mütter das Bild des kooperationswilligen, verantwortlichen Elternteils aufrechtzuerhalten, während alle Schuld am Fehlschlagen der Kooperation auf den anderen geschoben wird.

Was diese Eltern freilich nicht wissen, ist, daß sie mit diesem Kampf die größten Feinde der eigenen Interessen sind. Denn, wie schon mehrmals betont, je seltener das Kind den getrennt lebenden Elternteil sieht, desto größer wird die Tendenz des Kindes, ihn zu idealisieren. Das gilt selbst für Kinder, die, aus welchen Gründen auch immer, keinen Kontakt mehr zum Vater pflegen. Idealisiert wird dann nicht der konkrete, wirkliche Vater, sondern an seine Stelle tritt ein Ideal perfekter Eltern, das die Kinder dann beiden, Mutter und Vater, vorhalten. Und je eingeschränkter die Möglichkeiten des Kindes sind, trianguläre Beziehungen zu leben, desto ambivalenter, das heißt aggressiver angereichert wird die Beziehung zu dem Elternteil, mit dem es lebt. Relativ isolierte Beziehungen zwischen alleinerziehenden Müttern und ihren Kindern, vor allem wenn nur ein Kind da ist, haben häufig einen offen sado-masochistischen Charakter: Mutter und Kind fühlen sich existentiell aufeinander angewiesen und bekämpfen und quälen einander, wo und wann immer es nur geht. Umgekehrt beschwören nicht-sorgeberechtigte

Väter, die um die Liebe des Kindes gegen die Mutter kämpfen, die Gefahr herauf, daß die Kinder dem Loyalitätsdruck nicht mehr gewachsen sind und sich für den subjektiv wichtigeren Elternteil - und das ist meist die Mutter - entscheiden und die weiteren Kontakte zum Vater abbrechen (bzw. mit umgekehrten Vorzeichen, wenn das Kind beim Vater lebt).
Nur ganz selten geschieht es, daß es einem Vater gelingt, das Kind so für sich zu gewinnen, daß es sich von der Mutter abwendet. (In diesen Fällen kommen aber regelmäßig weitere Belastungsfaktoren der mütterlichen Objektbeziehung hinzu, die außerhalb des unmittelbaren väterlichen Einflusses liegen.) Um diese Abwendung, die ja einer Trennung gleichkommt, zu schaffen, bleibt dem betreffenden Kind kaum etwas anderes übrig, als alles Gute, das die Mutter bedeutet (hat), in seinem Inneren zu tilgen. Das aber hat katastrophale Folgen für die weitere Entwicklung. (Es ist dies auch einer der Gründe, warum Kinder nicht mit der Verantwortung belastet werden dürfen, wo sie lieber wohnen möchten. Vgl. dazu auch unten, S. 210f.)

9.5 "Beim Vater darf er alles und ich bin die Böse!"

Dieses Problem kennen so gut wie alle Mütter (bzw. sorgeberechtigte Väter im Hinblick auf die Mutter). Während auf ihren Schultern die Verantwortung für Schulbesuch und -erfolg ruht, die gemeinsam verbrachte Zeit durch berufliche und Haushaltspflichten beschränkt und beeinträchtigt und das Budget begrenzt ist, tun sich die "Sonntags- und Urlaubsväter" (bzw. -mütter) vergleichsweise leichter, auf Grenzen, die der "Alltag" notwendig macht, zu verzichten, sich dem Kind uneingeschränkt zu widmen und es zu verwöhnen. Eltern haben aus der Sicht des Kindes immer zwei Seiten: eine lustvolle, gebende, helfende und eine einschränkende und verbietende Seite. Unter der Bedingung geschiedener Familienverhältnisse kann es leicht geschehen, daß die ganze Bürde der Einschränkung auf den Schultern des Elternteils lastet, mit dem das Kind zusammenlebt, während der andere die Rolle des "idealen" Vaters (bzw. der "idealen" Mutter) spielen kann und dem Kind somit die Illusion vermittelt, daß das Leben bei ihm (ihr) viel schöner wäre. Kinder geben dieser Ansicht oft unverblümt Ausdruck: "Beim Papa müßte ich nicht in die Schule gehen!" behauptete die siebenjährige *Bärbel* und *Tommy* beschwerte sich immer wieder darüber, daß er sich beim Papa das Essen immer aussuchen dürfe usw.
Es handelt sich um ein Problem, das jedoch nur sehr schwer allgemein abgehandelt werden kann, weil hier Bedürfnisse und Befürchtungen der Eltern, Bedürfnisse der Kinder und (unterschiedliche) pädagogische Gesichtspunkte eine Rolle spielen und einander auch widersprechen. Da ist zunächst einmal die ganz praktische Schwierigkeit, im Einzelfall zu wissen, ob bzw. inwiefern sich die "pädagogische Landschaft" bei Mutter und Vater *tatsächlich* unterscheiden. Oft konnte ich feststellen, daß Mütter eine Ungleichgewichtung der geschilderten Art schon befürchteten, bevor es überhaupt Anzeichen dafür gab. Das hängt mit eben

jenen emotionellen Problemen zusammen, von denen oben die Rede war: Die Mütter *fürchten* sich davor, von den Kindern der Einschränkungen wegen weniger geliebt zu werden, und zwar umso mehr, je weniger sie die der Scheidung entstammenden Schuldgefühle verarbeitet haben. Und sie unterstellen den Vätern, mit Verwöhnung genau das erreichen zu wollen. Auch die diesbezüglichen Meldungen der Kinder, sie könnten immer fernsehen, lange aufbleiben, der Papa würde nur mit ihnen spielen und sie müßten bei Regen auch keine Jacke anziehen, entsprechen oft nicht der Wahrheit. Es handelt sich um eine naheliegende Strategie der Kinder, ihren Willen doch durchzusetzen, indem sie die Eltern gegeneinander ausspielen. Eine harmlose Alltäglichkeit, die in jeder Familie vorkommt. Nur dort würde es die Mutter nicht glauben oder eben mit dem Vater darüber reden, schlimmstenfalls macht es einer so und der andere so[106]. Aber unter geschiedenen Verhältnissen wiegt alles viel schwerer. Mütter und Väter gleichen Anwälten, die alle Indizien und Zeugenaussagen - und seien sie noch so fraglich oder bedeutungslos - dazu verwenden, das Schuldkonto des anderen Elternteils zu erhöhen. Aber es sind das zumeist Abwehrkämpfe, das heißt, sie zielen auf die Entwaffnung des anderen, dem jede (bewußte) Bosheit zugetraut wird.
Oft stimmt es aber natürlich, daß die Grenzen, die der nur besuchte Elternteil setzt, weniger strikt sind. Ein Vater sagte zu mir: "Ich sehe meine Tochter *Senta* ein Wochenende im Monat. Natürlich nehme ich mir für dieses Wochenende nichts anderes vor, damit wir möglichst viel voneinander haben. Und ist es nicht verständlich, daß ich nicht darauf bestehe, daß sie punkt halb acht Uhr das Licht abdreht, wo sie ohnedies Sonntag schlafen kann?!" Natürlich ist es verständlich, aber ebenso verständlich ist es, daß sich daraus für die Mutter ein Problem ergeben kann. Wie sind nun solche Regime-Differenzen aus pädagogischer und kinderpsychologischer Sicht zu beurteilen? Leider gibt es darauf keine eindeutige Antwort. Ich kenne Kinder, die die "relativ freieren" Tage, die sie beim besuchten Elternteil verbringen, dazu nützen, ihr alltägliches Beziehungsdefizit zu ihm wieder "aufzufüllen" und diese Zeit wie einen Urlaub genießen, so daß sie den Anforderungen des Alltags wieder besser gewachsen sind und der Mutter *bei sich* die notwendigen Einschränkungen daher auch weniger zum (ernstgemeinten) Vorwurf machen - selbst wenn sie einen solchen äußern. Und ich kenne auch Kinder, bei denen eine ganz ähnliche Situation tatsächlich zu einer Art Spaltung der Objektrepräsentanzen führt, also alles Gute, was Eltern bieten können, dem Vater zugeschrieben und alles Böse der Mutter angelastet wird. Neben der Dimension "Mehr Freiheit" versus "Mehr Einschränkung" gibt es normalerweise noch weitere, *individuelle* Differenzen in den Erziehungsvorstellungen von Müttern und Vätern. Etwa im Hinblick auf Sprache, Höflichkeit, Tischsitten, Umgang mit zwischenmenschlichen Konflikten, Selbständigkeit u.a.m. Und auch hier gibt es Kinder, die den Übergang von einem Regime zum anderen problemlos schaffen, ja sogar von solchen Differenzen profitieren, weil es ihnen erleichtert,

106 Wenn sich Mutter und Vater in ihren erzieherischen Anforderungen an das Kind unterscheiden, muß das keineswegs für das Kind stets von Nachteil sein. Ich komme weiter unten darauf zurück.

sich auf verschiedenartige Menschen einzustellen; und es gibt Kinder, die durch solche Unterschiede verwirrt werden und in innere Konflikte geraten, die dann auch die äußere, soziale Beziehung zu einem oder beiden Elternteilen belasten kann. Welche dieser Möglichkeiten im Einzelfall zutrifft, hängt zum einen von der individuellen psychischen Verfassung des Kindes ab und kann auch nur durch eine entsprechende psychologische Untersuchung entschieden werden[107]. Zum anderen kommt es aber ebenso sehr auf die Art der Beziehung an, die zum gegebenen Zeitpunkt zwischen den Eltern besteht. Eltern, die über die Angelegenheiten ihrer Kinder noch miteinander reden können und deren gegenseitiges Mißtrauen, um die Liebe des Kindes zu buhlen, sich in Grenzen hält, haben durchaus Möglichkeiten, im Hinblick auf erzieherische Differenzen den Kindern und einander zu helfen. Im Fall Sentas gelang es, eine solche Verständigung in die Wege zu leiten. Auf der einen Seite betonte der Vater abends, daß es sich um eine Ausnahme handle, wenn Senta bei ihm länger aufbleiben kann und daß *er es richtig findet*, wenn die Mutter darauf besteht, daß sie wochentags um halb acht zu Bett gehen muß. Und die Mutter schaffte es, ihrer Tochter gegenüber es ausdrücklich zu begrüßen, daß sie beim Papa Dinge tun kann, die zu Hause nicht möglich sind. Indem sie Senta ein schönes Wochenende beim Vater wünschte und sich über ihre schönen Erlebnisse bei ihm im nachhinein freute, *gewann sie selbst einen Anteil an den schönen Wochenenden mit dem Vater*. Darüber hinaus kam es auch zu einigen *Einigungen*. So wußte der Vater zum Beispiel nicht, daß sich die Mutter seit Wochen darum bemühte, daß Senta vor den Mahlzeiten nicht nasche und regelmäßig vor Ärger innerlich bebte, wenn Senta berichtete, daß sie vom Papa um 11 Uhr ein Eis bekam, naschen durfte, wann immer sie wollte und, wenn sie satt war, auch nichts weiter zu Mittag essen mußte. Auch verzichtete er nicht mehr darauf, des bloßen Friedens willens, Senta abends dazu anzuhalten, sich die Zähne zu putzen.

9.6 Die "Pädagogisierung" der Mutter-Kind-Beziehung nach der Scheidung

Aber auch Sentas Mutter begann, Korrekturen an ihrer Erziehungshaltung vorzunehmen. Im Laufe der psychoanalytisch-pädagogischen Arbeit mit ihr stellte sich nämlich heraus, daß die Proteste Sentas gegen die Anforderungen der Mutter nicht allein auf die *objektive* Situation des Alleinerziehers zurückzuführen waren. Ein Teil der Einschränkungen und Erwartungen der Mutter, gegen die sich die Achtjährige zur Wehr setzte, rührten von ganz persönlichen und sehr ehrgeizigen Erziehungsvorstellungen der Mutter her. So entdeckte sie etwa bei sich eine enorme Angst vor der Schule, die sich in der Befürchtung äußerte, ihre Tochter

[107] Aus psychoanalytischer Sicht ließe sich formulieren, daß jene Kinder, deren soziale Anpassung hauptsächlich über spontane (das heißt hier: nicht primär der Angstabwehr dienende) Identifizierungsprozesse verläuft ("Ich *möchte* so sein wie der Papa/die Mama *ist*"), mit den unterschiedlichen Erwartungen von Vater und Mutter eher gut zurechtkommen; dagegen Kinder, deren soziale Anpassung in erster Linie über Überich-Forderungen funktioniert, also einer (angstgestützten) Identifizierung mit den ver- und gebietenden Eltern entspringt ("Ich *muß* so sein, wie es der Papa/die Mama *verlangt*"), in innere normative Konflikte geraten.

könnte in der Schule versagen, und dieses Versagen könnte ihr angelastet werden. So mußte Senta in der Schule nicht nur für ihren eigenen Erfolg, sondern darüber hinaus auch für das "pädagogische Selbstwertgefühl" ihrer Mutter sorgen. Die Redewendung "Bring *mir* ja keinen Fünfer nach Hause!" erhält hier einen tieferen Sinn: Sentas Mutter erlebte die Noten ihrer Tochter tatsächlich als persönliche Zensuren ihrer mütterlichen Fähigkeiten[108]. Das hatte zur Folge, daß sie auf das Kind einen enormen Lerndruck ausübte, auf der anderen Seite aber auch, daß sie sich in ihrem Wohlbefinden völlig von der Tochter abhängig machte. Die Mutter kämpfte im Grunde darum, daß das Kind *für sie* lerne und das Kind spürte seine Macht und nützte sie aus. Zugleich wurde Senta aber dadurch verwehrt, die Schule als *ihre eigene* Angelegenheit zu betrachten. Eine andere Sache, die die Mutter spüren lernte, war ihre Erwartung, Senta möge die ihr gesetzten Grenzen oder gegebenen Gebote und Regeln *von selbst*, ohne Aufsicht und ohne Widerstand, einhalten. Dadurch geriet der Mutter jedes "Vergehen" der Tochter zum Drama. Während der Vater bei Regenwetter Senta einfach erinnerte: "Schatzi, zieh Dir bitte die Schuhe aus!", pflegte die Mutter in einer solchen Situation zu seufzen und vorwurfsvoll zu sagen: "Senta, Du *weißt* doch, daß Du Dir die Schuhe ausziehen sollst! Warum tust Du es dann nicht, muß ich es jedesmal sagen?!" Während der Vater weit weg davon war, sich zu ärgern, als Senta einfach ins Zimmer marschieren wollte, nichtsdestoweniger (jedoch freundlich) darauf bestand, daß sie sich die Schuhe auszog, erlebte die Mutter die gleiche Situation offenbar als *gegen sich gerichtete* Unaufmerksamkeit oder gar als Aggression, die sie kränkte und ärgerte, und entsprechend böse und vorwurfsvoll reagierte sie auch. Senta ihrerseits begann dann zu heulen und zu sagen: "Dir kann ich überhaupt nichts recht machen, immer nörgelst Du an mir herum!" Es sind also offenbar nicht immer die Art und Anzahl der Grenzen, die für Konflikte mit dem Kind verantwortlich sind, sondern oft einfach die Art, damit umzugehen. Sentas Mutter merkte schließlich, daß sie Senta sowohl mit der Schule als auch im Hinblick auf soziale Rücksichtnahme und selbständige Einhaltung von Regeln überforderte. Sie lernte, ihr mehr Luft, sie *mehr Kind* sein zu lassen.

Ich habe den Eindruck, daß geschiedene, alleinerziehende Mütter im allgemeinen dazu neigen, die Beziehung zu ihren Kindern zu "pädagogisieren". Das heißt, ein übermäßig großer Anteil dessen, was sie mit ihren Kindern tun, was sie ihnen sagen, wie sie mit ihnen umgehen, steht im Dienst irgendwelcher - oft fragwürdiger - "pädagogischer" Ziele. Besondere Rolle spielen dabei die Schule, selbständige Rücksichtnahme auf andere, die weitgehende Verurteilung von Aggression und die Hochhaltung "vernünftiger" Gespräche und Vereinbarungen. Auf der anderen Seite ordnen diese Mütter alle Interessen ihren Kindern unter und räumen ihnen mitunter bei weitem mehr Rechte ein, als sie Kinder in Zwei-Eltern-Familien haben. Aber diese Konzentration auf das Kind engt dieses

108 Vgl. auch die amüsanten aber um nichts weniger treffenden Ausführungen Nöstlingers (1985) über die von ihr so bezeichneten "Wir-Mütter".

auch ein, die hehren Erwartungen der Mutter überlasten es, und häufig stehen jene gutgemeinten pädagogischen Konzepte in diametralem Gegensatz zu dem, was Kinder von Zeit zu Zeit *auch* brauchen: egoistisch, trotzig und zornig sein zu dürfen, und zwar ohne das Gefühl zu haben, die Mutter schrecklich zu verletzen. Die pädagogischen Vorstellungen von Müttern, wie jene von Senta, haben etwas zu tun mit dem Bild eines friedliebenden Humanisten. Aber sie neigen auch zu der Erwartung, daß das Kind *schon jetzt*, solange es also noch Kind ist, diesem Ideal nahekommen sollte. Aber Tugenden sind nicht lehrbar, es sei denn als erzwungene Anpassung oder als neurotische Ersatzbildungen. Ein offenes und liebesfähiges Wesen wird erstens auf der Grundlage befriedigender Beziehungen, erfüllter Liebesbedürfnisse und hinreichender Selbstbestätigung erworben und zweitens, damit zusammenhängend, über Identifizierungsprozesse mit Objekten, die einst den Bedürfnissen und Gefühlen des Kindes mit Achtung und Respekt begegneten (was nicht unbedingt vollständige *Befriedigung* bedeuten muß)[109].

Natürlich kommt es auch in "normalen" Familien mitunter zu solch einer Pädagogisierung der Beziehungen zu den Kindern, und ebenso natürlich sind nicht alle geschiedenen und alleinerziehenden Mütter so. Aber es handelt sich bei dieser Gruppe von Müttern meiner Erfahrung nach um eine bemerkenswert häufig vorkommende Haltung. Und es gibt dafür auch einige plausible Gründe. Da ist einmal die durch den Wegfall der Partnerbeziehung bedingte Konzentration auf das Kind: Die Scheidung führt bei vielen Müttern zu einer vorübergehenden Suspendierung "erwachsener Beziehungsmodi": Als Frau hat sie versagt und/oder Unglück gehabt. Was ihr jedoch geblieben ist und wo sich auch weiterhin Chancen der Selbstbestätigung ergeben, ist ihre Rolle als Mutter.

Ein weiterer Grund sind die Schuldgefühle, mit der Scheidung dem Kind Schmerz und möglicherweise Schaden zugefügt zu haben. Die "pädagogische Konzentration" auf das Kind hat also auch die Funktion, das Gefühl, als Mutter versagt zu haben, zu überwinden[110].

Eine große Rolle, die man nicht übersehen darf, spielt auch der soziale Druck, der auf geschiedenen Müttern lastet (vgl. S. 56ff.). Sie müssen der Umwelt, sich, vor allem aber auch dem geschiedenen Mann beweisen, daß die Scheidung dem Kind nicht geschadet hat und daß sie es "auch alleine schaffen". Schulprobleme, disziplinäre und sonstige Auffälligkeiten des Kindes, die "in den besten Familien" vorkommen, werden somit für die geschiedene Mutter zur Gefahr, weil dadurch den latenten Diskriminierungen von Seiten der Umwelt (aber auch der eigenen Person) Nahrung gegeben werden könnte.

Die mit der Pädagogisierung der Beziehung zum Kind einhergehenden Beschränkungen und überhöhten Anforderung haben jedoch auch einen, gegen das Kind gerichteten, aggressiven Anstrich. Die Aggressionen, die die Mutter auf diese Weise unbewußt auslebt, können der ganz normalen Ambivalenz jeder Eltern-Kind-Beziehung entstammen; sie können damit zusammenhängen, daß die Mutter

[109] Vgl. auch meine Ausführungen zur "Verantworteten Schuld", S. 50f. und S. 62 (Anm. 47)

[110] Zu den mütterlichen Schuldgefühlen vgl. z.B. Frau B., S. 11ff.

dem Kind (bewußt oder unbewußt) Schuld am Zerbrechen der Ehe zuschreibt; sie können aus den so schwierigen Belastungen der Nach-Scheidungs-Krise herrühren; oder aber auch das Ergebnis einer partiellen Übertragung von Gefühlen sein, die dem Vater gelten und nun am Kind aktiviert werden. Dies ist besonders dann der Fall, wenn das Kind, vor allem wenn es ein Bub ist, die Mutter beständig an den Vater erinnert; sei es durch das Aussehen, durch die fortgesetzte Liebe zum Vater oder dadurch, daß das Kind seinerseits so mit dem Vater identifiziert ist, daß es tatsächlich in seinem Wesen ein Stück des Vaters repräsentiert.

Derartige Übertragungen erklären auch einige inhaltliche Aspekte typischer pädagogischer Einstellungen geschiedener Mütter. Vor allem die oft rigorose Behinderung bzw. Abwertung von allem, was mit Aggresion zu tun hat, ist oft ein auf das pädagogische Gebiet verschobener Kampf gegen die vom ehemaligen Partner erlittene Aggression. Ähnlich stigmatisiert ist häufig Konkurrenzverhalten, das Bedürfnis, der/die Beste, Schnellste usw. zu sein, körperliches Imponiergehabe, Angeberei u.ä. Es mögen dies abzulehnende männliche Rollenklischees sein, aber es handelt sich auch um ganz normale und notwendige Durchgangsstadien der kindlichen Entwicklung. Besonders Buben, die ohnedies bereits darunter leiden, ein ständig anwesendes männliches Vorbild entbehren zu müssen, wird es dadurch schwer gemacht, männliche Identität zu entwickeln. Unter Umständen kann *Widerstand-Leisten* oder *Sich-Durchsetzen* lebenslang verknüpft sein mit der Angst, dadurch die Zuneigung geschätzter oder geliebter Menschen zu verlieren. Es kann aber auch sein, daß diese Buben als Männer ebenso lebenslang jenem (kindlichen) "Macho-Ideal" nacheifern, das ihnen einst aufgrund der Abhängigkeit von der Mutter-Frau verwehrt wurde. Mädchen tun sich da etwas leichter, weil erstens aggressionsgehemmte Angepaßtheit in das sozial akzeptierte weibliche Rollenbild paßt, weil sie auch aus anderen Quellen, etwa mit Hilfe von Schönheit, Charme etc., narzißtische Befriedigung gewinnen können und schließlich die Identifizierung mit der mächtigen Mutter ein Stück konfliktfreier Stärke vermittelt.

Nicht selten findet sich hinter der bewußten Aggressionsfeindlichkeit ein unbewußter Wunsch, vom Kind ähnlich unterdrückt und gequält zu werden, wie diese Mütter einst den Vater erlebten. Es ist dies eine subtile Form der bekannten Tendenz alleinerziehender Eltern, in ihrem Kind einen Partnerersatz zu finden. Solche Mütter lassen es ohne ihr Wissen zu bzw. provozieren sogar, daß sich die Kinder genauso "männlich" gebärden, wie sie es, den *bewußten* Wünschen der Mutter zufolge, nicht tun sollten. Diese "Einladung" zur Aggression hat oft auch masochistischen Charakter (welcher vielleicht bereits in der ehelichen Beziehung eine Rolle spielte) und/oder den Charakter einer unbewußten Selbstbestrafung, wodurch sich Schuldgefühle beruhigen: Wenn das Kind ekelhaft zu mir ist, brauche ich ihm gegenüber auch kein schlechtes Gewissen zu haben[111]. Solche Doppelbotschaften bringen aber die Kinder in schwere innere Konflikte und

111 Es ist dies der gleiche psychische Mechanismus, den bereits Freud (1916d) in seiner Arbeit über den *Verbrecher aus Schuldbewußtsein* beschrieb.

können die (schon bestehende) neurotische Disposition genauso verstärken wie ein "konsequenter" Anpassungdruck.
Schließlich erleben nach der Scheidung symbiotisch-narzißtische Wünsche und Phantasien der Mütter, wie wir sie vor allem aus dem ersten Lebensjahr kennen, oft eine Auferstehung: Das Kind wird unbewußt (wieder) zu einem Teil der eigenen Person der Mutter, die dementsprechend danach trachtet, es nach ihrem realen oder idealen Selbstbild zu formen, sich also im Kind gewissermaßen zu verdoppeln oder anders gesehen: die (ursprüngliche) idyllische Zwei-Einheit der symbiotischen Zeit wieder herzustellen.
Es dürfte klar geworden sein, daß jene "Pädagogisierung" der Mutter-Kind-Beziehung für alle Beteiligten eine große Belastung darstellt. Die überhöhten pädagogische Erwartungen und Anforderungen widersprechen oft genug wichtigen Entwicklungsbedürfnissen der Kinder; die aggressiven Konflikte, welche die Mutter so scheut, stellen sich unter Umständen erst recht ein, oder die "vernunftgeleitete" Beziehungsidylle erweist sich als bedenklicher Nährboden neurotischer Anpassungsprozesse; schließlich erweist sich diese Art erzieherischen Ehrgeizes als eine weitere mächtige Triebkraft gegen dic Bejahung einer guten und intensiven Beziehung zum Vater, stellt doch dessen "Einmischung" eine permanente Gefahr für die pädagogischen Ziele der Mutter dar.
Was in diesem Abschnitt gesagt wurde, gilt interessanterweise für geschiedene, sorgeberechtigte *Väter* in geringerem Maße. Vor allem im Umgang mit kindlichen Aggressionen dürften sich in unserer Gesellschaft Männer im Durchschnitt leichter tun als Frauen.

9.7 "Das Kind gehört mir!" Über die Rolle von Selbstachtung und Macht in der Beziehung zwischen Müttern und nicht-sorgeberechtigten Vätern

Ich habe weiter oben davon gesprochen, daß die Fortdauer aggressiver Regungen gegen den Ex-Partner, Schuldgefühle wegen der Scheidung und die Angst, die Liebe der Kinder zu verlieren, die tieferen Gründe für die Beziehungsschwierigkeiten der Eltern darstellen und Müttern wie Vätern gemeinsam sind. Bei vielen nicht-sorgeberechtigten Vätern kommt hingegen ein weiteres Problem dazu: Die Scheidung wird von ihnen nicht bloß als räumliche Entfernung oder als Trennung, sondern als *Verlust des Kindes* erlebt - und zwar ganz unabhängig davon, ob das Kind im Rahmen von Besuchsregelungen weiter gesehen werden kann oder nicht. Wie so oft, drückt auch hier die Umgangssprache subjektive Perspektiven treffend aus. Sätze wie "Wer *bekommt* das Kind?" oder "Wenn Du dich von mir scheiden lassen willst, bitte; aber das Kind *gehört mir*!" machen deutlich, wie sehr im Rahmen von Scheidungsverfahren erzielte Sorgerechtsregelungen in der Erlebnisdimension *Gewinnen-Verlieren* angesiedelt sind (auch wenn es sich, im juristischen Sinn, um "einvernehmliche" Scheidungen handelt). Der "Verlust des Kindes", verkörpert in der räumlichen Trennung und in der Einbuße der väterlichen Rechte und des Einflusses, ist daher nicht bloß schmerzhaft, sondern -

als Niederlage - eine schwere narzißtische Kränkung, die an der (männlichen) Identität des Vaters zehrt. Das Tragische daran ist, daß die Fortsetzung der Beziehung zum Kind die narzißtische Wunde nicht schließt, sondern weiter aufreißt, erfordert doch die fortgesetzte Beziehung zum Kind, sich auch in Zukunft mit der Mutter, das heißt aber mit dem "Demütiger" zu konfrontieren; und das heißt wiederum, die demütigende Situation aufrechtzuerhalten: Verzichtet der Vater (zum Wohl des Kindes) darauf, Gerichte einzuschalten, fehlt ihm jeglicher Anspruch darauf, die Beziehung zu seinem Kind zu sichern; das Kind wird dem Vater von der Mutter quasi "geliehen"; und auch das nur, wenn er ihre Anordnungen, wie er mit dem Kind umzugehen hat, zu erfüllen bereit ist; er gleicht weniger einem Vater, der erzieherische Verantwortung trägt, als dem großen Bruder, dem das Kind von der Mutter auf Zeit zur Aufsicht oder zum gemeinsamen Spielen anvertraut wird. Die Nach-Scheidungs-Situation birgt somit eine strukturell bedingte (das heißt vom konkreten Verhalten der beteiligten Subjkete teilweise unabhängige) Tendenz zur *Infantilisierung* bzw. (symbolischen) Kastration des nicht-sorgeberechtigten Vaters in der Beziehung zur Mutter seiner Kinder in sich.
Aber nicht nur gegenüber der Mutter. Auch in der Beziehung zu den Kindern selbst droht die Gefahr, seine Rolle als starker, schützender Vater, als Vorbild, einzubüßen. "Wenn ich *Gudrun* abhole, kommt es fast regelmäßig zu einem Krach zwischen ihr und der Mutter", erzählte ein Vater. "Meistens geht es um Kleinigkeiten, wie um die Frage, was sie anziehen oder zu mir mitnehmen soll bzw. darf. Dann sieht mich Gudrun hilfesuchend an. Aber wehe, ich mische mich ein. Dann kann ich damit rechnen, daß sämtliche 'Vergünstigungen', also ein zusätzlicher Eislaufnachmittag oder ein paar außertourliche Urlaubstage, sofort gestrichen werden. In diesen Augenblicken möchte ich vor meiner Tochter am liebsten im Erdboden versinken!" (Davon, warum Mütter auf solche Einmischungen der Väter mitunter "allergisch" reagieren, war ja in den vorangegangenen Abschnitten ausführlich die Rede.) Einen anderen Vater machte es stets unglücklich, wenn sich seine zehnjährige Tochter bei ihm über die Mutter beschwerte, die ihrer Ansicht nach stets den jüngeren Bruder bevorzuge und ungerecht zu ihr sei. "Was soll ich tun?", fragte er mich, "Ich komme mir dann völlig hilflos und schwach vor. Was bin ich noch für ein Vater? In diesen Augenblicken hasse ich mich selbst und meine Ex-Frau." Machen die Kinder dem Vater dann Vorwürfe, daß er nur so wenig Zeit für sie aufbringe und sich nicht für sie einsetze, bleibt ihm nichts anderes als die Wahl, die "Schuld" auf sich zu nehmen oder - indem er sich verteidigt, es läge nicht an ihm - zuzugeben, daß er machtlos sei, ein guter Vater zu sein.
Massive narzißtische Kränkungen aber erzeugen Wut, wecken Emanzipationsbedürfnisse und führen zu Widerstand. Und der Infantilisierung der Beziehung zur ehemaligen Frau entsprechend, ist es ein Widerstand "von unten", der Verhaltensweisen nach sich zieht, die große Ähnlichkeit mit den Emanzipationsversuchen pubertierender Jugendlicher haben. Manche dieser Väter durchtrennen alle bisherigen Bande mit einem Schlag, es ist als hätten sie nie eine Familie

gehabt, die ihnen etwas bedeutet hatte. Sie stürzen sich in neue Beziehungen, kosten "die neue Freiheit" aus, einige kündigen und reisen in der Welt herum. Solche Regressionen dauern manchmal Monate, manchmal auch einige Jahre. Dann allerdings ist es meist zu spät, wieder Vater sein zu wollen. Die andere Gruppe von Vätern beginnt hingegen einen trotzig-aggressiven Abwehrkampf gegen die durch die Scheidung zur mächtigen Mutter gewordenen Ex-Gattin[112]. Sie "lassen sich einfach nichts mehr sagen". Kaum sind sie außer Sichtweite der Mutter, schlagen sie alle Aufforderungen und Rücksichten in den Wind, unter Umständen auch (für die Kinder) wohl begründete und wichtige Maßnahmen. Es ist oft erstaunlich, wie manche erwachsene Männer den von der Mutter betriebenen Entzug von väterlicher Verantwortung geradezu auskosten: Regelmäßig vom Kind einzunehmende Medikamente werden einfach nicht verabreicht; das Kind darf Fernsehen, was und wie lange es will (inclusive Horrorvideos); vor einer wichtigen Schularbeit wird es bis 22 Uhr zum Heurigen mitgenommen u.a.m. Es ist offenkundig, daß diese Väter in der Rolle des älteren Bruders (s.o.) bleiben, nur wechseln sie vom braven zum schlimmen Buben. Natürlich geht, wie beim sich ablösenden Jugendlichen, jede Einfühlung in die Bedürfnisse und Probleme der Mutter verloren, deren Erwartungen nur mehr als (abzuschüttelnde) Repression erlebt werden, während die Rechtmäßigkeit des eigenen Standpunktes selbstverständlich vorausgesetzt wird. Einige Väter beginnen, sich Verbündete zu suchen, um diesem Recht auch Geltung zu verschaffen: die eigenen Eltern, Freunde, Privatgutachter, Anwälte. Am Ende steht nicht selten der Gang zum Gericht mit dem Antrag auf Entzug des mütterlichen Sorgerechts. Offiziell geschieht dies natürlich "zum Wohl des Kindes". Psychoanalytisch, das heißt hier: Von der Seite der unbewußten Motivation her gesehen, geht es aber schon lange nicht mehr um die Kinder, sondern einzig um die Rückgängigmachung der durch die Mutter erlittenen Kastration.

Eine dritte Gruppe von Vätern versucht dem demütigenden Entzug der väterlichen Verantwortung und Rechte dadurch zu begegnen, daß sie versuchen, die Rolle des Familienoberhaupts und Vormunds trotz der veränderten objektiven Verhältnisse weiterzuspielen. Die reale Macht der Mutter ist für sie so unerträglich, daß sie sie verleugnen. Diese Väter lieben es, im Kindergarten oder in der Schule zu erscheinen; an den Besuchstagen die Kinder vom (eigenen) Arzt untersuchen zu lassen; den Kindern Verhaltensanweisungen und Aufträge zu erteilen, welche jene ohne Einverständnis der Mutter gar nicht ausführen können; sie für Kurse oder Sportvereine anzumelden usw. - natürlich alles ohne Rücksprache mit der (für sie gar nicht existenten) Mutter. Da diese jedoch die reale Macht in Händen hält, wird die Illusion dieser Väter in den meisten Fällen sich nicht lange am Leben erhalten können. Diese Fälle landen daher bereits nach kurzer Zeit wieder bei Gericht, das dem Vater jene Macht zurückgeben soll, die es ihm ermöglicht, seine männliche Selbstachtung wiederzugewinnen.

112 Die "Pädagogisierung" der mütterlichen Beziehungen nach der Scheidung (s.o.) scheint also in gewisser Weise auch die Beziehung zum Ex-Partner einzuschließen.

Die letzte Gruppe der durch die Scheidung narzißtisch schwer getroffenen Väter könnte man als "die armen Väter" bezeichnen. An die Stelle des Weglaufens, des Widerstandes oder der Verleugnung tritt bei ihnen die Selbstdeklaration, hilfloses Opfer (der Mutter) zu sein und das Werben um Mitleid, vor allem um das Mitleid der Kinder. Erstens scheint bei diesen Vätern die "Schuldlosigkeit des Opfers" ein gutes Stück der narzißtischen Kränkung wettmachen zu können. Vor allem aber eröffnet der Opferstatus eine überaus verlockende Möglichkeit, sich am demütigenden Objekt, also der Mutter, ohne jegliche Schuldgefühle zu rächen. In einer Art verkehrter "aggressiver Triangulierung" (vgl. Kap. 5.4) delegiert der "arme Vater" die Aggression an seine Kinder, wobei das moralische Recht immer auf seiner Seite bleibt. Wie sehr diese Männer aber auch ihre Kinder belasten, machen sie sich nicht klar. So ließ etwa *Jutta* kaum eine schöne, angenehme Stunde, die sie mit ihrer Mutter beim Spielen, auf einer Wanderung oder beim Lesen einer Gutenachtgeschichte verbrachte, vergehen, ohne zu seufzen: "Der arme Papa, er sitzt jetzt wahrscheinlich ganz allein zu Hause!" Beständig machte sich Jutta Sorgen, ob der Vater nicht krank sei, ob er genug zu essen habe. Das brachte nicht nur die Mutter zur wütenden Verzweiflung. Jutta selbst quälte sich mit dem Gefühl herum, eigentlich für den Vater sorgen zu sollen und der beständigen Erkenntnis, diese Verantwortung nicht realisieren zu können. So verzehrte sie sich vor Schuldgefühlen, es sich bei der Mutter gut gehen zu lassen und schwankte dementsprechend zwischen Selbstanklagen und Aggressionen gegen die Mutter, die in Juttas Augen das Leid des Vaters ja letzten Endes auf dem Gewissen hatte. Die aggressiven Konflikte mit der Mutter gewannen jedoch alsbald eine zusätzliche Funktion: Indem sich das Zusammensein mit der Mutter immer seltener harmonisch und befriedigend gestaltete, ersparte sich Jutta ihre Schuldgefühle. Sie konnte sich immer mehr mit ihrem Vater identifizieren, indem sie sich wie er als Opfer der Mutter fühlte. Zwei (!) Jahre nach der Scheidung begann das nun neunjährige Mädchen darum zu kämpfen, beim Vater leben zu dürfen. Eines Tages brachte der Vater nach einem Besuchswochenende Jutta nicht mehr nach Hause zurück und erwirkte aufgrund der Zeugenaussage des Kindes eine einstweilige Verfügung, daß das Kind bei ihm bleiben dürfe, bis das neuerlich aufgerollte Sorgerechtsverfahren entschieden sei. Auf die katastrophalen Auswirkungen, die solche Entwicklungung für die Kinder nach sich ziehen, werde ich noch zu sprechen kommen (S. 210f.).
Natürlich sind alle vier "Gruppen" Beschreibungen *extremer Reaktionen* auf die narzißtische Kränkung der Scheidung bzw. des Verlustes des Sorgerechtes, und zwar in einem doppelten Sinn. Erstens muß ein Großteil der sogenannten "weglaufenden" Väter nicht völlig von der Bildfläche verschwinden. Auch schwere Erreichbarkeit, das Nichteinhalten von Besuchsterminen; Nachlässigkeit in den Unterhaltszahlungen; das Vergessen auf Geburtstage oder das Abliefern der Kinder bei den eigenen Eltern, während der Vater an den Besuchstagen seine eigenen Wege geht, können milde Formen jenes regressiven, sich aller Verantwortung entledigenden Weglaufens sein. Auch die aktiv gegen die Macht der Mutter ankämpfenden Väter müssen nicht so weit gehen, daß sie Gesundheit

oder Schulerfolg ihrer Kinder vernachlässigen oder die Kinder der Mutter wegzunehmen versuchen. Die Opposition beschränkt sich oft auf Querlegungen gegen die Wünsche der Mutter, auf kleine "Nadelstiche", deren aggressiver Charakter im Einzelfall gar nicht leicht nachzuweisen ist. So sind auch die unbewußten "Aufhetzungen" (Kap. 9.3) meist nicht nur Ausdruck der Angst, die Liebe des Kindes zu verlieren oder gegen die Mutter gerichteter aggressiver Ressentiments, sondern auch ein Mittel, das gestörte narzißtische Gleichgewicht wiederzufinden. Ebenso erklärt sich ein Gutteil der pädagogischen Differenzen, die ich oben beschrieben habe (Kap. 9.5) nicht ausschließlich aus der besonderen Besuchssituation oder "passiert" nicht einfach aufgrund der Tatsache, daß die Eltern sich nicht miteinander verständigen (können). Der lockerere Umgang vieler Väter mit Grenzen oder Geboten entsteht häufig *auch* aus einer, sich gegen die Macht der Mutter richtenden Identifizierung mit dem Kind. In der (geschwisterlichen) Verbündung mit dem eigenen Kind vermag sich der Vater wenigstens eine zeitlang wieder stark zu fühlen. Schließlich muß die Belastung der Kinder, die von den "armen" Vätern ausgeht, nicht so unerträglich werden, wie im Fall Juttas, die sich nicht mehr anders zu helfen wußte, als das Bild der guten Mutter in sich selbst zu bekämpfen oder gar zu zerstören. Was aber diese Väter allgemein charakterisiert, ist, daß sie durch ihr manifestes Leiden die Scheidungssituation als solche *am Leben* erhalten, es also für die Kinder nicht zu einem "Nach-Scheidungs-Alltag" kommen lassen. In der Gestalt des armen Vaters bleibt das schmerzvolle Ereignis psychische Gegenwart.

Zweitens ist es so, daß die wenigsten Väter sich "rein" einer dieser vier Reaktionsgruppen zuordnen lassen. Die meisten tragen von jeder dieser Möglichkeiten, der narzißtischen Kränkung zu entgehen, ein mehr oder minder großes Stück in sich. In einigen Fällen treten diese unbewußten Abwehrstrategien auch in einem zeitlichen Nacheinander auf. Ich kannte einen Vater, der nach der Scheidung monatelang die Macht der Mutter bekämpfte, dann plötzlich verschwand, nach zwei Jahren als fürsorgender Vater wieder auftauchte, um nun die Schul- und Erziehungsangelegenheiten des Kindes "in die Hand zu nehmen", und schließlich zum einsamen Ausgestoßenen wurde.

Das Sorgerecht der Mutter, oder eigentlich richtiger: der gemeinsame Wohnort mit dem Kind, bedeutet reale Macht für die Mutter. Das allein hat noch keine zwingenden Konsequenzen. Machtbefugnisse können auf verschiedenste Art oder auch gar nicht realisiert werden. Eines ist aber allen Beziehungen, in denen die Machtverhältnisse ungleich verteilt sind, eingeschrieben: die Wahrscheinlichkeit, daß die Macht dann genützt wird, wenn es gilt, sie gegen Angriffe zu verteidigen. Das Drängen des gekränkten männlichen Narzißmus nach Aufrechterhaltung bzw. Wiederherstellung väterlicher Macht- und Einflußpositionen bildet demnach eine latente Gefahr für die mütterliche Position, hält die Mutter gewissermaßen in Alarmbereitschaft. Die durch die Scheidung bewirkte Machtposition gegenüber dem Vater hat nämlich für viele Mütter auch eine wichtige Wiedergutmachungsfunktion für die in der Ehe erlebten Enttäuschungen und Kränkungen. Von ihrer Aufrechterhaltung hängt *ihr* narzißtisches Gleichgewicht ab. An die Seite der oben

beschriebenen Motive - Schuldgefühle, Angst vor Liebesverlust usw. (Kap. 9.4) - tritt also das Streben nach (Aufrechterhaltung) *weiblicher Selbstachtung* als zusätzlicher Motor für die Tendenz, das Kind für sich einzunehmen, die Kontakte mit dem Vater zu erschweren oder gar zu verhindern usw. Das aber verstärkt wieder die Gefühle der Demütigung und der Angst auf Seiten des Vaters...
Natürlich sind das alles (zumeist überwiegend) unbewußte Prozesse. Mutter wie Vater meinen, die Verschlechterung der Beziehung gehe immer nur vom anderen aus. Das macht es auch so schwer, diesen Teufelskreis von Agieren und Re-Agieren zu durchbrechen. In der Beziehung geschiedener Eltern lauert offenbar ein so großes Konfliktpotential, daß es genügt, an irgendeiner Stelle anzutauchen, um dieses komplexe System von Schuldgefühlen und Beschuldigungen, Ängsten und Gegenängsten, Gekränktwerden und Demütigen in eine sich quasi selbsttätig beschleunigende Bewegung zu bringen.
Mitunter passiert es jedoch auch, daß sich dieses Konfliktpotential *entlädt*. Aus den unterschiedlichsten Gründen schaffen es manche Eltern von Beginn an, sich darüber zu verständigen, die *erzieherische Verantwortung* auch in Zukunft *zu teilen*. Es spielt sich ein, daß die Mutter den Vater über Entwicklungsschritte des Kindes und besondere Ereignisse *informiert*, wodurch der Vater das Gefühl bekommt, am Wachsen und Werden des Kindes auch in den Zeiten, in denen er es nicht sieht, *teilzunehmen*. Das aber weckt seine Kooperationsbereitschaft, an der Entwicklung des Kindes aktiv mitzuwirken, wodurch ihm die Freude und der Stolz erhalten bleibt, an dieser Entwicklung auch ein *Verdienst* zu haben. Dazu gehört auch, daß Schulangelegenheiten, Freizeitbeschäftigungen, größere Anschaffungen, gemeinsam besprochen werden. *Vor dem Kind* treten die Eltern als gemeinsame Träger solcher Entscheidungen auf, was es dem Kind zwar schwer macht, einen gegen den anderen auszuspielen, ihm aber Loyalitätskonflikte erpart und Sicherheit gibt. Vätern werden die finanziellen Verpflichtungen auch darum manchmal so schwer erträglich, weil sie dafür keinerlei Dank und Anerkennung ernten. Das ändert sich, wenn die Mutter außertourliche Anschaffungen oder Geschenke als gemeinsame deklariert. *Die Leistungen des Vaters* erhalten dadurch auch einen persönlichen Sinn, indem sie *für das Kind sichtbar* werden. Derart ''narzißtisch besänftigte'' Väter beginnen dann irgendwann, in den Gesprächen mit der Mutter nicht nur zu fragen, wann sie das Kind wieder sehen können, sondern auch, ob sie *die Mutter* in irgendeiner Weise entlasten, *ihr* helfen können. Das aber befriedigt nicht nur den weiblichen Narzißmus, sondern mindert - zusammen mit der erlebten Anerkennung ihrer Mutterrolle durch den Vater - auch ihre Ängste, das Kind an ihn zu verlieren. Auch hier kommt das komplexe System von Wünschen und Ängsten ins Rollen, aber in der anderen Richtung: Es beginnt sich zu entspannen.
Von besonderer praktischer Bedeutung ist nun die Tatsache, daß die Bewegung dieses Systems zweier in sich und miteinander in Konflikte geratener Persönlichkeiten umkehrbar, daß also auch der oben beschriebene Circulus vitiosus aggressiver Aufschaukelung der Vater-Mutter-Beziehung nach der Scheidung durchbrochen werden kann. Und zwar auch - und das ist besonders interessant -

durch eine veränderte Haltung *nur eines der beiden Elternteile*. Das hat allerdings zur Voraussetzung, daß dieser einen Teil der kränkenden Erfahrungen, Wünsche und Ängste, welche die Scheidung mit sich brachte bzw. aktivierte, zu bearbeiten vermag. Wenn es uns gelang, einem Vater oder einer Mutter dabei zu helfen, konnten wir wiederholt die Erfahrung machen, daß er/sie das eigene Verhalten gegenüber dem Kind und/oder dem anderen Elternteil allmählich so veränderte, daß auch dieser begann, sich anders zu verhalten. Diese initialen Verhaltensänderungen betrafen oft nur subtile Details, genügten aber offenbar, um dem anderen Teil die Absichten des ehemaligen Partners, ja die ganze Situation anders, und das heißt letzten Endes: weniger kränkend und minder bedrohlich erleben zu lassen[113] [114].

9.8 Frustration und Streß statt Freude: Wie manche Väter die Besuchstage erleben

Wenn ich die bisher geschriebenen Abschnitte dieses 9. Kapitels überfliege, merke ich, daß ihnen der systematische Zusammenhang zu fehlen scheint. Da geht es in

[113] Daraus ergeben sich bedeutsame methodische Konsequenzen für die Beratung: Selbst in jenen Fällen, in welchen das Hauptproblem weniger in der Beziehung zwischen einem Elternteil und dem Kind, sondern zwischen den geschiedenen Eltern liegt, kann die psychoanalytische *Einzel*beratung Erfolge zeitigen. Und zwar durchaus nicht nur als Notlösung, wenn ein Elternteil für eine (gemeinsame) familientherapeutische Beratung nicht zur Verfügung steht. Besonders dort, wo das aggressive Potential zwischen den ehemaligen Partnern (noch) sehr hoch ist, ist unserer Erfahrung nach der psychoanalytischen (psychoanalytisch-pädagogischen) Beratung nur eines Elternteils - oder beider bei einem je eigenen Berater - unter Umständen der Vorzug vor der systemisch-familientherapeutischen Arbeit mit dem Paar oder der ganzen Familie zu geben.

[114] Das Thema der letzten Abschnitte legt die Frage nahe, ob das sogenannte "gemeinsame Sorgerecht" von geschiedenen Eltern - eine gesetzliche Möglichkeit, welche in der Bundesrepublik, nicht aber in Österreich und der Schweiz exisitiert - Verbesserungen bringen könnte. Angesichts der Komplexität der elterlichen Beziehungsprobleme nach der Scheidung und der Subtilität, mit welcher sie sich (unbewußt) im Beziehungs- und Elternverhalten durchsetzen, erscheint es höchst zweifelhaft, daß eine formaljuridische Regelung zur Lösung dieser Probleme wesentlich beitragen können soll. Wenn die Eltern das Gefühl haben, zur gemeinsamen erzieherischen Verantwortung in der Lage zu sein, ist gegen das gemeinsame Sorgerecht freilich schwer etwas einzuwenden, wenngleich geschiedene Eltern, die "miteinander können", das juridische Dekret im Grunde wohl gar nicht brauchen. Bestehen hingegen ernsthafte Beziehungsprobleme, ist das häufig vorgebrachte Argument, daß diese Probleme dann erst recht am Rücken des Kindes ausgetragen werden, nicht ganz von der Hand zu weisen. (Vgl. zur Diskussion auch die Studie von Balloff/Walter 1989 und Fthenakis 1990.) Eine Frage wäre es allerdings wert, eingehender untersucht zu werden: ob möglicherweise durch den offiziellen Status, mitsorgeberechtigter Elternteil *zu bleiben*, die narzißtische Wunde des getrennt lebenden Elternteils, von der oben die Rede war, geringfügiger wäre, wodurch (freilich nur) *ein* Motiv des Kampfes gegen den Elternteil, bei welchem das Kind lebt, wegfiele. Dazu fehlt uns jedoch - aufgrund der österreichischen Rechtslage - empirisches Material. (Die bislang vorliegenden empirischen Untersuchungen in der BRD, die einen positiven *Einfluß* auf die Nach-Scheidungs-Beziehungen behaupten, sind m.E. aus theoretisch-methodischer Sicht wenig überzeugend.)

dem einen um ein Alltagsproblem der Mutter, im anderen um unbewußte Wünsche und Ängste; dann springe ich von der Mutter zum Kind, vom Kind zum Vater und von diesem wieder zu Mutter. Das kommt nun daher, daß ich in diesem Kapitel mit meinen Gedanken den konkreten Gesprächen gefolgt bin, die ich mit den vielen Müttern, Vätern und Kindern in unserer Beratungsstelle und meiner Privatpraxis geführt habe. Jenes Pendeln zwischen bewußten Gedanken und unbewußten Regungen, der Wechsel der Perspektiven und das Ineinandergreifen von (pädagogischer) Aufklärung und Unbewußtes aufdeckender Selbsterfahrung entspricht gerade der unstrukturierten Dramaturgie, nach welcher der psychoanalytisch-pädagogische Dialog sich entfaltet. Vielleicht erleichtert das aber sogar dem (psychoanalytisch ungeschulten) Leser den schwierigen Nachvollzug der Vernetzung bewußter und unbewußter, individueller und zwischenmenschlicher Seelenregungen.

Auch jetzt führen mich meine Assoziationen wieder zurück zur Erlebnisoberfläche, und zwar von den Kränkungen und Abwehrstrebungen, die der Situation von Scheidungsvätern als solcher eingeschrieben sind, zu den Belastungen und Ärgernissen des Besuchsalltags. Sie stehen, ebenso wie die Alltagsfrustrationen der Mutter (vgl. Kap. 9.1 - 9.5), mit den "tieferen" Erlebnisschichten in einem engen, sich wechselseitig verstärkenden Zusammenhang und sind daher als dynamischer Faktor für das künftige Verhalten des Vaters nicht zu unterschätzen.

"Der unangenehme Druck im Magen stellt sich regelmäßig bereits am Freitag vor dem Besuchswochenende ein, wenn ich daran denke, daß ich heute noch meine Ex-Frau anrufen muß", erzählte Herr M., Vater des neunjährigen *Rudi* und seit nunmehr vier Monaten geschieden. Wird es wieder Probleme geben? Schon dreimal hatte die Mutter den vereinbarten Termin platzen lassen. Einmal, weil Rudi zu verschnupft gewesen sei, einmal weil die Großeltern zu Besuch kamen und ihr Enkerl unbedingt sehen wollten. An den Grund beim dritten Mal konnte sich Herr M. nicht mehr erinnern, obwohl dies erst drei Wochen zurücklag. Ich teilte ihm meine Vermutung mit, daß er die Erklärungen der Mutter vielleicht nicht allzu ernst nähme. Er bestätigte das und sagte: "Ich habe das Gefühl, das sind alles nur Schikanen, um mich zu treffen. Eva (so hieß die Mutter) gibt mir stets das Gefühl, ein unerwünschter Störenfried zu sein, und wenn es irgendwie geht, versucht sie mich abzuschütteln". Ich fragte ihn, ob er ihr diese Vermutung je mitgeteilt hätte? Er verneinte. Die oben besprochene Infantilisierung der Beziehung geschiedener Väter gegenüber ihrer ehemaligen Frau läßt sich bereits deutlich erkennen: Statt (wenigstens) den Versuch zu machen, mit der Mutter die Probleme zu besprechen, die auch *sie* offenbar mit den Besuchen Rudis beim Vater hat, erlebt dieser ihre Erklärung als bloße Versagung seiner Wünsche, als (willkürliches) Nein. Aber es war noch zu früh, diese Problematik zu besprechen. Aber sein Nein auf meine Frage klang nachdenklich. Solche "ersten Schritte" auf dem Weg, eigene Anteile an der als frustrierend erlebten Situation, damit aber auch denkbare Handlungsalternativen zu entdecken, sind sehr wichtig. "Besonders schlecht fühle ich mich", fuhr er fort, "wenn Rudi den Hörer abnimmt. Fragt er mich, wann ich ihn denn abhole, traue ich mich nicht, ihm etwas zu sagen, bevor ich nicht die Bestätigung von Eva habe. Sagt er nur flüchtig und unberührt 'Hallo', geht es mir erst recht schlecht, weil ich das Gefühl habe, ich sei auch ihm nicht mehr wichtig''. Besonders quälend gestalteten sich für Herrn M. auch stets die Abholsituationen. Nach außen hin begrüßten sich Vater und Sohn ganz locker, und doch war die Peinlichkeit der Situation greifbar und erdrückend. Zwischen den Eltern fiel kaum ein Wort, geschäftig richtete die Mutter Rudi fürs Weggehen her, war gereizt und ungerecht, während er, der Vater, schweigend abseits stand, ''wie ein Chauffeur, der auf seinen Fahrgast wartet und den das alles nichts anzugehen hat''. Auf eine Frage meinerseits schilderte er, daß in diesen Augenblicken die ganze Vergangenheit der einst glücklichen Ehe vor seinem geistigen Auge aufersteht. ''Es ist doch *unsere* Wohnung und ich sehe uns, wie wir uns gemeinsam um den geliebten Buben kümmerten. Auch ich wollte schließlich die Scheidung, aber ich bin einfach noch nicht darüber hinweg, was wir verloren oder vielleicht gedankenlos kaputtgemacht haben''. Herr M. bekannte auch, daß er seine frühere Frau nach wie vor (oder wieder?) attraktiv und erotisch fände und sich durch ihre Kälte und Ignoranz furchtbar gedemütigt fühle - und das, obwohl er seit nun zwei Monaten eine, seinen Angaben zufolge, sehr befriedigende neue Beziehung unterhielt. Ob ihm die Idee gekommen sei, seiner Ex-Frau könnte es ähnlich gehen und ihre Kälte unter anderem auch eine Schutzmaßnahme sein? Darüber wisse er nichts, meinte er nur. Ich fragte ihn noch, ob er glaube, daß seine ehemalige Frau eine Ahnung davon hätte, wie es ihm in dieser Situation und ihr gegenüber gehe. Entschieden verneinte er dies und setzte hinzu: ''Ich bemühe mich schließlich, keinerlei Regung zu zeigen. Den Gefallen tu ich ihr nicht!'' Ich fragte mich, ob diesem Mann nicht klar war, wie sehr seine scheinbare Unbeteiligtheit die Mutter verletzen mußte, zumal *sie* noch keine neue, selbstbestätigende Beziehung gefunden hatte. Wohl nicht. Beide Partner trachteten offenbar, ihr eigenes Gekränktsein unbewußt durch Kränkung des anderen zu bewältigen. Aus dem Ton seiner Antwort wurde ersichtlich, daß es für Herrn M. im Augenblick noch viel zu wichtig war, den ''Gleichgültigen'' zu mimen, und daß die Interaktionsprobleme, an denen auch sein Verhalten beteiligt war, nicht besprochen werden konnten, bevor nicht ein Stück seiner persönlichen Beziehungs- und Trennungsprobleme bearbeitet war. ''Schließlich folgt das Schlimmste'', berichtete er weiter, ''der 'Apell', wie ich es nenne: was ich zu tun habe, was ich unterlassen soll, woran ich denken muß usw. Ich höre mir das schweigend an. Was sollte ich auch sagen? Ich müßte sie eigentlich anbrüllen, daß ich selber weiß, was ich tun soll. Vor Rudi aber könnte ich in diesem Moment vor Scham in den Erdboden versinken!'' Herr M. machte einen verzweifelten Eindruck. ''Dann sind wir allein, endlich'', setzte er fort, ''und eigentlich sollte ich mich jetzt auf ein schönes Wochenende mit meinem Kind freuen können...''. Aber nun kamen jene, nicht mehr unmittelbar mit der Mutter zusammenhängenden Schwierigkeiten zutage, welche die Nach-Scheidungs-Beziehung so vieler Väter zu ihren Kindern, mit denen sie nicht mehr unter einem Dach leben, charakterisieren. Herrn M. gerieten die Wochenenden mit seinem Sohn zu einer *Aufgabe* statt zur Freude: Wie konnte er ihm seine Liebe vermitteln? Was konnte er umgekehrt tun, um sich die Liebe des Sohnes zu sichern? Er fürchtete sich davor, Rudi könnte ihm wegen der Scheidung Vorwürfe machen, traute sich aber nicht, ihn zu fragen. Stattdessen versuchte er, es ihm so recht wie möglich zu machen, entwarf diverse Freizeitprogramme, wurde gewissermaßen zum Animateur, der jedoch ständig die Angst hat, keinen Erfolg zu ernten. An einem der ersten schönen Frühlingstage besuchten sie den Prater, um Autodrom zu fahren. Die Anlagen hatten aber nach der Winterpause noch geschlossen. ''Ich hatte ein Gefühl, als hätte *ich* versagt, als hätte ich etwas versprochen und nun nicht gehalten!'' Wir arbeiteten heraus, daß Herr M. im Grund von der ständigen Phantasie gepeinigt war, Rudi könnte seine Sachen packen und sagen: ''Papa, was du mir zu bieten hast, ist zu wenig, ich fahr wieder zur Mama!'' oder: ''... ich komme dich nicht mehr besuchen!'' Daher mußte Herrn M. auch jede Enttäuschung, jede Langeweile oder jeder Ärger von Rudi bedrohlich erscheinen. Wir sehen hier ein Phänomen, dem ich bei einer Reihe von geschiedenen Vätern begegnet bin. In krassem Gegensatz zur ''Pädagogisierung'' der *Mutter*-Kind-Beziehung nach der Scheidung erfährt der Vater eine Infantilisierung nicht nur gegenüber seiner Ex-Frau, sondern unter Umständen auch gegenüber dem eigenen Kind: Herr M. geriet in Abhängigkeit zu seinem Sohn; er fürchtete, dessen Liebe einzubüßen, wenn er nicht genüge, wenn er ''nicht brav'' war. Unter solchen Vorzeichen überrascht es freilich nicht mehr, daß die unbeschwerte Freude an den Besuchstagen sich nicht einstellen will. Herrn M. ist offenbar die Vorstellung verloren gegangen, daß er *einfach als Vater* für Rudi Wichtigkeit hat, daß es *die Beziehung* ist, die das Kind braucht und nicht unbedingt perfektes Entertainment.

Warum das so ist, wird herauszuarbeiten sein. Ein Faktor aber spielt bei fast allen diesen, ihrer Beziehung zum Kind unsicheren Vätern eine Rolle. Es ist nämlich im Grunde unrichtig, von der ''*Fortsetzung* der Beziehung des Kindes zu beiden Eltern'' zu reden, weil nach der Trennung der Eltern die Beziehung des Kindes sowohl zur Mutter als auch zum Vater nicht dieselbe sein kann, die sie davor war. Von den Veränderungen der *Mutter*-Kind-Beziehung war schon mehrfach die Rede. Was nun die Beziehung des Vaters zum Kind betrifft[115], stellt die Scheidung in der Mehrzahl der Fälle beide vor eine völlig ungewohnte Situation: über einen längeren Zeitraum hinweg *ausschließlich miteinander* umzugehen. Der Wegfall des ''Dritten'' macht sich in dieser Hinsicht in der Kind-Vater-Beziehung noch weit mehr bemerkbar als in der Kind-Mutter-Beziehung, für die schon vor der Scheidung längere Zeiträume exklusiver Zweisamkeit nichts Ungewöhnliches waren. Das Ungewohnte dieser Situation wird für den Vater noch dadurch schwieriger zu meistern, daß ihm ein Stück *sozialer Kompetenz* fehlt, den Wegfall der Mutter zu kompensieren: Viele Väter haben nie gelernt, mit ihren Kindern über einen längeren Zeitraum zu spielen, sich miteinander zu amüsieren, sie kennen sich in der Welt des Kindes nicht sehr gut aus. Sie waren die vermittelnde

115 Ich spreche hier von den äußeren Merkmalen der Beziehung, nicht von Veränderungen der inneren, also der *Objekt*beziehungen.

Rolle der immer anwesenden Mutter gewohnt. Alleine waren sie mit den Kindern meist nur dann, wenn es galt, "etwas zu unternehmen". Und genau auf jenes "Beziehungsmuster" griff nun auch Herr M. ganz automatisch zurück. Die Angst der Väter, sich in der Zweierbeziehung mit dem Kind nicht bewähren zu können, führt dazu, daß geschiedene Väter alsbald beginnen, nach anderen "dritten Objekten" Ausschau zu halten: Sie fahren die Großeltern besuchen, schlagen den Kindern vor, Freunde einzuladen bzw. schicken sie zu den Nachbarskindern oder sie versuchen die gewohnte (und sichere) Dreierkonstellation mit der neuen Freundin wiederherzustellen. Und wieder unterschätzen sie die Bedeutung, die sie *als Personen* für das Kind haben und hoffen, das Amüsement mit anderen würde ihnen als väterliches Verdienst angerechnet. Das ist aber nicht der Fall. Diese Väter übersehen, daß ihre *periphere Anwesenheit* an den Besuchstagen nicht ausreicht, um die Abwesenheit im Alltag zu kompensieren und bringen durch ihre Selbstunterschätzung sich und die Kinder um eine große Chance.
Auch Herr M. hatte mit diesem Problem zu kämpfen: "Ich weiß einfach nicht, wie man (!) mit den Legomännchen spielt. Mir fällt nie etwas ein!" "Und was tut Rudi in einem solchen Fall?" fragte ich. "Er sagt mir, wie ich spielen soll". Herr M. war sichtlich erleichtert, als ich ihm sagte, daß es auch ausreiche, wenn man sich als Mitspieler den Einfällen der Kinder zur Verfügung stellt und daß das mitunter für die Kinder sogar befriedigender (und förderlicher) sein kann. Aber es kam hier noch ein anderes schwerwiegendes Problem hinzu: Herrn M. machte diese Art zu spielen auch *keinen Spaß*. Nicht genug mit dem Streß, zu wenig zu bieten, wurde ihm die gemeinsame Zeit mit Rudi noch zur *pädagogischen Pflicht*. Eine der Aufgaben der Beratung würde also sein, Herrn M. in die Lage zu versetzen, die Beziehung zu Rudi auch seinen eigenen Wünschen und Bedürfnissen (die es in Bezug auf Rudi freilich erst zu finden galt) gemäß zu gestalten. Um das zu wagen, mußte allerdings zuerst die ängstliche Abhängigkeit vom Kind bearbeitet werden.
Die Sonntag-Vormittage, erzählte Herr M. weiter, waren für ihn immer die schönste Zeit. Vater und Sohn schliefen lang, frühstückten im Bett, lieferten sich Polsterschlachten und unterhielten sich über Schule, Fußball und anderes. "Nach dem Mittagessen wird es jedoch stets kritisch. Rudi wird mürrisch, nichts paßt ihm, er beginnt mich zu beschimpfen; auch ich werde ärgerlich und wir krachen aneinander". Offenbar machte also dem Buben die bevorstehende Trennung zu schaffen. Es ist eben leichter, jemanden zu verlassen, über den man sich ärgert. Herr M. spürte zwar, daß diese Szenen etwas mit dem Abschied zu tun haben, vermied es aber aus Schuldgefühlen, Rudi daraufhin anzusprechen. Die Rückfahrt zur Mutter verlief dann stets in einer gespannt-gedrückten Stimmung auf beiden Seiten. Zu Hause angekommen, verabschiedete sich Rudi stets nur kurz und zog sich in sein Zimmer zurück. "Zu Eva sage ich dann 'Also, in vierzehn Tagen'. Wenn ich im Aufzug bin, würde ich am liebsten losheulen!" schloß er, und ich merkte, daß er in eben diesem Moment mit den Tränen kämpfte. Als ich ihn fragte, was ihm zu dieser Abschiedsszene einfalle, antwortete er spontan: "Die Scheidung, vor vier Monaten, als ich mit meinen Koffern auszog. Jeder Abschied

ist wie eine Neuauflage dieses schrecklichen Tages!'' Dann zögerte er und sagte schließlich: ''Als mir Eva vor drei Wochen absagte, reagierte ich am Telephon verärgert. Aber zu meinem Schrecken bemerkte ich, daß ich erleichtert war''. Und nach einer kurzen Pause: ''Ich denke, das war der eigentliche Grund, warum ich Sie aufgesucht habe!''

9.9 Väter, die sich nicht (mehr) rühren

Herrn M.'s Fehlleistung von vorhin - er konnte sich nicht mehr erinnern, welchen Grund die Mutter für die letzte Absage angegeben hatte - erscheint nun in einem neuen Licht. Er war es selbst, der unbewußt diese Absage wollte. Und er hatte das Glück, etwas davon spüren zu können. Das ermöglichte ihm, die Schwierigkeiten, die er in seiner Beziehung zu Rudi erlebte, nicht ausschließlich auf die Mutter zu schieben, sondern nach seinem eigenen Anteil zu suchen[116].

Herr M. befand sich in einem kritischen Stadium seiner Nach-Scheidungs-Vaterschaft. Noch erfüllt vom Schmerz über die verlorene Familie, von dem er sich mit Hilfe der neuen Beziehung offenbar nur sehr oberflächlich abgelenkt hatte, und am Höhepunkt der narzißtischen Krise, muß er erleben, daß die Art und Weise, wie er seine Vaterschaft künftig wird leben können, seinen Schmerz, seine Trauer, die Gefühle der Demütigung und des Nichtgenügens nur verstärken würde. Je weniger es Vätern gelingt, aus dieser Beziehungskrise mit der Mutter, mit dem Kind und mit sich selbst herauszukommen, desto größer wird die Wahrscheinlichkeit, daß sie diese unerträgliche Situation mit einem allmählichen oder plötzlichen Rückzug zu bewältigen versuchen. Man darf sich das freilich nicht als einen bewußten Entschluß vorstellen, stehen doch die Rückzugsmotive in Konflikt mit dem väterlichen Verantwortungsgefühl und der Liebe zum Kind. Was solche Väter jedoch häufig tun, ist, sich bietende Gelegenheiten zu ergreifen, die es erlauben, die Verantwortung für den Rückzug an einen ''Dritten'' zu delegieren. Dazu bieten sich etwa berufliche Veränderungen besonders an: die Übernahme von Aufgaben, die ihn des öfteren an Wochenenden beanspruchen, so daß vereinbarte Besuchstermine immer häufiger abgesagt werden *müssen*; die mit Dienstreisen verbunden sind; die einen Wechsel des Wohnortes nach sich ziehen usw. Auch die Spannungen mit der Mutter geben Anlaß, Rückzüge des Vaters zu rationalisieren.

116 Ein paar Monate nach Beginn der Beratung hatte sich die Situation, sowohl was die Beziehung Herrn M.'s zu Rudi als auch zu seiner Ex-Gattin betrifft, merklich entspannt. Nach fast genau einem halben Jahr lud ihn die Mutter, als er Rudi abholen kam, zum Kaffee ein. Ein paar Tage danach rief sie ihn an, um ihn das erste Mal zu fragen, ob er Rudi nicht außertourlich an einem Samstag-Nachmittag nehmen könne, weil sie bei einer Freundin eingeladen sei. Offenbar war die Mutter angesichts der Entspannung in der Lage, die weiterbestehende Vaterschaft ihres Ex-Mannes auch für sich zu nützen. All dies war die Folge kleiner, fast unmerklicher Veränderungen im Verhalten des Vaters, die auf Seiten der Mutter zur Entängstigung und zur Wiedererlangung eines gewissen narzißtischen Gleichgewichts beigetragen hatten und eine Desaggressivierung der Beziehung erwirkten.

Ein Vater erzählte mir, daß er nach einer zweimaligen Absage der Besuchstage durch die Mutter sich wochenlang nicht mehr gerührt hatte: "Wozu hätte ich noch anrufen sollen. Sie hätte ohnedies wieder irgendeine Ausrede parat gehabt!" Ein anderer Vater geriet an den Besuchstagen regelmäßig mit der Mutter in heftigste Auseinandersetzungen. Er hörte auf, seine Tochter zu sehen, um "*ihr* diese Szenen zu ersparen". Andere wiederum "resignieren" einfach. "Wenn sie (die Mutter) mich nicht Vater sein läßt, wie ich glaube, daß es für das Kind gut ist, lasse ich es lieber überhaupt. Jetzt hat sie es geschafft, mir auch das Kind zu nehmen!" Das heißt aber nichts anderes, als daß - zu diesem kritischen Zeitpunkt - Väter und Mütter, bei allen (äußeren) Interessensgegensätzen, *unbewußt am selben Strang ziehen: der Vater* möchte *(bewußt)* sein Kind sehen, beschwert sich jedoch darüber, daß ihn die Mutter daran hindere. Dem steht jedoch das *(unbewußte)* Bedürfnis nach Rückzug entgegen. *Die Mutter* befürwortet *(bewußt)* die Fortsetzung der Beziehung ihres Kindes zum Vater und beschwert sich über seinen Egoismus und seine Verantwortungslosigkeit. Dem steht jedoch das *(unbewußte)* Bedürfnis entgegen, das Kind ganz für sich zu haben und den Vater aus dem gemeinsamen Leben zu verbannen. Mit einem Wort: Die Exklusivitätswünsche der Mutter und die Absentierungstendenzen des Vaters arbeiten einander in die Hände und bilden eine mächtige "unbewußte Koalition", gegen welche anders gerichtete, bewußte Motive, sowohl des Vaters als auch der Mutter, mitunter keine Chance haben: Obwohl sie also den aufrichtigen Wunsch haben mögen, dem Kind die Beziehung zu beiden Eltern weiterhin zu ermöglichen und mit dem geschiedenen Partner auszukommen, scheitern sie.

10. Das "geschiedene" Kind

Zu den beeindruckendsten Erfahrungen, die wir im Laufe unserer Arbeit mit geschiedenen Eltern machten, gehört die Funktionalisierung der "pädagogischen Verantwortung" durch die persönlichen Wünsche und Ängste der Eltern. Es kommt so gut wie nicht vor, daß etwa eine Mutter sagt: "Meine Tochter leidet sehr unter der Scheidung, und besonders schlimm ist es natürlich nach einem Besuchswochenende, wenn sie weiß, ihren Vater zwei lange Wochen nicht mehr sehen zu können. Mir ist klar, daß es für sie um vieles leichter wäre, könnte sie ihn öfters besuchen. Das Problem aber ist, daß *ich* es nicht aushielte, daß ich jedesmal wütend werde, wenn sie von ihm spricht und mir dann gedemütigt und ausgenützt vorkomme". Kaum je sagt ein Vater: "Wenn sich der Bub beim Abschied an mich klammert, merke ich jedesmal, wie schmerzvoll unsere Trennung für ihn gewesen ist und wie gerne er uns wieder vereint sähe". Die Regel ist vielmehr, daß die Mutter zur Überzeugung gelangt, daß *die Besuche dem Kind schaden* bzw. der Vater den Abschiedsschmerz seines Sohnes dahingehend interpretiert, daß es ihm *bei der Mutter nicht gut gehe*. Diese Schwierigkeit, Gegensätze zwischen den Wünschen des Kindes und der eigenen Person (oder auch zwischen gegensätzlich gerichteten Strebungen der eigenen Person, etwa zwischen pädagogischen Einsichten und "egoistischen" Wünschen) wahrzunehmen bzw. auszuhalten, steht in einer Reihe mit der *Verleugnung des Schmerzes*, den Eltern notwendig ihren Kindern antun, wenn sie sich scheiden lassen und mit deren problematischen Auswirkungen ich die Erörterungen dieses Buches begonnen habe. Die durch solche Interessengegensätze hervorgerufenen Schuldgefühle sind offenbar so unerträglich, daß den meisten Eltern nichts anderes übrig bleibt, als entweder die Legitimität der Motive des Kindes abzustreiten ("Ich habe ein *Recht* auf meine Bedürfnisse!") oder aber die persönlichen Bedürfnisse als "objektives" Interesse des Kindes zu maskieren ("Ich tue es *nur zum Wohl des Kindes*!"). Im Streitfall sind dann Anwälte, Gutachter und Gericht aufgerufen, die objektive Gültigkeit der "pädagogischen Ideologie" (Rationalisierung) des einen Elternteils gegen jene des anderen zu bestätigen. So kommt es, daß die meisten (unmittelbaren und mittelbaren) Scheidungsreaktionen des Kindes nicht primär als solche gesehen werden, geschweige denn die Eltern dazu bringen, sich in elterlicher Sorge zusammenzutun, sondern für die eigene Position im gegenseitigen Konflikt *benützt* werden - handle es sich nun um die Fortsetzung ehelicher Konflikte, die durch die juristische und örtliche Trennung nicht beizulegen waren oder um spezielle Konflikte, die die Scheidung selbst nach sich zog bzw. aufdeckte (vgl. Kap. 9). Das bettnässende Kind dokumentiert auf diese Weise, "was der Vater ihm angetan hat", das aggressive Kind "den schlechten Einfluß des Vaters" oder die "Aufhetzung durch die Mutter", das ruhige und brave Kind beweist, "wie gut es ihm bei mir (allein) geht", usw.

10.1 Die Nach-Scheidungs-Krise in der Objektbeziehung zum Vater

Unter diesem Gesichtspunkt ist der Anteil des Kindes an den Beziehungskonflikten der Eltern nach der Scheidung ein lediglich *passiver*. Es erscheint nicht als Täter, sondern als Opfer. Die Effekte seines Verhaltens entziehen sich seinen Absichten und werden von den Absichten der Eltern funktionalisiert. Dagegen zielen die des Kindes auf Rückgängigmachung oder Ermäßigung der Trennung mit all ihrem Schmerz und ihren Ängsten. Inzwischen haben wir jedoch genug über das Scheidungserleben des Kindes erfahren, um zu wissen, daß das nur die halbe Wahrheit ist. Nicht nur die seelischen Regungen der Eltern sind widersprüchlich. So finden sich bei einem großen Teil der Kinder im Kontrast zu ihrer Liebe zu beiden Eltern bzw. ihren Wiedervereinigungswünschen auch mächtige Tendenzen, die in die entgegengesetzte Richtung gehen, nämlich den nicht-sorgeberechtigten Elternteil - ich nenne ihn der Einfachheit halber wieder "Vater" - auszuschließen:

→ Wir sprachen ausführlich davon, wie die zwischen Mutter und Kind freiwerdenden Aggressionen dem Kind, das seine Mutter ja dennoch liebt und sich von ihr (mehr denn je) abhängig fühlt, Angst machen. Diese Angst kann sich beträchtlich mindern, wenn ein Teil der Aggressionen auf das abwesende und daher weniger lebensnotwendige Objekt verschoben wird.

→ Ein großer Teil der Ängste, die Kinder in ihren primären Objektbeziehungen erleben, richtet sich darauf, daß ihnen von den "bösen" Anteilen der Eltern bzw. den böse gewordenen Eltern unmittelbar Gefahr droht. Diese Ängste setzen sich aus der (selektiven) Wahrnehmung des elterlichen Verhaltens sowie Phantasien und Projektionen eigener Aggression zusammen. Die Konzentration der (vorgestellten) Gefährlichkeit auf den abwesenden Elternteil läßt das Kind sich mit dem ständig anwesenden sicherer fühlen. Diese Verschiebung der Angst[117] kann über das Wirken projektiver Abwehrmechanismen ("Ich erwarte/fürchte von dir, was ich selbst will/dir antun möchte") auch eine unmittelbare Konsequenz verschobener Aggressionen sein.

→ Die Schuldgefühle, die Kinder im Zusammenhang mit der Scheidung entwikkeln, können speziell die Vergeltungsängste, die sich auf den Vater richten, vehement ansteigen lassen. Bei Buben spielen dabei aktivierte ödipale Schuldphantasien (dem Papa die Mama weggenommen, den Papa vertrieben/weggewünscht zu haben) eine große Rolle. Bei Mädchen drehen sich die Schuldgefühle mehr um die Loyalität, die sie (durch ihr Verbleiben) der Mutter gegenüber gezeigt haben. Die Angst, die viele Mädchen im ödipalen und postödipalen Alter vor ihren Vätern haben, gleicht der Angst vor der Rache des enttäuschten Liebhabers.

→ Der sorgetragende Elternteil, also meist die Mutter, wird zwar (auch) dafür gehaßt, den Vater weggeschickt, ihn dem Kind genommen zu haben, aber der Vater ist der Verlassende, jener, der sich tatsächlich hat wegschicken lassen,

[117] Es ist interessant, da unter der Bedingung der Trennung auch primäre Objekte, also der Vater bzw. die Mutter, alle Eigenschaften eines phobischen Objekts annehmen können.

ohne sich - seiner Liebe zum Kind wegen - der Trennung von ihm zu widersetzen. Daher geht der Großteil der narzißtischen Kränkung, die Kinder im Zuge der Scheidung erleben, vom Vater aus. Je besser es nun dem Kind gelingt, sich einzureden, daß es den Vater gar nicht so besonders geliebt hatte, daß es gut ohne ihn auskommen könne, ja, daß er eigentlich ein schlechter Mensch sei und man geradezu zufrieden sein müsse, ihn loszuwerden..., desto geringer wird die Kränkung sein.

→ Manche Kinder wiederum halten die Kränkung in ihrem Bewußtsein, können sie aber dem Vater (oft ein ganzes Leben lang) nicht verzeihen. Auch sie sind verlassene Liebhaber, die sich für die Schmach des Verlassenwordenseins rächen.

→ Aber auch (positiv) auf die Mutter gerichtete Strebungen können sich gegen den Vater richten. So sind etwa die ödipalen Schuldgefühle der Buben ja nur die Kehrseite des Wunsches, mit der Mutter allein zu leben. Auch die Identifizierung des Kindes mit der Mutter kann dazu führen, daß es, wie jene, den Vater ablehnt.

Diese und andere Motive bilden mächtige Gegenströme gegen die Liebe zum Vater, gegen seine wichtige Rolle für die Identität des Kindes, gegen seine Bedeutung, das Kind vor der Übermacht der Mutter zu schützen usw. Das psychodynamische Problem besteht nun darin, daß die gegen den Vater entwickelten Regungen dazu dienen sollten, Kränkungen, Schuldgefühle und Ängste zu bewältigen, tatsächlich jedoch die psychischen Konflikte des Kindes nur verschärfen. Häufig pendeln Kinder zwischen heißer Liebe und Haß hin und her. Ein Problem, mit dem die meisten Kinder zu kämpfen haben, besteht darin, daß die Verschiebung von Aggressionen auf den Vater zwar die Objektbeziehung zur Mutter beruhigt und sichert, jedoch die narzißtischen Konflikte verschärft: Die "versöhnte" Beziehung zur Mutter stärkt deren Macht, läßt das Kind sich klein und ausgeliefert (und die Buben sich unmännlich bzw. "entmannt") erleben, wodurch das Bedürfnis nach dem stützenden, stärkenden "dritten" Objekt, dem Vater, wieder zunimmt. Bei anderen Kindern wiederum ist zu beobachten, daß Schuldgefühle und auf den Vater projizierte bzw. verschobene Ängste zwar eine starke aversive Tendenz begründen, eben jene Kombination jedoch eine Art kontraphobischer Gegenbewegung auslöst, indem sich diese Kinder zu beweisen versuchen, daß die Gefahr nicht besteht und/oder sie versuchen, den Vater zu versöhnen. Beide Versuche sind zumeist zum Scheitern verurteilt, weil ja die "Gefährlichkeit" des Vaters nicht den realen Beziehungserfahrungen des Kindes mit ihm entstammt, sondern vom Kind selbst, im Zuge seiner fortdauernden Objektbeziehungskonflikte mit der Mutter, immer von Neuem "aufgebaut" wird. Besonders deutlich traten diese zermürbenden Ambivalenzkonflikte im Verhalten des knapp sechsjährigen *Nikolaus* zutage. Nikolaus zeigte sich in seinem Benehmen gegenüber der Mutter hoch mit dem Vater identifiziert, sprach dauernd von ihm, fertigte im Kindergarten Zeichnungen an, die er dem Papa schenken würde und fragte ihn auch am Telefon regelmäßig, wann er denn wieder komme. Zu den vereinbarten Besuchstagen jedoch versteckte er sich hinter der Couch, wollte nicht mit dem Vater weggehen, brüllte, wenn die Mutter Anstalten machte, ihn mit dem Vater allein zu lassen und wurde des öfteren sogar richtiggehend krank. Das waren nicht mehr bloß die "einfachen" Trennungs- und Umstellungsprobleme, von denen früher die Rede war (vgl. Kap. 9.1, 9.2). Da war, wie auch die Untersuchung zeigte, massive auf den Vater gerichtete Angst und Wut im Spiel, die sich aber offenbar erst dann zeigte, wenn es mit der (andererseits jedoch auch ersehnten) Beziehung zu ihm "ernst" werden sollte. In der Distanz vermochte er das trianguläre Gleichgewicht aufrechtzuerhalten. Aber es war nicht nur die Angst vor dem Vater, die den Besuchstag so gefährlich machte. *Das Weggehen der Mutter* (bzw. von der Mutter) aktivierte auch die durch die Scheidung und die Nach-Scheidungs-Krise angewachsenen Befürchtungen, (auch) die Mutter zu verlieren. Offenbar schaffte er es im *Alltag* mit der Mutter, einen Teil dieser Angst zu bändigen: Er kontrollierte sie nach Kräften; außerdem fällt es im allgemeinen leichter, sich weiszumachen, man könnte auf einen Menschen verzichten, solange man ihn noch hat; in der sicheren zeitlichen und örtlichen Distanz konnte er den Vater als vollwertiges Ersatzobjekt phantasieren; schließlich gab ihm wohl die Identifizierung mit dem Vater ein Stück Kraft und Unabhängigkeit gegenüber der Mutter (auch wenn sie offenbar noch nicht - oder nicht mehr - stark genug war, im wirklichen Kontakt mit ihm aufrecht zu bleiben). Entfernte sich die Mutter hingegen, brach die ganze Angst des Buben, sie könnte nicht wiederkommen, von neuem durch. Wir sehen also am Beispiel von Nikolaus auch, wie sehr die Ambivalenzkonflikte des Kindes in seinen Objektbeziehungen zu beiden Eltern ineinandergreifen und wie schwer es Kindern fällt, die Motive

→ (libidinöse, aggressive und narzißtische) *Bedürfnisbefriedigung*
→ *Sicherheit* (Abwehr drohender Gefahren) und
→ *Fortführung (primär libidinöser) Beziehungen zu Vater und Mutter*

unter einen Hut zu bringen.

Nicht bei allen Kindern zeigen sich die Ambivalenzkonflikte mit dem Vater freilich in so offener Weise wie bei Nikolaus, ja oft bleiben sie dem Auge des (nur das äußerliche Verhalten) Beobachtenden völlig verborgen, was auch mit den grundsätzlichen qualitativen Unterschieden zwischen Mutter- und Vaterbeziehungen zu tun hat. Im Regelfall, das heißt unter der Voraussetzung, daß die Mutter das primäre und der Vater das sekundäre Objekt darstellt, greifen Kinder angesichts bedrohlicher psychischer Konflikte, die sich um den Vater drehen, weit eher zur (augenblicklichen oder bleibenden) Unterwerfung und Anpassung als bei Konflikten um die Person der Mutter. Dadurch kann der Eindruck entstehen, die Nach-Scheidungs-Krise der Kinder (Regression, Destrukturierung) drehe sich so gut wie nur um die Objektbeziehung zur Mutter, während jene zum Vater höchstens durch ihren (partiellen) Wegfall bzw. durch den teilweisen Verlust ihrer entlastenden und ausgleichenden Triangulierungsfunktion ins Gewicht fiele. Dies war auch die Ansicht, die ich zunächst vertrat[118]. Demnach wären manifeste Ablehnungen des Vaters entweder als (spontane) Erlebnisreaktionen zu verstehen

[118] Figdor 1988

oder, wenn sie sich, wie so oft, erst in einem gewissen zeitlichen Abstand von der Scheidung entwickeln, als posttraumatisches Symptom, das der Abwehr von primär auf die Mutter bezogenen Objektbeziehungskonflikten bzw. -ängsten dient. In letzter Zeit hatte ich jedoch vermehrt Gelegenheit, über Kontakte mit geschiedenen Vätern die Kind-Vater-Beziehung in der Zeit unmittelbar nach der Scheidung zu studieren und neige aufgrund dieser Erfahrungen inzwischen zu der Ansicht, daß jene, die (posttraumatische) Ablehnung des Vaters konstituierenden Abwehrmechanismen (Verschiebung, Projektion, Verleugnung; s.o.) schon vor der posttraumatischen Konfliktlösung, also während der akuten Nach-Scheidungs-Krise, wirksam werden. Allerdings ist die (positive) Bedeutung des Vaters (noch) so groß, daß dadurch nur ein zusätzliches psychisches Konfliktfeld geschaffen wird. Sollte das stimmen, wäre der auf den Vater gerichtete Ambivalenzkonflikt eine Art "Zwischensymptom", das jedoch die im Zuge der Nach-Scheidungs-Krise aktivierten Ängste nicht mindert, sondern bereichert. Oder anders ausgedrückt: Die Nach-Scheidungs-Krise ist durch eine Zuspitzung der psychischen Konflikte des Kindes in seinen Objektbeziehungen zur Mutter *und* zum Vater charakterisiert.

10.2 Die Ablehnung des Vaters als besondere Variante der posttraumatischen Symptomatik

Wenn die Umwelt darin versagt, dem Kind jenes Maß und jene Art von Hilfe bereitzustellen, die es ihm erlaubt, die Scheidung zwar mit Schmerzen, jedoch ohne größere Persönlichkeitseinbrüche zu bewältigen (Kap. 1), greift das Ich des Kindes zu unbewußten Abwehrmechanismen, die der wochen- oder monatelangen, manchmal weit mehr als ein Jahr andauernden Krise und der gefährlichen psychischen Destrukturierung ein vorläufiges Ende setzen (Kap. 2 und 3). Mit der "posttraumatischen Abwehr" zieht sich das Kind gewissermaßen am eigenen Schopf aus dem psychischen Chaos der Nach-Scheidungs-Krise. Durch Verdrängungsprozesse, Umwandlungen der Triebstrebungen und Veränderungen der Wahrnehmungsschemata baut sich das Kind ein modifiziertes System von Selbst-, Objekt- und Beziehungsrepräsentanzen, ein neues "Weltbild" auf, das ein vergleichsweise angstfreies Leben verspricht. Dieses Gleichgewicht wird freilich mit mehr oder weniger großen Opfern an "psychischer Gesundheit" bzw. Entwicklungschancen erkauft: neurotische Symptome, Einschränkungen der Erlebnisfähigkeit und anderer Ich-Funktionen (z.B. Einbußen oder Einseitigkeiten in den kognitiven und intellektuellen Fähigkeiten), andere verfestigte Charakterhaltungen, vor allem aber auch eine erhöhte Disposition, im späteren Leben auf Belastungssituationen mit schweren psychischen Erkrankungen und/oder dem Verlust des seelischen Gleichgewichts zu reagieren[119].
Das Leben des Menschen, und von Kindern im besonderen, entfaltet sich im

119 Zu den langfristigen Auswirkungen vgl. Kap. 11.

Rahmen von (realen und verinnerlichten) *Beziehungen*. Das gilt natürlich auch für (i.w.S.) neurotische Bildungen. Nehmen wir etwa die Unterwürfigkeit als Beispiel eines neurotischen Symptoms bzw. einer neurotischen Charakterbildung. Sie entsteht (u.a.) dann, wenn ein Teil des z.B. aus der Rivalität oder verschmähter Liebe resultierenden Hasses gegen die eigene Person gewendet wird ("Ich bin nichts wert; ich kann mich nicht mit ihm/ihr messen, daher darf ich auch nicht wollen") und ein anderer Teil in Bewunderung für und Überhöhung des Objekts verwandelt wird. Unterwürfigkeit kennzeichnet aber ebenso ein bestimmtes Objektbeziehungsmuster, das als eine Art inneres Modell auf verschiedenste Objekte angewandt, "übertragen" wird. Jeder Mensch hat eine (meist sehr begrenzte) Anzahl solcher verinnerlichter Beziehungsmuster, die miteinander in enger Verbindung stehen. Sie haben stets auch eine Abwehrfunktion. So schützt etwa die Unterwürfigkeit vor der Gefährlichkeit sowohl der eigenen Aggressionen als auch jener des Objekts. Unter bestimmten Umständen kann es nun geschehen, daß einem Kind die *Ablehnung eines Objekts* bzw. der Abbruch einer Beziehung als der einzig mögliche oder als der am wenigsten schlimme Weg der Angstbewältigung erscheint. Die Entwicklung eines solchen Symptoms oder neurotischen Objektbeziehungsmusters kann man sich, in vereinfachter Form[120], etwa folgendermaßen vorstellen: Zunächst liebt das Kind seinen Papa. Aber es ist auch traurig und wütend auf ihn, weil er es verlassen hat. Wenn es mit ihm von Zeit zu Zeit zusammen ist, versöhnt das das Kind. Dann hat es wieder etwas von ihm. Diese schönen Stunden möchte es sich auch nicht mit Vorwürfen und Aggressionen verderben - es vergißt sie für die paar Stunden oder die ein, zwei Tage des Zusammenseins. In den Zwischenzeiten wird dieses Vergessen jedoch zunehmend schwerer. Vom abwesenden Vater hat das Kind kaum mehr etwas, was seine Enttäuschung und Wut besänftigen könnte. Dazu kommen die Probleme mit der Mama; die Angst, sie könnte auch fortgehen, Enttäuschung und Wut, daß sie ihm nicht die Liebesbeweise liefert, die es im Augenblick braucht, daß sie nicht genügend Zeit für es hat, es nicht ernstnimmt usw. Aber es kann nichts tun und ist ihrer Macht ausgeliefert. Das macht das Kind nicht nur auf die Mama wütend, sondern zusätzlich auch auf den Papa, der es in dieser schwierigen Situation im Stich läßt, ihm nicht hilft, ihm keinen Weg hinaus zeigt. Je tiefer es in die Nach-Scheidungs-Krise schlittert, desto "böser" (unverständiger, liebloser, rücksichtsloser) werden Mutter und Vater in seinen Augen; und desto schwerer fällt es ihm, die gute Miene anläßlich der periodischen Besuche beim Papa aufrechtzuerhalten. Jetzt, wo er da ist, könnte man ihm das ganze Schuldkonto vor Augen halten. Noch aber fürchtet es zu sehr, ihn dann ganz zu verlieren. So mag es sich eine Zeitlang noch mit Anpassung und/oder Unterwerfung (s.o.) unter das von den Eltern ausgehandelte Arrangement und die vom Vater gestalteten Besuchsprogramme zu behelfen. Was aber unter anderem dazu führt, daß es in den Zwischenzeiten, im Zusammenleben mit der Mama, seine aggressiven Affekte immer weniger beherrschen kann. Das aber macht seine Situation immer

[120] Vgl. die (differenziertere) theoretische Darstellung auf S. 186f.

unterträglicher. Es findet sich im Begriff, die guten Bilder (Eigenschaften) von Mama und Papa völlig zu verlieren, was aber bedeuten würde, allein und unbeschirmt einer Welt voller ausschließlich böse meinender Objekte ausgesetzt zu sein. Das kann es sich aber nicht leisten. Jedes Kind (nur Kinder?) braucht zumindest eine Bezugsperson, der es vertrauen kann, es gut mit ihm zu meinen. Wer aber könnte das sein? Neue Eltern kann es nicht suchen, also kommt nur die Mama oder der Papa in Frage. Für das Kind haben jedoch beide sein Vertrauen verspielt. Aber es gibt noch zwei von der Sicht des Kindes abweichende Versionen: *Die Mama* hält ausschließlich den Vater für böse und schuldig, *der Papa* ausschließlich die Mutter. Gelänge es dem Kind, sich einer dieser beiden Versionen anzuschließen, wäre viel erreicht: Der eine, "erwählte", Elternteil wäre dann von der Schuld reingewaschen, und das Kind könnte beginnen, wieder Vertrauen zu fassen. Die Verbesserung der Beziehung wäre auch nicht mehr von den eigenen Aggressionen gefährdet, die nun weitgehend beim (allein) schuldigen Elternteil untergebracht werden. Aber auch die quälenden eigenen Schuldgefühle können ihm aufgebürdet werden. Je böser und daher unliebenswürdiger jener erscheint, desto weniger Veranlassung hat das Kind, um "diesen Menschen" weiter zu trauern, ja, im Nachhinein vermag die Scheidung nun auch dem Kind als die beste Lösung erscheinen. Dazu kommt, daß das Kind merkt, wie gut seine "Einsicht" dem ent-schuldigten Elternteil tut. Alle Wünsche nach ungestörter Zweisamkeit und der ungeteilten Aufmerksamkeit durch einen Elternteil werden wieder wach...

Aber wer von beiden soll der Auserkorene sein? Für die meisten Kinder, zumindest für jene, die nach der Scheidung bei der Mutter geblieben sind, ist diese Entscheidung am Höhepunkt der Krise, zum Zeitpunkt der unerträglich gewordenen Ängste, meist klar: die Mama. Und zwar aus zwei durchaus gleichgewichtigen Gründen. Erstens weil - zumindest bei kleineren Kindern - die Mutter das zwar vielleicht nicht begehrtere aber benötigtere Objekt repräsentiert und zweitens, weil es unerträglich wäre, mit dem abgelehnten Objekt zusammenzuleben, das geliebte hingegen kaum zu sehen[121]. Somit wird der Vater der Wiedererlangung des psychischen Gleichgewichts geopfert. Und so kommt der Tag, an dem das Kind zu verstehen gibt, den Vater nicht mehr besuchen zu wollen ...

Die Funktion solcher Abwehrmuster ist so einleuchtend, daß man sich geradezu die Frage stellen muß, wieso nicht alle Kinder so reagieren, wieso die Ablehnung der Vaterbeziehung nicht regelmäßiger Bestandteil der posttraumatischen Konfliktlösung ist. Diese Frage beantwortet ein genauer Blick auf Details der obenstehenden Schilderung. Die (natürlich größtenteils unbewußten) Entscheidungen, die schließlich zur Abkehr vom Vater führen, hängen nämlich an Voraussetzungen, Wahrnehmungen und spezifischen Einschätzungen auf Seiten des Kindes, die vom Verhalten der Umwelt nicht unabhängig sind. Demnach ist

[121] Vgl. im Gegensatz dazu *Jutta* (S. 175), welche sich unter dem Eindruck quälender Schuldgefühle anders, also für den abwesenden Vater, entschieden hat.

meiner Erfahrung nach die Wahrscheinlichkeit einer solchen Abkehr um so größer

- → je wichtiger und intensiver für das Kind schon vor der Scheidung die Objektbziehung zur Mutter im Vergleich zu jener zum Vater war[122];
- → je tiefer das Kind in die Nach-Scheidungs-Krise schlittert;
- → je länger das Kind den Vater in dieser schwierigen Zeit nicht sieht bzw. je seltener es ihn zu Gesicht bekommt;
- → je frustrierender sich die Besuche beim Vater gestalten;
- → je deutlicher beide Eltern ihre Mitschuld an den Ereignissen zurückweisen und den jeweils anderen zum (bösen) Hauptschuldigen machen;
- → je deutlicher sie dem Kind ihren Haß auf den jeweils anderen bzw. die Unentschuldbarkeit seines Verhaltens betonen.

Hatte hingegen im umgekehrten Fall der Vater für das Kind seit jeher eine enorme psychische Bedeutung, wird es eher um den Erhalt dieser Beziehung kämpfen; halten sich die nach der Scheidung einstellenden Ängste im Rahmen und können sie weitgehend entschärft werden, bedarf es keiner so massiven Abwehrstrategien; sieht das Kind den Vater regelmäßig und nimmt dieser an seinem Leben Anteil, mildern sich Wut und Enttäuschung; desto öfter und befriedigender die Kontakte sich gestalten, desto attraktiver bleibt zum einen der Vater, zum anderen erhöht sich damit auch die Wahrscheinlichkeit der Entlastung der Objektbeziehungskonflikte mit der Mutter durch diesen Kontakt; schließlich entzieht die gemeinsame Verantwortung der Eltern am Schmerz des Kindes diesem das Modell, seine Konflikte mit Hilfe eines "Sündenbocks" zu lösen und stellt an seine Stelle eine Alternative: Verzeihen und Wiedervertrauen. Keiner dieser Umstände vermag für sich allein die Entscheidung des Kindes für oder gegen die Fortsetzung der Vaterbeziehung zu determinieren. In gegenseitiger Ergänzung jedoch werden sie zu einem mächtigen Einflußfaktor.

Die Ablehnung des Vaters ist eine Variante der posttraumatischen Konfliktlösung, die indes weit häufiger eintritt, als man - von außen betrachtet - vermuten könnte. Sie muß nämlich keineswegs mit einer offenen Verweigerung der Besuche beim Vater einhergehen. *Anton* ist heute zwölf Jahre alt. Seine Eltern ließen sich vor fünf Jahren scheiden. Seit damals besucht er seinen Vater regelmäßig jedes zweite Wochenende. Scheinbar ist also alles in Ordnung. Aber eben nur scheinbar. In den Tests zeigte sich, daß er seinem Vater nie verziehen hat und dieser für ihn "gestorben" ist. Anfänglich akzeptierte Anton die Besuche, weil ihn die Mutter, die Auseinandersetzungen mit ihrem Ex-Mann, finanzielle Sanktionen u.ä. fürchtete, darum bat. Allmählich hatte er sich jedoch dort eine "eigene Welt" aufgebaut: Er hatte Freunde, in der Nähe gab es einen See zum Baden, Wiesen und Wälder zum Radfahren, ihm stand ein Spielcomputer und eine Videothek zur Verfügung usw. Mit dem Vater selbst hatte er kaum engeren Kontakt. Anton hatte gelernt, ihn, das Haus und seine Wohlhabenheit zu *benützen*, er war für ihn so

[122] Mit Absicht ist die *Wichtigkeit* der Objektbeziehung an erste Stelle gesetzt. Sie entspricht nicht unbedingt der sichtbaren Intensität der äußeren Beziehung: Vgl. etwa die verschiedenen Triangulierungsfunktionen der väterlichen Objektbeziehung (Kap. 5).

etwas wie ein großzügiger Onkel und Gastwirt. *Als Vater* jedoch hatte er ihn nach den Schmerzen der ersten Monate, die der Scheidung folgten, nie mehr akzeptiert. Die Mutter hatte sich einst sehr gegen die Kontakte zwischen dem Buben und dem Vater gewehrt, vor allem weil sie Angst hatte, ihrem Ex-Mann könnte es gelingen, die Liebe Antons durch materielle Großzügigkeit zu kaufen und ihr wegzunehmen. Als sie sich mit ihm einigte, gab sie dem Kind ein Beziehungsmodell vor: den Vater ökonomisch zu benützen. In einer starken Identifizierung mit der Mutter machte sich Anton dieses Modell zu eigen. Ohne Dankbarkeit betrachtete er die Leistungen des Vaters als "Pflicht und Schuldigkeit" und rechnete ihm kaum je etwas als Verdienst an. Der Vater selbst schien sich durch die Frustrationen und die Unsicherheiten, welche er in der Beziehung zum Sohn erlebte, dazu verführen zu lassen, sich als Person durch materielle Güter zu ersetzen, statt aktiv an der emotionellen Beziehung zwischen sich und dem Sohn, das heißt an der Wiederversöhnung, zu arbeiten.
Auch die Art, wie Anton seine Objektbeziehung zum Vater nach der Scheidung gestaltete, vollzog sich also nicht ohne Zutun seiner Eltern. Aber in erster Linie kam es mir in diesem Abschnitt darauf an, am Beispiel eines besonders prägnanten "Symptoms" nochmals aufzuzeigen, daß an der Gestaltung der Nach-Scheidungs-Beziehungen *auch die Kinder einen ganz persönlichen und aktiven Anteil haben*. Und zwar in der nämlichen doppelten Hinsicht, wie wir dies bei den Eltern (Kap. 1,2,9) beobachteten: Erstens, indem sie keineswegs bloß *Reagierende* sind, sondern mit ihrem Verhalten ihrerseits das Verhalten der Eltern beeinflussen. So kommt es immer wieder vor, daß Kinder im Stadium akuter Ambivalenz gegenüber dem Vater durch Unwilligkeit beim Abholen, durch sichtbare Lustlosigkeit während des Zusammenseins u.a.m., den Vater so verunsichern oder frustieren, daß sich dieser immer weniger bemüht, den Kontakt zum Kind zu intensivieren. Lehnt das Kind im Zuge seiner posttraumatischen Abwehr den Vater ganz oder teilweise (wie bei Anton) ab, läßt das viele Väter resignieren. Sie ziehen sich zurück oder begnügen sich mit Rumpfrollen. Zweitens versuchte ich zu zeigen, daß auch den Kindern solche Haltungen oder Verhaltensweisen, die interaktionelle Entwicklungen anstoßen oder akzentuieren, nicht einfach "passieren", sondern einen wichtigen unbewußten Stellenwert haben, indem sie helfen, quälende psychische Konflikte - die ihrerseits natürlich wiederum durch die Umwelt mitbedingt sind - zu beruhigen. Ich habe am Ende des vorigen Kapitels (S. 184) geschrieben, daß sich familiäre Konstellationen nach der Scheidung oft auch einer "unbewußten Koalition" der Eltern verdanken. In diesem Sinn möchte ich mit Blick auf die unbewußten Seelenvorgänge des Kindes ergänzen: Zu jeder Nach-Scheidungs-Konstellation gehören (mindestens) *drei*...

10.3 Mama hier, Papa dort... Besonderheiten separierter Objektbeziehungen

Die psychischen Konflikte von Kindern und Eltern sowie die Konflikte, die sie miteinander austragen, prägen das Leben geschiedener Familien oft über Jahre hinweg. Es ist aber nicht allein die Hypothek der Scheidung, die die Besonderheiten jenes Lebens nach der Scheidung ausmacht. Unabhängig von diesem Erbe verändert das Leben *in* Scheidung die psychischen Lebensbedingungen des Kindes in einer ganz bedeutsamen Hinsicht: Dem Kind ist aufgegeben, die Beziehung zu seiner Mutter und zu seinem Vater fortan "separiert" zu leben. Und zwar in einem dreifachen Sinn: Erstens sind beide Beziehungen unterschiedlichen *Orten* zugeteilt; zweitens verbringt das Kind *längere Zeit* nur mit dem einen und dann eine gewisse Zeit nur mit dem anderen Elternteil; und drittens ist die Separation im Sinne eines *Ausschlusses* gegeben, das heißt, das Kind ist jeweils mit dem einen *oder* dem anderen zusammen. Die Beziehung zu beiden Eltern zur selben Zeit und am selben Ort ist eine Erfahrung, die Kindern nach der Scheidung normalerweise vorenthalten bleibt, selbst wenn sich die Eltern nicht bekämpfen und sich ein Stück erzieherischer Verantwortung weiterhin teilen.

Um die psychologische Bedeutung, die dem Wegfall des (äußeren) triangulären Beziehungssystems zukommt, verstehen zu können, wollen wir eine Anzahl entwicklungspsychologisch bedeutsamer Funktionen triangulärer Beziehungsstrukturen, wie sie die Normalfamilie zur Verfügung stellt, dahingehend untersuchen, ob diese Funktionen auch von der geschiedenen Familie wahrgenommen werden können bzw. in welchem Ausmaß jene Separation der Obektbeziehungen als (entwicklungspsychologisch) defizitär einzustufen ist. Da es mir hier nicht wie in den vorangegangenen Abschnitten um die Wirkung persönlicher und Beziehungskonflikte, sondern um *strukturelle Merkmale* der Scheidungsfamilie geht, habe ich bei diesem Vergleich auf der einen Seite eine durchschnittlich gute Zwei-Eltern-Familie und auf der anderen Seite eine, eher ungewöhnlich gut funktionierende Scheidungsfamilie im Kopf: Wir wollen annehmen, daß sich Vater, Mutter und Kinder mit den Gegebenheiten arrangiert haben; der Vater jedes zweite Wochenende die Kinder abholt, die gerne mit ihm beisammen sind, ihn (noch oder wieder) lieben und das Gefühl haben, das (von der Mutter aus) auch zu dürfen; daß es in den Zwischenzeiten hie und da zu spontanen Kurzkontakten kommt, darüber hinaus der Vater telefonisch erreichbar ist[123]; und daß die soziale und ökonomische Situation beider Eltern zufriedenstellend ist. Eine weitere Unterstellung ist nötig, um den Vergleich nicht zu verzerren: Beide Eltern haben noch keinen neuen fixen Partner.

a) *Konfliktentlastung durch Triangulierung:* Auf die große Bedeutung, die ein "drittes Objekt" für die Entlastung von Objektbeziehungskonflikten hat, habe ich

[123] Es hat sich gezeigt, daß die telefonische Erreichbarkeit des Vaters günstiger ist als regelmäßige Anrufe von Seiten des Vaters. Dadurch ist nämlich gewährleistet, daß *der Kontakt* dann zustande kommt, wenn das Kind den Vater *braucht*. Andernfalls es leicht passieren kann, daß dem Kind die Trennung vom Vater ausgerechnet in solchen Augenblicken zum (schmerzhaften) Bewußtsein gebracht wird, in welchen es sich mit anderen Dingen beschäftigt und sich durch die Trennung gerade nicht belastet fühlte.

mehrfach hingewiesen. In den ersten drei Lebensjahren kann sie sogar als eine der wesentlichen Bedingungen für das Gelingen des Individuationsprozesses angesehen werden (s. Kap. 5). Aber auch in späteren Jahren, ja das ganze Leben hindurch, hilft die Existenz eines guten, liebenden dritten Objekts, Unlustspannungen, die sich innerhalb der jeweils anderen Objektbeziehung ergeben, zu kompensieren, Aggressionen zu neutralisieren und Ängste zu mildern. Das Pendeln zu einem verfügbaren dritten Objekt erhöht somit die Chancen, daß Objektbeziehungskonflikte nicht vorwiegend durch unbewußte, pathogene Abwehrmechanismen erledigt werden müssen.

In dieser Hinsicht ist die Scheidungsfamilie zweifellos defizitär, und zwar je kleiner das Kind ist, desto mehr. *Kleine Kinder* brauchen im Fall von Versagungen, Wut und Verzweiflung das ausgleichende Objekt hier und jetzt. Bis zum Abend zu warten, geht vielleicht noch. Es kann sich dann schmollend zurückziehen, auf die Mama böse sein und sich vorstellen, wie es mit dem Papa zusammen die Mutter ignorieren wird. Aber eine Woche oder vierzehn Tage lang kann es sich nicht trösten. Da fühlt es sich auf die Mutter angewiesen und vermag dem inneren Konflikt nicht zu entgehen. Nur unter sehr günstigen Voraussetzungen ist es *älteren Kindern* (etwa ab 7 Jahren) möglich, dieses Defizit mit Hilfe von *Phantasie* teilweise zu kompensieren (''Der Vater würde jetzt ganz anders handeln'' oder ''Wenn ich wieder bei ihm bin, werde ich ... können'' usw.).

Dazu kommt, daß das Pendeln des Kindes zum *anwesenden* Vater von der Mutter leichter akzeptiert werden kann, ja sogar ihrerseits als Entlastung empfunden wird. Gibt es hingegen zwischen Kind und *geschiedener* Mutter einen Krach und das Kind *redet* vom Vater (oder greift gar zum Telefonhörer), kann es leicht passieren, daß sich ihr Zorn noch steigert. (Nicht selten kommt es dann zu Aussprüchen wie: ''Du kannst ja gehen, wenn es dir lieber ist, keiner hält dich zurück!'' Mütter wissen meist nicht, was sie mit solchen Reden anrichten und sind mitunter sogar stolz darauf, wenn das Kind dann klein beigibt. Dabei haben sie ihm indirekt eben gesagt: ''Mir liegt nichts an dir, du kannst gehen, ohne daß es mir etwas ausmacht''...)

b) *Koalition gegen ''bevorzugte Geschwister'':* Es ist dies nur eine besondere Form der ''Konfliktentlastung durch Triangulierung''. Wenigstens abends und an Wochenenden kann sich der Vater als Bezugsperson anbieten, wenn das Kind das Gefühl hat, bei der Mutter gegenüber dem Bruder oder der Schwester benachteiligt zu sein. Diese Erwartung kann auch während des Tages trösten. Diese Entlastung ist mehr als eine bloße Kompensation. Sie erleichtert es auch dem Kind, besonders wenn es sich um kleine Geschwister handelt, die größere Fürsorge der Mutter für sie innerlich zu akzeptieren, ohne sich von ihr weniger geliebt zu fühlen.

Diese Funktion kann der 14-Tage-Besuchsvater so gut wie nicht erfüllen. Im Gegenteil, es besteht sogar die Gefahr, daß er, wenn er mit beiden Kindern allein ist, die ''Bevorzugung'' des Jüngeren notwendigerweise reproduziert. Daher wäre es bei mehr als einem Kind wichtig, daß der Vater die Kinder von Zeit zu Zeit auch getrennt sieht bzw. die Besuchstage so organisiert, daß er auch Zeit findet, sich mit jedem Kind einzeln und dessen Alter gemäß zu beschäftigen. Das schafft einen kleinen "narzißtischen Ausgleich", auch kann es (für ältere Kinder) entlastend sein, über Kränkungen und Probleme einmal reden zu können. Die Rivalität zwischen den Geschwistern in der Beziehung zur Mutter vermag der Besuchsvater jedoch nicht wirklich zu vermindern.

c) *Gegenseitige Hilfe der Eltern, das Kind zu verstehen:* Jeder, der mit Kindern zu tun hat, kennt das Phänomen, daß man dann am stärksten mit einem Kind identifiziert ist, seine Gefühle und seinen Standpunkt versteht, wenn man als Außenstehender Zeuge einer Auseinandersetzung zwischen dem Kind und einem anderen Erwachsenen wird. Dieses Phänomen spielt auch in der Familie eine große Rolle. Nie ist ein Vater einfühlsamer und verständnisvoller gegenüber seinem Kind, als wenn die Mutter streng und konsequent auf der Einhaltung von Regeln besteht bzw. deren Übertretung ahndet und umgekehrt. Diese Identifizierung mit dem Kind ist eine der Voraussetzungen für die Möglichkeit triangulärer Entlastung. Darüber hinaus zieht sie im allgemeinen zwei weitere wichtige Effekte nach sich: Erstens kann der unbeteiligte, mit dem Kind identifizierte Elternteil dem anderen dabei helfen, zu dem Problem, um das es ging, wieder Distanz zu gewinnen und somit besser zu verstehen, was eigentlich los war. So kann die Mutter einsehen, daß es vielleicht bloß Unbedachtheit und Übermut war, wo sie einen gegen sich gerichteten aggressiven Akt vermutet hatte; der Vater mag draufkommen, daß das Kind nicht ein Gespräch "egoistisch und geltungsbedürftig" stören, sondern dem Papa mit einer für es schrecklich wichtigen Mitteilung überraschen wollte usw. Mit einem Wort: Eltern vermögen einander ein Stück pädagogischer "Supervision" zu leisten. Der andere Effekt besteht darin, daß die durch Alltagskonflikte provozierten Identifizierungen des nicht-involvierten Elternteils dessen allgemeine Empathiefähigkeit erhöhen können[124].

Dieser "pädagogische Korrekturmechanismus" fällt hingegen völlig weg, wenn der andere Elternteil nicht unter demselben Dach lebt. Konflikte um Wünsche, Regeln und Übertretungen sind zwischen Kindern und alleinerziehenden Müttern daher in der Regel häufiger, werden (von Seiten der Mutter) persönlicher genommen, zeichnen sich durch eine größere Starrheit der Standpunkte aus und vermitteln dem, in seinen eigenen Motiven daher weniger verstandenen, Kind ein höheres Maß an Ohnmacht, welche wiederum die affektive Grundlage neuer Konflikte schafft. Diese Funktion des Vaters kann auch kaum von anderen Personen wahrgenommen werden. Erstens, weil sie zu selten da sind; zweitens, weil sie sich nicht "einmischen" wollen; und drittens, weil sich die Mutter (oder umgekehrt der Vater) eine solche Einmischung meist nicht gefallen läßt (z.B. wenn sie von den eigenen Eltern kommt).

124 Bestehen hingegen bereits aggressive Spannungen zwischen den Eltern, führt die Identifizierung des nicht-involvierten Elternteils mit dem Kind eher zum Streit als zur (willkommenen) Verstehenshilfe.

d) *Die Trennung von erwachsener und kindlicher Welt:* In der gegenseitigen Partnerschaft können der Mann und die Frau einen großen Teil ihrer sexuellen Liebes- und Kommunikationsbedürfnisse befriedigen, Probleme gemeinsam lösen usw. Das verschafft ihnen einen gewissen Freiraum, in der Beziehung zu den Kindern vorwiegend *Eltern* sein zu können. Von der Seite der Kinder her gesehen heißt das, daß sie weitgehend davon frei sind, sich für das Wohlergehen der Eltern verantwortlich zu fühlen. Sie können Kinder bleiben.
Das ändert sich mit der Scheidung grundlegend. In den meisten Fällen wird das Verhalten, der Charakter und die Liebe des Kindes, seine Fortschritte, sein Schulerfolg usw. für die zur Mutter reduzierte Frau zum Hauptkriterium ihres Wohlbefindens. Die Mutter zufrieden zu machen, sie nicht zu enttäuschen oder zu kränken wird so zu einem mächtigen Motiv, welches mit den kindlich-egoistischen Wünschen, narzißtischen und aggressiven Regungen in Konflikt gerät. In welchem Ausmaß dieses Defizit sich auswirkt, hängt freilich ganz wesentlich vom persönlichen Lebensstil ab, den die Mutter nach der Scheidung entwickelt. Soziale Kontakte, sexuelle Beziehungen, sportliche, künstlerische und andere Hobbys und berufliche Zufriedenheit und Erfolg können dem Kind die überfordernde Rolle des Partnerersatzes ersparen. Daher ist es auch so wichtig, daß geschiedene Frauen nach den ersten Monaten der (notwendigen) mütterlichen Überfürsorge möglichst bald zu einem normalen, "erwachsenen" Leben zurückfinden und keinesfalls "nur mehr Mutter" sein wollen.

e) *Streite und Meinungsverschiedenheiten brauchen nicht gefürchtet zu werden:* Wenn Papa oder Mama böse auf das kleine Kind sind, macht ihm das Angst: "Werden sie wieder gut sein? Werden sie mich noch lieb haben?" Wenn Kinder auf Mama und Papa böse sind, macht ihnen das ebenfalls Angst: "Werden meine bösen Wünsche in Erfüllung gehen? Werden sie mir verzeihen oder sich rächen?" Die (für kleine Kinder ganz normalen) sadistischen Regungen und Todeswünsche gegen die geliebten Objekte werden normalerweise zwischen dem vierten und sechsten Lebensjahr zunehmend verdrängt bzw. in minder verpönte Wünsche umgewandelt[125]. Einen Teil seiner (unvermeidlichen) Aggressionen lernt es weitgehend angstfrei in seinem Alltag unterzubringen. Dies kann es , weil es erfährt, daß seine aggressiven Wünsche und Phantasien sich nicht erfüllen, von den Eltern keine schrecklichen Vergeltungen drohen und schließlich - am Modell der Eltern - daß zeitweise Verstimmungen und Meinungsverschiedenheiten keine Katastrophe sind, weil ihnen stets die Versöhnung folgt[126].

[125] Natürlich ist die Intensität der aggressiven Wünsche - und damit auch jene der dagegen aktivierten Ängste - von Kind zu Kind sehr verschieden. Art und Ausmaß der Abwehr entscheidet darüber, ob dadurch das Ich des Kindes an Handlungsfreiheit gewinnt oder verliert (vgl. auch den Exkurs auf S. 129ff.).

[126] Diese positive Einschätzung von Konflikten zwischen den Eltern meint natürlich nicht solche eheliche Beziehungen, in welchen es ständig zu massiven bis gewalttätigen Auseinandersetzungen kommt, die sich bestenfalls von Zeit zu Zeit beruhigen, nicht jedoch zur (liebevollen) Versöhnung führen.

Scheidungskinder haben es in dieser Hinsicht von vornherein schon schwer. Erscheint ihnen doch (besonders jüngeren Kinder) die Trennung der Eltern sehr oft als Erfüllung sowohl ihrer aggressiven Wünsche als auch ihrer Vergeltungsängste, haben doch die Meinungsverschiedenheiten der Eltern tatsächlich dazu geführt, daß auch ihre gegenseitige Liebe allmählich verlosch. Umso mehr benötigten diese Kinder Modelle eines Umganges mit Aggression, der weder den anderen noch sich selbst gefährdet und Beziehungen nicht zerstört. Die getrennt lebenden Eltern kommen als ein solches Modell nicht in Frage. Erstens, weil sie genau darin bereits versagt haben, zweitens weil so gut wie jede Meinungsverschiedenheit zwischen geschiedenen Eltern das Kind in Loyalitätskonflikte stürzt und neue (oft gar nicht unbegründete) Verlustängste heraufbeschwört. Alternative Konflikt- und Aggresionsmodelle können alleinerziehende Mütter und Väter jedoch kaum zur Verfügung stellen.

f) *Die Ehe als Modell heterosexueller Partnerschaft:* Liebes- und Partnerbeziehungen haben im wesentlichen zwei unbewußte Wurzeln: Übertragungs- und Identifizierungsprozesse. Man überträgt zum einen auf den Partner Objektbeziehungsfacetten der eigenen Kindheit, macht ihn also unbewußt ein Stück weit zum Vater, zur Mutter (eventuell auch zum Bruder, zur Großmutter usw.), zum anderen ist man mit dem eigenen Vater und/oder der Mutter identifiziert, somit auch mit deren gegenseitiger Beziehung. In letzterer Hinsicht wird also die Ehe zu einem zentralen unbewußten Modell späterer Beziehungsgestaltung (auch wenn die Kinder sich im Laufe der Zeit von bestimmten Interaktions- und Rollenmustern der elterlichen Partnerschaft *bewußt* distanzieren mögen). Dabei geht es einerseits um bestimmte Beziehungsmodi und andererseits - und darauf kommt es mir hier besonders an - um den grundsätzlichen Glauben an die Möglichkeit einer befriedigenden Beziehung zwischen Mann und Frau.
Wie schon im Hinblick auf den Umgang mit Aggression bleibt Kindern von geschiedenen (und partnerlosen) Eltern ein solches Modell vorenthalten. Ja, genaugenommen müßte man sagen, daß diese Kinder mit der Vorstellung identifiziert sind, daß Mann-Frau-Beziehungen *keine* wirkliche Lebenschance haben.

g) *Kompensatorische Triangulierung:* In der Dreiecksfamilie kann der Vater wenigstens teilweise einspringen, wo die Mutter aufgrund aktueller Belastungen, vor allem aber aufgrund persönlichkeitsspezifischer Eigenschaften nicht in der Lage ist, legitime und für die psychische Entwicklung wichtige Ansprüche des Kindes hinreichend zu erfüllen (und umgekehrt)(Kap. 5.5). Wie alle Triangulierungsvorgänge oder auch die oben beschriebene gegenseitige "Supervision" der Eltern, ermöglicht die kompensatorische Triangulierung mehr als einen bloßen Ausgleich eines mütterlichen (oder väterlichen) Defizits: Das gegenseitige Einspringen *schützt* die jeweilige Objektbeziehung vor allzu großer Ambivalenz, oder einfacher ausgedrückt: Wenn der Papa das Kind häufig an sich drückt, auf den Schoß nimmt, herumträgt und ihm beruhigende Lieder vorsingt, macht es ihm

weniger aus, daß die Mutter zu dieser Art Intimität schwerer zu haben ist. Daher macht es ihr dies auch weniger zum Vorwurf, daher hängt es an diesen Mangel auch in geringerem Maß die Vorstellung, die Mutter liebe es nicht genug.
Wir sprachen schon davon, daß dort, wo kompensatorische Triangulierungen für die Erhaltung des psychischen Gleichgewichts und die psychische Entwicklung des Kindes eine außergewöhnliche Rolle gespielt hatten, die Scheidung einen besonderes dramatischen Einschnitt bedeutet. Auch hier besteht das psychologische Problem jedoch nicht bloß in der Trennung, sondern auch im Getrenntbleiben. Unter der Bedingung separierter Objektbeziehungen kann der Vater zwar immer noch *ausgleichen*, die Triangulierung jedoch, d.h. hier die ausgleichende Mitgestaltung auch der *mütterlichen* Objektbeziehung, klappt nicht mehr: Die "Mängel" der Mutter werden offenbar; bzw. aus der Sicht des Kindes: "Nicht nur, daß ich den Papa viel seltener sehe, hat sich auch noch die Mama verändert..."

h) *Die Welt des Vaters:* Die Bedeutung des Vaters erschöpft sich nicht in seiner Rolle als "drittes" Objekt und als Partner der Mutter. Er vertritt auch die *männliche* Seite des Lebens. Zwar haben sich in den letzten Jahrzehnten die gesellschaftlichen Vorstellungen von dem, was (jenseits der biologischen Funktionen) als "weiblich" bzw. als "männlich" zu gelten hat, bedeutsam verändert. Dennoch, wie in jeder Epoche, gibt es auch heute (nach wie vor) geschlechtsspezifische Rollenverteilungen zwischen Mann und Frau bzw. Vater und Mutter. Im familiären Rahmen sind diese Rollenverteilungen nicht nur maßgeblich für die Entwicklung der kindlichen Vorstellung von dem, was ein Mann und eine Frau ist (s.u.), sondern sie begründen darüber hinaus, bei aller individuellen Unterschiedlichkeit von Familien, eine bestimmte geschlechtsspezifische "Arbeitsteilung" in den Erziehungsaufgaben. Meiner Erfahrung nach fallen für die Entwicklung des Kindes in den meisten Familien folgende wichtigen Funktionen speziell dem Mann/dem Vater zu:

→ die Repräsentation *"der Welt draußen"*;
→ ein größeres Maß an *"Unverwundbarkeit"* gegenüber den Handlungen und Angriffen des Kindes;
→ die Repräsentation von Eigenschaften wie *"Größe"* und *"Stärke"* bzw., davon abgeleitet, von *Konkurrenz* und *Sich-Durchsetzen*;
→ und schließlich, in späteren Jahren, die Repräsentation von *beruflichem Erfolg* und *gesellschaftlicher Stellung*[127].

Die *"Welt draußen"* zu repräsentieren, haben wir als einen Teil der väterlichen Funktionen im Prozeß der frühen Triangulierung kennengelernt (Kap. 5.1). Und es ist eine Funktion, die meiner Erfahrung nach nur schwer von einem *weiblichen* "dritten" Objekt wahrgenommen werden kann. Das liegt daran, daß andere Frauen, die mit dem Kind eine enge Beziehung haben (Großmütter, Babysitterin-

127 Vgl. auch die von Fthenakis (1985) zusammengestellten empirischen Forschungen auf diesem Gebiet.

nen, Lebensgefährtinnen), sich meist mit der Mutter oder jedenfalls mit einem mütterlichen Beziehungsmuster identifizieren. Daraus ergibt sich, daß sie, ähnlich dem Primärobjekt (also der Mutter), eher zu Beziehungsmodi wie Halten, Schützen, Nähe, Nähren u.ä. neigen. Umgekehrt aktivieren (nahestehende) Frauen schon aufgrund ihrer körperlichen Merkmale und ihrer Stimme bei den Babys selbst spezifische, an die Mutter gerichtete Bedürfnisse und Erwartungen. Zwar müssen auch Väter teilweise mütterlich identifiziert sein, sonst könnten sie die Funktion der "vorgelagerten Insel" (vgl. S. 91) gar nicht erfüllen. Anders als Frauen finden jedoch die meisten Männer in der Rolle einer "zweiten Mutter" keine Erfüllung. Wenn es nicht ihr Ehrgeiz ist, als "bessere Mutter" die Frau auszustechen (was zu schweren Komplikationen für das Kind wie für die Ehe führen kann), bleibt ihnen nichts anderes übrig, als ihre männliche Identität auch in der Beziehung zum Kind gegenüber der Mutter abzugrenzen. Dabei kommt ihnen entgegen, daß im Unbewußten der Männer das eigene Kind eher ein Produkt als ein Teil des eigenen Körpers darstellt und in geringerem Maße "Schutzinstinkte" wachruft. Und Väter spielen im Durchschnitt wilder und ausgelassener mit den Kindern[128]. Sie werden damit für das kleine Kind zur Quelle einer neuen Art von Vergnügen und Lust, welche *von außen*, das heißt, nicht aus der möglichst engen (Wieder-)Verschmelzung mit der Mutter stammt.

Ich habe diesen Aspekt der frühen Triangulierung deshalb ausführlicher besprochen, weil es bereits im frühesten Lebensalter (zweite Hälfte des ersten Lebensjahres) zu Differenzierungen der Objektbeziehungen kommt, die in spezifischer Weise mit "dem *Vater*" und "der *Mutter*" bzw. mit *Mann* und *Frau* assoziiert werden. Und zwar nicht nur auf Seiten der Kinder, sondern auch im Selbstverständnis der Eltern. Wie ich mich als Vater oder als Mutter verstehe, hat eine Geschichte, die bis ins erste Lebensjahr des Kindes zurückreicht. Daher ist es aber auch sowohl für das Kind als auch für die geschiedene Mutter überaus schwierig bis unmöglich, in späteren Jahren männliche bzw. väterliche Aspekte in die beidseitig verinnerlichte Mutter-Kind-Beziehung zu integrieren. (Das Gleiche gilt, mit umgekehrten Vorzeichen, natürlich auch für die Vater-Kind-Beziehung, was allerdings weniger während der eher kurzen Besuchskontakte ins Gewicht fällt, wohl aber, vor allem bei kleineren Kindern, während der Urlaube.)

Von der Bedeutung der "Unverwundbarkeit" der Eltern war ebenfalls schon die Rede. Und im Durchschnitt sind Väter vor allem im Hinblick auf aggressives Verhalten von Kindern und Konflikte um Grenzen weniger "verwundbar" als Mütter (vgl. Kap. 9.6). Das heißt, sie nehmen das, was man im allgemeinen als "Schlimmsein", "Übermut", "Gedankenlosigkeit" usw. bezeichnet, *weniger persönlich*; sie sind eher in der Lage, selbst wenn sie eine vollzogene oder geplante *Handlung* nicht billigen, den diesbezüglichen *Wunsch* zu akzeptieren. Daher gelingt es ihnen auch leichter, im Konfliktfall einfach "Nein, weil...!" zu sagen, ohne Bösesein und ohne Vorwurf, daß es überhaupt zum Konflikt gekommen ist ("Jetzt hast du schon wieder..."; "Kannst du nicht etwas Rücksicht

128 Vgl. Fthenakis (1985)

nehmen..."; "Es ist doch wirklich nicht zuviel verlangt..." usw.). Das erspart dem Kind Schuldgefühle und daher auch, diese Schuldgefühle z.B. durch Rechthaben-Müssen, Trotz oder Aggression abwehren zu müssen. Es fühlt sich deshalb nicht unbedingt freier aber akzeptierter und vermag auch seinerseits die Grenzen des Vaters leichter zu akzeptieren[129]. Das bildet sowohl für die Mutter als auch für das Kind eine Entlastung, die beide entbehren müssen, wenn der Vater nicht mehr einen Teil des Alltags ausmacht. Darin ist ein weiterer Grund für die höhere Konfliktanfälligkeit in der Beziehung zwischen geschiedenen Müttern und ihren Kindern zu suchen.

Daß Größe, Stärke, Konkurrenz und Durchsetzen in unserer Gesellschaft primär männliche Merkmale sind, und zwar sowohl, was das wirkliche Verhalten als auch die entsprechenden Werteinstellungen betrifft, braucht nicht weiter erläutert zu werden. Kindern, die die meiste Zeit ohne Vater leben müssen, geht im Hinblick auf diese (vor allem im Alter zwischen 5 und 10 Jahren) so wichtige Dimension von Verhalten und Einstellungen sowohl der akzeptierende Partner als auch das geeignete Identifizierungsobjekt ab. (Auch für Mädchen ist unter den sich wandelnden gesellschaftlichen Bedingungen eine Teilidentifizierung mit solchen "männlichen" Haltungen von großer Wichtigkeit.) In diesem Punkt sind allerdings die grundsätzlichen Chancen der geschiedenen Familie, das Defizit zu einem guten Teil wettzumachen, besser: Einerseits vermag der Vater selbst einen Teil dieser Funktion weiterhin auszuüben, wenn der Kontakt regelmäßig und relativ intensiv ist. Andererseits können andere männliche Bezugspersonen, falls sie vom Kind akzeptiert und gemocht werden, in dieser Hinsicht den Vater zum Teil ersetzen: Großväter, Onkel, Erzieher usw.

Das gilt auch für den letzten Punkt: beruflicher Erfolg und gesellschaftliche Stellung. Mit der ansteigenden beruflichen Qualifikation von Frauen steigt überdies die Wahrscheinlichkeit, daß diese Repräsentation nicht mehr als spezifisch männliche gelten muß.

i) *Triangulierung und Entwicklung der sexuellen Identität:* Für die Herausbildung triangulärer Objektbeziehungsmuster ist die Zeit zwischen dem vierten und siebenten Lebensjahr, also die ödipale Phase, von entscheidender Bedeutung. In diesem Lebensabschnitt beginnt auch die Suche der Kinder nach ihrer sexuellen Identität eine immer größere Rolle zu spielen. Beide Vorgänge sind auf das engste miteinander verwoben und bestimmen das psychische Konfliktgeschehen dieser Zeit (vgl. Kap. 6). Über die Entwicklungsfolgen, die in diesen entscheidenden Jahren das Fehlen eines Vaters, der das Kind *und* die Mutter liebt, nach sich zieht, konnten wir uns bereits ein Bild machen (Kap. 6.1). Wir wollen uns daher ansehen, welche Bedeutung der Separierung der Objektbeziehung unter der

129 Daß Kinder im Durchschnitt vom Vater gesetzte Grenzen leichter akzeptieren als solche, welche von der Mutter kommen, hat freilich noch andere Gründe, die mit der Verschiedenartigkeit der Objektbeziehung und der innerhalb der Objektbeziehung aktivierten Triebwünsche und Konflikte des Kindes zusammenhängen.

Voraussetzung zukommt, daß das Kind diese Entwicklungsschritte gut hinter sich gebracht hat und im Zuge des Scheidungserlebens auch keinen wesentlichen Einbruch seiner strukturellen Erwerbungen (vgl. dazu Kap. 6.2) hinnehmen mußte. Wenn in der Psychoanalyse davon die Rede ist, daß die Identifizierung mit dem gleichgeschlechtlichen Elternteil den Ödipuskomplex beendet, ist das natürlich nicht so zu verstehen, daß es sich bei der Identifizierung um einen punktuellen Vorgang handelte. Identifizierungen müssen laufend vorgenommen und erneuert werden. Je weniger Möglichkeiten nun Buben zu "realen" Erfahrungen mit ihrem Vater haben, umso größer ist die Tendenz, sich mit einem väterlichen Zerrbild zu identifizieren, welches *Idealisierungen* ebenso zum Inhalt haben kann wie *Abwertungen*, ohne daß diese Verzerrungen an der Alltagserfahrung korrigiert werden könnten. Beide Varianten, die Identifizierung mit einem abgewerteten oder idealisierten Objekt, werden jedoch zum Ausgangspunkt demütigender Erfahrungen. Im einen Fall, weil der Bub an sich ein Stück Identität wahrnimmt, das (etwa in der mütterlich dominierten Welt) "nichts gilt"; im anderen Fall, weil er einem Ideal nacheifert, das in der Realität (unter Umständen ein ganzes Leben lang) nicht erreichbar ist. Dazu kommt, daß es sich bei der Identifizierung - wahrnehmungspsychologisch betrachtet - um eine Illusion handelt. Das heißt aber, daß der Sechs-, Siebenjährige die Vorstellung, "ein Mann wie der Papa" zu sein, nur so lange konfliktfrei aufrechterhalten kann, als die einem "wirklichen Mann" zufallenden Aufgaben auch tatsächlich erfüllt werden: die Mutter (vor allem auch sexuell) zu befriedigen, die Familie zu schützen, Erfolg zu haben usw. Erfüllt der Vater diese Aufgaben, vermag der Bub daran zu partizipieren, der Vater kommt der männlichen Illusion seines Sohnes gewissermaßen in "magischer" Weise entgegen[130]. Ohne dieses Entgegenkommen der Realität droht jedoch die männliche Identifizierung zusammenzubrechen. Die so erlittenen Einbußen an Selbstgefühl bilden einen mächtigen Impuls, sich in verstärktem Maße mit einem tatsächlich verfügbaren starken Objekt zu identifzieren: *der Mutter*.

Die Mädchen scheinen es hier leichter zu haben. Die Abwesenheit des Vaters beeinträchtigt nicht die für ihre sexuelle Identitätsentwicklung wichtige Identifizierung mit der Mutter. Aber die sexuelle Identität entwickelt sich auch an den Erfahrungen mit gegengeschlechtlichen Liebesobjekten. Und in dieser Hinsicht hat das kleine Mädchen ebenso wie der Bub mit der Idealisierung und/oder Abwertung des abwesenden Vaters zu kämpfen, nur daß es beim Mädchen um die Idealisierung/Abwertung väterlich-männlicher *Objekt*repräsentanzen geht. Das reicht vom unnützen, verachtungswürdigen Mann (Vater) bis zu einem Bild vom "richtigen Mann" (Vater), dem es (unter Umständen ebenfalls ein ganzes Leben lang) vergeblich nachlaufen wird. Das zweite Problem des Mädchens besteht darin, daß die Liebesbeziehung zum Vater auch die Funktion hatte, frühe weibliche Minderwertigkeitsgefühle (vgl. Exkurs, S. 98ff.) zu kompensieren. "Vaterlos" zu sein kann somit unbewußt auch die Bedeutung "beschädigt"

130 Auf einem ganz ähnlichen Mechanismus des "magischen Entgegenkommens" basiert auch die symbiotische Illusion des Neugeborenen (vgl. Exkurs S. 79ff.).

(''penislos'') zu sein annehmen. Kommt nun vielleicht noch dazu, daß das Mädchen die Mutter gegenüber der Außenwelt schwach und wenig erfolgreich erlebt, kann es zu beträchtlichen Deformationen der weiblichen Identität kommen: Frau-Sein kann dann heißen, unvollkommen, beschädigt, hilflos, ausgeschlossen und unglücklich zu sein.
Die Frage ist nun, ob das so sein muß oder ob die *gut funktionierende* Scheidungsfamilie grundsätzlich Möglichkeiten in sich birgt, den skizzierten Beeinträchtigungen der sexuellen Identitätsentwicklung gegenzusteuern. Ich denke, sie hat die Möglichkeit, wenn zum bloßen ''Gut-Funktionieren'', wie es oben (S. 194) definiert wurde, drei wichtige Merkmale hinzukommen: Erstens muß die Beziehung der Kinder zum geschiedenen Vater außer der Regelmäßigkeit der Kontakte eine gewisse *Alltäglichkeit* bekommen, um (von der Realität sich zu weit entfernende) Idealisierungen (bzw. Abwertungen) zu erschweren. ''Bausteine'' der Integration eines abwesenden Vaters in den Alltag sind: informelle und telefonische Kontakte[131]; die Informiertheit des Vaters (vor allem über das, was die Kinder zwischen den Besuchen erleben); die Informiertheit der Kinder über das, was der Vater tut; eine Atmosphäre, die es möglich macht, mit der Mutter vom und über den Vater zu reden; ein gewisses Maß an geteilter Erziehungsverantwortung, die den Vater auch in (alltags-)pädagogische Aufgaben einbezieht (vgl. z.B. S. 168, 177); und schließlich die Gelegenheit, daß die Kinder den Vater hin und wieder auch über einen längeren Zeitraum hinweg kontinuierlich, also auch ''alltäglich'' erleben können (z.B. Kurzurlaube). Zweitens wäre den Kindern (wie schon weiter oben; vgl. S. 197) zu wünschen, *daß es der Mutter gut geht* und sie auch ein außerfamiliäres Sozialleben führt. Die Buben müssen sich dann weniger mit dem Problem herumschlagen, daß sie der Mutter (als ''Mann'') nicht genügen; den Mädchen aber steht ein starkes *und* zufriedenes Identifizierungsobjekt zur Verfügung. Schließlich - und das gilt auch für die Probleme, die im vorangegangenen Abschnitt (h) besprochen wurden - sollten geschiedene und alleinlebende Mütter sich bemühen, *Kontakte* der Kinder *zu männlichen Bezugspersonen* zu intensivieren (z.B. Großväter, Onkel, Erzieher auf Ferienlagern). Dies um so mehr, als es heutzutage die Kinder auch außerhalb der Familie fast nur mehr mit weiblichen Erwachsenen zu tun bekommen: Kinder*frauen*, Kindergärtner*innen*, Lehrer*innen*, Horterzieher*innen*, Kinderpsycholog*innen* und selbst in der männlich dominierten Medizin dürften die Kinderärzt*innen* ihre männlichen Kollegen an der Zahl bereits übertreffen.

Ein Vergleich, wie der hier angestellte, wäre allzu unvollständig, würde man nicht die Frage stellen, ob es nicht auch elterliche Funktionen gibt, die von getrennt lebenden Eltern besser wahrgenommen werden können. Viele Mütter berichten, daß sie seit der Scheidung wesentlich mehr Zeit mit den Kindern verbringen, sich ihnen mehr widmen können, daß die Position der Kinder aufgewertet sei, sie weit mehr Mitbestimmung im familiären Alltag hätten, mehr Verantwortung übernäh-

131 Siehe aber S. 194, Anm 123.

men und dadurch ihre Selbständigkeit gefördert würde. Das trifft ohne Zweifel in vielen Fällen zu. Ich glaube auch, daß nicht nur solche Eltern, sondern auch viele Kinder diese Aufwertung in der familiären Hierarchie genießen. Diese *erlebten Vorteile der Scheidung* können auch eine wichtige Erfahrung sein, die die Kinder über den erlittenen Verlust, den die Scheidung mit sich brachte, ein wenig hinwegzutrösten vermag. Aber wir müssen uns auch die Frage stellen, ob diese Vorteile nicht auf einer anderen Seite mit Nachteilen erkauft sind, die für die längerfristige psychische Entwicklung der Kinder schwerer wiegen. Angesichts der in den Punkten a) - i) angestellten Überlegungen drängen sich nämlich aus psychoanalytischer Sicht einige Einwände gegen eine vorschnelle positive Einschätzung der genannten Vorteile der Scheidungsfamilie auf. Sie wollen zwar nicht als Widerlegung verstanden werden, aber doch als Anregung zum kritischen Nachdenken.

Die Tatsache, daß manche Mütter nach der Scheidung *mehr* Zeit *nur* für ihr Kind aufzubringen vermögen, hat auch ihre Kehrseiten. Vor allem das Einzelkind hat aufgrund des Umstandes, nun der einzige Beziehungspartner der Mutter zu sein, oft große Probleme zu verstehen, daß diese nicht ihre gesamte freie Zeit mit ihm verbringt. Es war zwar früher eifersüchtig, wenn Mama und Papa etwas miteinander besprachen oder unternahmen und das Kind ausschlossen. Aber es hatte sich durch die ödipalen Stürme durchgekämpft und sich schließlich zur Einsicht durchgerungen, daß es nicht nur von den Eltern zu sich, sondern auch zwischen den Eltern eine Liebesbeziehung gibt. Auch konnte es über Identifizierung an dieser Liebe Anteil haben, selbst wenn es ausgeschlossen wurde. Weit weniger kann das Kind aber verstehen, daß die Mutter von Zeit zu Zeit lieber ein Buch liest, lieber fernsieht, lieber eine Freundin trifft, als mit ihm zu spielen. Das Mehr an Zeit und die größere Intimität in der Beziehung der geschiedenen Mutter zum Kind, bedeutet für dieses unter Umständen eine große Verführung, nun (endlich) ganz von der Mutter Besitz ergreifen zu können. Grenzt sich diese jedoch ab, um sich ein Stück eigenen, erwachsenen Lebensbereich zu sichern, kann das vom Kind als schwere Kränkung erlebt werden. Aber auch für die Mutter liegt in dieser Situation die Verführung, ihre Beziehung zum Kind zu "pädagogisieren", ihr Frau-Sein zugungsten des Nur-mehr-Mutter-Seins zu opfern und das Kind zur primären Quelle ihres Lebensglücks zu machen. Umgekehrt kann diese enge Bindung auch dem Kind Rückzugsmöglichkeiten erschweren, ihm die (auch so wichtige) Erfahrung des lustvollen Alleinseins, des Beschäftigens mit sich selbst nehmen. Es ist daher zu fragen, ob diese "Chance" der exklusiven Mutter-Kind-Beziehung nicht auch eine Gefahr ist; ob es nicht vielleicht günstiger wäre, den vom Vater geräumten Platz - wenn der größte Schmerz des Kindes vorbei ist - wenigstens zum Teil für eigene Bedürfnisse und Interessen freizuhalten.

Ein weiteres Problem ergibt sich leicht, wenn die "neue" Mutter-Kind-Beziehung allzu sehr in den Bereich expandiert, der früher der Beziehung zwischen den Eltern vorbehalten war: Der einzige Beziehungspartner der Mutter zu sein, das erweiterte Mitspracherecht und die größere Verantwortung für die Alltagsgestal-

tung kann - auf beiden Seiten - dazu führen, daß sich die Generationenschranke zu verwischen beginnt. Wenn sich jedoch Kinder in ihrer Beziehung zu Mutter oder Vater nicht mehr primär als Kinder, sondern als gleich-*berechtigte* Partner wähnen, sind schwere Beziehungskonflikte unausbleiblich.
Und noch etwas müßte bedacht werden: Es könnte der Tag kommen, an dem die Mutter eine neue Partnerschaft eingehen möchte. Die Wahrscheinlichkeit, daß das Kind den neuen Partner zu akzeptieren vermag und die Chance nützen kann, die sich aus einer neuen konstanten Verbindung der Mutter für es und seine Entwicklung ergibt (vgl. auch S. 222f.), wird allerding unvergleichlich größer sein, wenn dieser Mann nicht seinen, sondern den Platz einnimmt, den zuvor Freundinnen, Hobbys oder einfach Selbstbeschäftigungen der Mutter innehatten.
Auch wenn sich der geschiedenen Familie für einige Funktionsdefizite grundsätzlich Möglichkeiten eines gewissen Ausgleichs eröffnen, fällt aus psychoanalytisch-entwicklungspsychologischer Sicht der Vergleich doch recht deutlich zugunsten der Zwei-Eltern-Familie aus. In diesem Zusammenhang ist aber zu erinnern, daß wir *nicht* die Entwicklungsbedingungen derselben Familie vor und nach der Scheidung verglichen haben, sonder eine funktionierende *Scheidungsfamilie* mit einer *guten* "Normalfamilie". Eine solche aber war die nun geschiedene Familie in den allermeisten Fällen vor der Scheidung nicht, und zwar häufig schon seit geraumer Zeit nicht mehr. Das heißt, daß die *theoretische Erkenntnis*, wonach die Entwicklungsbedingungen für die Kinder unter geschiedenen Familienverhältnissen ungünstiger sind, noch nichts über die *lebenspraktische Frage* aussagt, ob sich ein bestimmtes Ehepaar nun scheiden lassen oder wegen der Kinder zusammenbleiben soll. Vielleicht kann der angestellte Vergleich zu einer solchen Entscheidung aber doch einen Beitrag leisten: Die aufgeführten, entwicklungsrelevanten Funktionen der triangulären Familie (a bis i) könnten nämlich auch Kriterien dafür abgeben, in welchem Ausmaß eine bestimmte Familie den Kindern tatsächlich *noch* günstigere Entwicklungschancen einräumt, wenn die Eltern weiterhin zusammenbleiben. Ich denke, es ist wichtig, das "Zusammenbleiben den Kindern zuliebe" zu entmythologisieren und den Blick darauf zu werfen, *worauf es im einzelnen ankommt*.

11. Langfristige Auswirkungen der Scheidung auf die psychische Entwicklung des Kindes

Blickt man auf die Ergebnisse dieser Untersuchung zurück, drängt sich der Gedanke auf, daß es sich bei der "Scheidung", im psychologischen Sinn, gar nicht um ein *Ereignis* handelt, auch nicht um eines, das sich über einen Zeitraum von ein oder zwei Jahren erstreckt. Eher würde ich sie, zumindest was die Kinder betrifft, als *Lebensschicksal* bezeichnen. Ein Lebensschicksal, das in frühen Jahren, unter Umständen bereits bei oder vor der Geburt, damit beginnt, daß es in der Partnerschaft der Eltern zu jenem "Knacks" kommt, der früher oder später dazu führt, daß Vater und Mutter es nicht mehr miteinander aushalten. Der "inneren Scheidung" folgt unter den gegebenen gesellschaftlichen Verhältnissen zumeist auch die räumliche (und juristische) Scheidung, die, gewissermaßen in einem "dritten Akt", zu einer neuen Lebensform - der geschiedenen Familie - führt. Diese ist gekennzeichnet durch den Umstand, daß die im Psychischen in *untrennbaren* (inneren) Beziehungen fortbestehenden Objekte in den äußeren Lebensverhältnissen mit einem Male verschiedenen Welten angehören.

"Lebensschicksal" meint auch, daß der Lebensweg von Scheidungskindern von vornherein schwieriger ist. Und zwar in dem Sinn, daß auf jeder Stufe der Entwicklung - sowohl der biographischen Entwicklung als auch jener des "Scheidungsdramas" - die normalen, unvermeidlichen psychischen Konflikte sich unter erschwerten Bedingungen abspielen bzw. zusätzliche psychische Konflikte provozieren. Das bedeutet eine geringere Chance für das Kind, über diese Hürden ohne Einbuße an psychischer Gesundheit - und das heißt vor allem: ohne Beeinträchtigung künftiger Entwicklungschancen - hinwegzukommen.

Wenn ich in diesem Zusammenhang von Entwicklungschancen spreche, schwebt mir etwas vor, das sich am ehesten mit den Worten *Lebenstüchtigkeit und Glücksfähigkeit* ausdrücken läßt. Das ist natürlich eine sehr abstrakte Bestimmung, aber nur solange, als wir darüber abstrakt nachdenken. Hingegen hat wohl jeder einzelne von uns ein ganz gutes *Gefühl* dafür, ob bzw. in welchem Ausmaß er selbst dem Leben gewachsen ist und sich glücklich fühlt. Natürlich läßt sich "Glück" nicht erzwingen und ist von vielen äußeren Faktoren abhängig. Aber an allem, was einem Menschen im Leben begegnet, auch an sogenannten Schicksalsschlägen, hat er einen persönlichen Anteil: indem er selbst an den Entwicklungen ein Stück aktiv mitwirkt und dadurch, daß jene äußeren Ereignisse in ganz unterschiedlicher Weise erlebt werden können. Die Chance auf Lebenstüchtigkeit und Glücksfähigkeit hat also auch psychisch-geistige Voraussetzungen. Und um diese geht es mir hier.

Zu diesen psychisch-geistigen Voraussetzungen führt kein einheitlicher Weg, ja sie sind nicht einmal inhaltlich festlegbar. (Demnach gibt es auch keine allgemein gültige *richtige* Erziehung!) Geht man jedoch von einem konkreten Fall aus, das heißt, untersucht man ein bestimmtes Kind (und sein Umfeld), lassen sich durchaus Aussagen darüber machen, ob dieses Kind in bestimmten Lebensbereichen voraussichtlich mit Schwierigkeiten zu kämpfen haben wird; und es lassen sich Überlegungen darüber anstellen, ob diese Schwierigkeiten die Chance auf die psychischen Voraussetzungen künftigen "Glücks", "Wohlbefindens" usw. schmälern könnten, bzw. was geschehen müßte, um weiteren Beeinträchtigungen vorzubeugen oder schon verstellte Chancen (wenigstens zum Teil) wiederzueröffnen.

Aufgrund meiner Erfahrungen mit Scheidungskindern, die ich in diesem Buch dem Leser zu vermitteln versuchte, möchte ich vorschlagen, zwischen *unspezifischen* und *spezifischen* Langzeitfolgen der Scheidung zu unterscheiden. Wie wir feststellten, erhöhen die erschwerten Entwicklungsbedingungen des Kindes vor, während und nach der Scheidung (i.e.S.) die Wahrscheinlichkeit pathogener Abwehrprozesse. Das Ergebnis dieser Abwehrprozesse sind zum einen akute psychische Störungen (Symptome, Charakterhaltungen), vor allem jedoch *eine erhöhte Disposition für spätere neurotische Erkrankungen*[132]. Diese neurotischen Dispositionen möchte ich unspezifische Langzeitfolgen nennen, weil der Scheidung zwar der Stellenwert eines wichtigen ätiologischen Faktors an den Konflikten zukommt, die das Kind unbewußt sein ganzes Leben lang mit sich herumträgt. Die konkreten Krankheitsbilder jedoch, zu deren Disposition sie beitrug, können die gesamte Palette neurotischer Erscheinungen umfassen. Unter diesen Leiden gibt es nun einige, die bei Menschen, deren Eltern sich scheiden ließen, besonders häufig auftreten, die also unbewußten Konflikten entstammen, auf welche die Erlebnisse und Gefühle, die mit typischen Aspekten des Schicksals von Scheidungskindern verknüpft sind, einen besonders *prägenden* Einfluß hatten. Aufgrund dieser Häufigkeit möchte ich sie als *spezifische Scheidungsfolgen* bezeichnen, wenngleich auch an diesen Problemen Menschen leiden können, die in kompletten Familien aufgewachsen sind.

Unspezifische neurotische Dispositionen können auf jeder Etappe der psychischen Entwicklung erworben werden. Je früher es zu psychischen Konflikten oder traumatischen Erlebnissen kommt, deren Bedrohlichkeit die Handlungs- und Integrationsfähigkeiten des kindlichen Ichs überfordern, desto höher ist die Wahrscheinlichkeit einzuschätzen, daß es irgendwann zu einem Einbruch des psychischen Gleichgewichts kommt, und desto massiver wird die Störung das Leben dieses Menschen beeinträchtigen. Dabei ist "früher" gar nicht so sehr in einem biographisch-chronologischen Sinn gemeint. Gerade die Nach-Scheidungs-Krise macht uns deutlich, daß "frühe Störungen" auch über regressive,

132 Vgl. Exkurs auf S. 129ff. Es muß hinzugefügt werden, daß schwere Traumata in den ersten zwei bis drei Lebensjahren auch die Disposition für *psychotische* Erkrankungen, sogenannte *Borderline-* oder *Persönlichkeitsentwicklungsströungen*, legen können. Da ich jedoch das Schicksal des "durchschnittlichen" Scheidungskindes zum Thema dieses Buches gemacht habe, vernachlässige ich diese schweren pathologischen Entwicklungen und beschränke mich auf den Bereich der neurotischen Störungen.

destrukturierende Prozesse, also *im Nachhinein*, erworben werden können. Umgekehrt können durch eben jene Vorgänge bereits bestehende pathogene Abwehrmuster wieder aufgehoben werden, wenn dem Kind zum richtigen Zeitpunkt die richtige Hilfe zuteil wird (vgl. S. 142ff.).
Aus diesem Grund ist der Zeitpunkt, zu dem man eine erste Prognose über die langfristige neurotische Belastung des Scheidungserlebnisses wagen kann, etwa eineinhalb Jahre nach dem psychologischen Scheidungszeitpunkt anzusetzen. Mit einiger Wahrscheinlichkeit können wir damit rechnen, daß die Kinder zu diesem Zeitpunkt ein erstes Gleichgewicht, das heißt, einen Zustand relativer Angstfreiheit, wieder hergestellt haben. Die Prognose richtet sich nun erstens danach, ob die Ängste, welche im Gefolge der Scheidung entwickelt oder wiederaktiviert wurden, tatsächlich *erledigt* werden konnten oder *abgewehrt* werden mußten; zweitens danach, wie massiv diese, nun unbewußten oder unbewußt umgewandelten Ängste sind. Das Spektrum reicht demnach von (wenigen) so gut wie unbelasteten Kindern bis zu solchen, die schwere künftige Beeinträchtigungen ihrer psychischen Entwicklung befürchten lassen. Und, um es nochmals zu wiederholen, durchaus unabhängig davon, ob sie zu diesem Zeitpunkt für die Umwelt auffällige Störungen *zeigen* oder gut angepaßt erscheinen.
Aber die möglichen Lanzeitfolgen sind noch keineswegs endgültig festgelegt. Das Kind hat noch einen guten Teil des "dritten Aktes", des Lebens mit "separierten Objektbeziehungen", vor sich, währenddessen sich sein prognostischer Status stabilisieren oder noch verändern kann. Zunächst zu den *unbelasteten Kindern*, den Kindern also, die in den Stürmen der Erlebnisreaktionen, die der Scheidung unausbleiblich auf dem Fuß folgen, jene "Erste Hilfe" erfuhren, die sie benötigten; und jenen, die im Zuge der Auflösung früherer pathogener Abwehrformationen während der Nach-Scheidungs-Krise therapeutische Unterstützung erhielten. Ihre so günstige Ausgangslage wird sich in den folgenden Jahren, selbst bei sehr günstigen äußeren Bedingungen, aller Voraussicht nach *verschlechtern*. Alle besonderen Merkmale der geschiedenen Familie laufen darauf hinaus, daß die Chancen, neu hinzukommende oder wieder aktivierte psychische Konflikte ohne Einsatz pathogener Abwehrmechanismen zu bewältigen, deutlich sinken: mehr Frustrationen; geringere Möglichkeiten zur angstfreien Aggressionsbewältigung; narzißtische Probleme im Zusammenhang mit der erschwerten sexuellen Identitätsfindung; Zuspitzung der Geschwisterrivalität; Schuldgefühle gegenüber dem sorgetragenden Elternteil; eine größere Belastung und ein geringeres Einfühlungsvermögen auf Seiten des Alleinerziehers (z.B. fehlende partnerschaftliche "Supervision", die größere persönliche Betroffenheit, die "Pädagogisierung" der Beziehung zum Kind); und der Wegfall des entlastenden Pendelns zwischen den Objekten (Kap. 10.3). Je besser es die Eltern auch weiterhin verstehen zusammenzuwirken, erzieherische Verantwortung zu teilen und es der Mutter gelingt, trianguläre Ersatzbeziehungen und männliche Bezugspersonen zur Verfügung zu stellen, desto geringfügiger wird aber die Verschlechterung der Prognose ausfallen.
Unter *ebensolchen optimalen Bedingungen* kann sich hingegen die Prognose der

nach Überwindung der Nach-Scheidungs-Krise *belasteteren Kinder* mitunter beträchtlich *verbessern*: Bei aller Erhöhung der allgemeinen Konfliktbelastung der Ein-Eltern-Familie, kann für diese Kinder, die in den Monaten nach der Scheidung massive Konfliktängste abwehren mußten, im Vergleich dazu die familiäre Situation nach der Scheidung soviel mehr an Sicherheit bieten, daß sie es sich unter Umständen leisten können, ihre Abwehr etwas zu lockern (besonders dann, wenn sie die Pubertät noch nicht erreicht haben). Dadurch können für die psychische Entwicklung bedeutsame Sehnsüchte, Gefühlsregungen und Erlebnismuster dem bewußten Seelenleben wieder zugänglich werden[133].

Es versteht sich eigentlich von selbst, daß unter *ungünstigen Bedingungen* sich die Prognose auch *erheblich verschlechtern* kann. Der neunjährige *Bruno* zum Beispiel hatte die Scheidung seiner Eltern vor knapp zwei Jahren zwar nicht unbehelligt überstanden, wurde von uns jedoch der Gruppe der eher gering belasteten Kinder zugerechnet. Es war zu keiner längeren Unterbrechung des Kontaktes mit dem Vater gekommen, die Eltern vermochten ihre gegenseitigen Animositäten einigermaßen von Bruno fernzuhalten, und die Mutter bemühte sich sehr, auf die Regression und die sie begleitenden Affektschwankungen des Buben einzugehen, was ihr nicht immer, aber meistens gelang. Dazu kam, daß Brunos psychische Entwicklung bis zur Scheidung sehr gut verlaufen war. Man durfte also hoffen, daß sich sein prognostischer Status in den kommenden Jahren nicht nur stabilisieren, sondern vielleicht sogar verbessern würde. Aber es kam ganz anders. Der Vater zog, gerade als wir Bruno kennenlernten, mit einer neuen Partnerin zusammen, die sich ihrerseits sehr um den Buben bemühte. Wie sich später im Zuge der psychoanalytisch-pädagogischen Arbeit mit der Mutter herausstellte, ließ sie dieser Schritt des Vaters den ganzen Schmerz und die Enttäuschung der Scheidung noch einmal erleben. Aber noch mehr: Sie hatte eine panische Angst, Bruno könnte die "komplette Familie" des Vaters attraktiver finden als das Leben mit ihr allein. Von diesem Zeitpunkt an gelang es der Mutter auch nicht mehr, ihre Kränkung und ihre Wut auf ihren Ex-Mann bei sich zu behalten und dem Sohn die Freude auf die Besuchswochenenden sowie seine Bewunderung und Liebe für den Vater zu belassen. Immer häufiger kam es auch bei den Abholsituationen zwischen den Eltern zu haßerfüllten Wortgefechten. Bruno reagierte auf die sich neu zuspitzenden Loyalitätskonflikte, denen er sich ausgesetzt sah, mit Wutanfällen und Lernverweigerung. Die Mutter aber verstand das als ein Zeichen, daß die neue Familiensituation des Vaters dem Kind nicht gut tue und unternahm alles, um den Kontakt zwischen Bruno und dem Vater zu reduzieren und - gar nicht immer bewußt - den Buben gegen den Vater einzunehmen. Dieser wehrte sich, indem er sich der Solidarität seines Sohnes zu versichern trachtete. Bruno

133 Was theoretisch so positiv erscheint, kann in der Praxis Eltern jedoch mitunter große Sorgen bereiten. Denn jenes Bewußtwerden ist nicht selten mit einer teilweisen Aufgabe angepaßter Verhaltensweisen, vor allem einem verstärkten Auftreten aggressiver Regungen, verbunden, so daß solche Veränderungen für den betroffenen Vater und/oder die Mutter eher Alarmzeichen als Zeichen der Besserung sind.

seinerseits kämpfte gegen die Mutter um seine Beziehung zum Vater, was ihn in große Schuldgefühle stürzte. Die Mutter wiederum vermochte dem Kind seine vermeintliche Untreue nicht zu verzeihen. Angesichts der Konfliktbelastung, die bereits der gut funktionierenden Nach-Scheidungs-Familie innewohnt, läßt sich unschwer abschätzen, daß - ohne Beratung - die zusätzlichen Loyalitätskonflikte und die Aggressivierung der Beziehung zur Mutter Brunos Chancen auf eine relativ günstige Entwicklung nach der Scheidung zunichte gemacht hätten.
Zu den "ungünstigen Entwicklungsbedingungen", welche die langfristige Prognose des Kindes verschlechtern können, gehören aber nicht nur die mehr oder weniger offenen Konflikte zwischen den geschiedenen Eltern oder gar die Unterbrechung des Kontaktes zum nicht-sorgeberechtigten Elternteil. Auch die vielen, oft "stillen" Besonderheiten des posttraumatischen Beziehungsdreiecks Mutter-Vater-Kind, auf welche wir im 9. und 10. Kapitel gestoßen sind, können in bestimmten Kombinationen und ab einem gewissen Ausmaß die Entwicklungschancen des Kindes ganz beträchtlich vermindern. *Anton* beispielsweise (vgl. S. 192f.) fühlte sich durchaus wohl, als wir ihn kennenlernten. Und auch seine Eltern waren inzwischen mit der gegenwärtigen Situation ganz zufrieden. Und doch gab die Entwicklung dieses hoch mit seiner Mutter identifizierten und mit ihr in einer extrem engen Bindung lebenden Buben, der seinen Vater verloren hatte, obwohl er ihn regelmäßig sah, zu großen Sorgen Anlaß.
Von den "ungünstigen" Nach-Scheidungs-Verhältnissen nochmals abzuheben sind jene Extremfälle, in welchen die psychischen Belastungen für das Kind so groß werden, daß es zum Zusammenbruch auch des posttraumatischen Gleichgewichts kommt, das heißt also: zur Wiederbelebung der unerträglichen Ängste, die das Kind im Gefolge der Scheidung quälten. Oder jene Fälle, in welchen sich die Nach-Scheidungs-Krise weit über den üblichen Zeitraum hinaus ausdehnt. Zu solchen Entwicklungen kommt es insbesondere dann, wenn die Scheidung nicht auf kurzem Wege zu einer neuen, relativ konstanten Familiensituation führt, sondern die Eltern einen langen Kampf um das Sorgerecht ausfechten oder eine bestehende Sorgerechtsregelung von neuem anfechten. Das Problem, das sich daraus für die Kinder ergibt, ist ein doppeltes: Erstens wird die Trennung von einem Elternteil von einem schmerzlichen Ereignis zu einem Prozeß, der Monate in Anspruch nehmen kann oder sie wiederholt sich mehrmals, indem das Kind einmal "für immer" beim Vater und dann wieder "für immer" bei der Mutter lebt usf. Was aber noch mehr zählt, ist der Umstand, daß diese Kinder nicht nur Objekt der elterlichen Konflikte sind, sondern mehr oder weniger direkt sich aufgerufen und verführt sehen, die Entscheidung selbst herbeizuführen. Wir konnten sehen, wie hoch ambivalent die Objektbeziehungen des Kindes nach der Scheidung sind, wie die mütterlichen und väterlichen Objektrepräsentanzen mitunter verschwimmen, Gefühle und Wünsche, die dem einen Elternteil gelten, auf den anderen verschoben werden, wie die akkumulierte Angst Spaltungsmechanismen in Gang setzen, die ein völlig verzerrtes Erleben der Objekte (besonders der ständig anwesenden Person) nach sich ziehen. Das heißt aber, daß eventuelle Bevorzugungen eines Elternteils in dieser Zeit überhaupt nichts über die

Frage aussagen, welcher von beiden dem Kind *konstant wichtiger* ist. Vor allem aber sagt der *Wunsch* des Kindes, bei Mama oder Papa bleiben zu wollen, überhaupt noch nichts darüber aus, welchen von beiden es für seine künftige Entwicklung tatsächlich dringender *benötigt*. Was aber noch schwerer wiegt, ist der Umstand, daß das Kind für seine Präferenz Verantwortung und damit auch Schuld übernimmt. Es macht doch einen bedeutsamen Unterschied aus, ob ich als Kind ein schlechtes Gewissen gegenüber dem Papa habe, weil ich froh bin, bei der Mama zu leben, oder ob ich, sei es gegenüber den Eltern oder vor Gericht, explizit erklärt habe: "Ich möchte *nicht* zum Papa, sondern bei der Mama bleiben!"[134]. Noch schlimmer ist es, wenn aufgrund des Verhaltens oder des Wunsches des Kindes die Sorgerechtsregelung *verändert* wird. Dadurch kommt es de facto zu einer neuerlichen Scheidung, jedoch zu einer Scheidung, die das Kind aktiv herbeigeführt hat. Die katastrophalen Folgen solcher Kämpfe liegen übrigens nicht allein in den Loyalitäts- und Schuldkonflikten der Kindern, sondern auch in der Demütigung und Verzweiflung, in die solche Entscheidungen des Kindes den von der Ablehnung betroffenen Elternteil stürzen. Wie soll ein solches Kind und eine solche Mutter (Vater) zu einer "fortdauernden und intensiven Liebesbeziehung" (zurück)finden? Durch die aktive Einbeziehung des Kindes in den Sorgerechtsstreit der Eltern wird ihm ein Messer in die Hände gelegt, mit welchem es unter Umständen einen seiner beiden Eltern aus lauter Verzweiflung in seinem Inneren zerstört, eine Tat, für die es sich selbst oder andere vielleicht ein Leben lang wird büßen lassen.

Eine Art Zwischenstellung zwischen unspezifischen und spezifischen Langzeitfolgen der Scheidung nehmen Probleme im *Umgang mit Aggression* ein. Konflikte im Zusammenhang mit aggressiven Regungen sind an so gut wie allen neurotischen Bildungen beteiligt. Und doch scheinen Scheidungskinder von Aggressionskonflikten besonders betroffen zu sein: Kränkungen, die Versagung zentraler Bedürfnisse, regressive und Spaltungsvorgänge, Identifizierungsprozesse (unter der Bedingung von Auseinandersetzungen zwischen den Eltern) und die Abwehr von Schuldgefühlen führen mit Notwendigkeit zu einem Anstieg der aggressiven Seite der kindlichen Objektbeziehungen zu einem oder zu beiden Elternteilen. Die so gestiegenen aggressiven Affekte, Wünsche, Handlungen oder Phantasien treten in Konflikt mit den weiterhin bestehenden Liebesregungen und -wünschen des Kindes gegenüber den Eltern und mit seiner Abhängigkeit von ihnen. Die daraus resultierenden Ängste sind um so größer, als den Scheidungskindern geeignete Modelle der Aggressionsbewältigung abgehen und die Trennung der Eltern die Aggressionsgefahren ja drastisch vor Augen geführt hat. Ängste, Schuldgefühle und narzißtische Probleme führen schließlich zur Abwehr dieser Konflikte. Das Resultat einer solchen (neurotischen) Konfliktverarbeitung kann natürlich von Kind zu Kind sehr unterschiedlich aussehen. Es kann die Angst primär auf die eigenen Aggressionen richten, wodurch es ihm im späteren Leben

134 Aus diesen Gründen sind Befragungen der Kinder vor Gericht, welchen Elternteil sie lieber hätten, bzw. wo sie lieber leben würden, unbedingt zu vermeiden.

vielleicht Probleme macht, sich angesichts von Versagungen oder erlittenem Unrecht zu ärgern oder wütend zu sein; vielleicht ärgert es sich, wagt es aber nicht, seinen Ärger zu zeigen und für seine Ansprüche aktiv einzutreten; andere Kinder wiederum mögen die Aggression gegen die eigene Person richten und sich ständig schuldig fühlen oder sie wehren diese Schuld in Form depressiver Verstimmungen ab; es kann auch sein, daß der Ursprungskonflikt zwar verdrängt wurde, jedoch einer Art "permanenter aggressiver Vorwurfsbereitschaft" gewichen ist, so daß für diese Kinder selbst harmlose Frustrationen unbewußt die Bedeutung der ursprünglichen ("traumatischen") Versagung annehmen, auf die sie dann (für Beobachter) "unangemessen" aggressiv reagieren; die Verdrängung kann auch die Liebesregungen treffen (wie wir das bei der Ablehnung des Vaters durch Scheidungskinder sehen konnten). Diese und andere neurotische Lösungen des Aggressionkonfliktes können einander ablösen, sich kombinieren oder zu typischen Charakterhaltungen werden; die daraus resultierenden Objektbeziehungsmuster können auf die Personen der Eltern beschränkt bleiben oder auf andere Bezungspersonen übertragen werden; manche Kinder spalten ihre Welt in gute und böse Objekte, wobei die einen vor allem freundliche, die anderen vorwiegend ablehnende Gefühle auf sich ziehen, und bewahren sich diese Erlebnisweise auch noch als Erwachsene usf. Von der "qualitativen" Seite her gesehen, wage ich zu behaupten, daß es kaum ein Scheidungskind geben dürfte, in dessen späterem Leben psychische Konflikte im Zusammenhang mit aggressiven Regungen nicht eine besondere Rolle spielen werden. So gesehen wären "Probleme im Umgang mit Aggression" eine typische Langzeitfolge in der psychischen Entwicklung von Scheidungskindern. Nur: Wie *heftig* diese Konflikte sind, in welchem *Ausmaß* die der Abwehr dienenden Ersatzbildungen den Charakter prägen und die bewußten Lebensziele beeinträchtigen, welches *Leid* mit diesen "Symptomen" verbunden ist, kann freilich von "wenig beeinträchtigend" bis "lebenszerstörend" reichen. Nehmen wir als Beispiel den Fall, daß jemand seine Aggressionen primär in Form von Schuldgefühlen gegen die eigene Person richtet. Ein solcher Mensch mag vielleicht mitunter etwas unterwürfig wirken, kann aber dadurch, daß er sich bemüht, es den anderen möglichst recht zu machen und vermeintliche Fehler auszugleichen, von seiner Umwelt als besonders freundlich und liebenswert empfunden werden und großen sozialen Erfolg ernten, der ihn zufrieden sein läßt. Eine "quantitative Stufe höher" könnte dieses Wohlbefinden jedoch durch eine ständige Angst, etwas falsch gemacht zu haben, empfindlich beeinträchtigt werden. Noch ein Stück weiter reicht die Wendung gegen die eigene Person für die Abwehr der Aggression vielleicht nicht mehr aus, und der Betreffende teilt hinter der Maske seiner Freundlichkeit unbewußt Seitenhiebe aus, die ihm Sympathie und Zuneigung kosten, zu Beziehungskonflikten mit dem Partner oder zu Erziehungsschwierigkeiten mit dem Kind führen können. Die Wendung der Aggression kann im Extremfall auch zu Selbsthaß, schweren Depressionen und zur Selbstzerstörung führen.

Zu den *spezifischen Langzeitfolgen* der Scheidung gehören ohne Zweifel Probleme mit dem *Selbstwertgefühl*, was nicht weiter verwundern kann. Wurden doch die

Kinder - aus der Sicht ihres Erlebens - verlassen und zu wenig geliebt; haben sie es nicht geschafft, die Familie zusammenzuhalten, bzw. waren nicht wichtig genug, daß die Eltern ihre persönlichen Interessen den Wünschen der Kinder geopfert hätten; sie haben mit dem weggeschiedenen Elternteil unter Umständen ein wichtiges Stück ihrer Identität, ein Identifizierungsobjekt, an welchem sie sich aufrichten konnten, verloren; oder jenen Liebespartner, der dem Kind seine Attraktivität und seinen Wert spiegeln hätte können; sie sind sich ihrer sexuellen Identität unsicher; sie spürten, der Mutter/dem Vater den verlorenen Partner nicht ersetzen zu können; fühlten sich hilflos und minderwertig, wenn die Eltern unglücklich zu sein schienen; ihre Schuldgefühle lassen sie fürchten, neuerliche Fehler zu begehen usf.[135]. Insoferne der Großteil dieser Selbstbilder unbewußt ist und sie daher nicht auf die Ursprungserfahrungen zurückgeführt werden können, tragen Scheidungskinder diese Bürde von Gefühlen, nicht liebenswert genug zu sein und die Angst zu versagen, oft ein Leben lang mit sich herum.
Probleme bekommen Scheidungskinder, und zwar meist schon während ihrer Kindheit, auch in den *Beziehungen zu "Gleichaltrigen"*, also zu anderen Kindern, später im Verkehr mit Jugendlichen und schließlich in beruflichen und gesellschaftlichen Beziehungen. Zum einen hängt das mit der geschilderten Selbstwertproblematik zusammen, die dazu führt, daß sie sich unterlegen fühlen und daher entweder die Konkurrenz meiden oder aber die eigene Überlegenheit stets beweisen müssen. (Auch die Aggressionsproblematik spielt hier eine große Rolle.) Zweitens erschwert die oft besonders enge Bindung zum verbliebenen Elternteil die Umstellung auf Beziehungsmodi, in welchen ganz andere Regeln gelten, in welchen das Kind vor allem eine unvergleichlich weniger zentrale Position innehat als zu Hause. Das stimmt zwar in gewisser Weise für alle Kinder. Aber Kinder mit zwei Eltern haben es insoferne leichter, als sie auch mit dem Ausschluß aus der Elternbeziehung umzugehen gelernt haben und außerdem über reichere Erfahrungen verfügen, daß und wie verschiedene Menschen auf andere (und insbesondere auf sie selbst) verschieden reagieren. Schließlich bin ich auf ein Phänomen gestoßen, welches das Selbstgefühl von (ehemaligen) Scheidungskindern in die Nähe diskriminierter Minderheiten oder gesellschaftlicher Randgruppen rückt. Von der Scham mancher Kinder, keine "richtige" Familie zu haben, war ja schon die Rede. Zu diesem Gefühl, daß "mit mir etwas nicht in Ordnung sei", kommt oft ein anderes, das man in Worten vielleicht so ausdrücken könnte: "Ich lebe hier unter euch, aber eigentlich gehöre ich, oder wenigstens ein Teil von mir, ganz woanders hin". Dieses "Woanders" ist der abwesende Vater bzw. die abwesende Mutter. Gefühle der Unterlegenheit oder soziale Konflikte (s.o.) werden mit der unbewußten Phantasie aufgewogen, "daß es mir *dort* besser ginge, daß ich *dort* akzeptiert wäre". Das hat aber mitunter ein Gefühl des "Nicht-ganz-Dazugehörens" und eine Tendenz zur Folge, sich selbst auszuschließen oder - speziell im Fall von sozialen Konflikten - sich zurückzuziehen.

135 Diese und die folgenden Aufzählungen sind keineswegs vollständig, sondern haben exemplarischen Charakter.

(Unter Umständen könnte von daher auch ein Motiv kommen, sich Minderheiten- oder Außenseitergruppen anzuschließen, in welchen sich jedoch alsbald die nämlichen Probleme bemerkbar machen werden.) *Mario* war sechzehn Jahr alt, als ich mit ihm therapeutisch zu arbeiten begann. Anlaß für die Therapie waren (laut Mario) "unüberwindliche Lernwiderstände" und disziplinäre Probleme im Tagesschulheim. Es drohte nicht nur ein negativer Jahresabschluß, sondern auch der Verweis von der Schule. Die Versuche der Mutter, auf Mario Einfluß zu nehmen, mündeten stets in Schreiduelle. Dann knallte er die Wohnungstüre hinter sich zu, flüchtete ins Billard-Cafe und war tags darauf in der Schule wieder nicht vorbereitet. Nach außen hin wirkte er alles andere als selbstunsicher. Seine Mutter meinte sogar: "Er ist so von sich eingenommen, daß er glaubt, alle müßten nach seiner Pfeife tanzen. Die Schule, die Lehrer und überhaupt alle Erwachsenen sind ihm zu blöd, und er ist sich zu gut dafür, etwas zu lernen, geschweige denn, auch mir einmal einen Gefallen zu tun". Tatsächlich war Mario ein großer und fescher junger Mann, hatte für sein Alter ein erstaunlich sicheres Auftreten und eine leicht arrogante Art, sich über andere zu äußern. Dieses Bild änderte sich freilich bald, als er begann, Vertrauen zu mir zu fassen und es wagte, sich und mir Gedanken und Gefühle einzugestehen, von denen bisher niemand wissen durfte. Obwohl bei seinen Kameraden beliebt, war er "innerlich" ein Einzelgänger. Er hatte immer das Gefühl, daß die anderen ihn im Grunde ablehnen, gegen ihn zusammenhalten und er sich ihre Sympathie stets von neuem erkämpfen müsse. Dabei halfen ihm seine sportlichen Talente, auch sein Aussehen und Auftreten, das auch den anderen zugute kam, wenn es darum ging, Mädchen "aufzureißen". Er kam aber gar nicht auf die Idee, daß auch den anderen *seine* Freundschaft wichtig sein könnte. Wenn er sich zu seinen Hausaufgaben setzen wollte, quälte ihn immer wieder der Gedanke, "die anderen" würden jetzt etwas Tolles unternehmen, sich über seine Abwesenheit amüsieren oder sie gar nicht bemerken. Schmiß er dann seine Sachen hin und pilgerte ins Kaffeehaus, mußte er oft feststellen, daß keiner von den Kameraden da war, weil sie für die Schule arbeiteten. Aber schon am nächsten Tag stellte sich diese zwanghafte Angst, den "Anschluß" zu verpassen, seine Position zu verlieren, wieder ein. Dieses Gefühl, abgelehnt zu werden, hatte er aber auch gegenüber Erwachsenen und reagierte auf die kleinsten Anzeichen von Kritik oder Zurechtweisung mit großer Empfindlichkeit und Wut. Es stellte sich heraus, daß Mario, dessen Eltern sich vor acht Jahren getrennt hatten, in hohem Maß mit seiner stets leidenden, sich ungeliebt fühlenden und der gesamten Umwelt (vor allem "den Männern") Vorwürfe machenden Mutter identifiziert war und diese Identifizierung mit einem betont "männlichen" Verhalten zu kompensieren trachtete. Der Mutter zu Gefallen sein - das implizierte auch, sich in der Schule anzustrengen - hatte für ihn die unbewußte Bedeutung, kein Mann zu sein und ausgestoßen zu werden. Neben dieser bedrohlichen weiblichen Identifizierung war Mario mit einem väterlichen Idealbild identifiziert, welches ihm bei dieser Kompensation half. Der Vater war einst nach Kanada ausgewandert und hatte es, laut Mario, ohne jegliche Ausbildung (!) zu einem erfolgreichen Mann gebracht. "Er hatte ganz recht, dieses muffige Österreich und meine Mutter zu verlassen!" Mit dem Vater, den Mario höchstens einmal im Jahr traf, würde er sich auch blendend verstehen, und er habe vor, nach der Schule - die er *bewußt* ja durchaus bewältigen wollte - ebenfalls auszuwandern. Obwohl ihm als mögliches Ziel keineswegs bloß Kanada vorschwebte, hatte im Unbewußten das Auswandern die Bedeutung der *Wiedervereinigung mit dem Vater*, bei dem er sich nicht mehr "anders" unverstanden und ausgeschlossen fühlen mußte, also im Grunde die Bedeutung einer Heimkehr (einer Heimkehr ins Gelobte Land, das "Land der Väter"...).

Jener Lebensbereich, der erwartungsgemäß von den spezifischen Schmerzen und Nöten des Scheidungsschicksals am meisten betroffen ist, sind die künftigen *Partnerbeziehungen*. Das beginnt bereits mit der Ablösung vom Elternhaus in der Pubertät und Adoleszenz, die sich für Jugendliche mit geschiedenen Eltern besonders konflikthaft und schwierig gestaltet (vgl. S. 152f., bzw. Wallerstein/ Blakeslee 1989). Wie wir sahen, gestaltet sich die Bindung zwischen einem alleinerziehenden Elternteil und dem Kind besonders eng, exklusiv und ähnelt mitunter richtiggehenden Partnerschaften. Das macht es dem Elternteil schwieriger, das Kind loszulassen, und dem Kind, die Mutter (oder den Vater) "ganz allein zurückzulassen". Dazu kommt noch jene erhöhte Angst vor "dieser Welt draußen", von welcher vorher die Rede war[136]. Solche Jugendliche neigen dazu, in überlanger, jedoch höchst ambivalenter Abhängigkeit von zu Hause zu verbleiben. Wenn aber die Ab*lösung* nicht gelingt, muß man sich los*reißen*. Eine Form des Losreißens, das die Schuldgefühle erträglich hält, ist die Gründung einer eigenen Familie. Ganz besonders Mädchen, die im Durchschnitt angepaßter sind und denen es schwerer fällt, sich durch die Provokation von Konflikten loszureißen (wie das etwa Mario tat), erliegen daher oft der Versuchung, sich auf "die erste Gelegenheit" zu stürzen. Daß das dann nicht unbedingt der Partner ist, der wirklich zu einem paßt, versteht sich von selbst.

Dabei haben ehemalige Scheidungskinder in der Mehrzahl eine große Sehnsucht nach einer glücklichen Partnerschaft, hegen den Wunsch, die Fehler der Eltern nicht zu wiederholen und an den eigenen Kindern deren Versäumnisse wieder gutzumachen. Aber es stehen der Erfüllung dieser Wünsche eine Reihe weiterer Hindernisse im Weg. Es sind Menschen, die das Modell einer funktionierenden,

[136] Den Erfahrungen Wallersteins zufolge korrespondiert der großen Bedeutung, die dem anderen Elternteil im Zuge des Ablösungsprozesses zukommt, auch sehr häufig ein gesteigertes Bedürfnis auf Seiten von Jugendlichen, deren Eltern geschieden sind, die Beziehung zum abwesenden Elternteil zu intensivieren oder wieder aufzunehmen. Dies scheint mir gerade für solche Väter (bzw. Mütter), die vielleicht schon seit Jahren den Kontakt zu ihren Kindern verloren hatten, eine wichtige Erkenntnis zu sein: Auch wenn sie schon alle Hoffnung, ihren Kindern trotz Scheidung weiterhin Vater bzw. Mutter bleiben zu können, abgeschrieben haben - etwa, weil der Kontakt von den Kindern selbst abgelehnt wurde (vgl. Kap. 10.2) - könnte sich diese Hoffnung in der Pubertät/Adoleszenz doch noch erfüllen. Diesen Vätern und Müttern wäre zu empfehlen, sich "bereitzuhalten" und ihren "verlorenen" Kindern zu signalisieren, daß sie ihnen, unbeschadet dessen, was passiert ist, zur Verfügung stehen (was allerdings auch erfordert, die eventuelle Verbitterung angesichts des bisherigen Desinteresses oder der offenen Ablehnung durch die Kinder zu überwinden).

Krisen überdauernden Partnerschaft nicht kennengelernt haben, die als kleine Mädchen das Objekt ihrer ödipalen Leidenschaft nicht halten konnten oder als Buben sich vom Vater unverstanden, geringgeschätzt und um ein Stück Zukunft betrogen erlebten. *Annemarie D.*, eine attraktive dreißgjährige und erfolgreiche Geschäftsfrau, die wegen depressiver Verstimmungen und psychosomatischer Beschwerden in Behandlung kam, hatte zwar seit ihrem 18. Lebensjahr Beziehungen zu Männern, die auch sexuell durchaus befriedigend waren, klagte aber, immer nur an verheiratete Männer zu geraten, sodaß sie stets allein lebte und auch bereits zwei Abtreibungen vornehmen ließ. Schließlich stellte sich in der Therapie heraus, daß sie ihren erotischen Bedürfnissen überhaupt nur dann freien Lauf lassen konnte, wenn eine dauerhafte Beziehung von vornherein nicht in Frage kam. In ihr war zwar eine große Sehnsucht nach einer "richtigen Familie mit Kindern", aber es fehlte ihr jede Zuversicht, daß eine solche Beziehung jemals gelingen könnte. Wir stießen auf ihre feste Überzeugung, eines Tages verlassen zu werden, also versuchte sie es erst gar nicht. Ganz ähnlich bei *Erich B.* Er hatte zwar schon drei Lebensgemeinschaften hinter sich, die zwischen ein und drei Jahre hielten, aber auf seine Initiative auseinandergingen. Jedesmal war es davor zu einer ersten größeren Verstimmung gekommen, die von ihm jedoch als "das Ende" erlebt wurde: Aus Angst, (wieder, wie schon als Kind) verlassen zu werden, machte lieber *er* Schluß.

Dieses schnelle Resignieren hängt auch mit den zumeist besonders ausgeprägten Problemen zusammen, die ehemalige Scheidungskinder im Umgang mit Aggression haben (s.o.). Vielen dieser Menschen scheint in der Tat die Trennung die einzig denkbare Strategie der sozialen Konfliktlösung zu sein: ob es sich nun um eine Liebesbeziehung, eine Freundschaft oder auch um Berufsprobleme handelt. *Alfred N.*, obwohl erst 22 Jahre alt, hatte bereits dreimal sehr gute Arbeitsstellen gekündigt. In jeder Firma hatte er aufgrund seiner Intelligenz und Tüchtigkeit sehr rasch das Vertrauen seiner Vorgesetzten erworben. Aber es war für ihn völlig unerträglich, wenn einmal einer seiner Vorschläge nicht aufgegriffen, seine Leistungen nicht außerordentlich akklamiert wurden oder gar zu Beanstandungen Anlaß gaben. Dann erlebte er, die Vorzugsstellung des geliebten und geachteten "Sohnes" verloren zu haben. Seine Bewunderung und sein persönlicher Einsatz für den Chef wandelte sich zum enttäuschten Haß, und er schmiß ihm den Job (und seine Chancen) vor die Füße[137].

Liebespartner sind stets auch Objekte der *Übertragung* von Objektbeziehungsmustern, Erwartungen und Wünschen, die unbewußt den Liebesobjekten der Kindheit gelten. Aber weder die unbewußte Erwartung/Befürchtung der Frau, ihr Mann werde sie verraten und verlassen wie der Vater einst; noch das Bild von der übermächtigen Frau, das sich der herangewachsene Mann am Modell seiner

137 Zweifellos lassen sich die Probleme von Annemarie D., Erich B. und Alfred N. nicht allein auf fehlende Zuversicht und Probleme im Umgang mit Aggression reduzieren. Wie alle Symptome sind die beschriebenen Haltungen mehrfach determiniert (s. auch die weiter unten folgenden Ausführungen über trianguläre Beziehungen).

Mutter gebildet hatte, verheißen einer Partnerbeziehung gute Chancen. Ebenso wenig, wie die Übertragung von Bildern hilfloser und schwacher Mütter oder Väter. Sei es, daß diese Übertragungen das Zusammenleben belasten, sei es, daß sich die Betreffenden unbewußt einen Liebespartner wählen, der die Erfüllung dieser "Prognosen" auch wirklich gewährleistet. Solche Übertragungen führen sehr oft zu einer Art Neuinszenierung von Konfliktsituationen aus der Kindheit. Es muß im Einzelfall analysiert werden, welche Ängste mit einer solchen Wiederholung bewältigt bzw. welche unbewußten Bedürfnisse auf diese Weise befriedigt werden können. *Maria S.*, vierzig Jahre alt, erlebte sich in jeder Beziehung von den Männern, die sie liebte, ausgenützt und gedemütigt. Schon zu Beginn der therapeutischen Arbeit hatte sie eine Idee davon, daß das mehr als nur ein Pech in der Partnerwahl sein könnte: "Vielleicht liegt es auch an mir, daß ich mir immer den Falschen aussuche". Sehr bald stellte sie auch einen Zusammenhang zwischen ihren Beziehungen zu Männern und ihren Eltern her. Als Maria fünf Jahre alt war, trennte sich die Mutter vom Vater, der in immer häufigeren Wutanfällen bei nichtigsten Anlässen die Tochter verprügelte und auch auf die Mutter losging, wenn diese das Kind schützen wollte. Zunächst schien es so zu sein, daß sich die Patientin von in Frage kommenden Männern unbewußt jene aussuchte, die in ihrem Charakter dem Vater ähnlich waren. Dann kamen wir jedoch allmählich darauf, daß ihre Gefühle der Demütigung mitunter in einem Mißverhältnis zu vergleichsweise harmlosen Anlässen zu stehen schienen. Ja, mitunter fühlte sie sich "wie ein geprügeltes Kind", wenn die auslösenden Handlungen der "gemeinen" Männer gar nicht ihr zu gelten oder manchmal sogar gut gemeint schienen. Schließlich wurde uns klar, daß die Übertragung sie gar nicht unbedingt bei der Partnerwahl leiten mußte, um die Kindheitserlebnisse mit dem Vater sich wiederholen zu lassen. Das "Geprügeltwerden" war ein solch unverzichtbarer Bestandteil ihres Liebeslebens geworden, daß sie, wenn der Mann nicht aktiv wurde, die Demütigung selbst inszenieren oder halluzinieren mußte. Als mit der Zeit hinter ihrem bewußten Haß langsam die lange verdrängten Liebesgefühle zum Vater zum Vorschein kamen, konnten wir verstehen, daß es sich bei diesen Wiederholungen nicht nur um eine "negative" Übertragung - das heißt um eine Übertragung von (beidseitig) aggressiven Objektbeziehungsmustern - handelte, sondern darüber hinaus um den Versuch, sich den *auch geliebten* Vater in der Gegenwart zu *erhalten* und die einst (trotz der Demütigungen) schmerzhafte Trennung ungeschehen zu machen.

Das Beispiel von Maria S. zeigt, daß bei solchen Neuinszenierungen der Kindheit neben Übertragungsprozessen auch *Identifizierungen* - hier mit der hilflosen und geschlagenen Mutter - eine große Rolle spielen. Eine andere Folge von Identifizierung, besonders wenn noch massive Schuldgefühle hinzutreten, kann darin bestehen, daß solche Männer und Frauen es nicht über sich bringen, glücklicher zu werden als die "arme, verlassene Mutter" bzw. der "arme, verlassene Vater". Die Identifizierung kann auch mit dem "bösen und untreuen" Elternteil erfolgen, so daß diese Kinder sich später unbewußt verhalten wie jener und sich dadurch ihre bewußten Beziehungswünsche zunichte machen. In beiden

Fällen wird das Identifizierungsobjekt in der eigenen Person "am Leben erhalten", darüber hinaus werden Schuldgefühle durch Selbstbestrafung besänftigt, zugleich jedoch gegenüber dem Partner, der ja Opfer dieser unbewußten Beziehungszerstörung wird, auch (übertragene) Aggressionen befriedigt.
Schließlich scheitern oder leiden Partnerschaften auch unter den *sexuellen Problemen* ehemaliger Scheidungskinder. Erstens sind sexuelle Probleme Begleitsymptome fast aller schweren neurotischen Störungen, zu welchen die Scheidung ja in besonderem Maße disponiert. Zweitens gehört die sexuelle Identitätsfindung zu den besonders schwierigen Entwicklungsaufgaben von Scheidungskindern. Auf einen weiteren Aspekt hat Wallerstein (Wallerstein/Blakeslee 1989) hingewiesen: auf die gar nicht so seltene Verknüpfung aggressiver Regungen und Phantasien mit sexueller Lust. Die Entwicklung sadistischer und/oder masochistischer Charaktere dürfte dann besonders wahrscheinlich sein, wenn es in der Blütezeit der infantilen Sexualität (also in der ödipalen Phase) zu Erlebnissen besonders gewaltsamer Auseinandersetzungen zwischen den Eltern gekommen war. (Auch das Beziehungsverhalten von Maria S. wie auch ihre im weiteren Verlauf der Therapie aufgedeckten sexuellen Phantasien trugen deutliche masochistische, aber auch sadistische Züge.)
Neben Beziehungsproblemen narzißtischer Art (Selbstwertproblematik), in Gruppen und Partnerschaften geraten ehemalige Scheidungskinder mit großer Wahrscheinlichkeit in Schwierigkeiten, wenn es um *Dreierbeziehungen* geht. Die Bildung triangulärer Objektbeziehungsmuster vollzieht sich in mehreren Etappen spätestens ab dem zweiten Lebensjahr und ist beim Großteil der Scheidungskinder durch die ehelichen Konflikte der Eltern, durch den Weggang bzw. die Abwesenheit eines Elternteils vor, im Zuge oder nach der Scheidung beeinträchtigt (vgl. Kap. 5, 6 und 10.3). Nun sind aber "Dreierbeziehungen" keineswegs eine seltene oder periphere Beziehungskonstellation. Es gibt kaum eine konkrete Situation im Rahmen einer (Zweier-)Beziehung, in welcher nicht einer oder beide Partner auch auf einen "Dritten" bezogen wären, und sei es nur in Gedanken oder unbewußt. Dieser "Dritte" kann eine reale Person sein, eine Institution, aber ebenso eine Person der Vergangenheit oder ein phantasiertes Idealbild. Ein junger Mann erzählte mir, er könne mit seiner Freundin, die er sehr liebte, nur zu einem befriedigenden sexuellen Erlebnis kommen, wenn er ihr während des Aktes nicht ins Gesicht sähe. Er schlief mit einer Phantasiegestalt, zu welcher er eine so intensive erotische Beziehung hatte, daß keine andere daneben bestehen durfte. Eine Mutter klagte mir, ihre zweite Ehe, die sich sehr glücklich gestaltete, wäre nur durch ihre ständige Angst beeinträchtigt, sie könne ihrem Mann sexuell nicht so viel Freude schenken wie dessen erste Frau. Also selbst die intimste Zweiersituation, der sexuelle Verkehr, ist vor der Einmischung Dritter nicht gefeit.
Was im späteren Leben ehemaliger Scheidungskinder trianguläre Beziehungen problematisch macht, hängt wesentlich mit drei defizitären Erfahrungsbereichen der Kindheit zusammen: Von ehelichen Konflikten und/oder der Scheidung der Eltern betroffene Kinder hatten erstens weniger Gelegenheit, die Beziehung zum jeweiligen Dritten, also zum anderen Elternteil, als entlastend zu erleben. Viel

häufiger entstanden aus dieser Beziehung sogar Loyalitätskonflikte, also das Gefühl, daß die Beziehung zu dem einen die andere Beziehung ausschließt oder ausschließen müßte. Die verzerrte ödipale Entwicklung (Kap. 6.1) verringerte zweitens die Chancen, Eifersucht zu erleben und zu bewältigen, befriedigende Lösungsstrategien in konkurrierenden Beziehungen zu entwickeln. Und drittens blieb diesen Kindern sehr oft die Erfahrung vorenthalten, aus der Beziehung zwischen den anderen, also aus dem zeitweiligen Ausschluß, auch Nutzen ziehen zu können: Zeit und Ruhe für eigene Interessen, Entlastung von Verantwortung u.a.m. (vgl. auch S. 197, 204). Statt dessen lebten sie vorwiegend in (meist besonders) engen Beziehungen mit jeweils nur einem Elternteil, und/oder die Zuwendung der Mutter/des Vaters zu einem Dritten war mit großen Trennungs- und Verlustängsten belastet. Die Ängste von *Annemarie D.*, dauerhafte Beziehungen einzugehen (s.o., S. 216), hatten zum Beispiel neben der fehlenden Zuversicht des Gelingens noch tiefere Gründe. Sie fürchtete, von einer exklusiven Zweierbeziehung "aufgefressen" zu werden, ihre autonome Persönlichkeit, und das heißt auch: die Möglichkeit, zu anderen Menschen und Interessen in Beziehung zu bleiben, zu verlieren. Eine enge Zweierbeziehung mit einem Mann einzugehen, bedeutete für sie also ein Zurücksinken in die symbiotische Zweieinheit mit der Mutter, welche durch den weitgehenden Wegfall früher Triangulierungen (Kap. 5.1) das innere Modell intensiver Liebesbeziehungen geblieben war. Zugleich wiederholte sie in der Übertragung die heimliche ödipale Liebe zum Vater, welche die Mutter - in Gestalt der betrogenen Ehefrau - ausschloß. Und sie war mit ihrer Mutter identifiziert, welche sich nach ihrer einst glücklichen Ehe zurückgesehnt hatte und nun allein leben mußte, während der Vater eine neue Ehe eingegangen war. Bei anderen ehemaligen Scheidungskindern steht die Unfähigkeit, andere Beziehungen des Partners zu akzeptieren, im Vordergrund. In extremen Fällen kann das zu einer quälenden Eifersucht auf alle und alles, was für den geliebten Menschen außerhalb der Beziehung Bedeutung erlangt, führen. Die ungenügende Triangulierung der Objektbeziehungsstruktur kann sich auch darin äußern, daß es dem Betreffenden schwer oder gar nicht gelingt, die Beziehungen zu gerade abwesenden Menschen - und seien sie noch so wichtig für ihn - in seinem Inneren am Leben zu erhalten. *Herbert G.* zum Beispiel hatte die Tendenz, sich in jeder Angelegenheit, die von einer ihm wichtigen Person an ihn herangetragen wurde, voll zu engagieren bzw. dieses Engagement zu versprechen. Keine Erwartung konnte er zurückweisen, keine Bitte abschlägig beantworten. "Mache ich!" war seine stehende Formel. Und er meinte es - im Augenblick - auch so. Natürlich brachten ihn diese Zusagen in schwere zeitliche und Loyalitätskonflikte im Hinblick auf andere Engagements, andere Beziehungen. Herbert G. lebte in einer Ansammlung gegenseitig isolierter Zweierbeziehungen, die sich in der Folge ins Gehege kommen mußten. Eine Variante dieser Tendenz bildet auch die "Untreue" von *Jürgen Z.*, einem vierzigjährigen Mann, der mich aufsuchte, nachdem seine Frau die Scheidung eingereicht hatte. Zunächst schien es nur um die beiden Töchter zu gehen, aber bald stellte sich heraus, daß Herr Z. auch über seine Beziehungsschwierigkeiten

reden wollte. "Mein Problem", erzählte er schließlich, "besteht darin, daß ich immer dann, wenn eine Frau mir zu verstehen gibt, daß ich ihr nicht gleichgültig, daß ich für sie als Mann attraktiv bin, nicht 'Nein' sagen kann, als *dürfte* ich das Angebot nicht zurückweisen. Es ist dann so, als gäbe es im Augenblick nur mich und sie, alle Rücksichten auf berufliche Probleme - wenn es sich z.B. um eine Kundin oder Mitarbeiterin handelt - oder meine Ehe verblassen dann (!) und spielen keine Rolle mehr. Bin ich dann wieder zu Hause, hasse ich mich und kann zugleich nicht verstehen, wie ich das, was mir wirklich etwas bedeutet, also meine Frau und mein Beruf, so leichtfertig und für nichts aufs Spiel setzen konnte ..."[138]
Ein anderes Ereignis, welches die Fähigkeit des Menschen, eine Zweierbeziehung in eine trianguläre Beziehungskonstellation zu integrieren, in besonderem Maße auf die Probe stellt, ist die Geburt des ersten Kindes. Der Grund dafür, daß dieser (vermeintliche) Höhepunkt einer Ehegemeinschaft in so vielen Fällen den Anfang ihres Endes darstellt (Kap. 4), findet sich häufig auch in der Schwierigkeit, die ein oder beide Elternteile haben, die Beziehung zu dem plötzlich ins Leben getretenen "Dritten", dem Kind, mit der gewohnten Zweierbeziehung in Einklang zu bringen.
Ich könnte die Aufzählung von Lebenssituationen, in welchen sich die Objektbeziehungsschicksale der Kindheit im späteren Leben von Scheidungskindern manifestieren, noch lange fortsetzen. Aber schon die paar vorgestellten Beispiele dürften hinreichend deutlich gemacht haben, daß die typischen Beziehungskonstellationen, welche üblicherweise die Scheidung bzw. die Zeit vor und nach der Scheidung prägen, die Tendenz haben, im späteren Leben in so gut wie allen Beziehungsbereichen zu mehr oder minder großen Beeinträchtigungen des Lebensglücks zu führen. Ob bzw. in welchem Ausmaß die verinnerlichten Objektbeziehungsmuster das Leben der ehemaligen Scheidungskinder tatsächlich beeinträchtigen, hängt von der Stärke, von der Bedrohlichkeit der beteiligten psychischen Konflikte ab, also von der oben so bezeichneten "unspezifischen" neurotischen Disposition. Noch einmal wird uns hier mit Nachdruck vor Augen geführt, wie wenig es über die "Bewältigung" des Scheidungserlebnisses aussagt, ob das Kind zu irgendeinem Zeitpunkt nach der Scheidung der Umwelt auffällig oder angepaßt erscheint. Und noch etwas läßt sich nach diesem Blick auf die spezifischen Scheidungsfolgen besser verstehen: Nämlich wie es dazu kommt, daß ein signifikant überproportionaler Anteil der Erwachsenen, deren Ehen geschieden werden, einst selbst Kinder waren, deren Eltern sich getrennt hatten. Die überdurchschnittliche Kränkbarkeit ehemaliger Scheidungskinder, ihre Probleme, sich in der Pubertät und Adoleszenz von zu Hause zu lösen und die Schwierigkeiten, die sich für sie in Liebesbeziehungen und triangulären Beziehungskonstellationen ergeben, verringern die Chancen, zu einer dauerhaften glücklichen Partnerschaft zu gelangen, beträchtlich. Womit ein fataler Kreislauf in Gang gesetzt wird ...

[138] Natürlich hätte eine weiterführende Therapie noch andere unbewußte Motive von Herrn Z.'s Beziehungsverhalten an den Tag gebracht.

12. Schluß. Neue Partner der Eltern

Vielleicht hat der Titel dieses Buches - "Zwischen Trauma und Hoffnung" - bei manchem Leser die Erwartung geweckt, ich könnte *einen* richtigen Weg zeigen, wie die mit der Scheidung verbundenen *Hoffnungen* (wenigstens eines Elternteils) erfüllbar bzw. die *Gefahren* der eben skizzierten Langzeitfolgen vermeidbar wären. Ich glaube zwar, daß ich Antworten auf diese Fragen nicht gänzlich schuldig geblieben bin. Aber das Problem besteht wohl darin, daß diese Antworten selten *eindeutig* waren, ich zumeist irgendein "Wenn" oder "Aber" hinzuzufügen hatte, welches sich oft auf Voraussetzungen berief, die von dem betroffenen Leser/der betroffenen Leserin nicht vorausgesehen, beeinflußt oder beurteilt werden können.

Der Grund dafür liegt einerseits in der Komplexität der menschlichen Seele und andererseits in jener des "Scheidungsgeschehens" selbst. Jeder "Akt" dieses Geschehens hat zwar seine eigene Dramatik. Was jedoch im Einzelfall wie und warum vor sich geht, ist ohne Wissen darüber, "was bisher geschah", nicht verstehbar. Ebensowenig aber läßt sich an irgendeinem Punkt des Dramas schon mit Sicherheit voraussagen, wie das Stück ausgeht. Denn es sind die Darsteller selbst, die die Handlung fortschreiben. Insoferne haben sie die Macht der Gestaltung und tragen die Verantwortung für sie. Dennoch ist ihre Freiheit begrenzt: durch den bisherigen Verlauf des Geschehens, das nicht auslöschbar ist; durch bestimmte Regeln (i.e. psychologische Gesetzmäßigkeiten), die die Variationsmöglichkeiten begrenzen; durch die Mitspieler, die mitunter andere Ziele verfolgen; und viertens durch das eigene Unbewußte. Nur wer seine Abhängigkeiten kennt, hat aber die Chance, wenigstens einen Teil seiner Ziele zu erreichen.

Eben jener sozialen und psychischen Abhängigkeiten wegen verzichte ich auch darauf, dieses Buch mit einer Art "Überblick" über günstige (bzw. ungünstige) Maßnahmen, Interventionen oder dgl. zu beenden. Solche Zusammenstellungen haben immer etwas von einem Rezept an sich. Rezepte kann man aber nur verschreiben, wenn man alle wesentlichen Faktoren, die an dem zu verändernden Vorgang beteiligt sind, kontrollieren kann. Das ist hier jedoch nicht der Fall. Und ich würde mir wünschen, daß es gerade mit Hilfe der vielen Wenn und Aber ein Stück weit gelungen ist, die komplexe Dynamik dieser Vorgänge zu vermitteln. Sollte ich dennoch versuchen, auf die Frage, welche Erkenntnisse aus der Untersuchung und aus meinen persönlichen Erfahrungen mit Scheidungskindern, -müttern und -vätern mir besonders wichtig erscheinen, würde ich rückblickend vier Punkte herausheben wollen und mit ihnen dieses Buch beschließen:

Erstens: Eine Mutter zum Beispiel, die sich vorstellt, mit der Trennung von ihrem Mann die Vergangenheit (für sich und das Kind) ungeschehen zu machen; die sich, in Verkennung der kindlichen Seele erwartet, dem Kind werde es nichts ausmachen; die sich der Illusion hingibt, der Vater würde genau das tun, was sie sich vorstellt, oder sich überhaupt in Luft auflösen und das Kind werde das gar nicht bemerken oder einfach hinnehmen; und die sich keine Rechenschaft über ihre eigenen Haß- und Liebesgefühle, ihre Enttäuschung und ihre Ängste ablegt bzw. sich der Einsicht verschließt, daß in ihr mehr vorgeht, als sie weiß und wahrhaben möchte - eine solche Mutter wird früher oder später erfahren müssen, daß sie vom Akteur zum Statisten wurde, daß sie ihre Gestaltungsmöglichkeiten eingebüßt hat und möglicherweise auch, daß sich das Stück zur Tragödie entwickelt hat. Das Gleiche gilt für jeden Vater, der seine Abhängigkeiten zu verleugnen trachtet.

Zweitens: Statt Rezepte zu geben, wie betroffene Eltern verhindern können, daß es zur Tragödie kommt, möchte ich ihnen nahelegen, die Formulierung "Zwischen Trauma und Hoffnung" zu einer Art "inneren Stimme" zu machen, die ihnen vor Augen führen soll, *daß es stets eine Möglichkeit gibt, aus dem, was bisher geschehen ist, das Bestmögliche zu machen,* daß es zu jedem Zeitpunkt Hoffnung gibt, *etwas* unternehmen zu können, das den Kindern hilft und ihre Entwicklungschancen vergrößert; daß jedoch mit jedem unüberlegten Schritt - und dazu gehören auch Illusionen - die Gefahr besteht, diese Chancen weiter einzuschränken. Und noch etwas sollte klar geworden sein: Je eher Eltern beginnen, sich darüber Gedanken zu machen, was geschehen ist, derzeit geschieht und noch geschehen könnte, desto optimistischer sind auch die *absoluten Entwicklungschancen* des Scheidungskindes einzuschätzen. Allerdings wird das in vielen Fällen ohne professionelle Hilfe nicht gelingen.

Drittens: Die so häufige Frage "Ist es für die Kinder besser, wenn Eltern trotz Konflikten zusammenbleiben oder wenn sie sich trennen?" ist falsch gestellt und in dieser Allgemeinheit nicht beantwortbar. Das "Scheidungsdrama" des Kindes beginnt schon lange vor dem Gang zum Familiengericht, so daß die beobachtbaren Scheidungsreaktionen bzw. die auf "die Scheidung" zurückgeführten Langzeitfolgen zu einem nicht unwesentlichen Teil *auch* eine Offenbarung von psychischen Konflikten und Entwicklungsstörungen darstellen, die auf das Konto der Beziehungskonstellation *vor der Scheidung* gehen. Es ist daher nicht einmal dem Satz "Zunächst sollte *jedenfalls* eine Versöhnung angstrebt werden" vorbehaltlos zuzustimmen. Es gab auch Fälle, bei welchen wir uns dachten, es wäre für das Kind wohl besser gewesen, die Eltern hätten diesen Entschluß schon Jahre früher gefaßt. Umgekehrt wäre es eine Illusion zu hoffen, die Scheidung wäre nichts als Balsam auf die Wunden des Kindes und es könne ohne jegliche Beeinträchtigungen über dieses Ereignis hinwegkommen. Eine *Überwindung* der Scheidung kann es nicht geben. Lebensgeschichte ist nicht ungeschehen zu machen. Unter günstigen Umständen (s.o.) kann es dem Kind aber gelingen, diese Geschichte so zu *bewältigen*, daß es sich seine Lebenstüchtigkeit und Glücksfähigkeit erhalten kann.

Viertens: Angesichts der enormen Bedeutung, die einer zweiten erwachsenen (und männlichen) Bezugsperson neben der Mutter für die psychische Konfliktentlastung und Entwicklung des Kindes zuzuschreiben ist, drängt sich der Schluß auf, daß es für das Kind eine große Chance darstellen könnte, wenn es der Mutter gelingt, eine neue Partnerschaft einzugehen. Tatsächlich weisen viele unserer Untersuchungsergebnisse darauf hin, daß in einer neuen, geglückten Partnerschaft des Elternteils, bei welchem das Kind lebt, vielleicht sogar die größte Chance besteht, daß sich die Hoffnung zu erfüllen vermag, mit der Scheidung den Kindern bessere Entwicklungschancen als sie davor bestanden, zu eröffnen. Die Gründung einer neuen Familie kann dem Kind, wie kaum eine andere helfende Maßnahme, zum Teil wiedergeben, was unter so großen Schmerzen verloren wurde. Unter anderem

→ einen Mann, den es lieben und von dem es wiedergeliebt werden kann und der auch tatsächlich verfügbar ist;
→ ein Identifizierungsobjekt (vor allem für die Buben) und ein Liebesobjekt (für die Mädchen), an welchem das Kind sich aufrichten und zu seiner sexuellen Identität finden kann;
→ ein verfügbares "drittes Objekt" mit all den so bedeutsamen Funktionen, welche einem triangulären Beziehungssystem zukommen;
→ ein Modell dafür, daß es einen Wiederbeginn geben und daß eine (heterosexuelle) Partnerschaft funktionieren kann. (Das Gleiche gilt - mit umgekehrten Vorzeichen - natürlich auch für den sorgeberechtigten Vater.)

Aus der Sicht der Kinder kann eine solche Partnerschaft jedoch nur dann als "geglückt" bezeichnet werden, wenn es sowohl dem Kind als auch dem neuen Partner gelingt, einander zu akzeptieren und zu mögen. Das allerdings ist keineswegs sicher. Nicht umsonst nannten Bühler/Kächele die Wiederverheiratung neben der Scheidung als häufigste Ursache für die Konsultation bei Kinderpsychiatern. Tatsächlich ist die Zahl und Höhe der Hürden, die überwunden werden müssen, sollen die Chancen der neuen Familie genützt werden können, mitunter beträchtlich. Die Komplexität der auftauchenden Probleme, die differenzierte Analyse ihres Zusammenspiels mit den psychischen und Beziehungskonflikten, die sich im Zuge und nach der Scheidung ergeben, würde jedoch den Rahmen dieses Buches sprengen. Nur soviel: Auch die Gründung einer neuen Familie kann *die Scheidung nicht ungeschehen* machen. Und das bedeutet auch, daß der neue Partner nur den Platz einnehmen kann, den der Vater - in der Familie - nicht mehr innehat. Nicht darf er jedoch versuchen, den Vater als solchen bzw. die Beziehung, die sich zwischen Kind und Vater nach der Scheidung entwickelt hat, *ersetzen* zu wollen. Sowohl die Mutter als auch ihr neuer Mann müssen in der Lage sein zu akzeptieren, daß sie mit ihrem "neuen Anfang" die Vergangenheit (der Mutter) nicht ausschließen können. Sie werden mit dieser Vergangenheit, die in Gestalt der Beziehung zwischen Kind und Vater *lebendig* bleibt, leben müssen. Die neue Familie ist eine Familie mit (mindestens) *vier* Mitgliedern. Das bringt für alle, für das Kind, den Stiefvater, die Mutter und den (abwesend-dazugehörigen) Vater, zumeist beträchtliche Probleme und Konflikte mit sich. Jedoch nur dann werden sich die an die neue Verbindung geknüpften Hoffnungen erfüllen können, und zwar sowohl für das Kind als auch für die Mutter als Frau.

Anhang: Zur Untersuchungsmethode

Da zur Gewinnung der angestrebten Erkenntnisse (vgl. Einleitung) die traditionelle psychoanalytische Forschungsmethode - das therapeutische Setting - aus mehreren Gründen nicht in Frage kam (vgl. S. 20), mußten wir alternative Methoden entwickeln, die dennoch psychoanalytischen Ansprüchen gerecht werden konnten - und das hieß hier: in der Lage sind, die innerpsychische, insbesondere die unbewußte seelische Dynamik der Beteiligten, also von Kindern und Eltern, zu erhellen. Zweitens mußte es gelingen, über die Zusammenhänge zwischen den seelischen Vorgängen und den - aus der Sicht des je betroffenen Individuums - äußeren Variablen gut begründbare Thesen zu entwickeln. Wir entschlossen uns dazu, die Untersuchung der Kinder im wesentlichen mit Hilfe einer breiten Batterie projektiver Tests und jene der Eltern mittels psychoanalytischer Tiefeninterviews durchzuführen. Dieses Vorhaben stellte uns jedoch sogleich vor einige nicht unbeträchtliche theoretische Probleme:

→ Nicht-statistische Auswertungen projektiver Tests sind kaum standardisiert und erlauben nur *Hypothesen* über die Psychodynamik. Im Unterschied zur psychoanalytischen Therapie können die Interpretationen des Untersuchers (Deutungen des Therapeuten) jedoch nicht an den Reaktionen des Analysanden bzw. an der Weiterentwicklung des "Materials" geprüft und verifiziert werden.

→ Unser Interesse galt nicht in erster Linie der psychischen Situation eines Kindes zum Untersuchungszeitpunkt, sondern *Entwicklungsverläufen* über einen sehr ausgedehnten Zeitraum: von der Situation vor der Scheidung über das Scheidungserlebnis bis hin zu langfristigen Auswirkungen auf die Persönlichkeitsstruktur. Wir erkannten bald, daß dieses Problem durch ein Panel (Katamnesen nach ein bis zwei Jahren) nicht wirklich lösbar ist. Denn einerseits würden sich nur wenige Eltern vor Vollzug der Scheidung melden; andererseits wären nicht nur zwei, sondern mehrere punktuelle Untersuchungen nötig, um die seelische Dynamik über die einzelnen Etappen der Scheidung und ihrer Folgen darstellen zu können. Abgesehen von den technischen Problemen würden dadurch die Interventionen aber zu einer nicht-isolierbaren Zusatzvariable.

→ Im Zusammenhang dieser Schwierigkeiten kam den Gesprächen mit den Eltern ein umso größerer Stellenwert zu. Das Problem, das sich dabei ergab, war: Wie ist es zu bewerkstelligen, aus diesen Gesprächen eine möglichst große Anzahl von *vergleichbaren Daten* zu gewinnen - was eine gewisse Strukturierung erfordert -, auf der anderen Seite den Kontakt so offenzuhalten, daß sich eine Übertragungsbeziehung wenigstens so weit entwickeln kann, daß der Untersucher noch einen Zugang zu den privaten und unbewußten Strebungen und

Erlebnisweisen der Eltern findet, welche die Objektbeziehungen des Kindes und damit auch sein Scheidungserlebnis ja wesentlich mitbestimmen?

Der folgende Überblick soll über die Lösung dieser Probleme und unser darauf fußendes methodisches Vorgehen Auskunft geben.

1. Zur Sicherung und Kontrolle des Geltungsanspruchs der getroffenen Aussagen

Das Problem ist also, wie aus hypothetischen Interpretationen des projektiven Testmaterials *gültige Aussagen* zu gewinnen sind, die einerseits Auskunft geben können, wie ein bestimmtes Kind die Scheidung erlebt(e) bzw. bewältigt(e), und andererseits eine gesicherte Basis für die weiterführende Beratung der Eltern abzugeben in der Lage sind.

Diesem grundlegenden Problem aller psychologisch-pädagogischen Diagnosestellungen versuchten wir zu begegnen, indem sich alle Mitarbeiter zu folgenden "technischen" Grundsätzen verpflichteten:

a) *Wo es möglich und verantwortbar ist, sollen Deutungen gegeben werden.* Damit wäre die in der therapeutischen Situation gegebene Kontrolle von Interpretationen hergestellt. Natürlich darf dies nur soweit geschehen, als an dem gedeuteten Material auch weitergearbeitet werden kann. Aus diesem und aus dem anderen Grund, daß Deutungen die Übertragung fördern, kommt ein solches Vorgehen wohl nur in den Elterngesprächen, nicht aber in der Kinderuntersuchung in Betracht (es sei denn, es besteht eine gute Chance, auch mit dem Kind weiterarbeiten zu können).

b) *Kontrolle durch Testvergleichung.* Das heißt: Das Kind wird nicht, wie sonst üblich, mit einem oder zwei Tests konfrontiert - ausgewählt nach Präferenzen des Kindes und/oder des Untersuchers -, sondern mit einer weitgehend für alle Kinder gemeinsamen *Testbatterie*. Jeder Einzeltest hat *für sich*, d.h. nur in Ansehung des Kindes, nicht aber der Ergebnisse anderer Tests, ausgewertet zu werden. Dabei sind zu einem bestimmten Material denkbare *Interpretationsalternativen* zu erstellen. In den schließlichen Befund sind vom Untersucher dann nur jene Interpretationen als Aussagen zu übernehmen, die unabhängig voneinander auch in anderen Tests aufscheinen, oder jene, die zwar in nur einem Test auftreten, dessen Material aber so eindeutig ist, daß keine andere Interpretation denkbar ist.

c) *Für ein psychologisches Profil ist Nicht-Wissen ebenso wichtig wie gültige Aussagen.* Kein Test kann auf alle Fragen Antworten liefern, nicht einmal hypothetische. Daraus ergibt sich die Gefahr, daß die erhobenen Daten im Hinblick auf das zu Erklärende überbewertet werden.

Beispiel: Ein Kind, das von der Stiefmutter gebracht wird, liefert reichlich Material, das große Angst vor dem mütterlichen Objekt und entsprechende Wut

belegt. Es liegt nahe, dies mit der Mutter in Verbindung zu bringen, die die Familie vor einem Jahr verlassen hat und sich nur sporadisch beim Kind meldet.
Aber der Untersucher hält fest, daß jegliches Material über die *Stiefmutter* fehlt, so daß nicht zu entscheiden ist, auf welche Person (oder Aspekte der Person/en) das Material zu beziehen ist. *Ein anderes Beispiel:* Das Kind liefert eine inhaltsreiche Geschichte zu einem CAT-Bild, deren Bedeutung der Untersucher jedoch nicht erraten kann. Auch solches Nichtverstehen festzuhalten ist wichtig, um zu verhindern, daß die "Persönlichkeit" des Kindes nicht vorwiegend einen Reflex der Projektionen oder fachlichen Defizite des Untersuchers darstellt.
Der regelmäßigen Dokumentation des "Nicht-Wissens" dient u.a. auch die Vorgabe eines für alle Kinder zu erstellenden, sehr differenzierten Auswertungsprofils (s. S. 232f.), in welchem nicht nur fehlende Antworten (Daten) aufscheinen, sondern auch angeführt werden soll, warum darüber keine Aussagen getroffen werden können, bzw. die Zusatzbedingungen (z.B. fehlende anamnestische Daten), unter denen dies wohl möglich wäre.

d) *Intersubjektive Kontrolle:* Kinder und Erwachsene werden grundsätzlich von verschiedenen Untersuchern gesehen. Beide Untersucher erstellen unabhängig voneinander ein *komplettes Profil*, d.h. der Kinder-Untersucher ist aufgefordert, auch auf jene Fragen Antworten zu geben, die eher in den Erwachsenen-Interviews gewinnbar sind - wie z.B. Vermutungen über die Persönlichkeit der Eltern, die Symptomatik des Kindes in bestimmten Entwicklungsstadien usw. Dies gilt auch umgekehrt für den Eltern-Untersucher bezüglich der kindlichen Psychodynamik.
Um den Grundsatz, Hypothesen nicht mit gültigen Aussagen zu verwechseln (s.o. Pkte b), c)), gerecht zu werden, muß in den Profilen der *Geltungsanspruch* der Antworten *bewertet werden*. Nicht oder mit (1) gekennzeichnete Angaben weisen jene als gesichert aus; (2) als durch Deutung bzw. Reaktion auf die Deutung als verifiziert zu betrachtende Aussagen; (3) als theoretisch gut begründete, wahrscheinliche Aussagen; (?) weist eine Antwort (oder Antwortalternative) als bloße Vermutung, als Möglichkeit und schließlich (-) eine Frage als unbeantwortbar aus.
Mit diesen fertig erstellten Profilen treten die Untersucher in das *Teamgespräch* ein, in welchem die Profile verglichen, diskutiert, gegebenenfalls korrigiert werden. Ergebnis dieser mehrstündigen Teamgespräche ist die Erstellung des - nun gemeinsamen - Endprofils.

e) *Verifikation bzw. Modifizierung des Profils im Zuge der weiterführenden Elternarbeit:* Die weitere Überprüfung dieser Persönlichkeits- bzw. Entwicklungsprofile ist in dreifacher Hinsicht möglich:

→ Obwohl das eigentliche Untersuchungssetting abgeschlossen ist, kann sich aus den Teamgesprächen die Notwendigkeit ergeben, in der weiteren Arbeit mit den Eltern einzelne Fragen (anamnestische Daten, aber auch Aspekte der Persönlichkeit, unbewußte Rollenzuschreibungen u.a.m.) abzuklären, die auf offene Fragen bei der Profilerstellung Antworten geben können.

→ Im Zuge dieser Gespräche ist natürlich auch denkbar, daß unerwartet neue Gegebenheiten ans Tageslicht geraten, mit denen die Untersucher nicht rechneten und sie veranlassen, getroffene Einschätzungen zu revidieren.

→ Endlich bildet das Profil die Grundlage einer Entwicklungsprognose und der den Eltern angebotenen Hilfe. Auf diese Weise wird die weitere Entwicklung auch zum Prüfstein unserer psychoanalytisch-pädagogischen Diagnostik.

2. Festlegung des "psychologischen Scheidungszeitpunktes" und der Testgruppen

Da genaugenommen eine Testuntersuchung nur in der Lage ist, über die psychische Verfassung des Kindes zum Testzeitpunkt Auskunft zu geben, war es für die Beurteilung der Ergebnisse in Relation zur Scheidung wichtig, den zeitlichen Abstand zwischen Scheidung und Testzeitpunkt festzuhalten. Da sich die Ausschreibung der Beratungsstelle an alle Eltern(teile) wandte, die geschieden waren oder sich während bzw. kurz vor einer (fix geplanten) Scheidung befanden, nahmen wir folgende Einteilung der Versuchspersonen vor:

Testgruppe I bestand aus den Kindern, deren Eltern zum Testzeitpunkt noch vor der Scheidung standen (Phase I).

Testgruppe II bestand aus den Kindern, die sich in der "Scheidungsphase" befanden (Phase II).

Testgruppe III bestand aus den Kindern, welche die Scheidung schon so weit hinter sich gelassen hatten, daß sie zu einem ersten, äußerlich merkbaren, Gleichgewicht gelangen konnten (Phase III.)

Welches Ergebnis aber sollten wir als "Scheidung" definieren? Die gerichtliche Verhandlung oder die Trennung der Eltern?

Auf Grund unserer Erfahrungen in der ersten Untersuchungsphase (Mai-Juni 1987) und reiflicher Überlegungen definierten wir den *Scheidungszeitpunkt* (also die Grenze zwischen Phase I und Phase II) als jenen Zeitpunkt, an dem die Kinder von den Eltern darüber unterrichtet werden, *daß Mama und Papa nicht mehr zusammen leben werden*. Der juridische Akt der Scheidung kam nicht in Frage, da er als äußeres Ereignis keine unmittelbare psychologische Relevanz hat. Aber auch die faktische Trennung schien uns ungeeignet. Denn in vielen Fällen bestand die Trennung bereits seit einiger Zeit oder fiel bereits mehrmals vor, wurde aber wieder rückgängig gemacht. In anderen Fällen ließ die Trennung auf sich warten, obwohl die Eltern schon geschieden waren und die Kinder davon wußten. Wir meinen, das entscheidende Kriterium, das die bloße Trennung von der Scheidung in psychologischer Hinsicht unterscheidet, ist ihre *offizielle Endgültigkeit*. Auch wenn viele Kinder sie nicht wahrnehmen wollen und insgeheim die Wiedervereinigung erhoffen: Die Mitteilung von der endgültigen Trennung der Eltern schafft eine *neue Realität* und scheint uns das einzig psychologisch verallgemeinerbare Kennzeichen von Scheidung zu sein (vgl. auch Kap. 1.1).

Demgemäß sind also Kinder, deren Eltern schon in Scheidung leben, während die Kinder glauben, der Papa sei nur verreist, als "Vor-Scheidungs-Kinder" zu betrachten und der Phase I bzw. der Testgruppe I zuzuordnen. Sie fallen dann in die Untergruppe "I/Eltern schon getrennt". Kinder, die bereits informiert wurden, der Termin von Scheidung und Trennung jedoch noch aussteht, zählen dagegen schon zur Gruppe II (Untergruppe: "Eltern noch nicht getrennt").
Den Übergang der Kinder von Phase II zur Phase III allgemein zu bestimmen, schien uns nicht sinnvoll. Als "erstes Gleichgewicht" wollen wir jene Zeit bezeichnen, in welcher das Kind die neue Situation als bleibende realisiert und sich in den neuen Verhältnissen "eingerichtet" hat. Das ist aber im Grund nur die Umschreibung äußerer Phänomene, wie Rückgang oder Verschwinden von Scheidungsreaktionen bzw. die Stabilisierung anhaltender Symptome oder Veränderungen, die als neuer "Lebensstil", "Persönlichkeit" oder "Beziehungsmuster" usw. erkennbar werden. Erfahrungsgemäß liegt der Zeitpunkt zwischen Irritation und Stabilisierung zwischen sechs Monaten und zwei Jahren nach der Scheidung. Als beendet betrachten wir die Scheidungsphase (II) aber auch dann, wenn ein bedeutendes äußeres Ereignis wiederum neue Verhältnisse für das Kind schafft, z.B. die Wiederverheiratung der Mutter.

3. Die Rekonstruktion von Entwicklungsverläufen aus punktuellen Untersuchungen

Indem wir jeden Fall einer Testgruppe zuordnen, erhalten wir für jede Scheidungsphase Bilder von der Psychodynamik der je betroffenen Kinder, die erste Vermutungen nahelegen, welche Probleme und Konflikte für jede Phase charakteristisch sein könnten.
Eine solche Weise der Verarbeitung der Untersuchungsergebnisse ist aber nicht wirklich zufriedenstellend:

→ Es fehlen dann unter Umständen Aufschlüsse über die besondere Erlebnis- und Bewältigungsweise der Scheidung dieses besonderen Kindes in den jeweils anderen Phasen.
→ Wenn wir die einzelnen Untersuchungsergebnisse nur "punktuell" auffassen, verzichten wir auf die Erkenntnis der Psychodynamik "zwischen" den einzelnen Phasen. Das bedeutet aber, daß wir nicht in der Lage sind, das Prozeßgeschehen mit bestimmten (inneren wie äußeren) Variablen in einen Bedingungszusammenhang zu bringen.
→ Schließlich ist überhaupt fraglich, ob angesichts einer solchen Vorgangsweise von "charakteristischen" Problemen und Konflikten gesprochen werden darf. Fehlt nämlich die Legitimation durch den Nachweis eines psychodynamischen Bedingungszusammenhanges zwischen Persönlichkeitsprofilen (einer Phase) und psychischen wie sozialpsychologischen Variablen, so wäre sie nur mehr statistisch zu erbringen. Dies vermag jedoch weder die begrenzte Anzahl der untersuchten Fälle noch unser Setting zu leisten. Wir stehen daher vor der

Aufgabe, die Untersuchung der psychischen Verfassung der Kinder der Gruppen II und III um eine *Rekonstruktion des bisherigen Verlaufs des Scheidungserlebnisses* (i.w.S.) zu ergänzen.

Die eine Möglichkeit, Erkenntnisse über zurückliegende Entwicklungen zu gewinnen, bietet die *Anamnese*. Dem Eltern-Untersucher obliegt es, die Geschichte des Kindes nachzuzeichnen, potentiell determinierende Variablen festzuhalten, aber auch individuelle Entwicklungen des Kindes aus dem vorliegenden Material zu deuten (s. Anhang, Abschnitt 5). Die genaue Symptomanamnese, d.h. die Beschreibung von sich entwickelnden, verändernden, unter Umständen wieder verschwindenden Reaktionen, Charakterzügen, Eigenarten, Symptomen i.e.S. ..., ermöglicht aber auch dem Kinder-Untersucher, in seiner Einschätzung der kindlichen Psychodynamik über den Testzeitpunkt hinaus, also in die Vergangenheit, zurückzugehen. Insbesondere dann, wenn es ihm gelingt, die Abwehrstruktur des Kindes zu erkennen.

Eine *testtheoretische Arbeitshypothese* könnte diese Rekonstruktionsarbeit des Kinder-Untersuchers erleichtern. Dabei gehen wir davon aus, daß die unterschiedlichen Tests nicht nur unterschiedliche, gleichzeitig wirksame *Aspekte* der kindlichen Persönlichkeit erfassen (''horizontale Dimension''), sondern auch in unterschiedlicher Weise *Tiefen* der seelischen Struktur, wie frühe Objektbeziehungen, abgewehrte Konflikte, latente Fixierungen (''vertikale Dimension'') ausloten.

Wir vermuten, daß jene Tests, bei welchen die VP mit dem Testmaterial *frei gestaltend* umgehen kann, (eher) die *aktuellen* Objektbeziehungen und Erlebnisweisen sichtbar machen (A); jene Tests hingegen, bei denen die VP vorgegebene Fragen, Bilder usw. *interpretieren* soll (B), dürften - auf Grund des Aufforderungscharakters des Testmaterials - in der Lage sein, tiefere, biographisch weiter zurückliegende bzw. eher konstante seelische Konstellationen sichtbar zu machen.

Nach einer ersten Untersuchungsperiode sollte beurteilt werden, ob diese Arbeitshypothese haltbar ist. Als Kriterien dieser Beurteilung kamen in Frage:

a) Übereinstimmungen zwischen den Tests jeder der beiden Testgruppen A und B - sofern von jeder Gruppe mehr als nur ein Test durchgeführt wurde;

b) die Plausibilität, mit welcher sich die Daten A als Entwicklungen aus den Daten B begreifen lassen;

c) die Übereinstimmung der sich aus der Testuntersuchung - unter Zugrundelegung der obigen Hypothese - ergebenden Entwicklung der VP mit der aus den Elterngesprächen rekonstruierten Entwicklung derselben VP.

Eine systematische Überprüfung der Hypothese in allen Fällen steht aus. Eine Übersicht in der ersten Untersuchungsphase bestätigte jedoch ihre theoretische Plausibilität, so daß wir uns entschlossen, sie als Instrument der Rekonstruktion von Entwicklungen mit zu verwenden - mit der vorsichtigen Signatur ''(3/?'').

Auf diese Weise war es uns möglich, sowohl *Entwicklungsverläufe* darzustellen als auch - anhand der aktuellen Psychodynamik und der sich uns mit der Zeit ergebenden Bedingungszusammenhänge von Erlebnis- und Abwehrweisen mit bestimmten äußeren Variablen - pro Fall *Prognosen* anzustellen, die unsere

Beratung leiten konnten. Am Ende erhielt jedes Kind daher ein Verlaufsprofil, das alle drei Phasen umfaßte - ob es selbst nun vor (I), während (II) oder längere Zeit nach der Scheidung (III) getestet wurde:

Testgruppe	Die Erstellung des phasenspezifischen Profils erfolgte aufgrund in Phase I	in Phase II	in Phase III
TG I	normaler Auswertung	Prognose	Prognose
TG II	Rekonstruktion	normaler Auswertung	Prognose
TG III	Rekonstruktion	Rekonstruktion	normaler Auswertung

4. Das Kategoriensystem

4.1 Konflikt, Abwehr, Objektbeziehungen und "äußere" Daten

Da für die Psychoanalyse der *psychische Konflikt* nicht nur der neurotischen Symptombildung i.e.S., sondern der psychischen Entwicklung ganz allgemein zugrundeliegt, mußte sich unser Hauptaugenmerk auf die je Fall dominanten libidinösen, aggressiven und/oder narzißtischen Konflikte und die Weisen ihrer Verarbeitung richten, d.h. auf die dominanten *(Trieb-)Wünsche*, die ihnen entgegenstehenden Tendenzen *(entgegengesetzte Wünsche, Ängste)*, die bevorzugten *Abwehrmechanismen* und die daraus resultierende (Psycho-)Logik der *Symptombildung*.
Jedes Konfliktgeschehen ist eingebunden in ganz bestimmte *Objektbeziehungen*, welche zum einen den psychischen Konflikt mitdeterminieren und sich zum andern im Zuge der Konfliktbewältigung selbst verändern. Daher strebten wir an, für jeden Entwicklungsschritt die relevanten *Selbst- und Objektrepräsentanzen*, ihr Konfliktpotential sowie ihre (konfliktbedingte) Veränderung im Zuge der Abwehrprozesse zu erkennen bzw. zu rekonstruieren.
Unser Forschungsinteresse richtete sich aber auch auf die Frage: Welche "äußeren", veränderbaren Variablen beeinflussen die Konfliktbewältigung in welcher Weise? Daher mußte versucht werden, zwischen solchen (aus der Sicht des Kindes äußeren) Daten - Familiengeschichte, Persönlichkeit der Eltern, familiäre Dynamik, Informationen, Reaktionen, Maßnahmen usw. der Umwelt gegenüber dem Kind - und den Selbst- und Objektrepräsentanzen bzw. der Konfliktdynamik des Kindes einen Zusammenhang herzustellen.

4.2 Das Auswertungsprofil

Aus diesen Überlegungen ergab sich - nach mehreren Modifikationen der ersten Untersuchungsetappe (Mai, Juni 1987) folgendes kategoriale Profil, das die Auswertung sowohl der Elterngespräche als auch der Testuntersuchung des Kindes leiten sollte:

Profil I: Ausgangssituation
Teil 1 (''Umwelt'') umfaßt Angaben über die Persönlickeit der Eltern, die Ehegeschichte, das häusliche Interaktionsklima; ferner Angaben über die subjektive Repräsentation dieser Verhältnisse beim Kind, also über Merkmale und Entwicklungsbesonderheiten der relevanten Objektbeziehungen; schließlich Hinweise auf unbewußte Objektbeziehungsanteile auf Seiten der Eltern, und zwar sowohl gegenüber dem Partner als auch dem Kind.
Teil 2 (''Psychodynamik'') befaßt sich mit dem Konfliktgeschehen und versucht eine psychoanalytische Interpretation der am Kind sichtbaren Phänomene, Haltungen und Symptome.
Teil 3 nimmt eine Prognose vor - und zwar unter der Annahme, die Eltern würden sich nicht scheiden lassen bzw. (bei der rekonstruktiven Profilerstellung) sie hätten sich einst nicht scheiden lassen. Die Prognose ist also eine Art Fortschreibung des Ausgangsprofils.

Profil II: Scheidung
Das ''Scheidungsprofil'' ist ähnlich strukturiert, legt nun aber das Schwergewicht auf die Veränderungen gegenüber der Ausgangssituation. Zunächst wird eine möglichst genaue und differenzierte Bestandsaufnahme der sichtbaren Reaktionen des Kindes in bezug auf den konkreten Verlauf und die Umstände der Scheidung (Information, Trennung, familiäre Konflikte, Kontakt/Besuche beim Vater usw.) vorgenommen. Teil 1 enthält alle Veränderungen der äußeren Lebensbedingungen bzw. ihrer subjektiven Repräsentation beim Kind, Teil 2 die Veränderung der psychodynamischen Verhältnisse bzw. die psychoanalytische Interpretaiton der symptomatischen Veränderungen. Der Prognose (wenn es *so* weiterginge) folgen Überlegungen zu notwendigen, für das Kind hilfreichen Interventionen bzw. Veränderungen; und zwar sowohl über wünschenswerte Optimalmaßnahmen als auch über die - aufgrund der Verhältnisse und der psychischen Situation der Eltern - realistischen Minimalmaßnahmen.

Profil III: Nach der Scheidung
Zunächst werden die äußeren Veränderungen (Lebensumstände, Entwicklung der Symptomatik, Beziehungsklima etc.) beschrieben, welche den Beginn der Phase III bzw. die Zuordnung des Kindes zur Testgruppe III leiteten. Danach folgen, ganz ähnlich dem Profil I, die Angaben über die derzeitige ''Umwelt'', die Art ihrer Repräsentation durch das Kind sowie der psychischen Konfliktdynamik. Die Prognose ist nun bereits anspruchsvoll und versucht Chancen und Wahrscheinlichkeiten der mittel- und langfristigen künftigen Entwicklung zu bestimmen. Daran

schließen sich wie im II. Profil pädagogische und therapeutische Überlegungen, welche die Entwicklungschancen vergrößern könnten.

5. Die Arbeit mit den Eltern

5.1 Das "psychoanalytische Tiefeninterview"

Anamnestische Elterngespräche im Rahmen einer Kinder-Untersuchung leiden immer schon daran, daß die Daten, die es zu erfragen gilt, die natürliche Entwicklung einer fruchtbaren Übertragungsbeziehung stark beeinträchtigen. Die Alternative, auf die Daten im Rahmen eines offenen, psychoanalytischen Gesprächssettings einfach zu warten, dafür die aus der Übertragung und Gegenübertragung sich ergebenden Einsichten und Perspektiven zu nützen, scheitert dagegen meist an zeitlichen Beschränkungen.
Vor demselben Problem standen auch wir. Dazu kam noch, daß den Elterngesprächen aus theoretischen Rücksichten (Verallgemeinerbarkeit; Isolierung "äußerer" Daten; Kontrolle der Testuntersuchung) zusätzliche Erkenntnisaufgaben aufgebürdet wurden, was der Realisierung einer "analytischen Haltung" auch auf Seiten des Untersuchers sicher nicht dienlich ist. Aus diesen Gründen entschlossen wir uns zu einer Art Staffelung der Elterngespräche, die v.a. zum Ziel hatte, die genannten Funktionen zu trennen: Die ersten beiden Sitzungen (zu je eineinhalb Stunden) wurden offen, unstrukturiert gehalten und sollten die Ansprüche analytischer Gesprächsführung erfüllen, d.h. die Fragen des Untersuchers waren ausschließlich dem spontanen Material bzw. dessen Aufklärung verpflichtet. Mit einer Einschränkung: Die zweite Sitzung wurde unter das Generalthema "Entwicklung des Kindes bzw. der Familie" gestellt, ohne freilich während des Gesprächs die Orientierung an dem Thema einzufordern.
Nach diesen beiden Sitzungen hatte der Untersucher zu prüfen, welche Fragen, die ihm das Profil stellt, er bereits beantworten konnte. Das dritte Gespräch sollte die sich bei dieser Prüfung ergebenden Lücken möglichst füllen. Es sollte als Interview geführt und auch deklariert werden. ("Heute möchte ich Ihnen ein paar gezielte Fragen stellen ..."), wobei wir die Hoffnung hatten, daß die sich in den ersten beiden Sitzungen entwickelte Beziehung stark genug sein würde, die durch direkte Fragen leicht aktivierbaren Widerstände und Abwehr zu mildern.
Ergänzend stand dem Untersucher - nach eigenem Gutdünken - die Verwendung des "Gießen-Tests" und eines differenzierten Anamnesebogens oder auch die Anberaumung weiterer Sitzungen offen.

5.2 Das Problem der Rekonstruktion der kindlichen Psychodynamik aus den Elterngesprächen

Diese, im Profil vorgesehene, Aufgabe sollte in folgender Weise zu bewältigen versucht werden:

a) Fragen zu typischen Interaktionssituationen des Alltags in den einzelnen Entwicklungsphasen bzw. den Etappen des Scheidungsprozesses.
b) Theoretisches Vorwissen über typische Wirkungen spezifischer erzieherischer Interventionen bzw. Interaktionsstile der Eltern beim Kind sollte den Untersucher in die Lage versetzen, die entsprechenden Objektbeziehungen nachzuzeichnen.
c) Besonders wichtig: Die Verwertung der Gegenübertragungsgefühle, welche aus (vorübergehendem) Identifiziertsein mit dem Kind entstehen.
d) Die Konfrontation der Objektbeziehungen bzw. der ihnen eingeschriebenen Konflikte mit der von den Eltern berichteten "Symptomatik" (typische Verhaltensweisen der Kinder) sollte schließlich gutbegründete Hypothesen über die Erlebnisweise und die Abwehrmechanismen der Kinder ermöglichen.

6. Die Arbeit mit den Kindern

6.1 Untersucher und Testsituation als intervenierende Variable

Der Einfluß der Testsituation ist nicht wirklich eliminierbar. Es kann lediglich versucht werden, Bedingungen herzustellen, die seine weitgehende Kontrolle ermöglichen:
a) durch eine möglichst einheitliche *Definition* der Untersuchung (entsprechend dem therapeutischen Arbeitsbündnis)
b) durch aufmerksame Beobachtung des Versuchsleiters, ob bzw. in welcher Weise sich die Produktionen der VP auf ihn selbst und die Testsituation beziehen.
Die Eltern sollen dem Kind erzählen, daß sie eine/n Frau/Herrn Doktor kennengelernt haben, welche/r sich darum kümmert, wie Kinder sind, ob es ihnen gut geht, ob sie Kummer haben usw. Wenn es klar ist, daß die Kinder selbst unter Leidensdruck stehen (Scheidung; Symptome; elterliche Reaktionen), sollen die Eltern sagen, daß sie sich darüber Sorgen machen, und daß diese/r Frau/Herr Doktor den Kindern vielleicht helfen kann. Sollte keinerlei Leidensdruck herrschen, soll den Kindern gesagt werden, daß wir sie einfach sehr gerne kennenlernen möchten.
Zu Beginn der Untersuchung muß durch den Untersucher *rückgefragt* werden, was das Kind vom Grund der Untersuchung weiß oder glaubt. Entsprechende Phantasien sind zu eruieren und die Testsituation - wie oben - nochmals zu definieren. Auch nach Abschluß der Untersuchung kann nochmals auf diese Fragen zurückgegriffen werden. Diese Gespräche sollten es wenigstens teilweise ermöglichen, den Einfluß der aktuellen Situation zu erkennen.

6.2 Das Setting

a) Kontakt: Was wurde dem Kind gesagt, warum es hier ist (s. o.); ein paar Fragen zu seiner Lebenssituation; keine Deutungen (um die Übertragung nicht zu sehr zu fördern).

b) Gestaltungstests (Tests der Gruppe A) (s. S. 230): (Menschtest nach A. Abraham; Baumtest; Verzauberte Familie; Family Relation Test; Scenotest; Bestiarium nach Zazzo; Pigem)
c) Deutungstests (Tests der Gruppe B): (Rorschach; CAT; Duess-Fabeln; Wartegg)
d) Spezialtest "Scheidung": Dieser Test soll - fokussiert - darüber Auskunft geben, wie das Kind die Scheidung erlebt(e) (s. Anhang, 6.5)
e) Freies Gespräch: Freie Gespräche sollen erst *nach* den Tests in größerem Umfang geführt werden, weil sie den Untersucher stark in den Mittelpunkt rücken und - wenn sie schon früher stattfinden - das Testergebnis noch stärker beeinflussen.

6.3 Die Diagnose von Abwehrprozessen aus dem projektiven Testmaterial

Eine Auswertung, die sich lediglich auf die inhaltliche Seite der Testproduktionen stützt, liefert zwar reichhaltiges Material über libidinöse Strebungen, Aggressionen, Ängste, Objektbeziehungsmodi usw., läßt aber die (wesentliche) Frage nach dem strukturellen und dynamischen Zusammenhang der erkannten seelischen Regungen unbeantwortet: Handelt es sich etwa bei einer Sceno-Szene oder einer CAT-Geschichte um eine *bewußte* oder *unbewußte* Inszenierung wichtiger seelischer Inhalte? Handelt es sich um einen *Wunsch*, die Darstellung (erlebter) *Realität* oder einer *Erwartung/Befürchtung?* Handelt es sich um eine sichtbar gewordene *abgewehrte* Phantasie oder eine, *die der Abwehr dient?* usw. Greift man jedoch auf den *technischen* Erfahrungsschatz der Psychoanalyse (v.a. die Widerstandsanalyse) und die Erfahrungen aus der psychotherapeutischen Arbeit mit Kindern zurück, lassen sich Richtlinien erarbeiten, die eine dynamische Auswertung projektiven Testmaterials möglich machen. Dies zu tun, gehörte zu den wichtigsten theoretisch-methodischen Vorarbeiten. (Eine gesonderte Publikation über den psychoanalytischen Umgang mit projektiven Tests ist geplant.)

6.4 "Symbolbedeutung" und "Tagesrest"

Projektive Tests ermöglichen dem Menschen den Ausdruck von seelischen Regungen, die sonst hinter dem realitätsgerechten Verhalten verborgen bleiben. Das so entstandene Material ist adäquat der *Traumproduktion* aufzufassen. Aber wie beim Traum liegen die Bedeutungen des Materials nicht klar auf der Hand. Trotz der engen seelischen Verwandtschaft von Träumen und projektivem Testmaterial wird ihre Auswertung in den meisten Fällen nach ganz anderen Regeln vollzogen: Die Deutung von Träumen nimmt bekanntlich den unvermeidlichen Weg über die Assoziationen des Träumenden. Auf diese Weise können wir im manifesten Material die *Tagesreste* erkennen bzw. welche Vorstellungen, Probleme etc. sie repräsentieren, andere Inhalte werden wir als *symbolische Ausdrucksformen* auffassen, so daß sich u.U. nach und nach der latente Sinn des Traumes (bzw. seiner Erinnerung in diesem Augenblick) herstellen kann.
Testpsychologen scheinen an ihr Material dagegen eher in der Art heranzugehen,

die Freud als "wilde Psychoanalyse" kritisierte: indem dem Material eine, von der Testperson weitgehend unabhängige Symbolbedeutung zugeschrieben wird.
Nun ist eine solche Zuschreibung nicht grundsätzlich falsch. Auch im Traum rechnen wir mit Symbolen, die offenbar eine überindividuelle Gültigkeit beanspruchen dürfen. Und die entsprechenden "Testsymbole" sind über statistische Eichungen durchaus gut begründete Annahmen. Während sich in der Traumdeutung aber auch naheliegende Symbolbedeutungen über die zugehörigen Assoziationen des Träumenden bestätigen müssen, verzichten die Testauswerter meist auf dieses wichtige individuelle Korrektiv. Wer außerdem die oft nur sehr vagen Interpretationsvorschläge in den Auswertungsrichtlinien projektiver Tests kennt, weiß, daß die Auswertung eines bestimmten Falles den persönlichen Projektionen und selektiven Wahrnehmungsmustern des Auswerters großzügigen Raum bietet. Rechnet man noch das Fehlen des "Feed-backs" der Testperson auf die Interpretationen hinzu, sind an der Aussagekraft projektiver Testauswertungen berechtigte Zweifel anzumelden.
Wie aber kann nun die Technik der Assoziation zum symbolischen Material, wie wir sie in der Traumdeutung verwenden, im Rahmen der Testuntersuchung zur Anwendung gebracht werden? Kinder sind dazu kaum in der Lage, außerdem liefe die Aufforderung zum Assoziieren Gefahr, das Testsetting zu unterlaufen: Die Versuchspersonen (auch Erwachsene) würden "gewarnt" und Widerstände aktiviert (ohne daß sie wie in der Therapie hinreichend bearbeitet werden könnten).
Eine manchmal angewandte Methode ist der Vergleich entsprechender Interpretationselemente, also etwa der Tiere in der Verzauberten Familie mit den Antworten des PIGEM oder auch des CAT usw. Es ist das aber ein nicht unproblematisches Vorgehen: Handelt es sich dabei doch nicht um freie Assoziationsketten, die sich an ein bestimmtes symbolisches Material knüpfen, sondern um Einfälle innerhalb ganz unterschiedlicher, nämlich durch die konkrete Testaufgabe provozierter Sinnzusammenhänge. Darüber hinaus könnten wir auf diese Art und Weise das Prinzip der unabhängigen Auswertung jedes Einzeltests nicht durchhalten.
Auch die Heranziehung der Anamnese ist kein wirklich tauglicher Ersatz. Ist sie knapp gehalten, gibt sie nur einen selektiven Ausschnitt aus der von den Eltern beobachteten Symptomatik frei. Steht dem Testuntersucher hingegen das gesamte Material einer so umfangreichen Eltern-Untersuchung, wie wir sie vornahmen, zur Verfügung, läuft er Gefahr, sich von den diagnostischen Hypothesen aus den Elterngesprächen "korrumpieren" zu lassen und unbewußt im Testmaterial nach deren Untermauerung zu suchen. Eine solche "Auswertung" gleicht freilich frappant jener Psychologie, über welche sich Dostojewski im Gleichnis des Stabes mit den beiden Enden mokierte: Man (ver)wendet das Material so, wie man es gerade braucht. Dies ist auch der Grund, warum Kinder- und Eltern-Untersucher nicht dieselbe Person sein sollten und dem Kind-Untersucher vorerst ausschließlich anamnestische Daten bekannt sind, die Aufschluß über die Symptomatik und die äußere Lebenssituation geben.
Die Methode, mit welcher wir versuchten, den Entfall der freien Assoziation

wettzumachen, war nun folgende: Der Untersucher behandelte das fertige Testmaterial in einer ersten Durchsicht ebenso, als handle es sich um spontan produziertes Traummaterial. D.h., er greift jene Elemente, Interpretationsmuster, Szenen usw. heraus, die ihm bedeutungsvoll erscheinen und zu denen er gern die Einfälle der Testperson erfahren würde. Zum Assoziieren aufgefordert wird jedoch nicht das Kind, sondern die Eltern. Auf diese Art und Weise ergibt sich oft ein erstaunlich reichhaltiges Zusatzmaterial über Bedürfnisse, Beziehungen und Probleme der Kinder, über Erlebnisse, Lebensumstände, familiäre Dynamismen u.a.m., die gleich den Traumassoziationen wertvolle Hinweise für die Testauswertung liefern.

Der Ort, an dem dieses "Assoziieren der Eltern" stattfand, war meist die dritte Sitzung der Elterngespräche, für welche der Kinder-Untersucher eine Liste mit Fragen bzw. Assoziations-Ausgangspunkten vorbereitete.

6.5 Der "Scheidungstest"

Der von uns angewandte Scheidungstest basiert auf der von Kalter und Plunkett (1984) beschriebenen Methode einer "indirekten" Untersuchung des Scheidungserlebnisses von Kindern.

Dabei verfuhren wir folgendermaßen:

Allgemeines; Testanweisung

Der Test ist vorgesehen als Abschlußtest für jene Kinder, welche die Scheidung bzw. endgültige Trennung der Eltern bewußt erlebt haben bzw. über die bevorstehende Scheidung/Trennung informiert sind.

Dem Kind werden zwei Zeichnungen gezeigt: ein Mädchen und ein Bub. Beide haben Eltern, die sich haben scheiden lassen ("... so ähnlich wie Deine Eltern ..."). "Über eines der Kinder wollen wir gemeinsam eine kleine Geschichte erfinden". Das Kind soll zwischen Buben oder Mädchen wählen. Im Zuge einer Geschichte - z.B. eines Dialogs mit einem anderen Kind, das vom Untersucher gespielt wird, soll das Kind Fragen beantworten, welche Einblick in seine ubw/vbw Phantasien erlauben. Die Beobachtung des Testverhaltens vermag zusätzlich Aufschlüsse über Art und Stärke der Abwehr zu liefern. Sollte das Kind Widerstand leisten, muß der Untersucher diesen ansprechen und anschließend versuchen, das Kind zu ermuntern - etwa mit dem Hinweis, es ginge um eine *erfundene* Geschichte von einem *erfundenen* Kind. Im Anschluß an den Test soll dem Kind Gelegenheit gegeben werden, über seine eigene Situation zu sprechen. Falls der Widerstand gegen den Test sehr groß ist, kann dies gleich geschehen. Eventuell kann der Test dann nachher doch durchgeführt werden, oder man verzichtet ganz darauf. Auch das Gespräch über die eigene Situation darf natürlich nicht erzwungen werden. Eine behutsame Konfrontation mit seiner Verleugnung des Themas kann aber u.U. sehr nützlich sein.

Unabhängig von der speziellen Auswertung wäre es interessant zu sehen, ob bzw. in welcher Weise die entsprechenden Phantasien in den anderen Tests auftauchen bzw. in welchen. Eventuell ließe sich aus der Tatsache, ob entsprechendes

Material eher in den Gestaltungstests (Gruppe A) oder in den Deutungstests (Gruppe B) auftaucht, die aktuelle Relevanz dieser Phantasien beurteilen.

Erfahrungen

Dieser Test hat den Vorteil, daß er die Problematik, die wir untersuchen wollten, direkt anspricht, gegenüber den anderen projektiven Tests jedoch den großen Nachteil, weitgehend unverfremdet offenzulegen, um welche Erkenntnisse es dem Untersucher geht. Dementsprechend war auch das Testverhalten der Kinder extrem unterschiedlich und reichte vom geradezu kathartischen Bericht der eigenen Probleme bis zum völligen ''Zumachen'', das sich in Unwillen und einsilbig-nichtssagenden Antworten äußerte. Dabei war es aber durchaus unklar, ob dieses unterschiedliche Verhalten mit dem subjektiven Scheidungserleben, mit unspezifischen Charakter-(Abwehr-)Haltungen zusammenhängt, auf Loyalitätskonflikte zurückzuführen ist oder einfach die aktuelle Beziehung des Kindes zum Untersucher reflektiert.

In dem Maße jedoch, in dem wir Bilder und Fragen nicht so sehr als ''Test'', sonden als bloße Strukturierung des ''Schlußgespräches'' auffaßten, waren wir in der Lage, daraus wertvolle Hinweise für das Scheidungserleben zu gewinnen. Die vorgesehenen ''Protokollfragen'' dienten uns dann nur noch als unverbindlicher Leitfaden, die Fragen wurden den Reaktionen des Kindes angemessen, Widerstände beim Antworten u.U. direkt angesprochen, Möglichkeiten erörtert, wie der Untersucher dem Kind helfen könnte u.a.m.

So wollen wir diesen Untersuchungsteil also nicht als neuen Test, sondern als Vorschlag verstanden wissen, wie eine solche Testuntersuchung durch ein analytisch orientiertes Abschlußgespräch, das für Untersucher und Kind gleichermaßen hilfreich zu sein vermag, beendet werden kann (aber nicht muß: Es gab auch Kinder, bei denen wir auf den ''Scheidungstest'' ganz verzichteten, weil er sie eher belastet als entlastet hätte).

7. Testbesprechung und Beratung

Testbesprechungen bilden ein besonderes Problem. Es ist nicht möglich, Eltern, die sich in ihrer Not an uns gewendet haben und Hilfe erhoffen, mit allgemeinen Formulierungen und/oder unverständlichem Fachjargon abzufertigen. Eine solche, leider häufig geübte, Praxis ist für die Eltern in hohem Maße frustrierend.

Auf der anderen Seite ist es nicht zu verantworten, ihnen unsere Befunde einfach mitzuteilen, enthalten sie doch Zusammenhänge, die auch für die Eltern u.U. in hohem Maße konfliktbelastet sind und nicht ohne Schaden akzeptiert werden können. (Nicht umsonst gehört die Frage, wann, was und wie Einsichten, die der Analytiker gewonnen hat, dem Analysanden mitgeteilt werden sollen, zu den schwierigsten Problemen der analytischen Deutungsarbeit in der Therapie.) Das Risiko ist nicht gering: Es reicht vom einfachen Widerstand über Abwehr und Abbruch des Kontaktes bis zur bedenklichen Erschütterung des seelischen Gleichgewichts der Eltern. In all diesen Fällen verliert der Untersucher die

Möglichkeit, an den Konsequenzen aus der Untersuchung konstruktiv mitzuwirken, ja der Schaden kann bei weitem größer sein als der Nutzen - auch oder gerade was das Kind betrifft.

Aus diesen Gründen entschlossen wir uns zu einer "funktionalen Bestimmung" der Testbesprechung. D.h. nicht die mehr oder weniger umfassende *Information* über die Untersuchungsergebnisse sollte das Hauptkriterium für die Gestaltung dieser Besprechung sein, sondern die Frage: Auf welche Art und Weise ist am ehesten zu erreichen, daß dieses Gespräch die Eltern motiviert, den im Zuge der Untersuchung geknüpften Kontakt in Form einer weiterführenden psychoanalytisch-pädagogischen *Beratung* fortzuführen bzw. zu vertiefen? Die ausführliche Erörterung dieser Frage bildete auch regelmäßig den Abschluß des Teamgespräches, dem ja das (vorläufig) endgültige psychologische Profil entsprang.

Eine nähere, allgemeingültige inhaltliche Beschreibung einer diesem Grundsatz verpflichteten Testbesprechung sowie der Methoden der sich anschließenden Beratung steht noch aus. Sie blieb vorläufig dem "analytischen Gespür" der einzelnen Untersucher überlassen. Daher können lediglich die grundsätzlichen Absprachen der Teammitglieder angeführt werden:

→ Die Testbesprechung sollte mit der Frage beginnen, *welche Antworten bzw. Aufklärungen für die Eltern (den Elternteil) besonders dringend sind.* Einerseits soll auf diese Weise der oben erwähnten Frustration vorgebeugt werden, andererseits darf angenommen werden, daß die Eltern in diesem Bereich ein gesteigertes Problembewußtsein haben und daher eine weitgehend ehrliche Aufklärung auch eher vertragen.

→ Sofern im Laufe des sich an diese Frage anschließenden Gesprächs zentrale Befunde unerwähnt bleiben, die jedoch für die Einsicht in die Notwendigkeit einer weitergehenden Beratung von wesentlicher Relevanz sind, müssen sie vom Untersucher angesprochen werden. Dabei hat er sich nach Möglichkeit an die *Regeln der therapeutischen Deutungsarbeit* zu halten. D.h. die Aufklärung darf nur so weit gegeben werden, als sie an das von den Eltern im Zuge der Untersuchung gebrachte Material anknüpfen kann, also sozusagen nur einen kleinen Schritt über das Problem*bewußtsein* hinausgeht.

→ Grundsätzlich hat die Gesprächsführung unter der Leitthese zu stehen, daß Schuldgefühle, vor allem dem Kind gegenüber, weder der Problembewältigung noch der Entwicklung der Beratungsbeziehung förderlich sind. Daher hat der Untersucher auf das Auftreten von Schuldgefühlen besonders sensibel zu achten und die Eltern durch empathische Bemerkungen oder auch psychologische Erklärungen möglichst *zu entlasten.*

→ Das leitet zum letzten Orientierungsprinzip über: Obwohl es objektiv gesehen bei der Untersuchung wie auch bei der Beratung letzten Endes um das "Wohl" des Kindes geht, hat der Untersucher auch in der Testbesprechung *die Eltern* (bzw. den Elternteil) als Klienten zu betrachten (und zu behandeln). D.h., die Eltern sind nicht in ihrer *elterlichen Funktion*, sondern als Ratsuchende, *die selbst Probleme haben*, anzusprechen. Diese Einstellung, die u.U. eine gute Kontrolle von aggressiven Gegenübertragungen des Untersuchers, die sich aus seiner Identifizierung mit dem leidenden Kind herleiten, erfordern, entspricht einem zentralen Grundsatz psychoanalytischer Pädagogik: Eltern können ihrenKindern bei der Bewältigung psychischer Konflikte nur dann helfen, wenn es ihnen gelingt, eine neue Stufe der Bewältigung ihrer eigenen Konflikte zu erringen.

Literatur

Abelin, E. L.
1971 Role of the Father in the separation-individuation process. In: McDevitt, J. B./Settlage, C. F. (Hrsg.): Separation - Individuation. Essays in Honor of Margaret S. Mahler. New York (Int. Univ. Press) 1971
1975 Some further observations and comments on the earliest role of the father. In: *Int. J. Psycho-Anal.* 56, 293-302

Amendt, G./Schwarz, M.
1990 Das Leben unerwünschter Kinder. Bremen (Univ. Bremen) 1990

Balloff, R./Walter, E.
1989 Alleinerziehung und gemeinsame elterliche Sorge nach Trennung und Scheidung - Eine theoretische und empirische Vergleichsstudie. Teil A (Balloff) und B (Walter). Berlin (unv. Diss./FU Berlin) Veröff. in Vorb.
1990 Gemeinsame elterliche Sorge als Regelfall? Einige theoretische und empirische Grundannahmen. In: *Z. f. d. gesamte Familienrecht* 37, 445-454

Bendkower, J./ Oggenfuss, F.
1980 Scheidungskinder und Schule. In: *Familiendynamik* 5, 242-271

Bernhardt, H.
1986 Eltern-Kind-Beziehungen in Scheidungsfamilien. In: *Fragmente* 22, 99-114

Bittner, G. (Hrsg.)
1981 Selbstwerden des Kindes. Eine neues tiefenpsychologisches Konzept. Fellbach (Bonz)

Burgner, M.
1985 Effects on development of an absent father. In: *The Int. Journ. of Psa.* 66, 311-320

Bühler, H./Kächele, St.
1978 Die Ehescheidung als pathogener Faktor - eine kinder- und jugendpsychiatrische Untersuchung. In: *Praxis der Kinderpsychologie und Kinderpsychiatrie* 27/8, 296-298

Clingempeel, W.G./Ievoli, R./Brand,E.:
1984 Structural complexity and the quality of stepfather-stepchild relationships. In: *Fam. Process* 23/4, 547-560

Darde, M:
1983 L'émbrouille. In: *Soins Gynécologie - Obstétrique - Puèric - Pédiatrie* 25/26, 39-41

Datler, W.
1985 Psychoanalytische Repräsentanzenlehre und pädagogisches Handeln. Eine Anmerkung zu Zulligers Methode der "deutungsfreien Kinderpsychotherapie" und deren möglicher Relevanz für Pädagogik. In: Bittner,

G./Ertle, Ch. (Hrsg.): Pädagogik und Psychoanalyse, Würzburg (Königshausen und Neumann) 1985
Doust, M.
1983 Family breakdown. In: *Nursing* 20/2, 584-585
Erikson, E. H.
1959 Identität und Lebenszyklus. Frankfurt/M. (Suhrkamp) 1973
Figdor, H.
1988 Zwischen Trauma und Hoffnung. Eine psychoanalytische Untersuchung über Scheidungskinder.In: *Sigmund Freud House-Bulletin* 12/1, 1-20
1989 Können neurotische Kinder "pädagogisch geheilt" werden? Pädagogisch relevante Anmerkungen zum theoretischen Verhältnis von Trieb-, Struktur- und Objektbeziehungstheorie. In: Sasse, O./Stoellger, N. (Hrsg.): Offene Sonderpädagogik - Innovationen in sonderpädagogischer Theorie und Praxis. Frankfurt/M. (P. Lang) 1989
1990a Sorgepflicht - Besuchsrecht - Aber was hilft dem Kind? In: *Der Österr. Amtsvormund* 97, 3-7 und 98, 44-45. Wiederabgedruckt in: Büttner, Ch./Ende, A. (Hrsg.): Jahrbuch der Kindheit 7. Weinheim und Basel (Beltz) 1990
1990b Scheidung als Katastrophe oder Chance für die Kinder? In: Achter Deutscher Familiengerichtstag. Bielefeld (Gieseking) 1990.
Fraiberg, S.
1959 Die magischen Jahre in der Persönlichkeitsentwicklung des Vorschulkindes. Reinbek (Rowohlt) 1972
Freud, A.
1962/1964 Maßstäbe zur Bewertung der pathologischen Kinderentwicklung, Teil I und II. In: Die Schriften der Anna Freud, Bd. VI. München (Kindler) 1980
1965 Wege und Irrwege in der Kinderentwicklung. In: Die Schriften der Anna Freud, Bd. VIII. München (Kindler) 1980
1967 Anmerkungen zum psychischen Trauma. In: Die Schriften der Anna Freud, Bd. VI. München (Kindler) 1980
Freud, S.
1905d Drei Abhandlungen zur Sexualtheorie. GW Bd 5; Sigmund Freud-Studienausgabe Bd. V. Frankfurt/M. (Fischer) 1972
1916d Einige Charaktertypen aus der psychoanalytischen Arbeit. GW Bd. 10; Studienausgabe Bd. X. Frankfurt/M. (Fischer) 1972
Fthenakis, W. E.
1985 Väter. 2 Bände. München (dtv) 1988
1990 Gemeinsame elterliche Sorge - nach Trennung und Scheidung. (Unter Mitarbeit von Kunze, H.-R./Griebel, W./Oberndorfer, R.) Vortrag, gehalten am 28.6.1990 im Rahmen eines Symposiums des BM f. Umwelt, Jugend und Familie, Wien.
Fthenakis, W. E./Niesel, R./Kunze, H.-R.
1982 Ehescheidung. Konsequenzen für Eltern und Kinder. München-Wien-Baltimore (U&S)

Furman, E.
1957 Behandlung von Kleinkindern durch Mütterberatung. In: Biermann, G. (Hrsg.): Handbuch der Kinderpsychotherapie, Bd. II. München (Reinhardt) 1969
Goldstein, J./Freud, A./Solnit, A. J.
1973 Jenseits des Kindeswohls. Frankfurt/M. (Suhrkamp) 1974
Goldstein, S./Solnit, A. J.
1984 Wenn Eltern sich trennen: Was wird aus den Kindern? Stuttgart (Klett-Cotta) 1989
Guidubaldi, J./Perry, J. D.
1985 Divorce and mental health sequilae for children: A two-year follow-up of a nationwide sample. In: *Journ. of the Am. Academy of Child Psychiatry* 24, 531-537
Horvath, M/Scheidl-Trummer, E.
1989 Psychoanalytische Pädagogik seit 1983. In: Trescher, H.G./Büttner, Ch.: Jahrbuch für Psychoanalytische Pädagogik 1. Mainz (Grünewald) 1989
IMAS-Institut
1988 Situation von und Hilfe für Trennungswaisen. Repräsentativerhebung im Auftrag des BM f. Umwelt, Jug. u. Fam. Wien.
Irving, H. H./Benjamin, M./Trocme, N.
1984 Shared Parenting: An empirical analysis utilizing a large data base. In: *Fam. Process* 23/4, 561-569
Jacobs, L.
1949 Methoden der Mütterberatung. In: Cremerius, J. (Hrsg.): Psychoanalyse und Erziehungspraxis. Frankfurt/M. (Fischer) 1971
Kaltenborn, K.-F.
1986 Das kommunikative Verhalten des Scheidungskindes in der kinderpsychiatrischen Exploration. In: *Fragmente* 22, 149-166
Kalter, N./Plunkett,J. W.
1984 Children's perceptions of the causes and consequences of divorce. In: *Journal of the Am. Acad. of Child Psychiatry* 23, 326-334
Kalter, N./Pickar; J./Lesowitz,M.
1984 Scool-based developmental facilitation groups for children of divorce: a preventive intervention. In: *Am. Journal of Orthopsychiatry* 54/4, 613-623
Knapp, I./Verzetnitsch, F. (Hrsg.)
1983 J.o.B-Report. Jugendliche ohne Berufsbildung. Wien (Böhlau)
Laplanche, J./Pontalis, J.-B.
1967 Das Vokabular der Psychoanalyse. Frankfurt/M. (Suhrkamp) 1973
Leahy, M.
1984 Findings from research on divorce: Implications for professionals'skill development. In: *Am. Journal of Orthopsychiatry* 54/2, 298-317
Limbach, J.
1986 Die Existenzsicherung von Müttern. In: *Fragmente* 22, 181-202

Loidl, J.
1985 Scheidung. Ursachen und Hintergründe. Wien-Köln-Graz (Böhlau)
Mahler, M. S.
1968 Symbiose und Individuation. Stuttgart (Klett-Cotta) ^{3}1983
1975 Die psychische Geburt des Menschen. Frankfurt/M. (Fischer) 1980
1979 Studien über die drei ersten Lebensjahre. Stuttgart (Klett-Cotta) 1985
Napp-Peters, A.
1985 Ein-Elternteil-Familien. Soziale Randgruppe oder neues familiales Selbstverständnis? Weinheim-München (Juventa) ^{2}1987
Nöstlinger, Ch.
1985 Haushaltsschnecken leben länger. München (DTV) ^{3}1988
Paul, N. L.
1980 Die Scheidung als äußerer und innerer Prozeß. In: *Familiendynamik* 5, 229-241
Pedro-Carroll, J./Cowen,E./Hightower, A. D./Guare, J. D.
1986 Preventive intervention with latency-aged children of divorce. In: *Am. Journal of Community Psychology* 14/3, 277-290
Psychoanalytic inferences concerning children of divorced parents. Panel report. In: *Jounal Am. Psychoanalytic Assoc.* 31/1, 1984, 247-258
Rotmann, M.
1978 Über die Bedeutung des Vaters in der ''Wiederannäherungsphase''. In: *Psyche* 12, 1105-1147
1981 Der Vater der frühen Kindheit - ein strukturbildendes drittes Objekt. In: Bittner, G. (Hrsg.): Selbstwerden des Kindes. Ein neues tiefenpsychologisches Konzept. Fellbach (Bonz) 1981
Rudin, J.
1983 L'aide aux systemes familiaux en ruputure. In: *Soins Gynécologie - Obstétrique - Puèric - Pédiatrie* 25/26, 51-54
Schäfer, G. E.
1986 Spiel, Spielraum und Verständigung. Weinheim-München (Juventa)
Schweitzer, J./Weber, G.
1985 Familientherapie mit Scheidungsfamilien: Ein Überblick. In: *Praxis der Kinderpsychologie und Kinderpsychiatrie* 34, 96-100
Spiel, W.
1967 Therapie in der Kinder- und Jugendpsychiatrie. Stuttgart (Thieme) ^{2}1976
Spitz, R.
1957 Die Entstehung der ersten Objektbeziehungen. Stuttgart (Klett)
Stary, J.
1989 Was Zahlen sagen. Statistische Darstellung, wieviele Kinder in Österreich in welcher Weise durch Ehescheidung persönlich betroffen sind. Vortrag vom 16.4.1989 auf dem Fachtag der kath. Jungschar d. Erzdiöz. Wien
Stierlin, H.
1974 Eltern und Kinder. Das Drama von Trennung und Versöhnung im Jugendalter. Frankfurt/M. (Suhrkamp) 1980

Trescher, H.-G.
1985 Theorie und Praxis der Psychoanalytischen Pädagogik. Mainz (Grünewald) 1990
Trescher, H.-G./Büttner, Ch.
1989 Jahrbuch für Psychoanalytische Pädagogik 1. Mainz (Grünewald)
Troje, H. J.
1986 Zum Begriff des "Fehlverhaltens" als Anknüpfungspunkt für Scheidungsfolgen. In: *Fragmente* 22, 49-72
Wagner-Winterhager, L.
1988 Erziehung durch Alleinerziehende. In: *Z. f. Päd.* 5, 641-656
Wallerstein, J./Blakeslee, S.
1989 Gewinner und Verlierer. München (Droemer Knaur)
Wallerstein, J. S./Kelly, J. B.
1980 Surviving the breakup. New York (Basic Book) 1980
Wille, A.
1985a Scheidungskinder. In: *Schweizer Archiv für Neurologie, Neurochirurgie und Psychiatrie* 136/6, 91-93
1985b Loyalitätskonflikte bei Scheidungskindern. In: *Helv. Paediat. Acta* 40/5, 341-348
Winnicott, D. W.
1971 Vom Spiel zur Kreativität. Stuttgart (Klett-Cotta) ²1979
Wolchik, S./Sandler, I. N./Brauer, S./Fogas, B.
1985 Events of parental divorce: Stressfulness ratings by children, parents and clinicians. In: *Am. Journal of Community Psychology* 14/1, 59-74
Zulliger, H.
1952 Heilende Kräfte im kindlichen Spiel. Stuttgart (Klett-Cotta) ⁶1979